Die Haftung für echte Unterlassungsdelikte nach § 823 Abs. 2 BGB

Europäische Hochschulschriften Recht

European University Studies in Law

Publications Universitaires Européennes de Droit

Band/Volume 6243

Jochen Claussen

Die Haftung für echte Unterlassungsdelikte nach § 823 Abs. 2 BGB

PETER LANG

Bibliografische Information der Deutschen Nationalbibliothek
Die Deutsche Nationalbibliothek verzeichnet diese Publikation in der Deutschen Nationalbibliografie; detaillierte bibliografische Daten sind im Internet über http://dnb.d-nb.de abrufbar.

Zugl.: Osnabrück, Univ., Diss., 2020.

D 700

ISBN 978-3-631-83356-8 (Print)
E-ISBN 978-3-631-85208-8 (E-PDF)
E-ISBN 978-3-631-85209-5 (EPUB)
E-ISBN 978-3-631-85210-1 (MOBI)
DOI 10.3726/b18281

Peter Lang – Berlin · Bern · Bruxelles · New York · Oxford · Warszawa · Wien

Diese Publikation wurde begutachtet.

www.peterlang.com

für
meine Eltern

Vorwort

Die vorliegende Arbeit wurde im Wintersemester 2019/2020 vom Fachbereich der Rechtswissenschaften der Universität Osnabrück angenommen. Die Untersuchung befindet sich auf dem Rechtsstand 30. September 2019.

Für mich war die Erstellung dieser Arbeit zugleich eine Herausforderung und persönlich bereichernde Erfahrung. Den zahlreichen Personen, die mich in vielfältiger Art und Weise unterstützt und mir Rückhalt gegeben haben, möchte ich an dieser Stelle ganz herzlich danken.

Mein besonderer Dank gilt Herrn Prof. Dr. Dr. h.c. mult. Christian von Bar für den Vorschlag des Themas, die engagierte und zuverlässige Betreuung, die eingeräumten Freiräume sowie die sehr zugügige Erstbegutachtung. Für die zügige Zweitbegutachtung danke ich herzlich Herrn Prof. Dr. Ulrich Foerste.

Besonders bedanke ich mich bei meinen Eltern, Maren und Dr. Heino Claussen, die mir mit einer Selbstverständlichkeit mein Studium der Rechtswissenschaften sowie des Masterstudiengangs der Steuerwissenschaften und die Erstellung dieser Arbeit ermöglicht und stets Rückhalt geboten haben.

Für die Korrektur dieser Arbeit sowie viele weitere Anregungen bin ich meiner Mutter, Dr. Julia Schubert und Ann-Kristin Lochmann zutiefst zu Dank verpflichtet. Daneben möchte ich mich besonders bei Dr. Carolin Breitenbach, Dr. Mathias Hirschmann, Philipp Kokemohr und Dr. Moritz Jahns für die kontroversen und bereichernden Gespräche sowie Sichtweisen der Praxis bedanken.

Zu guter Letzt gilt mein besonderer Dank den Mitarbeiterinnen und Mitarbeitern der Bereichsbibliothek Rechts- und Wirtschaftswissenschaften der Universität Osnabrück und der Bibliothek des Niedersächsischen Landtags für die Unterstützung bei den historischen und landesrechtlichen Recherchen dieser Arbeit.

Inhaltsverzeichnis

Abkürzungsverzeichnis

€	Euro
a.A.	andere Ansicht
a.F.	alte Fassung
ABGB	Allgemeines Bürgerliches Gesetzbuch
Abl	Amtsblatt der Europäischen Union
Abs.	Absatz
AbzG	Abzahlungsgesetz
AcP	Archiv für die civilistische Praxis
AG	Amtsgericht
AGG	Allgemeines Gleichbehandlungsgesetz
AHA	Automatisiertes Helferangebot bei Großschadensereignissen
AHB	Allgemeine Versicherungsbedingungen für die Haftpflichtversicherung
AK-BGB	Alternativkommentar zum Bürgerlichen Gesetzbuch
AktG	Aktiengesetz
AllgPersönlR	Allgemeines Persönlichkeitsrecht
Alt.	Alternative
AltZertG	Gesetz über die Zertifizierung von Altersvorsorge- und Basisrentverträgen (Altersvorsorgeverträge-Zertifizierungsgesetz)
Anm.	Anmerkung
AnwaltKomm	Anwaltskommentar
AnwBl	Anwaltsblatt
Art.	Artikel
Arth.	Arthur
AT	Allgemeiner Teil
Aufl.	Auflage
Az.	Aktenzeichen
BAG	Bundesarbeitsgericht
BauFordSiG	Bauforderungssicherungsgesetz
BayBG	Bayerisches Beamtengesetz
BayObLG	Bayerisches Oberstes Landgericht
BBG	Bundesbeamtengesetz
Bd.	Band
BeamtenR	Beamtenrecht

BeamtStG	Gesetz zur Regelung des Statusrechts der Beamtinnen und Beamten in den Ländern
bearb. v.	bearbeitet von
BeckOGK	beck-online.GROSSKOMMENTAR
BeckOK	Beck'sche Online-Kommentare
BeckRS	Beck-Rechtsprechung
Beschl.	Beschluss
BetrKV	Verordnung über die Aufstellung von Betriebskosten
BGB	Bürgerliches Gesetzbuch
BGB-E	Entwurf des Bürgerlichen Gesetzbuches
BGH	Bundesgerichtshof
BGHSt	Entscheidungen des Bundesgerichtshofs in Strafsachen
BGHZ	Entscheidungen des Bundesgerichtshofs in Zivilsachen
BHKG NRW	Gesetz über den Brandschutz, die Hilfeleistung und den Katastrophenschutz
BK	Berliner Kommentar
BremBG	Bremisches Beamtengesetz
BremHilfeG	Bremisches Hilfeleistungsgesetz
BremPolG	Bremisches Polizeigesetz
BrSchG SH	Gesetz über den Brandschutz und die Hilfeleistungen der Feuerwehren
BSG	Bundessozialgericht
BT	Besonderer Teil
BT-Drucks.	Bundestagsdrucksache
BverfG	Bundesverfassungsgericht
BverfGE	Entscheidungen des Bundesverfassungsgerichts
bzw.	beziehungsweise
CPO	Civilprozeßordnung
d.h.	das heißt
DAR	Deutsches Autorecht
DAV	Deutscher Anwaltsverein
ders.	derselbe
Diss.	Dissertation
DJZ	Deutsche Juristen-Zeitung
DR	Deutsches Recht
DriZ	Deutsche Richterzeitung
Drucks.	Drucksache

DS-GVO	Verordnung (EU) 2016/679 des Europäischen Parlaments und des Rates vom 27. April 2016 zum Schutz natürlicher Personen bei der Verarbeitung personenbezogener Daten, zum freien Datenverkehr und zur Aufhebung der Richtlinie 95/46/EG (Datenschutz-Grundverordnung)
e.V.	eingetragener Verein
EFZG	Gesetz über die Zahlung des Arbeitsentgelts an Feiertagen und im Krankheitsfall
EGBGB	Einführungsgesetz zum Bürgerlichen Gesetzbuche
EGGVG	Einführungsgesetz zum Gerichtsverfassungsgesetz
EGMR	Europäischer Gerichtshof für Menschenrechte
EheG	Ehegesetz
EMRK	Europäische Menschenrechtskonvention
ErbbauRG	Gesetz über das Erbbaurecht
etc.	*et cetera*
EU	Europäische Union
EuErbVO	Verordnung (EU) Nr. 650/2012 (Erbrechtsverordnung)
EuInsVO	Die Verordnung (EU) Nr. 2015/848 über Insolvenzverfahren
EuUntVO	Verordnung (EG) Nr. 4/2009 des Rates vom 18. Dezember 2008 über die Zuständigkeit, das anzuwendende Recht, die Anerkennung und Vollstreckung von Entscheidungen und die Zusammenarbeit in Unterhaltssachen
EVÜ	Übereinkommen von Rom über das vertragliche Schuldverhältnisse anzuwendende Recht vom 19. Juni 1980 (Europäisches Schuldvertragsüber-einkommen)
EWCA	*England and Wales Court of Appeal*
EWG	Europäische Wirtschaftsgemeinschaft
f.	folgend
FamFG	Gesetz über das Verfahren in Familiensachen und in den Angelegenheiten der freiwilligen Gerichtsbarkeit
FeV	Verordnung über die Zulassung von Personen zum Straßenverkehr
ff.	fortfolgende
FK-InsO	Frankfurter Kommentar zur Insolvenzordnung
Fn.	Fußnote
FS	Festschrift
FSHG	Gesetz über den Feuerschutz und die Hilfeleistung
FwG Berlin	Gesetz über die Feuerwehren im Land Berlin

FwG HH	Feuerwehrgesetz Hamburg
FZV	Verordnung über die Zulassung von Fahrzeugen im Straßenverkehr
GA	Golddammer's Archiv für Strafrecht
GBl.	Gesetzblatt
GBP	*Great Britain Pound*
GDV	Gesamtverband der Deutschen Versicherungswirtschaft e.V.
Gemeineurop. DeliktsR	Gemeineuropäisches Deliktsrecht
GG	Grundgesetz
GmbH	Gesellschaft mit beschränkter Haftung
GmbHG	Gesetz betreffend die Gesellschaft mit beschränkter Haftung
GmbHR	GmbH-Rundschau
GPS	Global Positioning System
GrCh	Charta der Grundrechte der Europäischen Union
GS.	Gesetzblatt
GSB	Gesetz über die Sicherung von Bauforderungen
GVBl.	Gesetz- und Verordnungsblatt
GWB	Gesetz gegen Wettbewerbsbeschränkungen
h.M.	herrschende Meinung
Habil.	Habilitation
Halbbd.	Halbband
HambKomm-InsO	Hamburger Kommentar zur Insolvenzordnung
HBG	Hessisches Beamtengesetz
HBKG	Hessisches Gesetz über den Brandschutz, die Allgemeine Hilfe und den Katastrophenschutz
He. Stoll	Heinrich Stoll
HeizKG	Heizkostenabrechnungsgesetz
HeizkostenV	Verordnung über die verbrauchsabhängige Abrechnung der Heiz- und Warmwasserkosten (Verordnung über Heizkostenverordnung)
Hk	Handkommentar
HmbBG	Hamburgisches Beamtengesetz
HOAI	Verordnung über die Honorare von Architekten- und Ingenieurleistungen
Hrsg.	Herausgeber
Hs.	Halbsatz

HUntProt	Hager Protokoll über das auf Unterhaltspflichten anzuwendende Recht vom 23. November 2007
i.V.m.	in Verbindung mit
InsO	Insolvenzordnung
InsVV	Insolvenzrechtliche Vergütungsverordnung
IPR-Gesetz	Internationales Privatrechtsgesetz
J. Hager	Johannes Hager
JA	Juristische Arbeitsblätter
JBl	Juristische Blätter
JGG	Jugendgerichtsgesetz
JR	Juristische Rundschau
Jura	Juristische Ausbildung
JurionRS	Jurion Rechtsprechung
jurisPK-Straßenverkehrsrecht	jurisPraxiskommentar Straßenverkehrsrecht
JuS	Juristische Schulung
JW	Juristische Wochenschrift
JZ	Juristenzeitung
KBB	Kurzkommentar zum ABGB von *Koziol, Helmut/Bydlinski, Peter/Bollenberger, Raimund*
Kfz	Kraftfahrzeug
KfzPflVV	Verordnung über den Versicherungsschutz in der Kraftfahrzeug-Haftpflichtversicherung
KG	Kammergericht
KostG	Kostengesetz
KraftFahrG	Kraftfahrgesetz
KSchG	Kündigungsschutzgesetz
KTS	Zeitschrift für Insolvenzrecht
KunstUrhG	Gesetz betreffend das Urheberrecht an Werken der bildenden Künste und der Photographie
LBG Bbg	Beamtengesetz für das Land Brandenburg
LBG Berlin	Landesbeamtengesetz (Berlin)
LBG BW	Landesbeamtengesetz (Baden-Württemberg)
LBG LSA	Beamtengesetz des Landes Sachsen-Anhalt
LBG NRW	Gesetz über die Beamtinnen und Beamten des Landes Nordrhein-Westphalen
LBG RP	Landesbeamtengesetz (Rheinland-Pfalz)
LBG SH	Landesbeamtengesetz (Schleswig-Holstein)

LBKG	Landesgesetz über den Brandschutz, die allgemeine Hilfe und den Katastrophenschutz (Rheinland-Pfalz)
Lfg.	Lieferung
LG	Landgericht
lit.	*litera*
LK	Leipziger Kommentar
LMK	Kommentierte BGH-Rechtsprechung
LPartG	Gesetz über die eingetragene Lebenspartnerschaft
m	Meter
m.w.N.	mit weiteren Nachweisen
MDR	Monatsschrift für deutsches Recht
MiLoG	Gesetz zur Regelung eines allgemeinen Mindestlohns
MRG	Mietrechtsgesetz
MüKo-BGB	Münchener Kommentar
M-V	Mecklenburg-Vorpommern
M-V-BrSchG	Gesetz über den Brandschutz und die Technischen Hilfeleistungen durch Feuerwehren für Mecklenburg-Vorpommern
n.F.	neue Fassung
NBG	Niedersächsisches Beamtengesetz
NBrandSchG	Niedersächsisches Gesetz über den Brandschutz und die Hilfeleistung der Feuerwehr
NJW	Neue Juristische Wochenschrift
NJW-RR	Neue Juristische Wochenschrift – Rechtsprechungsreport
NK	Nomos Kommentar
Nr.	Nummer
NRW	Nordrhein-Westphalen
NStZ	Neue Zeitschrift für Strafrecht
NS-Zeit	Nationalsozialistische Zeit
NVersZ	Neue Zeitschrift für Versicherung und Recht
NZA-RR	Neue Zeitschrift für Arbeitsrecht – Rechtsprechungsreport
NZI	Neue Zeitschrift für Insolvenz- und Sanierungsrecht
NZV	Neue Zeitschrift für Verkehrsrecht
OGH	Oberster Gerichtshof (Österreich)
OLG	Oberlandesgericht
öStGB	Österreichisches Strafgesetzbuch
öStVO	Österreichische Straßenverkehrsordnung
OwiG	Gesetz über Ordnungswidrigkeiten
P. Kirchhof	Paul Kirchhof

PflVG	Gesetz über die Pflichtversicherung für Kraftfahrzeughalter (Pflichtversicherungsgesetz)
PG	Kommentar zur Zivilprozessordnung von *Prütting, Hanns/ Gehrlein, Markus*
ProdHaftG	Gesetz über die Haftung für fehlerhafte Produkte
ProstG	Gesetz zur Regelung der Rechtsverhältnisse der Prostituierten
PWW	Kommentar zum Bürgerlichen Gesetzbuch von *Prütting, Hanns/ Wegen, Gerhard/Weinrich, Gerd*
r+s	Recht und Schaden
RG	Reichsgericht
RGBl.	Reichsgesetzblatt
RGRK	Reichsgerichtsräte-Kommentar
RGZ	Entscheidungen des Reichsgerichts in Zivilsachen
RM	Reichsmark
Rn.	Randnummer
RPfleger	Der deutsche Rechtspfleger
RStGB	Reichsstrafgesetzbuch
RW	Zeitschrift für rechtswissenschaftliche Forschung
S	Satz
S.	Seite
SächsBG	Sächsisches Beamtengesetz
SBG	Saarländisches Beamtengesetz
SchuldR	Schuldrecht
SchVG	Gesetz über Schuldverschreibungen aus Gesamtemissionen
SGB	Sozialgesetzbuch
SK-StGB	Systematischer Kommentar zum Strafgesetzbuch
StGB	Strafgesetzbuch
StORMG	Gesetz zur Stärkung der Rechte von Opfern sexuellen Missbrauchs
StPO	Strafprozeßordnung
StVG	Straßenverkehrsgesetz
StVO	Straßenverkehrs-Ordnung
StVZO	Straßenverkehrs-Zulassungs-Ordnung
Teilbd.	Teilband
ThürBG	Thüringer Beamtengesetz
ThürBKG	Thüringer Gesetz über den Brandschutz, die Allgemeine Hilfe und den Katastrophenschutz
TzBfG	Gesetz über Teilzeit und befristete Arbeitsverträge

u.a.	unter anderem
UmweltHG	Umwelthaftungsgesetz
Urt.	Urteil
usw.	und so weiter
v	versus
v.	vom
Var.	Variante
VBVG	Gesetz über die Vergütung von Vormündern und Betreuern (Vormünder- und Betreuervergütungsgesetz)
VersAusglG	Gesetz über den Versorgungsausgleich
VersR	Zeitschrift für Versicherungsrecht, Haftungs- und Schadensrecht
vgl.	vergleiche
VIA	Verbraucherinsolvenz aktuell
VO	Verordnung
VOB/B	Vergabe- und Vertragsordnung für Bauleistungen (VOB) Teil B Allgemeine Vertragsbedingungen für die Ausführung von Bauleistungen
Vorb.	Vorbemerkungen
Vorbem.	Vorbemerkungen
VRS	Verkehrsrechts-Sammlung
VuR	Verbraucher und Recht
VVG	Versicherungsvertragsgesetz
VVG-InfoVG	Verordnung über die Informationspflichten bei Versicherungsverträgen
WärmeLV	Verordnung über die Umstellung auf gewerbliche Wärmelieferung für Mietwohnraum (Wärmelieferverodnung)
WEG	Wohnungseigentumsgesetz
WGG	Wohnungsgemeinnützigkeitsgesetz
WK-StGB	Wiener Kommentar zum Strafgesetzbuch samt ausgewählten Nebengesetzen
WM	Wertpapier-Mitteilungen
z.B.	zum Beispiel
ZfSch	Zeitschrift für Schadensrecht
ZHR	Zeitschrift für das gesamte Handelsrecht
ZIP	Zeitschrift für Wirtschaftsrecht
ZPO	Zivilprozessordnung
ZStW	Zeitschrift für die gesamte Strafwissenschaft
zugl.	zugleich

ZVG	Gesetz über die Zwangsversteigerung und die Zwangsverwaltung
ZVR	Zeitschrift für Verkehrsrecht
ZZP	Zeitschrift für Zivilprozess

Kapitel 1) Problemstellung

§ 1) Grundproblematik

Seit dem 01. Januar 1900 regeln §§ 823 Abs. 1, Abs. 2, 826 BGB vom Wortlaut her nahezu unverändert[1] den Ausgleich der widerstreitenden Interessen des Geschädigten und des Schädigers. Ein besonderer Streitpunkt ist seitdem die Haftung für Unterlassen, bei der von dem einen (Schädiger) nicht nur das Unterlassen eines den anderen (Geschädigten) schädigenden Tuns, sondern vielmehr die Vornahme eines Tuns zum Schutz der Interessen des anderen (Geschädigten) verlangt wird. Hierbei stellt sich immer die Frage, inwieweit eine solche Verpflichtung noch mit der Handlungsfreiheit des einen (Schädigers) vereinbar ist. Der historische Gesetzgeber des BGB regelte nicht explizit, wann der eine (Schädiger) zum Handeln und bei dessen Ausbleiben zum Schadensersatz verpflichtet ist, sondern schuf drei kleine Generalklauseln und überließ die Bestimmung der Grenzen der Haftung für Unterlassen Rechtsprechung, Literatur und künftigen Gesetzgebern. Dem kam einerseits die Rechtsprechung durch die Schaffung der Verkehrspflichten[2], welche die Literatur systematisierte[3], und andererseits der Gesetzgeber durch den Erlass weiterer Gesetze, dessen Schutzgesetzeigenschaft die Literatur und Rechtsprechung im Rahmen der Auslegung bejahten bzw. verneinten, nach.

Bei einzelnen Gesetzen zog und zieht sich der Prozess der Bestimmung der Schutzgesetzeigenschaft und damit der Bestimmung, ob und inwieweit eine Haftung für Unterlassen besteht, über einen sehr langen Zeitraum. Ein bekanntes Beispiel hierfür ist die unterlassene Hilfeleistung nach § 323c Abs. 1 StGB. Seit der Gesetzesänderung durch die Nationalsozialisten vom 28. Juni 1935[4] besteht Streit über die Schutzgesetzeigenschaft des § 330c StGB a.F. (jetzt § 323c Abs. 1 StGB), die der *BGH*[5] am 14. Mai 2013 positiv entschieden hat.

---

1 In § 823 BGB erfolgten durch die Schuldrechtsform nur zwei sprachliche Änderungen, indem der Gesetzgeber bei den Worten „Ersatze“ und „Inhalte“ jeweils das e strich.

2 Grundlegend: *RG*, Urt. v. 30.10.1902, VI 208/02, RGZ 52, 373 (375 – 379); *RG*, Urt. v. 23.02.1903, VI 349/02, RGZ 54, 53 (56 – 59).

3 Statt aller *von Bar*, Verkehrspflichten, S. 43 – 99 (§§ 3, 4).

4 Gesetz zur Änderung des Strafgesetzbuches vom 28.06.1935, RGBl 1935 I, Nr. 70, S. 839.

5 *BGH*, Urt. v. 14.05.2013, VI ZR 255/11, BGHZ 197, 225 (227 – 229).

§ 323c Abs. 1 StGB[6] wird wie die Nichtanzeige geplanter Straftaten nach § 138 StGB[7] im Strafrecht als echtes Unterlassungsdelikt eingeordnet. Echte Unterlassungsdelikte zeichnen sich dadurch aus, dass die Handlungspflicht positiv im Gesetz normiert ist und sich das strafbare Verhalten im Verstoß gegen die Handlungspflicht erschöpft und nicht den Eintritt eines Erfolges voraussetzt.[8] Unechte Unterlassungsdelikte liegen vor, wenn ein Begehungsdelikt durch Unterlassen verwirklicht wird und das Unterlassen aufgrund des Bestehens einer Garantenpflicht nach § 13 StGB der Verwirklichung durch aktives Tun gleichsteht.[9] Weitere echte Unterlassungsdelikte sind die landesrechtlichen Meldepflichten von Feuer, die Zweckentfremdung von Baugeld gem. §§ 1, 2 BauFordSiG[10], die Insolvenzverschleppung gem. § 15a Abs. 1, Abs. 4 InsO[11], das Vorenthalten von Arbeitsentgelt gem. § 266a StGB[12] und die Verletzung von Buchführungspflichten gem. § 283 Abs. 1 Nr. 5, Nr. 7 StGB[13]. Die Verletzung der Buchführungspflichten nach § 283 Abs. 1 Nr. 5, Nr. 7 StGB wird in dieser Arbeit nicht näher untersucht, da die Schutzgesetzeigenschaft aus anderen Gründen, der fehlenden Präzisierung des geschützten Personenkreises und des fehlenden Individualschutzes, verneint wird.[14]

6 Schönke/Schröder/*Bosch*, Vor §§ 13ff. StGB, Rn. 134.

7 *BGH*, Urt. v. 06.05.1960, 2 StR 65/60, BGHSt 14, 280 (281); Schönke/Schröder/*Bosch*, Vor §§ 13ff. StGB, Rn. 134.

8 *BGH*, Urt. v. 06.05.1960, 2 StR 65/60, BGHSt 14, 280 (281); Schönke/Schröder/*Bosch*, Vor §§ 13ff. StGB, Rn. 135 – 137; demgegenüber lehnt MüKo-StGB/*Freund*, § 13 StGB, Rn. 60, 63; Freund, AT, § 6, Rn. 12f. die Bezeichnung der echten Unterlassungsdelikte als „sachlich verfehlt“ und irreführend ab. Unabhängig von der geäußerten Kritik ist die Einstufung als echte Unterlassungsdelikte weit verbreitet und wird aufgrund des primären Schwerpunkts dieser Arbeit im Zivilrecht als Definition beibehalten.

9 *Fischer*, § 13 StGB, Rn. 2; Schönke/Schröder/*Bosch*, Vor §§ 13ff. StGB, Rn. 135 – 137.

10 § 2 BauFordSiG setzt zwar einen Erfolg in Form der Benachteiligung des Gläubigers voraus, allerdings kann die Handlung durch den Verweis auf § 1 BauFordSiG ausschließlich durch ein Unterlassen begangen werden, so dass die §§ 1, 2 BauFordSiG dennoch zu den echten Unterlassungsdelikten zu zählen sind.

11 Uhlenbruck/*Hirte*, § 15a InsO, Rn. 64.

12 *BGH*, Beschl. v. 15.03.2012, 5 StR 288/11, BGHSt 57, 175 (180).

13 NK-StGB/*Kindhäuser* § 283 StGB, Rn. 59, 85.

14 Zutreffend *BGH*, Urt. v. 11.12.2018, II ZR 455/17, GmbHR 2019, 347 (349f) m.w.N. hinsichtlich des Streitstandes, zustimmend *Schlosser/Stephan-Wimmer*, GmbHR 2019, S. 449 (455f.). Nach dem *BGH* fehlt es an der für die Schutzgesetzeigenschaft notwendigen Möglichkeit der Konkretisierung des Kreises der verletzten Personen, weil die Feststellung des Zeitpunkts, indem die fehlerhafte Bilanz zu einem Gläubigerschaden

Ob der *BGH* mit seinem Urteil zur Schutzgesetzeigenschaft des § 323c Abs. 1 StGB die Grenze der Haftung für Unterlassen zutreffend oder in unzutreffender Weise zu weit gezogen hat, soll in dieser Arbeit näher untersucht werden. Dabei sind auch die Konsequenzen und die Übertragbarkeit der Rechtsprechung auf die anderen echten Unterlassungsdelikte näher zu analysieren.

§ 2) Aktualität der Fragestellung

Mit seinem Urteil hat der *BGH*[15] die Frage der Schutzgesetzeigenschaft des § 323c Abs. 1 StGB beantwortet, aber zugleich die neue Frage eröffnet, wie sich echte Unterlassungsdelikte in die bisherige Unterlassungssystematik integrieren lassen. Zudem stellen sich eine Reihe von Folgefragen im Zusammenhang mit der Haftung aus §§ 823 Abs. 2 BGB i.V.m. 323c Abs. 1 StGB. Dies beginnt mit der Reichweite des Schutzbereichs des § 323c Abs. 1 StGB, der Kausalität und deren Beweisbarkeit, der Behandlung des Mitverschuldens, des Gesamtschuldnerausgleichs, der Einstufung als vorsätzliche unerlaubte Handlung und deren besonderen Rechtsfolgen. Diese Fragen sowie die Möglichkeit der Übertragbarkeit auf weitere echte Unterlassungsdelikte werden im Rahmen dieser Arbeit adressiert und beantwortet, insbesondere da hierzu in der Rechtsprechung und Literatur wenig Fundstellen existieren und sich die Argumentationen mit denjenigen zu § 323c Abs. 1 StGB ähneln.

§ 3) Meinungsstand

Zur Schutzgesetzeigenschaft des § 323c Abs. 1 StGB gibt es zwei Positionen. Die verneinende Ansicht[16] lehnt teilweise den Individualschutz des § 323c Abs. 1 StGB ab, verneint die Schutzgesetzeigenschaft aufgrund der unüberschaubaren Haftung und sieht die Systematik der Unterlassungsdogmatik in Gefahr. Die bejahende Ansicht[17] hält dem den Individualschutz des

---

führt, unmöglich ist und damit auch im Vorhinein die Bestimmung der betroffenen Personen.

15 *BGH*, Urt. v. 14.05.2013, VI ZR 255/11, BGHZ 197, 225 (227 – 229).

16 Statt aller: *OLG Frankfurt am Main*, Urt. v. 27.10.1988, 1 U 171/87, VersR 1989, 1154 (1155); *Dütz*, NJW 1970, S. 1822 (1824f.); für die ausführliche Aufzählung aller Vertreter siehe Fn. 799, S. 235.

17 Statt aller: *OLG Düsseldorf*, Urt. v. 27.07.2004, I-14 U 24/04, NJW 2004, 3640 (3640f.); Soergel[13.]/*Spickhoff*, § 823 BGB; Rn. 115; für eine ausführliche Aufzählung aller Vertreter siehe Fn. 800, S. 235.

§ 323c Abs. 1 StGB entgegen und bringt Argumente gegen die Gefahr einer unüberschaubaren Haftung vor.

Der *BGH* folgte in seinem Urteil zwei bejahenden Urteilen des *OLG Düsseldorf*[18], worauf hin sich ein großer Teil der Literatur der Ansicht des *BGH* anschloss. Eine vertiefte Auseinandersetzung mit dem *BGH*-Urteil und eine grundsätzliche Einordnung der Rechtsprechung in die bisherige Unterlassungsdogmatik nahmen vor allem *Loyal*[19] und *Wagner*[20] vor, die beide das Urteil, zumindest aber dessen Begründung, ablehnen.

§ 4) Gang der Untersuchung

Eine wesentliche Problematik dieser Arbeit ist die Schutzgesetzeigenschaft des § 323c Abs. 1 StGB als „Prototyp" der echten Unterlassungsdelikte. Im Rahmen der Diskussion bringen einzelne vor, dass eine Bejahung der Schutzgesetzeigenschaft zu einer unüberschaubaren Haftung führe,[21] während andere dem die Begrenzung der Haftung durch die Kausalität des Schadens sowie den Gesamtschuldnerregress entgegenhalten.[22] Für die Diskussion sind diese Argumente von entscheidender **Bedeutung**, so dass es überrascht, dass eine Suche nach weiterführenden Ausführungen dieser Argumente im Sande verläuft.

Zur Beseitigung dieses Missstandes wird im **zweiten Kapitel** dieser Arbeit zunächst unterstellt, dass § 323c Abs. 1 StGB ein Schutzgesetz sei, um die Reichweite einer Haftung aus § 823 Abs. 2 BGB und die Möglichkeiten der Begrenzung näher zu untersuchen. Diese Ausführungen verlieren selbst dann nicht ihre Berechtigung, wenn im Rahmen der anschließenden Diskussion die Schutzgesetzeigenschaft verneint wird, da mit der Bejahung der Haftung durch den *BGH* die Fragen für die Praxis bestehen bleiben. Dies betrifft die Tatbestandsvoraussetzungen des persönlichen und sachlichen Schutzbereichs, des Schadens, der Kausalität der unterlassenen Hilfeleistung für den Schaden sowie des Mitverschuldens des Geschädigten.

Um die Auswirkungen der Haftung vollständig zu betrachten, ist zu klären, wie stark der Gesamtschuldnerregress den Hilfe Unterlassenden entlastet und

---

18 *OLG Düsseldorf*, Urt. v. 27.07.2004, I-14 U 24/04, NJW 2004, 3640 (3640f.); *OLG Düsseldorf*, Urt. v. 17.08.2011, I-19 U 6/11, juris, Rn. 31 – 36; die Urteile werden in näher in Kapitel 4) § 3) A), S. 226, ausgeführt.

19 *Loyal*, JZ 2014, S. 306 (306 – 309).

20 MüKo-BGB/*Wagner*, § 823 BGB, Rn. 416f.

21 *Ulmer*, JZ 1969, S. 163 (165 Fn. 29).

22 *OLG Düsseldorf*, Urt. v. 27.07.2004, I-14 U 24/04, NJW 2004, 3640 (3641).

welche Folgen sich daraus ergeben, dass § 323c Abs. 1 StGB ein Vorsatzdelikt ist. Denn das Zivilrecht knüpft an verschiedenen Stellen besondere Rechtsfolgen an eine vorsätzliche unerlaubte Handlung, wobei sich der Wortlaut der Normen unterscheidet. Hierzu zählen die Verjährung, die Aufrechnung, die Restschuldbefreiung sowie die Pfändungsfreigrenzen und von besonderer Bedeutung der Ausschluss der Eintrittspflicht des Versicherers für den durch den Schädiger herbeigeführten Schaden.

Demgegenüber werden im **zweiten Kapitel** nicht die einzelnen Tatbestandsmerkmale des § 323c Abs. 1 StGB näher dargestellt, sondern insoweit auf die reichhaltige strafrechtliche Literatur verwiesen und nur einzelne Probleme, die besondere Auswirkungen auf die Frage der Reichweite der Haftung haben, näher ausgeführt. Dies gilt entsprechend für die weiteren in dieser Arbeit zu untersuchenden Delikte.

Im **dritten Kapitel** ist allgemein zu erörtern, welche Voraussetzungen für die Bejahung eines Schutzgesetzes erforderlich sind.

Das **vierte Kapitel** widmet sich zunächst der Frage, ob der Hilfe Unterlassende schon aus § 823 Abs. 1 BGB oder § 826 BGB haftet, um die dogmatischen Vorarbeiten für die Einordnung des § 323c Abs. 1 StGB in § 823 Abs. 2 BGB zu klären. Zur Frage der Schutzgesetzeigenschaft kann mit diesen Erkenntnissen abschließend Stellung bezogen werden und es können Rückschlüsse für die weiteren echten Unterlassungsdelikte gezogen werden.

Auf dieser Grundlage wird im **fünften Kapitel** die Schutzgesetzeigenschaft der weiteren echten Unterlassungsdelikte näher untersucht. Hierzu zählen § 138 StGB, die landesrechtlichen Meldepflichten von Feuer, §§ 1, 2 BauFordSiG, § 15a Abs. 1, Abs. 4 InsO und § 266a StGB.

Die gefundenen Ergebnisse werden abschließend im **sechsten Kapitel** zusammengefasst.

Die Arbeit berücksichtigt den Rechtstand bis zum 30. September 2019 sowie die bis dahin veröffentlichte Rechtsprechung und Literatur.

Kapitel 2) Reichweite der Haftung des §§ 823 Abs. 2 BGB i.V.m. 323c Abs. 1 StGB

Um zu klären, ob ein Schadensersatzanspruch nach §§ 823 Abs. 2 BGB i.V.m. 323c Abs. 1 StGB zu einer unüberschaubaren Haftung führt, werden in diesem Kapitel die Schutzgesetzeigenschaft des § 323c Abs. 1 StGB unterstellt und die einzelnen Tatbestandsmerkmale des Anspruchs näher untersucht.

Dies betrifft zunächst den persönlichen und sachlichen Schutzbereich des § 323c Abs. 1 StGB (**§ 1**), woraus hervorgeht, wer für die Verletzung welcher Rechtsgüter Schadensersatz verlangen kann. Da Straf- und Zivilrecht in einigen Punkten (z.B. Schuldfähigkeit, Vorsatz und Fahrlässigkeit) voneinander abweichen, ist in **§ 2** die Reichweite der Verweisung des § 823 Abs. 2 BGB näher zu betrachten und welche Folgen dies für die Haftung hat. Insbesondere stellt sich die Frage, ob die Verweisung das spezielle Merkmal der Zumutbarkeit des § 323c Abs. 1 StGB sowie die speziellen Regelungen für besondere Personengruppen in § 139 Abs. 2, Abs. 3 StGB erfasst oder die Haftung über die Strafbarkeit hinausgeht. Benötigen nicht nur eine Person, sondern gleich mehrere die Hilfe des Unterlassenden, kann dies durch die größere Anzahl der Hilfsbedürftigen schnell zu einem Multiplikator der Schadenshöhe führen. In diesem Bereich kommt zudem die Frage auf, für welche Schäden der Hilfe Unterlassende haften muss, wenn er nicht allen Hilfsbedürftigen helfen kann. Für diese aus dem Strafrecht stammende Problematik der Pflichtenkollision werden in **§ 3** zunächst die strafrechtlichen Lösungsansätze diskutiert und anschließend überprüft, ob diese sich ins Zivilrecht übertragen lassen.

In **§ 4** wird beleuchtet, inwiefern die Kausalität aus materieller Sicht und der Nachweis der Kausalität zu einer Begrenzung der Haftung führen. Im Anschluss werden die Besonderheiten der Haftung aus §§ 823 Abs. 2 BGB i.V.m. 323c Abs. 1 StGB im Bereich des Schadens vorgestellt (**§ 5**). Hat der Hilfsbedürftige durch sein bisheriges gefährliches Verhalten zum Schaden beigetragen, kann dies zu einer Kürzung des Anspruchs nach § 254 BGB führen (**§ 6**). Wurde der Schaden dagegen durch einen Dritten verursacht und hätte der Hilfe Unterlassende dies verhindern oder weitere Folgen abmildern können, stehen dem Gläubiger zwei Schuldner zumindest teilweise als Gesamtschuldner gegenüber, womit das Innenverhältnis der Gesamtschuldner in **§ 7** näher zu beleuchten ist, zumal dies im Idealfall zu einer Entlastung des Hilfe Unterlassenden führen kann.

Die hiernach übrigbleibende Haftung kann erträglich sein, wenn der Hilfe Unterlassende sich hiergegen absichern oder sich als letzten Ausweg einer extrem hohen Schadenssumme im Rahmen der Restschuldbefreiung entledigen kann. Da § 323c Abs. 1 StGB jedoch ein Vorsatzdelikt ist, ist zu untersuchen, inwieweit verschiedene Normen wie § 103 VVG und § 302 Nr. 1 Var. 1 InsO, die den Versicherungsschutz für vorsätzlich herbeigeführte Schäden bzw. die Restschuldbefreiung für vorsätzlich begangene unerlaubte Handlungen ausschließen, Anwendung finden (**§ 8**).

Die immer stärker werdende Videoüberwachung und insbesondere die Verwendung von *Dash-Cams* können zudem die Problematik der Beweisbarkeit erheblich verkleinern, sofern sie im zivilrechtlichen Prozess als Beweismittel zulässig sind (**§ 9**). Nach der Darstellung der Haftung im Fall der unterlassenen Hilfe stellt sich die Frage, ob der Hilfe Unterlassende auch im Fall der erbrachten Ersten Hilfe, insbesondere bei der fehlerhaften Ausübung in Haftung genommen werden kann (**§ 10**). Anhand der gefundenen Ergebnisse wird in **§ 11** eine abschließende Bewertung vorgenommen, ob eine unüberschaubare Haftung vorliegt.

§ 1) Persönlicher und sachlicher Schutzbereich des § 323c Abs. 1 StGB

Die Haftung wird zunächst durch den persönlichen und sachlichen Schutzbereich begrenzt, welcher an dieser Stelle näher untersucht wird.

A) Sachlicher Schutzbereich des § 323c Abs. 1 StGB

Für die Bestimmung des sachlichen Schutzbereichs bedarf es zunächst der Klärung, welche Rechtsgüter § 323c Abs. 1 StGB schützt, um daraus abzuleiten, ob Schäden an diesen Rechtsgütern ersatzfähig sind. Anschließend ist darauf einzugehen, ob der Hilfsbedürftige, wenn er vom späteren Helfer aus Geschäftsführung ohne Auftrag wegen Schäden des Helfers im Rahmen seiner Hilfeleistung in Anspruch genommen wird, insoweit beim Hilfe Unterlassenden Rückgriff nehmen kann.

I) *Geschützte Rechtsgüter*

Im Gegensatz zu vielen anderen Strafgesetzen sind die geschützten Rechtsgüter in § 323c Abs. 1 StGB nicht positiv genannt, wodurch diese Frage umstritten ist.[23]

1) *Leben und Gesundheit*

Unstreitig gehören Leben[24] und Gesundheit zu den geschützten Rechtsgütern, wobei einzelne Stimmen es hierbei bewenden lassen wollen.[25]

2) *Sexuelle Selbstbestimmung*

Ein weiteres Rechtsgut sei die sexuelle Selbstbestimmung, zumal der Unglücksfall die Konstellation bevorstehender Straftaten umfasse, wozu die Vergewaltigung gehöre.[26]

---

23 An dieser Stelle werden Ansichten, wonach Allgemeingüter als geschützte Rechtsgüter des § 323c Abs. 1 StGB angesehen werden, ausgeblendet, weil einerseits niemand hieraus einen persönlichen Anspruch ableiten kann und andererseits das Kapitel 2 unter der Prämisse steht, dass § 323c Abs. 1 StGB ein Schutzgesetz ist, womit diese Ansichten nicht vereinbar sind.

24 Die Verletzung des Lebens hat im Deliktsrecht im Gegensatz zum Strafrecht eine geringere Bedeutung. Denn das Deliktsrecht gewährt im Grundsatz nur dem Inhaber des Rechtsguts eine Aktivlegitimation für die Geltendmachung der Schäden aus der Verletzung seines Rechtsguts. Bei der Verletzung des Lebens, also der Tötung des Verletzten, scheiden somit der Aktivlegitimierte und damit auch Ansprüche aus seiner Tötung für ihn aus (MüKo-BGB/*Wagner*, § 823 BGB, Rn. 165; MüKo-BGB/*Wagner*, § 844 BGB, Rn. 2). Im Fall der Tötung macht der Gesetzgeber in § 844 BGB eine Ausnahme hinsichtlich der Aktivlegitimation, indem er den dort genannten Drittbetroffenen für den Ersatz von Vermögensschäden (Beerdigungskosten und Unterhalt) für die Verletzung eines fremden Rechtsguts die Aktivlegitimation einräumt (MüKo-BGB/*Wagner*, § 844 BGB, Rn. 2; Staudinger/*Mansel*, § 823 BGB, Rn. B2).

25 *Blindauer*, S. 31 – 33; *Seebode*, in: FS Kohlmann, S. 279 (290).

26 AnwaltKomm/*Conen*, § 323c StGB, Rn. 10; NK-StGB/*Gaede*, § 323c StGB, Rn. 6; *Arzt*/*Weber*/Heinrich/Hilgendorf/*Hilgendorf*, § 39, Rn. 3; *Küper*/*Zopfs*, Rn. 533; *Seelmann*, JuS 1995, S. 281 (284); teilweise wird anstelle der sexuellen Selbstbestimmung der Begriff der „sittlichen Integrität" mit der gleichen Intension verwendet: *Haft*, S. 257; *Kreuzer*, S. 30.

3) *Freiheit*

Einige zählen die Freiheit allgemein zu den geschützten Rechtsgütern,[27] wobei einzelne hierunter auch die sexuelle Selbstbestimmung fassen.[28] Letzteres hänge damit zusammen, dass der Begriff der „sexuellen Selbstbestimmung" als eigenes Rechtsgut zu schwammig und weitgehend sei, um eine Hilfspflicht zu begründen.[29] Für die Erfassung der Vergewaltigung[30] als Unglücksfall, der eine Hilfspflicht Dritter begründet, bedarf es nach *Geilen* keines Rückgriffs auf den Begriff der sexuellen Selbstbestimmung, da die Vergewaltigung als qualifizierte Nötigung schon einen Eingriff in das geschützte Rechtsgut der Freiheit darstellt.[31] Demgegenüber begrenzen andere die Freiheit auf die Fortbewegungsfreiheit[32] und führen die Freiheitsberaubung als Beispiel an.[33]

---

27 *OLG Celle*, Beschl. v. 26.04.1988, 3 Ws 103/88, NStZ 1988, 568; AnwaltKomm/*Conen*, § 323c StGB, Rn. 10; NK-StGB/*Gaede*, § 323c StGB, Rn. 6; *Haft*, S. 257; *Seelmann*, JuS 1995, S. 281 (284).

28 SK-StGB/*Stein*, § 323c StGB, Rn. 13; *Kindhäuser*, BT I, § 72, Rn. 6; *Küper/Zopfs*, Rn. 533; *Geilen*, Jura 1983, S. 78 (86).

29 *Geilen*, Jura 1983, S. 78 (86).

30 Die Rechtsprechung betrachtet die Vergewaltigung als Unglücksfall, lässt aber offen, welches Rechtsgut betroffen ist: *BGH*, Urt. v. 10.06.1952, 2 StR 180/52, BGHSt 3, 65 (66); *BGH*, Urt. v. 26.05.1971, 2 StR 669/70, GA 118 (1971), 336 (337); *OLG Düsseldorf*, Urt. v. 27.07.2004, I-14 U 24/04, NJW 2004, 3640.

31 *Geilen*, Jura 1983, S. 78 (86).

32 *BSG*, Urt. v. 15.06.2010, B 2 U 12/09 R, NZA-RR 2011, 201 (201f.) bejaht in folgender Konstellation einen Unglücksfall, um für den Helfer den Versicherungsschutz der Unfallversicherung nach § 2 Abs. 1 Nr. 13 lit. a SGB VII anzunehmen: Ein sechsjähriges Mädchen gelangt vom Spielplatz auf ein umzäuntes Betriebsgelände entweder durch Klettern über den 1,70 m hohen Zaun oder durch ein Loch im Zaun und weint anschließend. Die Mutter schafft es nicht, ihr Kind zur Rückkehr zu überreden, bzw. es selbst zurückzuholen. Ein Junge klettert herüber, bewegt das Mädchen zur Rückkehr und verletzt sich beim Zurückklettern. – Die Annahme eines Unglücksfalls halte ich insoweit für fragwürdig, als dass das Kind sich selbst aus der Situation befreien kann, da es den Zaun in Richtung des Betriebsgeländes allein überwinden kann, womit allein ein psychisches Hindernis für die Einschränkung der Fortbewegungsfreiheit genügen würde.

33 Arzt/Weber/Heinrich/Hilgendorf/*Hilgendorf*, § 39, Rn. 3; *Kreuzer*, S. 30 spricht von persönlicher Freiheit.

4) *Eigentum*

Primärer Streitpunkt im Rahmen der geschützten Rechtsgüter ist die Frage der Erfassung des Eigentums. Teilweise wird der vollständige Schutz des Eigentums angenommen, der jedoch über die Zumutbarkeit begrenzt werden kann.[34] Andere grenzen den Eigentumsschutz schon im Rahmen des Rechtsguts auf Sachgüter von bedeutendem[35] oder

---

34 *Pawlik*, GA 142 (1995), S. 360 (366), der Sachen als geschützt ansieht, nicht aber das Eigentum als Rechtsgut auffasst, sondern die soziale Stabilität.

35 LK[9.]/*Mösl*, § 330c StGB, Rn. 10; MüKo-StGB/Freund, § 323c StGB, Rn. 26f.; *Maurach/Schroeder/Maiwald*, BT 2, § 55, Rn. 14; *Wessels/Hettinger/Engländer*, BT 1, Rn. 1156; *Rengier*, BT II, § 42, Rn. 3; *Geppert*, Jura 2005, S. 39 (42f.).
Der *BGH* verwendet in seiner Definition des Unglücksfalls nicht den Begriff „Sache von bedeutendem Wert", sondern spricht von einem „Ereignis, das erheblichen Schaden an Menschen und Sachen anrichtet und weiteren Schaden zu verursachen droht." (*BGH*, Urt. v. 10.06.1952, 2 StR 180/52, BGHSt 3, 65 (66); *Großer Senat des BGH für Strafsachen*, Beschl. v. 10.03.1954, GSSt 4/53, BGHSt 6, 147 (152)). Dabei bedeutet die Formulierung erheblicher Schaden nicht zwingend einen höheren finanziellen Schaden durch die Beschädigung der Sache, sondern kann ebenso gut dahin verstanden werden, dass eine „Sache erheblich beschädigt" (*BGH*, Urt. v. 19.01.1954, 1 StR 132/53, NJW 1954, 728 (729)), also nahezu komplett zerstört wurde und nicht nur ein Kratzer hat, der z.B. bei Fahrzeugen des oberen Preissegments auch zu hohen finanziellen Reparaturkosten führt. Sofern LK[9.]/*Mösl*, § 330c StGB, Rn. 10 sich bei Sachen für die Einschränkung „von bedeutendem Wert […] oder deren Vernichtung gegen das Gemeinwohl verstößt" auf *RG*, Urt. v. 02.04.1937, 2 D 846/36, RGZ 71, 200 (202f.) beruft, übersieht er, dass sich der Nebensatz ab „also" mit den Einschränkungen nur auf die gemeine Gefahr und Not, nicht aber auf den Unglücksfall bezieht und zugleich der Definition der Gemeingefahr nach § 315 Abs. 3 StGB entspricht: „Die Verpflichtung, Hilfe zu leisten, hat nicht, wie der § 22 Abs. 2 KraftfahrG, zur Voraussetzung, daß sich eine bei einem Unfall verletzte Person in hilfloser Lage befindet, sondern sie besteht unabhängig davon bei einem Unglücksfall – d.h. bei einem plötzlich eintretenden Ereignis, das einen erheblichen Schaden verursacht und weiteren Schaden zu verursachen droht, – oder bei gemeiner Gefahr (§ 315 Abs. 3 StGB) oder Not – also bei einer Gefahr für Leib und Leben, sei es auch nur eines einzelnen Menschen, oder für bedeutende Sachwerte, die in fremden Eigentume stehen oder deren Vernichtung gegen das Gemeinwohl verstößt –." Daher ist der Begriff „Sachen von bedeutendem Wert" vermutlich an § 315 Abs. 3 StGB a.F. angelehnt, der zur gemeinen Gefahr die Gefährdung von bedeutenden Sachwerten zählt. In einzelnen Urteilen verwendet das jeweilige Gericht den Begriff „bedeutende Sachwerte" für den Unglücksfall (*AG Tiergarten*, Beschl. v. 02.03.1990, (225a) 52 Js 889/89 (143/89), NStZ 1991, 216 (217); *OLG Düsseldorf*, Urt. v. 17.08.2011, I-19 U 06/11, juris, Rn. 39 jeweils unter Rückgriff auf Definitionen der Literatur).

erheblichem[36] Wert ein, da der vollständige Schutz in Abwägung mit dem Eingriff in die Handlungsfreiheit des Helfenden unverhältnismäßig wäre. *Stein* verlangt gar, dass die Sachgüter einen „Großteil des zum Lebensunterhalt dienenden Vermögens oder die materielle Grundlage eines Gewerbes“[37] darstellen müssen. *Seelmann*[38] beschränkt die Erfassung von Sachgütern auf Gefahren für die „bürgerliche Existenz“ des in Hilfsbedürftigen, die mit erheblichen Gefahren für Körper, Gesundheit, Freiheit und sexueller Selbstbestimmung vergleichbar sind.

Frellesen[39] hält Sachgüter aus kriminalpolitischer Sicht nur insoweit für schützenswert, wie der Schaden nicht schon durch eine Versicherung ersetzt werden könne. Der Schutz beschränke sich daher auf Sachgüter von unersetzlicher Bedeutung, wozu wertvolle Kunstwerke und einmalige Dokumente zählen. Zwar können diese ebenso versichert werden, allerdings lasse sich der Schaden mangels Ersetzbarkeit nicht beheben, weswegen in diesen Fällen eine Hilfspflicht gerechtfertigt sei.

Einige Literaturstimmen differenzieren in Bezug auf die Notlage.[40] Den Schutz erheblicher Sachgüter gewährleisten nur die gemeine Gefahr und Not, nicht aber der Unglücksfall. Würde der Unglücksfall diesen Schutz erfassen, käme der gemeinen Gefahr und Not keine eigene Bedeutung mehr zu.[41] Während bei einem Unglücksfall für einen Dritten unklar sei, ob eine Sache für den Eigentümer von erheblicher Bedeutung sei, da er die konkrete Bedeutung im Einzelfall nicht ohne Weiteres bestimmen könne, bestehe diese Problematik bei der gemeinen Gefahr und Not nicht, denn bei diesen könne eine Wertung der Erheblichkeit aus Sicht der Allgemeinheit eindeutig getroffen werden.[42] Aus kriminalpolitischen Erwägungen genüge die Erfassung der erheblichen Sachgüter bei gemeiner Gefahr und Not dem Eigentumsschutz.[43] Zudem führe der

---

Das *LG Magdeburg*, Urt. v. 24.08.2009, 26 Ns 66/08, BeckRS 2010, 05957, Abschnitt III 3., IV Abs. 18 – 21, V Abs. 1 und Abs. 6 lässt für die Annahme eines Unglücksfalls beim Diebstahl von einem Schlüsselbund und einem Handy genügen, dass es sich um Gegenstände von „nicht nur geringfügigem Wert“ gehandelt hat.

36 LK[11.]/*Spendel*, § 323c StGB, Rn. 31, 43; *Geilen*, Jura 1983, S. 78 (87).

37 SK-StGB/*Stein*, § 323c StGB, Rn. 14.

38 *Seelmann*, JuS 1995, S. 281 (284); zustimmend NK-StGB/*Gaede*, § 323c StGB, Rn. 6.

39 *Frellesen*, S. 155; zustimmend *Haft*, S. 258.

40 Schönke/Schröder/*Hecker*, § 323c StGB, Rn. 5; *Otto*, § 67, Rn. 4; *Haubrich*, S. 253; *Kreuzer*, S. 37f.; *Hoffmann*, GA 149 (2002), S. 385 (392).

41 *Otto*, § 67, Rn. 4; *Hoffmann*, GA 149 (2002), S. 385 (392).

42 *Kreuzer*, S. 38.

43 *Kreuzer*, S. 38.

Schutz von Sachgütern zu einer umfassenden Anzeigepflicht von Eigentumsdelikten durch Zeugen dieser Delikte, wodurch der klare Anwendungsbereich des § 138 StGB in unzulässiger Weise erweitert wäre.[44]

5) Vermögen

Geilen[45] betrachtet das Vermögen als Rechtsgut, da ein Vermögensschaden ohne Sachsubstanzverletzung ebenso schwer wie ein Sachschaden wiege. Als Beispiel führt er die fehlende faktische Möglichkeit der Durchsetzbarkeit eines Schadensersatzanspruchs des Geschädigten an, wenn ein Autofahrer während der Fahrt einen Passanten verletzt, Fahrerflucht begeht und der anwesende Zuschauer sich nicht das Kennzeichen für den angefahrenen Passanten merkt. Während *Geilen* den Schutz des Vermögens auf erhebliche Schäden begrenzt,[46] fordert *Stein* den „Großteil des zum Lebensunterhalts dienenden Vermögens oder die materielle Grundlage eines Gewerbes“[47].

6) Ehre

Teilweise wird die Ehre als Rechtsgut des § 323c Abs. 1 StGB anerkannt.[48] *Spendel*[49] nennt als Beispiel eine Falschverdächtigung: Ein Zuschauer beobachtet, wie ein Dieb einem Dritten die Diebesware heimlich unterschiebt und Letzterer dann von den Detektiven als Täter verdächtigt wird. Der Zuschauer äußert seine Beobachtungen aus Schadenfreude nicht, so dass der Dritte den Makel eines Straftäters nicht mehr vollends beseitigen könne. Andere lehnen hingegen die Ehre als Rechtsgut des § 323c Abs. 1 StGB ab, da eine Ehrverletzung als Unglücksfall nicht vorstellbar[50] und vom Wortlaut nicht erfasst sei.[51]

---

44 *Kreuzer*, S. 38.

45 *Geilen*, Jura 1983, S. 78 (82, 90).

46 *Geilen*, Jura 1983, S. 78 (90).

47 SK-StGB/*Stein*, § 323c StGB, Rn. 14.

48 LK[11.]/*Spendel*, § 323c StGB, Rn. 30; SK-StGB/*Stein*, § 323c StGB, Rn. 13, Letztere zweifeln aber an einschlägigen Fällen, die die Erheblichkeitsschwelle erreichen.

49 LK[11.]/*Spendel*, § 323c StGB, Rn. 30, der das Beispiel von *Geilen*, Jura 1983, S. 78 (81) übernommen hat.

50 *Vermander*, S. 23.

51 *Seebode*, in: FS Kohlmann, S. 279 (289); *Vermander*, S. 23.

7) Stellungnahme

Explizit sind in der Norm keine Rechtsgüter genannt, so dass die einzelnen Notsituationen auszulegen sind. Umgangssprachlich wird der Begriff „Unglück" als „verhängnisvolles Ereignis, das einen od[er] viele Menschen trifft" oder als „Zustand des Geschädigtseins durch ein schlimmes unheilvolles Ereignis"[52] verstanden. In diesem Zusammenhang kommt primär ein drohender Schaden für Gesundheit und Leben in Betracht. Dagegen ist die Freiheit als Rechtsgut eher fernliegend, wie das folgende Beispiel verdeutlicht: Ein Skifahrer fällt abseits der Piste in eine flachere Gletscherspalte, überlebt den Sturz und würde ohne Hilfe noch einen Tag vor Unterkühlung und Verdursten überleben. Der drohende Schaden des Skifahrers bei ausbleibender Hilfe liegt bei lebensnaher Betrachtung primär im Verlust des Lebens und bis dahin in erheblichen Gesundheitsverletzungen, nicht aber im Verlust der Fortbewegungsfreiheit für einen Tag. Die Fälle der Einschränkung der Fortbewegungsfreiheit sind hinreichend durch die erheblichen Gesundheitsverletzungen erfasst, wozu ebenfalls schwerwiegende seelische Leiden zählen, so dass es der Nennung der Freiheit als zusätzliches Rechtsgut nicht bedarf.

Lediglich die Fälle der reinen Einschränkung der Fortbewegungsfreiheit in Form der Freiheitsberaubung bei ausreichender Ernährung sind hierdurch nicht abgedeckt, sofern sie nicht schon schwerwiegende seelische Leiden hervorrufen. Dieses Ergebnis ist gerecht. Nicht jede kurzfristige Fortbewegungseinschränkung ist von den Folgen mit erheblichen Gesundheitsverletzungen vergleichbar und rechtfertigt gleich einen Eingriff in die Handlungsfreiheit des Dritten mittels strafbewehrter Hilfspflicht.[53] Wenig hilfreich in diesem Zusammenhang ist die Begrenzung auf Fälle erheblicher Beschränkung der Fortbewegungsfreiheit, um diese als Rechtsgut beizubehalten. Die Fortbewegungsfreiheit kann in jeder Sekunde entweder nur bestehen oder ausgeschlossen sein, womit der Ausschluss der Fortbewegungsfreiheit an sich nicht erheblich sein kann. Für die Bestimmung der Erheblichkeit kann nicht auf die Dauer der Entziehung der Freiheit abgestellt werden, da eine spätere Hilfe, welche die Freiheitsberaubung beenden und damit deren Dauer bestimmen würde, als unerhebliche Reserveursache nicht

---

52 *Duden*, Das große Wörterbuch der deutschen Sprache, Bd. 9: Tach – Vida, 3. Aufl., Mannheim, Leipzig, Wien, Zürich 1999, S. 4109.

53 Dies trifft auch auf eine Person zu, die in einem defekten Fahrstuhl eingeschlossen ist und um Hilfe ruft. Nicht die Einschränkung ihrer Bewegungsfreiheit, sondern die Gefahren des Verhungerns und Verdurstens können eine Hilfspflicht und damit zugleich eine Einschränkung der Handlungspflichten eines Dritten rechtfertigen.

berücksichtigen werden kann, womit wiederum jede (nicht endende) Freiheitsberaubung erheblich wäre. Daneben passt ein Dauerdelikt der Freiheitsberaubung nicht zu einem Begriff, der auf einen bestimmten Zeitpunkt, das plötzliche Ereignis, abstellt. Dies zeigt sich besonders dadurch, dass bei einer Freiheitsberaubung die Hilfspflicht bis zur Befreiung, die erst Jahre später geschehen kann, bestehen sollte, und damit nach Jahren noch auf den Zeitpunkt des Einsperrens zurückgegriffen bzw. der ganze Zeitraum als ein plötzliches Ereignis und ein Unglücksfall verstanden wird, welches nicht mehr vom Wortsinn gedeckt ist. Die Freiheit der Willensentschließung und –betätigung als weiteren Teilaspekt der Freiheit scheidet als Rechtsgut aus, da kaum eine Nötigung als Unglücksfall vorstellbar ist, welche die Schwere von einer erheblichen Gesundheitsverletzung erreicht.

Die Befürchtung, dass durch die Ablehnung der Freiheit als geschütztes Rechtsgut des § 323c Abs. 1 StGB die Vergewaltigung aus dem Tatbestand des § 323c Abs. 1 StGB ausgeschlossen wird und damit der Dritte nicht mehr zur Hilfe verpflichtet ist, ist unbegründet. Denn die Vergewaltigung ruft beim Opfer regelmäßig erhebliche – zumindest seelische – Gesundheitsverletzungen hervor, womit das von § 323c Abs. 1 StGB erfasste Rechtsgut der Gesundheit des Opfers erheblich betroffen ist, damit einen Unglücksfall und die daraus resultierende Hilfspflicht des Dritten begründet. Indem die Vergewaltigung über das Rechtsgut der Gesundheit erfasst ist, kann zugleich der Rückgriff auf den sehr weitgehenden Begriff der „sexuellen Selbstbestimmung“ entfallen.

Als Unglücksfall wird auch ein schwerer Unfall verstanden, so dass neben Gefahren für Leib und Leben noch Sachschäden erfasst wären. Problematisch ist jedoch die Rechtfertigung des Schutzes von Rechtsgütern durch jedermann, die nicht jedem zur Verfügung stehen. Denn in diesem Fall würde die Begründung der Hilfeleistung, dass Menschen einer Gesellschaft gegenseitig aufeinander angewiesen sind, wenn sie in eine Notsituation gelangen, mangels gegenseitiger Angewiesenheit nicht mehr einschlägig sein. Die gegenseitige Angewiesenheit ist nur gegeben, wenn jeder der Gesellschaft über das Rechtsgut verfügt, welches in eine Notsituation geraten kann.[54] Die Erfassung des Rechtsguts Eigentum würde insbesondere bei Berücksichtigung der Begrenzung auf höhere Schäden zu einem Schutz der Reichen durch die Armen führen,[55] wobei die Risiken auf

54 *Zopfs*, in FS: Seebode, S. 449 (464); *Küper/Zopfs*, Rn. 533; im Ergebnis *Harzer*, S. 105, 216; *Kahlo*, S. 306, 334f.; *Momsen*, S. 420f.

55 *Kahlo*, S. 335 pointiert den Schutz dahingehend, dass zwar die Luxuslimousine des Bankiers, nicht aber der gebrauchte Kleinwagen des Studenten erfasst sei; *Momsen*, S. 421.

die Allgemeinheit übertragen werden können, während der Nutzen des Eigentums der Allgemeinheit zugunsten des Eigentümers komplett entzogen ist. Dabei besteht gerade bei höherwertigen Sachen die Möglichkeit, diese entsprechend zu schützen und zu versichern, wodurch der Schaden durch Ersatzleistungen minimiert wird. Wenn der Eigentümer, der allein den Nutzen aus seinem Eigentum zieht, die Kosten für den besseren Schutz spart, dann hat er die entsprechenden Konsequenzen seiner Entscheidung, insbesondere den Verlust des Eigentums, selbst zu tragen.

Aus kriminalpolitischer Sicht besteht kein Bedürfnis für die Erfassung von Sachschäden, womit diese auszuschließen sind. Während ein Leben unersetzbar ist, die Gesundheit durch Verletzungen wenn überhaupt nur für die Zukunft wiederhergestellt werden kann, wobei die Einschränkungen bis zur vollständigen Genesung nicht ersetzbar sind, können Sachen ohne bleibende Schäden für deren Eigentümer grundsätzlich ersetzt werden. Der Ersatz der Sachschäden ist weitgehend durch Pflichtversicherungen im Verkehr, Haftpflichtversicherungen des Schädigers sowie des Geschädigten, die den Ausfall der Zahlung des Schädigers beinhalten kann, Schadensersatzansprüche und weiterer Versicherungen des Eigentums gegen andere Schäden gewährleistet.[56] Die Pflicht zur Hilfeleistung bei Sachgefahren würde insoweit primär zur Entlastung der Versicherungskonzerne wegen der versicherten Risiken führen, welches schwerlich der Sinn und Zweck der Hilfeleistung sein kann.[57] Der Einwand, eine Kompensation bei Kunstwerken sei nicht möglich, überzeugt nicht. Zwar sind Kunstwerke aufgrund ihrer Einzigartigkeit nicht ersetzbar und stellen für die Allgemeinheit einen unermesslichen Verlust dar, sofern der Allgemeinheit diese überhaupt zur Verfügung standen. Allerdings zeigt die Möglichkeit des Handels mit Kunstwerken ohne die Verpflichtung der öffentlichen Ausstellung oder der ordnungsgemäßen Lagerung zugleich, dass Kunstwerke durchaus finanziell ersetzbar sind und damit auch eine Kompensation möglich ist. Daneben stellt sich das

56 *Frellesen*, S. 154; a.A.: *Geilen*, Jura 1983, S. 78 (87) kritisiert, dass die Versicherung regelmäßig nur den Zeit-, nicht aber den Wiederbeschaffungswert erstattet, welches nicht genügt und im Übrigen hierdurch die Gemeinschaft der Versicherten durch den Schaden belastet wird. Dem ist entgegenzuhalten, dass der Eigentümer seine Sachen zum Wiederbeschaffungswert versichern kann. Tut er dies aus Kostengründen nicht, trägt er neben der Ersparnis aber auch die Konsequenzen seiner Entscheidung. Gegen das zweite Argument spricht, dass die Versicherung gerade solche Fälle abdecken soll und § 323c Abs. 1 StGB nicht dazu dient, die Versicherungsbeiträge der Versicherten zu reduzieren.

57 *Frellesen*, S. 154; *Seelmann*, JuS 1995, S. 281 (284).

Konkretisierungsproblem, wann sich ein Werk in ein bedeutendes Kunstwerk verwandelt, mit der Ausstellung, erst nach dem Tod des Künstlers oder schon vorher und darf der Künstler in letzterem Fall das Werk noch zerstören oder stellt dies ebenfalls schon einen Unglücksfall dar. Der Hilfe Unterlassende würde sich im Zweifel darauf berufen, dass es sich um eine Fälschung handelt bzw. er dies glaubte, welches schwer zu widerlegen sein dürfte, womit dem Schutz der Kunstwerke wenig geholfen wäre.

Die Begrenzungen des Eigentumsschutzes sind von ihrer Tendenz her zu begrüßen, allerdings nur begrenzt praxistauglich. Denn woher soll der Hilfe Unterlassende, der den Hilfsbedürftigen nicht kennt, wissen, ob es sich bei den bedrohten Sachen um den Großteil des Vermögens handelt oder wieviel die bedrohte Sache genau wert ist. Diese Einschätzung muss er aber schnell treffen, um festzustellen, ob ihn eine Hilfspflicht trifft oder nicht, da er bei zu langem Überlegen im Fall ihres Bestehens gegen die Hilfspflicht schon verstoßen hat und die Sache im Übrigen inzwischen zerstört sein könnte. Daher bieten die Begrenzungen kaum Rechtssicherheit für den Hilfe Unterlassenden. Dies verdeutlicht auch das Urteil des *LG Magdeburg*, in dessen zugrundeliegenden Sachverhalt ein Unbekannter dem Hilfsbedürftigen ein Handy und einen Schlüsselbund aus der Brusttasche einer Latzhose nahm und ihn anschließend schlug, wobei der Hilfe Unterlassende die Schläge nicht verhindern konnte. Die erforderliche und zumutbare Hilfsleistung habe darin bestanden, den Unbekannten aufzufordern, Handy und Schlüsselbund zurückzugeben.[58] Das Urteil enthält allerdings keine Wertangaben über Handy und Schlüsselbund. Bei den Ausführungen zum Unglücksfall wird nur festgestellt, dass es sich um „Gegenstände, die jedenfalls nicht nur einen geringfügigen Wert hatten“[59], handelte.

Mit denselben Erwägungen ist das Vermögen als Rechtsgut des § 323c Abs. 1 StGB abzulehnen.[60] Das Beispiel der fehlenden Durchsetzbarkeit des Schadensersatzanspruchs nach einem Unfall von *Geilen*[61] überzeugt nicht. Das Unglück ist in der Verletzung der Gesundheit und deren Verschlimmerung zu sehen, aber nicht in der fehlenden Durchsetzbarkeit eines Anspruchs, zumal die Behandlungskosten von der Krankenkasse übernommen werden und das Vermögen daher nicht beeinträchtigt ist. Außerdem stellen ein Betrug oder das

---

58 *LG Magdeburg*, Urt. v. 24.08.2009, 26 Ns 66/08, BeckRS 2010, 05957, Abschnitt III 3., IV Abs. 18 – 21, V Abs. 1.

59 *LG Magdeburg*, Urt. v. 24.08.2009, 26 Ns 66/08, BeckRS 2010, 05957, Abschnitt V Abs. 6.

60 *Seebode*, in: FS Kohlmann, S. 279 (289).

61 Siehe Kapitel 2) § 1) A) I) 5), S. 39; *Geilen*, Jura 1983, S. 78 (90).

normale Wirtschaften, bei dem der Verkäufer Gewinne zulasten des Vermögens des Käufers erzielt, vom Wortsinn her schwerlich einen Unglücksfall dar, bei dem ein Dritter das Opfer dahingehend aufklären müsste, dass der Verkäufer sein Vermögen gerade schädigt.

Die Ehre ist als Rechtsgut des § 323c Abs. 1 StGB abzulehnen, da ein Unglücksfall nach dem Wortsinn die Verletzung der Ehre nicht mehr umfasst.[62] Im Übrigen ist die Verletzung der Ehre mit der Schwere einer erheblichen Gesundheitsverletzung nicht vergleichbar.

Die systematische Auslegung deckt weitgehend das bisherige Ergebnis. Die Gemeinsamkeit der Normen des 28. Abschnitts des StGB mit der Überschrift gemeingefährliche Straftaten ist regelmäßig, dass sie vor Gefahren für Leben, Gesundheit und fremden Sachen von bedeutendem Wert in verschiedenen Situationen Schutz gewährleisten.[63] Diese Güter stimmen mit dem früher verwendeten und legaldefinierten Begriff der „Gemeingefahr" in § 315 Abs. 3 StGB a.F. überein. Der Begriff der „gemeinen Gefahr" wurde zudem bis zur 6. Strafrechtsreform in den Normen zur Überschwemmung verwendet. Hierbei enthielten die Normen durch Zusätze konkret die betroffenen Rechtsgüter, nämlich in § 312 StGB a.F. die gemeine Gefahr für Menschenleben, in § 313 Abs. 1 StGB a.F. die gemeine Gefahr für das Eigentum und in § 314 StGB a.F. die gemeine Gefahr für Leben und Eigentum. Zwar setzt § 323c Abs. 1 StGB im Gegensatz zu den anderen Normen nicht die Verursachung einer gemeinen Gefahr voraus, aber durch die Auferlegung der Hilfspflicht sollen gerade vergleichbare Gefahren wie in den anderen Normen bekämpft werden, so dass eine Vergleichbarkeit besteht.[64] Allerdings ist bei der systematischen Auslegung die begrenzte Aussagekraft der Abschnittsüberschrift zu beachten, da der Gesetzgeber die stringente, systematische Einsortierung der Normen nicht durchhält, welches die Existenz der §§ 317, 323a, 323b StGB zeigen.[65]

Ein weiteres systematisches Argument kommt durch die Einführung des neuen § 323c Abs. 2 StGB, der mit der Formulierung „in diesen Situationen" auf die drei Notlagen des § 323c Abs. 1 StGB verweist, wodurch der Schutz derselben Rechtsgüter durch beide Absätze naheliegt.[66] Der Gesetzgeber impliziert dabei in der Gesetzesbegründung zu § 323c Abs. 2 StGB mit der Formulierung – „die

62 *Seebode*, in FS Kohlmann, S. 279 (289).

63 SK-StGB/*Wolters*, Vor §§ 306 ff. StGB, Rn. 2; *Haubrich*, S. 248.

64 *Haubrich*, S. 248f.

65 *Haubrich*, S. 249.

66 *Lenk*, JuS 2018, S. 229 (230).

Vorschrift [erweitert] letztlich den Schutz von Personen (d.h. Leben oder Gesundheit) oder Sachwerten in entsprechenden Situationen vor Gefahren durch eine verzögerte oder verhinderte Hilfeleistung"[67] –, dass § 323c Abs. 1 StGB dem Schutz der Rechtsgüter Leben, Gesundheit und Eigentum dient. Allerdings deutet der Wortlaut „einem Dritten Hilfe leistet" darauf hin, dass sich der Schutz nur auf dessen Leben und Gesundheit beschränkt. Andernfalls hätte es „einem Dritten oder dessen Sachwerten Hilfe leistet" heißen müssen.

Die historische Auslegung schließt ebenfalls aus zwei Gesichtspunkten die Erfassung der Sachgefahr bei Unglücksfällen aus. Zwar werden in der Gesetzesbegründung[68] zur Neufassung des § 330c StGB keine Rechtsgüter genannt, jedoch lässt sie einen indirekten Schluss zu. Der Gesetzgeber hat beabsichtigt, am Grundgedanken des durch die Nationalsozialisten eingeführten § 330c StGB a.F. festzuhalten, jedoch die Entartung des nationalsozialistischen Machtsystems in der Norm, die in Randbereichen zu einer zu weiten Strafbarkeit führte, zu korrigieren, so dass er den Tatbestand gerade nicht weiter als die Nationalsozialisten fassen wollte.[69] In der Gesetzesbegründung des § 330c StGB vom 26. Juni 1935 heißt es zu den geschützten Rechtsgütern: „Der Entwurf beschränkt die Hilfeleistungspflicht nicht auf die Fälle der Leibes- oder Lebensgefahr; sie besteht auch bei einer gemeinen Gefahr für Sachgüter, z.B. bei Feuersbrünsten, auch wenn keine Menschenleben in Gefahr sind, insbesondere auch – wovon schon die Rede war – bei Waldbränden usw."[70] Indem die Sachgüter nur in Zusammenhang mit der gemeinen Gefahr genannt werden, lässt dies den Schluss zu, dass sie nicht zum Unglücksfall zählen. Dabei sind die genannten Rechtsgüter abschließend und nicht lediglich als beispielhafte Aufzählung zu verstehen. Dies zeigt sich dadurch, dass während des Gesetzgebungsverfahrens die Sachgefahr bei Unglücksfällen nicht diskutiert wurde, sondern nur die Fälle des Selbstmordversuchs und drohende Straftaten Dritter zum Begriff gezählt wurden.[71] Ferner spricht dafür, dass in den Vorentwürfen die eigenständige Hilfspflicht ohne polizeiliche Aufforderung nur in Zusammenhang mit Leibes- und Lebensgefahren bestanden hat, so dass die Erstreckung auf Sachgefahren bei der gemeinen Gefahr eine erhebliche Erweiterung ist, womit eine darüber hinausgehende Erweiterung

67 *BT*-Drucks. 18/12153, S. 6.

68 *BT*-Drucks. 1/3713, S. 43 – 45.

69 *Haubrich*, S. 250.

70 Die Strafrechtsnovellen v. 28. Juni 1935 und die amtlichen Begründungen, Berlin 1935, S. 42.

71 Vgl. *Gieseler*, S. 74 – 80.

fernliegend wäre.[72] Hiergegen wird eingewendet, dass das nationalsozialistische Verständnis des Begriffs „Unglücksfalls" sowie der Rolle des einzelnen innerhalb der Gemeinschaft weitergehend gewesen sei und insbesondere Sachgefahren erfasst habe, um eine möglichst umfassende Hilfspflicht zu begründen.[73] Dem ist jedoch zu entgegnen, dass sich der Gesetzgeber an den damaligen Gesetzesmaterialien orientierte und nicht an einer weitergehenden Auslegung, die durch die Aufhebung des Analogieverbotes in § 2 StGB a.F. noch gefördert wurde und welche er wieder als Ausartung beseitigt hat.

Gegen die Erfassung der Sachgefahr spricht ferner, dass bei der Übernahme der Definition des Unglücksfalls von der Übertretungsvorschrift § 360 Nr. 10 RStGB für § 330c StGB vermutlich nicht beachtet wurde, dass sich die Funktion des Unglücksfalls und der Strafgrund der Norm geändert haben, und daher nicht geklärt wurde, ob die bisherige Reichweite übertragbar ist.[74] Der Strafgrund des § 360 Nr. 10 RStGB war Ungehorsam in Form der Nichtbefolgung einer polizeilichen Aufforderung.[75] Die Polizei hat die Aufgabe der Gefahrenabwehr, wozu auch der Schutz von Sachen zählt. Im Falle nicht genügender Ressourcen der Polizei für die Gefahrenabwehr soll sichergestellt werden, dass ein Dritter, den die Polizei in Notfällen zur Mithilfe auffordert, dieser auch nachkommt. Der Begriff des „Unglücksfalls" diente damals nur zur näheren Beschreibung der Notfallsituation, wann der Dritte zwingend den Aufforderungen der Polizei Folge leisten musste und orientierte sich von seiner Reichweite her an den Aufgaben der Gefahrenabwehr der Polizei. Dagegen kam ihm nicht die Aufgabe zu die Nothilfepflicht zu begründen oder gar zu begrenzen, da diese Aufgabe vielmehr durch das Erfordernis der Aufforderung durch die Polizei erfolgte, wobei die Polizei selbst die Verhältnismäßigkeit ihrer Aufforderung zu beachten hatte.[76] Durch die Streichung des Aufforderungserfordernisses begründet und begrenzt nun das Vorliegen eines Unglücksfalls unmittelbar die Nothilfepflicht.[77] Der Strafgrund des Ungehorsams ist weggefallen, so dass sich die Reichweite nicht mehr am Aufgabenbereich der Polizei zu orientieren hat, sondern vielmehr im Verhältnis zu den Einschränkungen der Handlungsfreiheit Dritter selbst begründet werden muss. Ein Grund für die Erfassung von

72 *Haubrich*, S. 251f.

73 *Zopfs*, in: FS Seebode, S. 449 (461) m.w.N. des Verständnisses aus dieser Zeit.

74 *Zopfs*, in: FS Seebode, S. 449 (458f.).

75 *Zopfs*, in: FS Seebode, S. 449 (454f.).

76 *Zopfs*, in: FS Seebode, S. 449 (458).

77 *Zopfs*, in: FS Seebode, S. 449 (459).

Sachgefahren bei Unglücksfällen, die räumlich beschränkte Ereignisse sind, ist nicht ersichtlich.[78]

Aufgrund der historischen Auslegung sowie der kriminalpolitischen Erwägungen ist der Schutz des § 323c Abs. 1 StGB in Bezug auf den Unglücksfall auf die Rechtsgüter Gesundheit und Leben zu beschränken.

Hinsichtlich der gemeinen Gefahr folgt aus dem Wortlaut keine Beschränkung auf bestimmte Rechtsgüter. Die Gefahr in Form des wahrscheinlichen Schadenseintritts kann für alle Individualrechtsgüter bestehen und der Begriff „gemein" beschreibt Anforderungen an die Anzahl der betroffenen Rechtsgutsinhaber, nicht aber an die Art des Rechtsguts.[79]

Aus systematischer Sicht spricht zunächst die oben erörterte Stellung der Norm im 28. Abschnitt für eine Begrenzung auf die Rechtsgüter Leib, Leben und Sachen von bedeutendem Wert. Dieser Aspekt wird durch die Legaldefinition des früheren § 315 Abs. 3 StGB a.F. gestärkt. Von diesem Verständnis ist auch der Gesetzgeber ausgegangen, indem er diese Rechtsgüter in der Gesetzesbegründung genannt hat.[80] Im Gegensatz zum Unglücksfall lässt sich bei der gemeinen Gefahr die Erfassung von Sachgefahren mit der Vorverlagerung des Schutzes von Menschenleben begründen. Denn die Gefahr ist im Gegensatz zu Unglücksfällen nicht nur örtlich beschränkt, sondern kann sich vor allem in Fällen von Bränden schnell und unüberschaubar ausbreiten, wodurch eine Hilfeleistung, die erst im Zeitpunkt der Kenntnis von bedrohten Menschenleben verpflichtend wird, zu spät sein kann, während eine frühere verpflichtende Hilfeleistung schon bei Sachgefahren die Menschen noch hätte retten können. Aufgrund der Vorverlagerung des Schutzes von Menschenleben, einem unersetzlichen Rechtsgut, über welches jeder gleichermaßen verfügt, so dass eine gegenseitige Abhängigkeit für die Begründung der Hilfspflicht gegeben ist, greifen die zum Unglücksfall getroffenen kriminalpolitischen Erwägungen zur Ablehnung der Erfassung des Schutzes von Eigentum bei der gemeinen Gefahr nicht durch.[81] Gegen die Erfassung von Sachgefahren wird vorgebracht, dass die Schaffung der §§ 1, 9 VO zum Schutz der Wälder, Moore und Heiden gegen Brände vom 25. Juni 1938[82], wonach das Nichtlöschen von Bränden durch jedermann sanktioniert

78 *Zopfs*, in: FS Seebode, S. 449 (464).

79 *Haubrich*, S. 257.

80 Die Strafrechtsnovellen v. 28. Juni 1935 und die amtlichen Begründungen, Berlin 1935, S. 42.

81 AA. *Frellesen*, S. 155; *Vermander*, S. 26f.

82 RGBl. I 1938, S. 700f.
§ 1 VO lautet:

wird, überflüssig gewesen wäre, wenn die gemeine Gefahr den Sachgüterschutz umfasst.[83] Dem ist einerseits zu entgegnen, dass die Verordnung im Gegensatz zu § 330c StGB a.F. auch fahrlässiges Unterlassen umfasste. Andererseits zeigt die Streichung der Ordnungswidrigkeit der Nichtmeldung von Bränden nach § 32 Abs. 1 Nr. 3 NBrandSchG a.F. durch den Niedersächsischen Gesetzgeber mit der Begründung, dass die Ordnungswidrigkeit im „Hinblick auf den weithin überlagernden Straftatbestand der unterlassenen Hilfeleistung (§ 323 c StGB) entbehrlich"[84] sei, dass die Landesgesetzgeber dieses Verständnis nicht teilen. Damit umfasst die gemeine Gefahr die Rechtsgüter Gesundheit, Leben und Sachen von bedeutendem Wert.

Vom Wortlaut her ist unter gemeiner Not eine „besonders schlimme Lage, in der [... jemand] dringend Hilfe braucht" sowie der „Mangel an lebenswichtigen Dingen"[85] zu verstehen, wodurch die Rechtsgüter des Lebens und als Vorstufe die Gesundheit erfasst sind.[86] Aus der Entstehungsgeschichte der Norm selbst lassen sich keine Rückschlüsse auf die Rechtsgüter ziehen, da die gemeine Not in diesen nicht näher thematisiert wurde. Allerdings ermöglicht die Begründung zum Entwurf eines Deutschen Strafgesetzbuchs von 1936 einen Rückschluss.[87]

---

(1) Bei Wald-, Moor- und Heidebränden sind neben den Feuerwehren alle geeigneten Personen unaufgefordert zur Hilfeleistung verpflichtet.

(2) Wer im Walde, auf Moor- oder Heideflächen oder in gefährlicher Nähe solcher Gebiete ein Schadensfeuer wahrnimmt, ist verpflichtet, es sofort zu löschen, sofern er hierzu ohne erhebliche eigene Gefahr in der Lage ist. (3) Vermag er das Feuer nicht zu löschen oder erscheint ein Löschversuch ohne Hinzuziehung weiterer Hilfskräfte von vorherein aussichtslos, so ist auf dem schnellsten Wege eine Forst- oder Feuerlöschpolizei- oder Polizeidienststelle zu benachrichtigen.

§ 9 VO lautet:

Wer vorsätzlich oder fahrlässig den Bestimmungen der §§ 1, 2 und 5 Abs. 1 und den auf Grund des § 3 Abs. 1 und § 7 ergangenen Anordnungen und Verboten zuwiderhandelt, wird soweit nicht nach den geltenden gesetzlichen Bestimmungen eine höhere Strafe verwirkt ist, mit Haft und mit Geldstrafe bis zu 150 Reichsmark, in besonders schweren Fällen mit Gefängnis bis zu drei Monaten und mit Geldstrafe, oder mit einer dieser Strafen bestraft.

83 *Vermander*, S. 26f.; zustimmend *Frellesen*, S. 155.

84 *Niedersächsischer Landtag* Drucks. 10/500, S. 25.

85 *Duden*, Das große Wörterbuch der deutschen Sprache, Bd. 6: Lein – Peko, 3. Aufl., Mannheim, Leipzig, Wien, Zürich 1999, S. 2755.

86 *Haubrich*, S. 262.

87 *Haubrich*, S. 263.

Nach der Begründung zur Vereitelung der Nothilfe nach § 316 des Entwurfs[88] besteht die gemeine Not, „wenn unbestimmt welche und wie viele Menschen fremder Hilfe insbesondere wegen eines Mangels an Mitteln zur Erhaltung ihres Lebens oder ihrer Gesundheit dringend bedürfen.“[89] Für die unterlassene Nothilfe nach § 317 des Entwurfs[90] verweist die Begründung hinsichtlich des Begriffs der „gemeinen Not“ auf die Begründung zu § 316.[91]

Festzuhalten ist damit, dass der Unglücksfall und die gemeine Not die Rechtsgüter Gesundheit und Leben schützen, während die gemeine Gefahr zusätzlich noch das Eigentum an Sachen von bedeutendem Wert erfasst. § 323c Abs. 2 StGB erfasst die Situationen des § 323c Abs. 1 StGB und schützt damit dieselben Rechtsgüter.

II) Kein Ersatz von Sachen bei gemeiner Gefahr

Zwar verpflichtet § 323c Abs. 1 StGB den Hilfe Unterlassenden zur Hilfeleistung, sofern im Falle der gemeinen Gefahr nur Sachen von bedeutendem Wert bedroht sind, allerdings dient dieser Schutz nicht dem Erhalt der Sachen im Interesse des Eigentümers, sondern dem vorverlagerten Schutz von Menschenleben. Daher umfasst der Schutzbereich des § 323c Abs. 1 StGB im Rahmen des Schadensersatzanspruchs nach § 823 Abs. 2 BGB nicht mehr den Ersatz von Eigentum an Sachen. Dieses Ergebnis bekräftigen die oben beim Unglücksfall dargestellten kriminalpolitischen Erwägungen, die zwar hinsichtlich der Vorverlagerung des Schutzes von Menschenleben selbst nicht gelten, allerdings anwendbar sind, sofern es nur um den Ersatz des Eigentums an Sachen selbst geht, da über dieses Rechtsgut im Gegensatz zum Menschenleben nicht jeder gleichermaßen verfügt. Die Ausführungen gelten entsprechend für § 323c Abs. 2 StGB, der auf die Situationen des § 323c Abs. 1 StGB verweist.

III) Schäden späterer Helfer

Erleidet ein Helfer, der dem Hilfsbedürftigen nach der Nichthilfe des Hilfe Unterlassenden hilft, bei seiner Hilfeleistung einen Schaden an Gesundheit oder Eigentum, kann er diesen vom Hilfsbedürftigen im Wege der Geschäftsführung

---

88 *Regge/Schubert*, Quellen 1.1, S. 448.
89 *Regge/Schubert*, Quellen 1.2, S. 204.
90 *Regge/Schubert*, Quellen 1.1, S. 448.
91 *Regge/Schubert*, Quellen 1.2, S. 204f.

ohne Auftrag analog §§ 683 S 1, 670 BGB ersetzt verlangen.[92] Hierbei muss er sich jedoch im Wege des Vorteilsausgleichs die Leistung der Unfallversicherung anrechnen lassen, so dass sich der Anspruch auf die von der Versicherung nicht ersetzten Schadensspitzen beschränkt.[93] Zu klären ist, ob der Hilfe Unterlassende dem Hilfsbedürftigen diesen Schaden wiederum ersetzen muss.

Soweit der Hilfsbedürftige den Ersatz von Sachschäden des Helfers geltend macht, kann hiergegen nicht eingewendet werden, dass § 323c Abs. 1 StGB das Rechtsgut Eigentum nicht schützt. Zwar kann der Hilfsbedürftige vom Hilfe Unterlassenden den Ersatz seines Eigentums, welches im Rahmen des Unglücksfalls hätte gerettet werden können, nicht verlangen, weil § 323c Abs. 1 StGB das Eigentum nach der hier vertretenen Ansicht nicht schützt und es daher mangels Hilfspflicht an einem verletzten Schutzgesetz fehlt. Aber solche Schäden macht der Hilfsbedürftige nach Inanspruchnahme durch den Helfer gar nicht geltend, sondern Sachschäden, die dem Helfer bei der Erfüllung seiner Hilfspflicht für die in § 323c Abs. 1 StGB geschützten Rechtsgüter an seinem Eigentum entstanden sind. Die Erfüllung der Hilfspflicht sowie weitere Behandlungen des Hilfsbedürftigen dienen der Wiederherstellung des ursprünglichen Zustands, so dass die hierbei entstandenen Kosten, wozu auch die Sachschäden des Helfers zählen, grundsätzlich ersetzbar sind. Ansonsten dürfte das von Ärzten verwendete und in Rechnung gestellte Material ebenfalls nicht abgerechnet werden.

Dennoch ist der Ersatz der Personen- und Sachschäden des Helfers aus §§ 823 Abs. 2BGB i.V.m. 323c Abs. 1 StGB zu verneinen. Denn es entspricht nicht dem Sinn und Zweck des § 323c Abs. 1 StGB, dem Hilfe Unterlassenden eine Hilfspflicht aufzugeben, um spätere Helfer vor den Gefahren bei der Hilfeleistung zu schützen. Der Verantwortungsbereich für die Gefahren bei der Hilfeleistung liegt beim Hilfsbedürftigen und dem unmittelbaren Verursacher des Unglücksfalls. Hätte der Hilfe Unterlassende geholfen und sich selbst die Schäden zugezogen, würden hierfür der Hilfsbedürftige im Rahmen der Geschäftsführung ohne Auftrag und der unmittelbare Verursacher, der den Hilfsbedürftigen entlasten müsste, aufkommen. Durch die Nichthilfe des Hilfe Unterlassenden verschiebt sich dieser Verantwortungsbereich für Schäden späterer Helfer nicht auf ihn.

---

92 *BGH*, Urt. v. 07.11.1960, VII ZR 82/59, BGHZ 33, 251 (254, 257); *BGH*, Urt. v. 10.10.1984, Iva ZR 167/82, BGHZ 92, 270 (270f.); MüKo-BGB[6.]/*Seiler*, § 683 BGB, Rn. 19.

93 MüKo-BGB/*Schäfer*, § 683 BGB, Rn. 31.

B) Persönlicher Schutzbereich

Zum Personenkreis, den § 323c Abs. 1 StGB schützen will, gehört der Hilfsbedürftige. Unterhaltsberechtigte und Hinterbliebene können den Ersatz ihrer Schäden nicht direkt auf §§ 823 Abs. 2 BGB i.V.m. 323c Abs. 1 StGB stützen, sondern müssen auf eigene Ansprüche aus §§ 844f. BGB oder § 823 Abs. 1 BGB zurückgreifen. Beim Ersatz von Schockschäden nach § 823 Abs. 1 BGB bildet § 323c Abs. 1 StGB die Verhaltenspflicht, welche der Hilfe Unterlassende verletzt. Ein denkbarer Kandidat für den geschützten Personenkreis ist auch der Helfer, der, nachdem der Hilfe Unterlassende nicht geholfen hat, sich bei seiner Hilfeleistung am Körper verletzt oder seine Sachen beschädigt. Für den Helfer hat dieser Anspruch dabei keine große Bedeutung, weil er während seiner Hilfeleistung nach § 2 Abs. 1 Nr. 13 lit. b SGB VII in der gesetzlichen Unfallversicherung versichert ist, wodurch Schäden an der Gesundheit nach § 26 Abs. 1 SGB VII und an Sachen nach § 13 S 1 SGB VII vom zuständigen Unfallversicherungsträger ersetzt werden müssen. Größere Bedeutung hat der Anspruch dagegen für den nach § 128 Abs. 1 Nr. 7 SGB VII zuständigen Unfallversicherungsträger, weil der Anspruch mit der Leistung *cessio legis* auf den Unfallversicherungsträger gem. § 116 Abs. 1 S 1 SGB X übergeht.[94] In § 323c Abs. 1 StGB wird der geschützte Personenkreis nicht explizit genannt, sondern vielmehr die erwartete Handlung für bestimmte Situationen umschrieben. Hieraus folgt aber, dass die Hilfeleistung gerade dem Hilfsbedürftigen zu Gute kommen soll und nicht den Sinn und Zweck hat, später hinzukommende Helfer davor zu schützen, dass sie die erforderliche Hilfe leisten müssen, bei der sie sich eigene Schäden zufügen. Dies deckt sich mit der Gesetzesbegründung, wo als Strafgrund „die Versäumung einer wirklichen Chance zu erfolgreicher Schadensabwendung“[95] angeführt und bei der Strafrahmenerwägung berücksichtigt wird, dass die Hilfeleistung „keinerlei Beziehungen des Täters zu dem Opfer erfordert.“[96] Auch der

94 *Leube*, NZV 2011, S. 277 (280).
Demgegenüber gehen Ansprüche aus Geschäftsbesorgung ohne Auftrag analog §§ 683 S 1, 670 BGB hinsichtlich Personenschäden gem. § 116 Abs. 1 S 1 SGB X nicht auf den Versicherungsträger über, weil sie keine Schadensersatzansprüche darstellen. Für Sachschäden gehen die Ansprüche auf den Versicherungsträger über, weil § 13 S 4 SGB VII § 116 SGB X für entsprechend anwendbar erklärt wurde (MüKo-BGB/*Schäfer*, § 683 BGB, Rn. 31; Soergel/*Beuthien*, § 683 BGB, Rn. 9).

95 *BT*-Drucks. 1/3713, S. 44.

96 *BT*-Drucks. 1/3713, S. 45.

neu eingeführte § 323c Abs. 2 StGB bestätigt dieses Ergebnis, wonach es gerade auf den Schutz der Hilfe für den Dritten ankommt.

Rechtsprechung und Literatur gewähren dem Helfer jedoch gegen den Schädiger unter bestimmten Voraussetzungen einen Schadensersatzanspruch aus § 823 Abs. 1 BGB.[97] Die Verhaltenspflicht, welche der Schädiger durch seine bisherige Schädigung verletzt hat, besteht darin, „keine herausfordernden Rettungs- oder Nothilfesituationen herbeizuführen.“[98] Der Hilfe Unterlassende hat die Rettungs- oder Nothilfesituation jedoch nicht herbeigeführt, sondern der unmittelbare Verursacher, der Hilfsbedürftige selbst oder der Zufall. Dem Hilfe Unterlassenden kann nur vorgehalten werden, dass er durch seine unterlassene Hilfe die Situation aufrechterhalten und nicht abgewendet hat. Dies würde allerdings dazu führen, dass § 323c Abs. 1 StGB eine Pflicht zur Hilfeleistung begründet, um spätere potentielle Helfer zu schützen, was nicht dem Sinn und Zweck des § 323c Abs. 1 StGB entspricht. Hätte zudem der Hilfe Unterlassende selbst geholfen und hierbei eigene Schäden erlitten, würde diese zum Verantwortungsbereich des unmittelbaren Verursachers und des Hilfsbedürftigen zählen. Durch seine Nichthilfe verschiebt sich dieser Verantwortungsbereich jedoch nicht für den Zweithelfer, welcher vergleichbare Schäden erleidet.

§ 2) Reichweite der Verweisung des § 823 Abs. 2 BGB

§ 823 Abs. 2 S 1 BGB setzt den Verstoß gegen ein Gesetz voraus, bestimmt dessen Vorliegen aber nicht näher. Relevant wird die Reichweite der Verweisung insbesondere bei straf- und ordnungsrechtlichen Schutzgesetzen, da diese bei einigen Merkmalen vom Zivilrecht abweichen. Ein Merkmal ist das Verschulden. Im Strafrecht gilt die Schuldtheorie, wonach das Unrechtsbewusstsein nicht Teil des Vorsatzes, sondern ein eigenständiges Schuldmerkmal ist, so dass nur

---

97 *BGH*, Urt. v. 30.06.1987, VI ZR 257/86, BGHZ 101, 215 (219 - 221); Geigel/*Knerr*, Kapitel 1, Rn. 35; MüKo-BGB/*Oetker*, § 249 BGB, Rn. 161 - 165; Lange/Schiemann/*Lange*, S. 132; *Gehrlein*, VersR 1998, S. 1330 (1331).

98 *BGH*, Urt. v. 30.06.1987, VI ZR 257/86, BGHZ 101, 215 (221).
Rechtsprechung und Literatur thematisieren das Problem in der haftungsbegründenden Kausalität im Bereich des Schutzzwecks der Norm, zumal der unmittelbare Verursacher der Nothilfesituation regelmäßig gehandelt hat und an diese Handlung angeknüpft werden kann. Fehlt es allerdings an einer Handlung, stellt sich schon an dieser Stelle die Frage, gegen welche Verhaltenspflicht der Hilfe Unterlassende verstoßen hat. Hinsichtlich der weiteren Voraussetzungen siehe MüKo-BGB/*Oetker*, § 249 BGB, Rn. 161 - 165.

ein vermeidbarer Verbotsirrtum nach § 17 StGB die Schuld ausschließt.[99] Das Zivilrecht folgt dagegen der Vorsatztheorie, wonach Vorsatz Teil der Schuld ist und damit auch das Wissen der Rechtswidrigkeit mit der Folge voraussetzt, dass jeder Verbotsirrtum den Vorsatz ausschließt.[100] Daneben ist der Fahrlässigkeitsmaßstab im Zivilrecht objektiv geprägt, indem auf die im Verkehr verlangten Fähigkeiten für die Bestimmung der Fahrlässigkeit abgestellt wird, während es im Strafrecht im zweiten Schritt subjektiv auf die persönliche Vorhersehbarkeit und Vermeidbarkeit des Beschuldigten ankommt.[101] Weitere Merkmale sind die Schuldfähigkeit und die Verjährung sowie die im Zivilrecht nicht vorkommenden Merkmale der Schuldausschließungsgründe nach §§ 33, 35 StGB, des Strafantrags und der objektiven Bedingung der Strafbarkeit. Für diese Arbeit besonders relevant sind die Merkmale der Zumutbarkeit in § 323c Abs. 1 StGB sowie die Sonderregelungen der § 139 Abs. 2, Abs. 3 StGB für besondere Personengruppen, die teilweise als Schuldmerkmale eingestuft werden.

Die Übernahme des Strafantragserfordernisses und die entsprechende Anwendung der strafrechtlichen Verjährungsregelungen werden einhellig abgelehnt. Das Erfordernis der Stellung eines Strafantrages für die Durchsetzung eines zivilrechtlichen Anspruchs liegt weder im Interesse des Geschädigten oder des Schädigers noch des Staates, weswegen es der Entscheidung des Geschädigten überlassen bleiben soll, ob er einen Strafantrag stellt.[102] Zudem würde das Erfordernis bei absoluten Antragsdelikten aufgrund der dreimonatigen Antragsfrist ab Kenntnis von Tat und Täter nach § 77b Abs. 1, Abs. 2 StGB faktisch zu einer radikalen Verkürzung der Verjährung führen. Gegen die entsprechende Anwendung der strafrechtlichen Verjährungsfristen spricht, dass diese nicht der Geschädigte, sondern nur die Staatsanwaltschaft und das Gericht unterbrechen können.[103]

---

99 *Großer Senat des BGH für Strafsachen*, Urt. v. 18.03.1952, BGHSt 2, 194 (205, 208f.).

100 *RG*, Urt. v. 29.09.1909, I 310/08, RGZ 72, 4 (6f.); *BGH*, Urt. v. 15.05.2012, VI ZR 166/11, WM 2012, 1333 (1336); RGRK/*Steffen*, § 823 BGB, Rn. 402 m.w.N.

101 *BGH*, Urt. v. 14.02.1958, VI ZR 61/57, VersR 1958, 268 (269); RGRK/*Steffen*, § 823 BGB, Rn. 405.

102 *Von Olshausen*, in: FS Bemmann, S. 125 (131).

103 MüKo-BGB/*Wagner*, § 823 BGB, Rn. 538; *von Olshausen*, in: FS Bemmann, S. 125 (131).

A) Vollständige Verweisung

Die Behandlung der weiteren Merkmale ist umstritten. Eine Ansicht nimmt eine vollständige Verweisung an. Hiernach muss für die Annahme eines Verstoßes der objektive und subjektive Tatbestand, bei Straf- und Ordnungswidrigkeitsnormen zusätzlich Rechtswidrigkeit und Schuld des Schutzgesetzes vorliegen. Die Auslegung bestimmt sich dabei nach dem jeweiligen Schutzgesetz,[104] so dass nur der vermeidbare Verbotsirrtum die Schuld ausschließt, die subjektive Fahrlässigkeit gilt und ein Fehlen der objektiven Bedingung der Strafbarkeit die Haftung ausschließt.[105] Zwischen den Vertretern der Ansicht besteht Uneinigkeit, ob die Schuldfähigkeit allein nach §§ 19 – 21 StGB[106] oder (teilweise) nach den allgemeinen zivilrechtlichen Vorschriften der §§ 827f. BGB zu bestimmen sei.[107] Zur Anwendbarkeit der strafrechtlichen Entschuldigungsgründe der §§ 33, 35 StGB äußern sich die Vertreter dieser Ansicht nicht explizit.

B) Zivilrechtliche Auslegung des Schutzgesetzes

Die Gegenansicht greift auf den Sinn und Zweck des § 823 Abs. 2 BGB zurück, wonach der Gesetzgeber nicht für jedes Schutzgesetz eine zivilrechtliche Schadensersatznorm normieren wollte, bei der vollständig die zivilrechtlichen Wertungen gelten, sondern im Sinne einer kleinen Generalklausel auf die in anderen Gesetzen getroffenen Wertungen zurückgreift. Das Schutzgesetz gebe nur das Gebot und die Verschuldensform vor, während das Verschulden selbst zivilrechtlich auszulegen sei,[108] als ob das Gebot selbst in einer zivilrechtlichen Schadensersatznorm enthalten wäre. Daher bestimme sich die Schuldfähigkeit nach dem Zivilrecht, Entschuldigungsgründe seien nicht anwendbar,[109] jeder Verbotsirrtum schließe den Vorsatz aus und es gelte der objektive Fahrlässigkeitsbegriff.[110]

---

104 MüKo-BGB/*Wagner*, § 823 BGB, Rn. 538; Staudinger[12.]/*Schäfer*, § 823 BGB, Rn. 616 – 620; *Medicus/Lorenz*, BT, § 78, Rn. 14.

105 Staudinger[12.]/*Schäfer*, § 823 BGB, Rn. 616 – 619.

106 *Medicus* in NJW 1967, S. 354 (355) plädiert explizit für die Anwendung des § 19 StGB, äußert er sich in *Medicus/Lorenz*, BT, § 78, Rn. 3, 14 nicht direkt dazu. Jedoch lässt die Formulierung „soweit die Erfordernisse des Schutzgesetzes erfüllt sind" (§ 78, Rn. 14), den Rückschluss zu, dass er seine Position weiterhin vertritt.

107 So Staudinger[12.]/*Schäfer*, § 823 BGB, Rn. 620; während MüKo-BGB/*Wagner*, § 823 BGB, Rn. 538 nur §§ 20, 21 StGB für anwendbar hält.

108 *Becker*, S. 461; *Lenel*, DJZ 1897, S. 409 (413); *Zitelmann*, AcP 99 (1906), S. 1 (15f. Fn. 16).

109 *Zitelmann*, AcP 99 (1906), S. 1 (15f. Fn. 16).

110 *Becker*, S. 461.

C) Verweisung nur auf haftungserhebliche, nicht sanktionsspezifische Voraussetzungen

Eine dritte Ansicht differenziert zwischen der Verhaltensnorm, dem Gebot, und der Sanktionsnorm, die an die Verletzung des Gebots unter weiteren Voraussetzungen eine Strafe knüpft. § 823 Abs. 2 S 1 BGB verweise nur auf die strafrechtliche Verhaltensnorm, nicht aber auf die weiteren sanktionsspezifischen Voraussetzungen.[111] Daher sei jede Voraussetzung des Schutzgesetzes daraufhin zu untersuchen, ob sie sanktionsspezifisch sei, indem sie nur den strafrechtlichen Zwecken von Sühne und Besserung des Täters diene oder das Unrecht beschreibe und mit dem zivilrechtlichen Zweck der Ausgleichsfunktion vereinbar sei.[112] Teilweise wird die Untersuchung um das Kriterium der Haftungserheblichkeit ergänzt, welches danach fragt, ob das jeweilige Merkmal für die zivilrechtliche Zurechnung eines Schadens von erheblicher Bedeutung sei.[113] Während die Vertreter dieser Ansicht einheitlich die zivilrechtliche Schuldfähigkeit und den objektiven Fahrlässigkeitsmaßstab befürworten,[114] unterscheiden sich die Positionen bei den anderen Merkmalen.

D) Stellungnahme

Für eine vollständige Verweisung spricht der Wortlaut des § 823 Abs. 2 S 1 BGB, der einen Verstoß verlangt, welcher nur vorliegt, wenn die Voraussetzungen des Delikts erfüllt sind. Zu den Voraussetzungen gehört nach S 2 das Verschulden, wenn das Schutzgesetz ein solches vorsieht, so dass dies ebenfalls nach dem Schutzgesetz zu bestimmen wäre. Die *Motive* decken diese Auslegung mit Aussagen, dass „[w]iderrechtlich [...] aber vor Allem das Handeln gegen ein absolutes Verbotsgesetz [sei]" und „die Strafandrohung durch die bestimmten Voraussetzungen der Strafbarkeit die Grenzen des Verbotes [bietet]. Wird nur die vorsätzliche Handlung mit Strafe bedroht, so kann die nur fahrlässige Handlung auf Grund des in dem Strafgesetze enthaltenen Verbotes nicht als widerrechtlich angesehen werden".[115] Allerdings ist dieser Ausschnitt der *Motive* nur begrenzt hilfreich. Einerseits verdeutlicht der letzte Satz, dass der Gesetzgeber zu dieser

---

111 *Dörner*, JuS 1987, S. 522 (525).

112 *Dörner*, JuS 1987, S. 522 (525); *von Olshausen*, in: FS Bemmann, S. 125 (133f.).

113 *Spickhoff*, S. 198 - 200.

114 *Dörner*, JuS 1987, S. 522 (526); *Spickhoff*, S. 215 - 218, 220; *von Olshausen*, in: FS Bemmann, S. 125 (134, 145f.).

115 *Motive* zu dem Entwurfe eines Bürgerlichen Gesetzbuches, Bd. II, S. 726.

Zeit noch nicht so deutlich zwischen Rechtswidrigkeit und Schuld getrennt hat, wenn er, obwohl damals in beiden Rechtsgebieten die Vorsatztheorie herrschend war,[116] beim Nichtvorliegen von Vorsatz die Rechtswidrigkeit anstatt der Schuld ausschloss.[117] Andererseits stellten sich aufgrund der zu jener Zeit in beiden Rechtsgebieten geltenden Vorsatztheorie die heutigen Probleme nicht, so dass der Gesetzgeber diesem Gesichtspunkt keine besondere Aufmerksamkeit gewidmet hat.[118]

Gegen die anderen Ansichten wird eingewendet, dass deren Auslegung zu nicht existierenden Schutzgesetzen führt.[119] Allerdings muss sich die Ansicht der vollständigen Verweisung diesen Einwand selbst entgegenhalten lassen, wenn sie bei der Schuldfähigkeit auf das allgemeine Zivilrecht zurückgreift.[120] Die Rechtfertigung, dass die allgemeinen Regelungen des Deliktsrechts von der Verweisung unberührt bleiben,[121] überzeugt nicht, weil in der Konsequenz ebenfalls die allgemeinen Regeln von Vorsatz und Fahrlässigkeit des § 276 BGB gelten müssten, welches die Ansicht jedoch ablehnt. Die unberührte Geltung von § 828 BGB mit einer gestuften Verantwortlichkeit ab sieben Jahren neben § 19 StGB, wonach Kinder bis zum 14. Lebensjahr schuldunfähig sind, führt zudem dazu, dass § 828 BGB bei Kindern zwischen sieben und 14 Jahren nicht zur Anwendung kommt. Im Übrigen zeigt der Gesetzgeber indirekt selbst, dass er keine vollständige Verweisung auf die Schuldprüfung wünscht. Im Vorentwurf stellt *von Kübel* klar, dass sich bei § 828 BGB die zivilrechtliche Zurechnungsfähigkeit nicht an der strafrechtlichen orientieren soll, „da die Gesichtspunkte, welche für die Verhängung einer öffentlichen Strafe entscheidend sind, sich nicht mit denjenigen überall decken, welche das Verhalten zum Ersatze gestifteten Schadens rechtfertigen."[122] Zwar hat der Vorentwurf keine dem § 823 Abs. 2 BGB vergleichbare Regelung enthalten, jedoch zeigen die Aspekte, dass die Zurechnungsfähigkeit bei § 823 Abs. 2 BGB nicht erneut diskutiert wurde und § 828 BGB weiterhin die Altersgrenze von sieben Jahren enthält, dass die Position der eigenständigen Bestimmung der zivilrechtlichen Zurechnungsfähigkeit beibehalten wurde und

116 *Wiethölter*, JZ 1963, S. 205 (207).
117 *Spickhoff*, S. 195f.
118 *Wiethölter*, JZ 1963, S. 205 (207).
119 MüKo-BGB/*Wagner*, § 823 BGB, Rn. 538; *Wiethölter*, JZ 1963, S. 205 (209).
120 *Geilen*, JZ 1964, S. 6 (7).
121 Staudinger[12.]/*Schäfer*, § 823 BGB, Rn. 620.
122 *Motive* zum Theilentwurf Nr. 15, S. 34 = *Schubert*, Schuldrecht 1, S. 690.

auch für § 823 Abs. 2 BGB gelten soll. Ein Verweis auf § 19 StGB wäre damit nicht zu vereinbaren.

Gegen die letzten beiden Ansichten führt *Wagner* an, dass durch das Öffnen des Straftatbestandes für die Anwendung zivilrechtlicher Maßstäbe die Wertungen der Strafnorm, die sich erst aus der Summe der einzelnen wechselseitig aufeinander Bezug nehmenden Voraussetzungen ergeben, zerstört werden.[123] Hierbei übersieht er jedoch die Funktion des § 823 Abs. 2 BGB. Dieser soll nicht klären, ob sich der Schädiger strafbar gemacht hat, sondern nur die Zurechenbarkeit eines Schadens zum Schädiger. Dabei hat der Gesetzgeber in § 823 Abs. 2 BGB nicht in einer langen Aufzählung alle Gebote positiv normiert, sondern greift stattdessen auf die einzelnen Gebote in den Normen anderer Rechtsgebiete zurück, womit die sanktionsspezifischen Voraussetzungen irrelevant sind. Aufgrund der unterschiedlichen Bedeutungen derselben Begriffe in Straf- und Zivilrecht bedarf es jedoch der Untersuchung der Rolle der jeweiligen Voraussetzungen innerhalb der Norm. Daher schließe ich mich der dritten Ansicht an, wonach § 823 Abs. 2 BGB nur auf haftungserhebliche und nicht sanktionsspezifische Voraussetzungen verweist.

E) Einordnung der einzelnen Voraussetzungen

Die unter Kapitel 2) § 2), S. 52, angesprochenen Merkmale werden nun im Einzelnen dahingehend überprüft, ob sie haftungserheblich oder nur sanktionsspezifisch sind.

I) Schuldunfähigkeit nach § 19 StGB und Verantwortlichkeit nach § 3 JGG

§ 19 StGB bestimmt eine unwiderlegliche Vermutung[124], dass Kinder unter 14 Jahren schuldunfähig sind und setzt damit im Gegensatz zu § 828 Abs. 1 BGB, wonach Kinder bis zur Vollendung des siebten Lebensjahres schuldunfähig und damit für den Schaden nicht verantwortlich sind, eine höhere Altersgrenze voraus. Die Gründe hierfür sind sanktionsspezifisch. Kinder in diesem Alter haben regelmäßig noch nicht die Unrechtseinsichtsfähigkeit und die Fähigkeit dementsprechend zu handeln.[125] Die Verstöße liegen meist im Bagatellbereich und

---

123 MüKo-BGB/*Wagner*, § 823 BGB, Rn. 538.

124 Begründung des Entwurfs 1962, *BT-Drucks.* 4/650, S. 137.

125 *Wolfslast*, in: FS Bemmann, S. 274 (282f.); *Motive* zum Theilentwurf Nr. 15, S. 34 = *Schubert*, Schuldrecht 1, S. 690.

beruhen auf einer vorübergehenden Phase kindlicher Delinquenz, so dass eine Bestrafung der Kinder unter 14 Jahren für diese Verstöße zur Herstellung der Rechtsordnung noch nicht erforderlich ist.[126] Daneben wäre der Aufwand für die große Zahl von Sachverständigengutachten zur positiven Feststellung der Verantwortlichkeit nach § 3 S 1 JGG im Verhältnis zu den meist vorgeworfenen Bagatelldelikten unverhältnismäßig.[127] Vor allem aber ist eine Bestrafung nach dem Jugendstrafrecht in diesem Alter im Vergleich zu anderen Maßnahmen wenig geeignet.[128] Demgegenüber ist aber das Einstehen für verursachte Schäden schon früher im Rahmen des § 828 BGB bei vorhandener Einsichtsfähigkeit zumutbar und erfüllt zugleich unmittelbar die Ausgleichfunktion des Schadensersatzes.[129] Daneben hat der Gesetzgeber durch § 828 BGB gerade eine vom Strafrecht unabhängige Regelung beabsichtigt und geschaffen,[130] so dass die unabhängige Regelung des § 828 BGB Vorrang hat.[131]

§ 3 S 1 JGG setzt für eine Bestrafung von Jugendlichen zwischen 14 und 18 Jahren die positive Feststellung der Fähigkeit, das Unrecht einzusehen und hiernach entsprechend zu handeln, voraus. Demgegenüber genügt für die Zurechnungsfähigkeit bei § 828 Abs. 3 BGB die Unrechtseinsichtsfähigkeit, welche im Alter von sieben bis 18 Jahren vermutet wird und vom Schädiger widerlegt werden muss.[132] Eine Angleichung des § 828 Abs. 3 BGB an § 3 S 1 JGG hinsichtlich der Übernahme der Voraussetzung der Steuerungsfähigkeit lehnte der Gesetzgeber ab,[133] wodurch deutlich wird, dass § 828 Abs. 3 BGB die speziellere Regelung ist, weswegen eine Verweisung auf § 3 JGG abzulehnen ist. Zudem werden bei fehlender Steuerungsfähigkeit die an der Person des Schädigers orientierten Strafzwecke der Sühne und Spezialprävention nicht erreicht, wenn eine Person

---

126 *Wolfslast*, in: FS Bemmann, S. 274 (287).

127 *Wolfslast*, in: FS Bemmann, S. 274 (283).

128 *Von Olshausen*, in: FS Bemmann, S. 125 (134); *Wolfslast*, in: FS Bemmann, S. 274 (284); Begründung des Entwurfs 1962, *BT-Drucks.* 4/650, S. 137; *Motive* zum Theilentwurf Nr. 15, S. 34 = *Schubert*, Schuldrecht 1, S. 690.

129 *Spickhoff*, S. 220; *von Olshausen*, in: FS Bemmann, S. 125 (134).

130 *Motive* zum Theilentwurf Nr. 15, S. 34 = *Schubert*, Schuldrecht 1, S. 690.

131 *Spickhoff*, S. 220.

132 *BGH*, Urt. v. 30.11.2004, VI ZR 335/03, NJW 2005, 354 (355); Soergel[13.]/*Spickhoff*, § 828 BGB, Rn. 13f.

133 Die Angleichung hat das Bundesministerium der Justiz im Referentenentwurf eines Gesetzes zur Änderung und Ergänzung schadensrechtlicher Vorschriften von 1967, Teil I Wortlaut, S. 4, Teil II Begründung S. 70 – 74 vorgeschlagen, allerdings wurde der entsprechende Vorschlag nicht umgesetzt.

verurteilt wird, die aufgrund persönlicher Schwächen außerstande war entsprechend der ihr möglichen Einsicht in das Unrecht zu handeln; dagegen kann die an der Person des Geschädigten orientierte Ausgleichsfunktion durch die Schadloshaltung des Geschädigten bei fehlender Steuerungsfähigkeit des Schädigers vollständig erfüllt werden.[134]

II) Schuldfähigkeit nach §§ 20, 21 StGB

Die Schuldfähigkeit nach §§ 20, 21 StGB ist insbesondere mit der verminderten Schuldfähigkeit in § 21 StGB als Strafminderungsgrund sanktionsspezifisch und lässt sich in dieser Weise nicht in das Zivilrecht mit dem Grundsatz des „Alles-oder-Nichts-Prinzips“ übertragen. Vielmehr bietet das BGB mit § 827 BGB eine eigenen haftungsrechtlichen Grundsätzen entsprechende Regelung an, welche damit Vorrang genießt.[135]

III) Entschuldigungsgründe gem. §§ 33, 35 StGB

Beim Überschreiten des Notwehrrechts aus Furcht, Angst oder Schrecken verzichtet das Gesetz in § 33 StGB auf den Strafanspruch eines an sich schuldfähigen Täters, weil eine Bestrafung weder aus spezial- noch generalpräventiven Gründen notwendig ist. Eine spezialpräventive Einwirkung benötigt ein Opfer einer rechtswidrigen Tat, das nur wegen seines ängstlichen Charakters die Grenzen des Notwehrrechts überschreitet, nicht, weil es ein „sozial integrierter Bürger“[136] ist, der ohne eine rechtswidrige Tat kein Gesetz verletzen würde. Aus generalpräventiver Sicht bedarf es keiner Ahndung, weil ein solches „Schwächedelikt“[137] weder zur Nachahmung taugt noch den Rechtsfrieden nachträglich erschüttert, wenn der Angreifer sich seine Verletzung zum großen Teil durch seinen Angriff selbst zuzuschreiben hat.[138] Aufgrund dieser sanktionsspezifischen Gründe

134 *Von Olshausen*, in: FS Bemmann, S. 125 (135).

135 *Spickhoff*, S. 220; *Dörner*, JuS 1987, S. 522 (526).

136 *Roxin*, AT I, § 22, Rn. 69.

137 *Roxin*, AT I, § 22, Rn. 69.

138 *Roxin*, AT I, § 22, Rn. 69; a.A.: SK-StGB/*Rogall*, § 33 StGB, Rn. 2; hiernach liegt der Grund des Strafverzichts in der doppelten Strafminderung, die einerseits aus dem schuldmindernden Gemütszustand und andererseits aus der Unrechtsminderung einer zu weit gehenden Abwehr eines rechtswidrigen Angriffs folgt. Dabei beruht auch diese Ansicht auf sanktionsspezifischen Erwägungen.

ist eine Übertragung ins Zivilrecht abzulehnen. Vielmehr bietet das Zivilrecht selbst mit § 254 BGB eine billige Lösung dieser Konstellationen.[139]

In § 35 StGB übt das Gesetz Nachsicht mit dem Täter, der trotz Möglichkeit normgemäßen Handelns wegen seines Selbsterhaltungstriebs bzw. einer engen persönlichen Beziehung hierzu nicht mehr motiviert werden kann.[140] Aufgrund der Einmaligkeit der Situation fehlt es an einer „präventiven Strafbarkeitsnotwendigkeit“[141]. Bei der Übertragung ins Zivilrecht stellt sich jedoch nicht die Frage, ob bei diesem Gewissenskonflikt eine Bestrafung unangemessen ist, sondern ob dem Schädiger der Ausgleich von ihm verursachten Schäden bei einem Unbeteiligten zur Rettung des eigenen Leibs, Lebens oder der Freiheit unangemessen ist. In diesem Fall bliebe der Unbeteiligte auf seinem Schaden sitzen, sofern er diesen nicht durch Notwehr verhindern konnte oder § 823 Abs. 1 BGB einschlägig ist. Das Zivilrecht zeigt jedoch schon in § 904 S 2 BGB, dass im Fall des rechtfertigenden Notstands zwar der Eingriff in fremdes Eigentum zur Abwehr einer gegenwärtigen Gefahr gerechtfertigt ist, der Schädiger aber dennoch den hierdurch am Eigentum rechtmäßig verursachten Schaden ersetzen muss. Erst recht ist dem Schädiger dann Schadensersatz im Rahmen des § 823 Abs. 2 BGB für einen rechtswidrigen entschuldigten Notstand zumutbar.[142]

IV) § 139 Abs. 2, Abs. 3 StGB

Es wird vertreten, dass es neben den Schuldausschließungsgründen der §§ 33, 35 StGB im Allgemeinen Teil des StGB weitere im Besonderen Teil des StGB geben soll, nämlich u.a. in den für diese Arbeit besonders relevanten echten Unterlassungsdelikten. Dies betreffe die besonderen Personengruppen der § 139 Abs. 2, Abs. 3 StGB[143] sowie die Zumutbarkeit in § 323c Abs. 1 StGB.[144]

Die Einordnung von § 139 Abs. 4 StGB ist für die Verweisung nicht von Bedeutung, da es in diesem Fall aufgrund der verhinderten Straftat an einem

139 *Spickhoff*, S. 220.

140 LK[12]/*Zieschang*, § 35 StGB, Rn. 3.

141 *Roxin*, AT I, § 22, Rn. 4.

142 *Von Olshausen*, in: FS Bemmann, S. 125 (138f.).

143 *Westendorf*, S. 237 – 247; Entschuldigungsgrund nur für Abs. 3 S 1: LK[12.]/*Hanack*, § 139 StGB, Rn. 23; NK-StGB/*Ostendorf*, § 139 StGB, Rn. 22; SK-StGB/*Stein*, § 139 StGB, Rn. 11; persönlicher Strafaufhebungsgrund nur für Abs. 3 S 1: *Fischer*, § 139 StGB, Rn. 5; Lackner/Kühl/*Kühl*, § 139 StGB, Rn. 3.

144 LK[11.]/*Spendel*, § 323c StGB, Rn. 159; Maurach/Schroeder/Maiwald/*Schroeder*, BT 2, § 55, Rn. 22, 24; *Westendorf*, S. 211 – 217.

Schaden fehlt. Jedoch handelt es sich bei § 139 Abs. 2, Abs. 3 StGB nicht um Elemente der Schuld, sondern des Tatbestandes,[145] weswegen sie von der Verweisung des § 823 Abs. 2 BGB erfasst werden. Das Handlungsgebot der zusammenzulesenden §§ 138 Abs. 1, 139 Abs. 4 S 1 StGB lautet verkürzt: zeige eine Katalogtat an oder verhindere sie im Falle der Anzeigepflicht. § 139 Abs. 2 StGB schließt die Anzeigepflicht und damit zugleich die Verhinderungspflicht, die als Alternative hierzu nur im Falle der Anzeigepflicht besteht, für Geistliche unter bestimmten Bedingungen aus. Somit entfällt mangels Pflicht schon der Tatbestand. Bei § 139 Abs. 3 StGB gilt in den in S 1 Nr. 1 – 3 genannten Fällen weiterhin die oben genannte Handlungspflicht. Nur bei den übrigen Katalogtaten reduziert § 139 Abs. 3 StGB in S 1 für Angehörige und in S 2 für Rechtsanwälte und weitere Geheimnisträger unter bestimmten Bedingungen die Verhinderungspflicht auf eine Pflicht zum ernsthaften Bemühen um Verhinderung des Erfolgseintritts. Diese Reduktion betrifft nur das Handlungsgebot und damit den Tatbestand. Während grundsätzlich die Anzeige die mildere Maßnahme für den Anzeigepflichtigen ist, hat diese für Angehörige des potentiellen Täters aufgrund der engen Beziehung zu diesem und bei Geheimnisträgern wegen des nach § 203 StGB strafbewehrten Vertrauensverhältnisses erheblich einschneidendere Wirkung. Diese Konflikte hat der Gesetzgeber typisierend in Abs. 3 berücksichtigt, indem er durch die Reduktion der Verhinderungspflicht die Rechtsgutsträger der nicht so bedeutenden durch die Katalogtaten geschützten Rechtsgüter mit dem Misserfolgsrisiko belastet, während die Belastung mit dem Misserfolgsrisiko für die Rechtsgutsträger der in Abs. 3 genannten Taten (u.a. Tötungsdelikte) nicht vertretbar ist und er daher weiterhin die Verhinderungspflicht der geplanten Straftat verlangt.[146] Diese vom Gesetzgeber vorgenommene Abwägung der betroffenen Rechtsgüter ist jedoch kein Indikator für eine Zumutbarkeitsprüfung im Rahmen der Schuld,[147] sondern Grundlage für jedes Handlungsgebot und –verbot im Strafrecht.

---

145 NK-StGB/*Ostendorf*, § 139 StGB, Rn. 15, 16, 22 nimmt für Abs. 2 und 3 S 2 einen Tatbestandsausschluss, für Abs. 3 S 1 einen Schuldausschließungsgrund an; Arzt/Weber/Heinrich/Hilgendorf/*Hilgendorf*, § 46, Rn. 17 stuft die Absätze „als Tatbestands-, jedenfalls Rechtswidrigkeitskorrektiv" ein; *Schöne*, S. 166 – 168.

146 *Schöne*, S. 167.

147 So aber *Westendorf*, S. 238f.

Werden dagegen die § 139 Abs. 2, Abs. 3 S 2 StGB als Rechtfertigungsgründe eingestuft,[148] sind die Absätze dennoch ins Zivilrecht übertragbar, da sich die Rechtswidrigkeit aus dem gesamten Recht ergibt.[149] Selbst bei der Einstufung als Schuldausschließungsgründe wären die Absätze ins Zivilrecht übertragbar, weil sie die Grenzen der Handlungsgebote bestimmen. Im Gegensatz zu § 35 StGB regeln die Absätze nicht, wann ein Eingriff des Anzeigepflichtigen in die Rechtsgüter eines Unbeteiligten nicht sanktioniert wird, sondern unter welchen Umständen der Anzeigepflichtige die Rechtsgüter des Unbeteiligten retten müsse und wo dabei die Grenzen zu ziehen bzw. zu setzen sind. Diese Grenzziehung ist auch im Zivilrecht essentiell.

V) Zumutbarkeit nach § 323c Abs. 1 StGB

Die Zumutbarkeit der Hilfeleistung nach § 323c Abs. 1 StGB ist entgegen einer teilweise vertretenen Ansicht[150] kein Element der Schuld, sondern begrenzt das Handlungsgebot und damit den Tatbestand.[151] In der Folge überträgt die Rechtsprechung[152] dieses Tatbestandsmerkmal zu Recht ins Zivilrecht. Für die Einstufung als Tatbestandsmerkmal spricht zunächst der Wortlaut, wonach die Hilfeleistung im Nebensatz durch die Erforderlichkeit und Zumutbarkeit begrenzt wird, wobei die Erforderlichkeit eindeutig zum Tatbestand gehört, so dass dies auch für die Zumutbarkeit gelten muss.[153] Die Einstufung als Tatbestandsmerkmal wird durch die Gesetzesbegründung des § 330c StGB a.F. bestätigt, worin der Gesetzgeber einen Vergleich zu den unechten Unterlassungsdelikten zieht, bei denen sich die Zumutbarkeit ebenfalls auf „Inhalt und Umfang der Handlungspflicht“[154]

---

148 *Fischer*, § 139 StGB, Rn. 4, 7; MüKo-StGB/*Hohmann*, § 139 StGB, Rn. 5, 15; Lackner/Kühl/*Kühl*, § 139 StGB, Rn. 2; LK[12.]/*Hanack*, § 139 StGB, Rn. 13, 31; SK-StGB/*Stein*, § 139 StGB, Rn. 4.

149 Soergel[13.]/*Spickhoff*, § 823 BGB, Rn. 212; *Schmiedel*, S. 68 – 70 m.w.N.

150 LK[11.]/*Spendel*, § 323c StGB, Rn. 159; Maurach/Schroeder/Maiwald/*Schroeder*, BT 2, § 55, Rn. 22, 24; *Westendorf*, S. 211 – 217.

151 *BGH*, Urt. v. 02.03.1962, 4 StR 355/61, BGHSt 17, 166 (168); *BGH*, Urt. v. 14.05.2013, VI ZR 255/11, BGHZ 197, 225 (229, 231f.); *Fischer*, § 323c StGB, Rn. 15; NK-StGB/*Gaede*, § 323c StGB, Rn. 11; Schönke/Schröder/*Hecker*, § 323c StGB, Rn. 18; SK-StGB/*Stein*, § 323c StGB, Rn. 32; Spickhoff/*Schuhr*, § 323c StGB, Rn. 39; *Geppert*, Jura 2005, S. 39 (45); *Frellesen*, S. 211 – 220.

152 *BGH*, Urt. v. 14.05.2013, VI ZR 255/11, BGHZ 197, 225 (229, 231f.).

153 A.A.: *Westendorf*, S. 215f.

154 *BT*-Drucks. 1/3713 S. 44.

bezieht.[155]

Für die Einordnung als Schuldelement wird vorgebracht, dass die über die Grenzen des § 35 StGB hinausgehende Zumutbarkeit systematisch auf der gleichen Ebene zu verorten sei.[156] Zudem werden bei der vorgenommenen Interessenabwägung die persönlichen Gegebenheiten des Hilfe Unterlassenden berücksichtigt, die eine Bestrafung im Einzelfall als unbillig erscheinen lassen, welches gerade Schulderwägungen seien.[157] Die Annahme eines Schuldelements führt aber dazu, dass ein Dritter rechtmäßig durch Nothilfe den Hilfe Unterlassenden zur unzumutbaren Hilfe mit Gewalt zwingen kann.[158] In dieser Konstellation beruht die Unzumutbarkeit auf der drohenden Selbstgefährdung,[159] so dass der Hilfe Unterlassende rechtmäßig – ohne Verteidigungsmöglichkeit – dazu gezwungen werden kann, sich selbst zu gefährden. Dies führt aber gerade zur Überstrapazierung der Solidaritätspflicht, wodurch die Zumutbarkeit ihren eigentlichen Sinn und Zweck verliert. Dieser besteht in der Reduktion der Solidaritätspflicht auf ein vertretbares Maß, damit der durch die abverlangte Solidaritätspflicht vorgenommene Eingriff in die Rechtsgüter des Hilfe Unterlassenden gerechtfertigt werden kann.[160] Wird die Zumutbarkeit dennoch als Schuldelement betrachtet, ist sie im Gegensatz zu § 35 StGB ins Zivilrecht übertragbar, da sie der Begrenzung der Handlungspflicht dient und dadurch die Grenze für zurechenbares Unterlassen bestimmt, die auch für das Zivilrecht von Bedeutung ist.[161]

VI) Vorsatzmaßstab und Verbotsirrtümer nach § 17 StGB

Für die Anwendung der Schuldtheorie bei Vorsatzdelikten in § 823 Abs. 2 BGB und damit die Übertragung von § 17 StGB ins Zivilrecht[162] spricht, dass der

155 Ausführlich hierzu *Frellesen*, S. 211- 214.

156 LK[11.]/*Spendel*, § 323c StGB, Rn. 159; *Westendorf*, S. 216f.

157 LK[11.]/*Spendel*, § 323c StGB, Rn. 159; *Westendorf*, S. 216f.

158 Zustimmend: LK[11.]/*Spendel*, § 323c StGB, Rn. 119.

159 LK[11.]/*Spendel*, § 323c StGB, Rn. 119 geht in seinem Beispiel nicht auf den Grund der Unzumutbarkeit ein. Jedoch folgt aus dem Umkehrschluss von Rn. 118, wonach die widerstreitenden Interessen die Rechtswidrigkeit ausschließen sollen, dass die Selbstgefährdung die Unzumutbarkeit begründet.

160 *Geppert*, Jura 2005, S. 39 (45); *Frellesen*, S. 217f.

161 A.A.: Spickhoff/*Schuhr*, § 323c StGB, Rn. 39, der eine Übertagung ins Zivilrecht im Falle der Einstufung der Zumutbarkeit als Schuldelement ablehnt.

162 So die ständige Rechtsprechung bei strafrechtlichen Schutzgesetzen: *BGH*, Urt. v. 26.02.1962, II ZR 22/61, NJW 1962, 910 (911); *BGH*, Urt. v. 10.08.1984, VI ZR 222/

Grund, vermeidbare Verbotsirrtümer nach § 17 S 2 StGB nicht straflos zu stellen, ebenfalls im Zivilrecht Anklang findet.[163] Der Grund liegt darin, dass ansonsten der gewissenlose Täter, der sämtliche Zweifel an der Rechtswidrigkeit seines Handelns unterdrückt und sein Gewissen nicht anspannt, gegenüber dem skrupellosen Täter privilegiert würde, indem beim gewissenlosen Täter aufgrund des fehlenden Bewusstseins des Unrechts der Vorsatz bzw. die Schuld entfiele.[164] Dieser Grund der Nichtprivilegierung des gewissenlosen Täters gilt auch bei § 826 BGB, bei dem das Bewusstsein des Sittenwidrigkeitsurteils nicht erforderlich ist, um einen Schutz gegen gewissenloses Handeln zu ermöglichen.[165] Die strafrechtlichen Vorsatzdelikte im Rahmen des § 823 Abs. 2 BGB rücken von ihrer Wertung her stark in die Richtung des § 826 BGB und verwirklichen zugleich regelmäßig den Haftungsgrund des § 826 BGB, weswegen nicht ersichtlich ist, warum bei ihnen im Rahmen des § 823 Abs. 2 BGB nicht auch die Schuldtheorie gelten sollte.[166]

Ein weiterer Grund für die Anwendung der Schuldtheorie bei § 823 Abs. 2 BGB liegt darin, dass ansonsten im Rahmen des § 831 BGB, der jeweils nur auf den Haftungsgrund des Delikts verweist, wozu nach der Vorsatztheorie nicht das Verschulden zählt, ein fahrlässiger Betrug möglich wäre, wenn sich der Gehilfe nur fahrlässig irrt und dem Geschäftsherr fahrlässig einen Auswahlfehler unterlaufen ist.[167] Dies widerspricht aber sowohl der Wertung des StGB, wonach nur der vorsätzliche Betrug strafbar ist, als auch der Wertung der eingeschränkten Haftung für Vermögensschaden nach §§ 823, 826 BGB.

Dörner[168] nimmt an, dass § 823 Abs. 2 S 1 BGB allein auf die in den Sanktionsnormen des StGB enthaltenen ungeschriebenen Verhaltensnormen, also ungeschriebene Ver- oder Gebote und nicht auf die Tatbestände der Sanktionsnormen verweist. Daher zählen Vorsatz und Fahrlässigkeit zu den sanktionsspezifischen

---

82, WM 1984, 1433 (1434); *BGH*, Urt. v. 20.12.2012, VII ZR 187/11, WM 2013, 309 (313); *BGH*, Urt. v. 15.05.2018, VII ZR 92/16, BGHZ 218, 377 (384).

163 *Spickhoff*, S. 208.

164 *Roxin*, AT I, § 21, Rn. 9.

165 *RG*, Urt. v. 08.02.1912, VI ZR 243/11, RGZ 79, 17 (23); *RG*, Urt. v. 31.01.1929, VI ZR 290/28, RGZ 123, 271 (278); RGRK/*Steffen*, § 826 BGB, Rn. 29; *Fikentscher/Heinemann*, Rn. 1637; *Medicus/Lorenz*, BT, § 79, Rn. 6; *von Bar*, Verkehrspflichten, S. 213.

166 *Spickhoff*, S. 208; im Ergebnis ebenso *von Olshausen*, in: FS Bemmann, S. 125 (143 - 145).

167 Vgl. *Spickhoff*, S. 207f.

168 *Dörner*, JuS 1987, S. 522 (527).

Bedingungen und seien somit autonom für jedes Rechtsgebiet zu definieren. Dies überzeugt nicht. Einerseits widerspricht er sich selbst mit der Annahme, dass Vorsatz und Fahrlässigkeit sanktionsspezifisch seien, also nur zum Tatbestand der Sanktionsnorm, nicht aber zur Verhaltensnorm gehören. Denn bei der vorsätzlichen und fährlässigen Körperverletzung nach §§ 223, 229 StGB sieht er das Verbot als ungeschriebene Verhaltensnorm nicht einheitlich darin, eine andere Person nicht zu misshandeln oder in der Gesundheit zu schädigen, sondern verlangt hierfür bei § 223 StGB Vorsatz und bei § 229 StGB Fahrlässigkeit.[169] Gehören Vorsatz und Fahrlässigkeit aber zur Verhaltensnorm, unterscheidet diese sich vom Tatbestand der Sanktionsnorm nur noch durch die negative Formulierung, so dass nicht ersichtlich ist, warum Vorsatz und Fahrlässigkeit sanktionsspezifisch sind. Andererseits bleibt unklar, warum die Schuldform als sanktionsspezifische Bedingung nur autonom auszulegen und nicht wie andere sanktionsspezifische Kriterien gar nicht zu übernehmen sind.

VII) Fahrlässigkeitsmaßstab

Im Strafrecht ist der Fahrlässigkeitsmaßstab täterbezogen, indem neben dem objektiven Sorgfaltsverstoß geprüft wird, ob der Täter diesen subjektiv vorhersehen und vermeiden konnte. Demgegenüber begrenzt das Zivilrecht den Fahrlässigkeitsmaßstab im Interesse des Ausgleichsgedankens auf den objektiven Sorgfaltsverstoß. Im Rahmen des § 823 Abs. 2 BGB, bei dem der Ausgleichsgedanke und nicht die Bestrafung des Täters maßgeblich ist, ist daher der zivilrechtlich geprägte Fahrlässigkeitsmaßstab anzuwenden und nicht der strafrechtliche Maßstab zu übertragen.[170]

VIII) Objektive Bedingung der Strafbarkeit

Hinsichtlich der Einstufung der objektiven Bedingung der Strafbarkeit als haftungserhebliches oder sanktionsspezifisches Merkmal wird an dieser Stelle mangels großer Relevanz für diese Arbeit auf die Ausführungen von *Spickhoff*[171] verwiesen.

---

169 *Dörner*, JuS 1987, S. 522 (524).

170 *Spickhoff*, S. 218; *von Olshausen*, in: FS Bemmann, S. 125 (145f.); ebenso *BGH*, Urt. v. 16.01.1968, VI ZR 134/66, VersR 1968, 378 (379).

171 *Spickhoff*, S. 228 - 234.

§ 3) Pflichtenkollision

Die Schadenssumme kann sich schnell vervielfachen, wenn von einem Unglücksfall nicht nur eine, sondern mehrere Personen gleichzeitig betroffen sind. Erschöpft sich die Hilfeleistung dabei nicht nur in der Alarmierung fremder Hilfe, sondern sind unmittelbar weitere Maßnahmen geboten, kann es zu Situationen kommen, in denen der Hilfspflichtige nicht alle Pflichten erfüllen kann. Diese Konstellation, bei der von zwei Hilfspflichten jede alternativ, aber nicht kumulativ erfüllt werden kann, wird im Strafrecht als Pflichtenkollision bezeichnet. Um zu klären, ob der Hilfspflichtige bei Erfüllung einer Pflicht trotzdem für die andere Pflicht haften und ob er im Falle der Nichterfüllung beider Pflichten für beide einstehen muss, werden zunächst die strafrechtlichen Lösungswege dargestellt und anschließend überprüft, ob diese auf die zivilrechtliche Haftung übertragbar sind.

A) Die strafrechtlichen Lösungsansätze

Die Problematik liegt im Umgang mit der Tatsache, dass der Hilfspflichtige zur Rettung eines Rechtsguts ein anderes opfern muss, und wie zu bestimmen ist, welches Rechtsgut vorzugswürdig ist. Dabei ist aus rechtsdogmatischer Sicht umstritten, auf welcher Deliktsebene die Pflichtenkollision zu verorten ist. Zur Veranschaulichung der Problematik dient folgendes Beispiel:

A und B sind auf einer einsamen Straße durch einen Verkehrsunfall lebensgefährlich verletzt und müssen zu ihrer Rettung unmittelbar ins Krankenhaus gebracht werden. Der in einem Zweisitzer vorbeifahrende C erkennt die Lage, kann aber nur einen transportieren.[172]

In diesem Beispiel hat C drei Möglichkeiten:

172 Auf das bekannte und anschauliche Beispiel, in dem der Vater nur eines seiner zwei Kinder vor dem Ertrinken retten kann, welches für § 323c Abs. 1 StGB entsprechend in zwei zufällige Ertrinkende umzuformen wäre, wurde an dieser Stelle bewusst verzichtet, weil hinsichtlich der Zumutbarkeit aufgrund erheblicher Selbstgefahren Zweifel bestehen. Denn ohne Hilfsmittel, die dem Ertrinkenden zum Festhalten gereicht werden können, besteht besonders für eine nicht als Rettungsschwimmer ausgebildete Person eine erhebliche Lebensgefahr, dass der Ertrinkende in Panik den Rettenden zum Festhalten unter Wasser drückt, wodurch dieser ertrinken kann. Daher wird bei der Ausbildung von Rettungsschwimmern besonderen Wert auf das Erlernen der Vermeidung dieser Gefahren und die Beherrschung von Befreiungsgriffen, um bei Eintreten dieser Gefahren zu entkommen, gelegt.

1. Mitnahme des A (***Möglichkeit 1***)
2. Mitnahme des B (***Möglichkeit 2***)
3. Zurücklassen von A und B (***Möglichkeit 3***)

In der Abwandlung des Beispiels ist B entweder nur leicht verletzt oder ein Hund.

Der Beispielsfall behandelt das Aufeinandertreffen von zwei gleichwertigen Pflichten, dem Retten fremden Lebens, während die Abwandlung verschiedenwertige Pflichten, dem Retten fremden Lebens gegenüber der Vermeidung von Gesundheits- bzw. Sachschäden, betrifft. Die Wertigkeit ist anhand des Rangs des Rechtsguts, der hierfür bestehenden Gefahr und dessen Eintrittswahrscheinlichkeit zu bestimmen.[173] Ein besonderes Augenmerk ist auf die Behandlung der Möglichkeit 3 zu legen, der Rettung keines Menschen. Die möglichen Auswirkungen zeigen sich beim Totschlag durch Unterlassen deutlicher als bei § 323c Abs. 1 StGB, denn beim Totschlag stellt sich aufgrund zweier toter Menschen die Frage, ob wegen zweifachen oder einfachen Totschlags zu verurteilen oder gar freizusprechen ist. Bei § 323c Abs. 1 StGB hat dagegen die Anzahl der Hilfsbedürftigen keine Auswirkung auf die Anzahl der verwirklichten Delikte, weil jeweils nur ein Unglücksfall vorliegt, bei dem der Hilfe Unterlassende nicht geholfen hat.[174] Die Anzahl der Hilfspflichten ist jedoch bei der Strafzumessung zu berücksichtigen und kann Auswirkungen für das Zivilrecht haben.

---

173 LK[11.]/*Hirsch*, Vor § 32 StGB, Rn. 78.

174 Missverständlich ist insoweit MüKo-StGB/*Freund*, § 323c StGB, Rn. 105, wenn es heißt, dass sich bei der Pflichtenkollision „[e]in Problem der Konkurrenz mehrerer Straftaten […] nicht [stellt].“ Die Definition des Unglücksfalls, wonach mindestens einer Person Schaden drohen muss (MüKo-StGB/*Freund*, § 323c StGB, Rn. 18), zeigt, dass auch mehrere Hilfsbedürftige erfasst sein können, die zu mehreren Hilfspflichten führen. Jedoch umfasst die vom Tatbestand verlangte erforderliche Hilfe alle Hilfspflichten, womit insgesamt nur einmal gegen das Gebot, die erforderliche Hilfe zu leisten, verstoßen wird. Der Individualschutzcharakter des § 323c Abs. 1 StGB sowie ein Vergleich mit §§ 212, 13 StGB zwingen dabei zu keiner anderen Wertung, zumal § 323c Abs. 1 StGB kein Erfolgs-, sondern ein konkretes Gefährdungsdelikt ist, bei denen die Anzahl der gleichzeitig bedrohten Rechtsgüter keine Auswirkungen auf die Anzahl der verwirklichten Delikte hat (vgl. für § 308 StGB *LG Osnabrück*, Urt. v. 23.03.2012, 10 KLs 37/11).

I) Tatbestandslösung

Eine Ansicht löst den Konflikt der Pflichten auf Tatbestandsebene. Sie verweist auf den Grundsatz, dass niemand über das Können hinaus verpflichtet[175] werden kann. Daraus folge, dass dem Hilfepflichtigen nur Pflichten im Rahmen des Möglichen auferlegt werden können und diese insoweit überhaupt nur entstehen. Sind verschiedenartige Rechtsgüter gefährdet, obliegt dem Hilfspflichtigen nur die Rettung des höherwertigen Rechtsguts, also der Erfüllung der höherwertigen Pflicht. Sind gleichwertige Rechtsgüter betroffen, entstehen nicht zwei Pflichten auf Rettung beider Rechtsgüter, sondern nur eine Pflicht auf Rettung eines der beiden Rechtsgüter. Dabei liegt die Wahl des zu rettenden Rechtsguts in der Hand des Hilfspflichtigen.[176]

Für den Beispielsfall mit gleichwertigen Rechtsgütern bedeutet dies, dass der Tatbestand hinsichtlich der nicht mitgenommenen Person bei Möglichkeit 1 und 2 ausscheidet. Bei Möglichkeit 3, der Mitnahme keiner Person, ist die Pflicht eine Person mitzunehmen verletzt, womit C den Tatbestand, obwohl zwei Personen zu retten wären, nur einmal verwirklicht hat. Offen bleibt, welche Person und damit wessen Tod C zu verantworten hat. In der Abwandlung mit verschiedenwertigen Rechtsgütern erfüllt C in Möglichkeit 1 den Tatbestand bzgl. des geringwertigeren Rechtsguts mangels Pflicht zur Rettung nicht. Bei Möglichkeit 2 und 3 verletzt er jeweils die Pflicht, dass höherwertige Rechtsgut zu retten.

II) Rechtfertigungslösung

Eine andere Ansicht sucht die Lösung auf der Ebene der Rechtswidrigkeit. Sie nimmt an, dass das Recht von niemanden etwas Unmögliches verlangen kann und daher eine unmögliche Handlungspflicht nicht rechtswidrig sein dürfe. Die Pflichtenkollision stelle ein Rechtfertigungsgrund dar, der bei gleichwertigen Pflichten die nicht erfüllte Pflicht und bei verschiedenwertigen Pflichten die höherwertige Pflicht rechtfertige.[177]

---

175 *Ultra posse nemo obligator.*

176 MüKo-StGB/*Freund*, § 323c StGB, Rn. 105; Schönke/Schröder/*Sternberg-Lieben*, Vorb. §§ 32 ff. StGB, Rn. 73; Schönke/Schröder/*Hecker*, § 323c StGB, Rn. 31; *Freund*, S. 281f.; *Joerden*, S. 85f., 93f; *Scheid*, S. 155 – 157.

177 *BGH*, Urt. v. 30.07.2003, 5 Str 221/03, BGHSt 48, 307 (311); LK[11.]/*Hirsch*, Vor § 32 StGB, Rn. 81; LK[12.]/*Rönau*, Vor § 32 StGB, Rn. 126; NK-StGB/*Paeffgen*, Vor §§ 32 ff. StGB, Rn. 170; *Künschner*, S. 320f., 325; *Mangakis*, ZStW 84 (1972), S. 447 (473).

Im Beispiel wäre C hiernach bei Möglichkeit 1 und 2 für die nicht erfüllte Pflicht gerechtfertigt. In der Abwandlung bei Möglichkeit 1 greift die Pflichtenkollision als Rechtfertigungsgrund für die geringwertigere Pflicht ein. Bei Möglichkeit 2 hingegen ist die Verletzung der höherwertigeren Pflicht rechtswidrig.

Umstritten ist innerhalb der Rechtfertigungslösung jedoch die Behandlung von Möglichkeit 3, der Rettung keines Rechtsguts, sofern diese Konstellation überhaupt diskutiert wird. Die einen sehen die Rechtfertigung schon im Aufeinandertreffen mehrerer alternativ, aber nicht kumulativ erfüllbarer Pflichten mit der Folge, dass eine der beiden Pflichten gerechtfertigt sei.[178] Offen bleibt bei gleichwertigen Pflichten allerdings, welche der beiden gerechtfertigt ist. Für Möglichkeit 3 im Beispiel bedeutet dies, dass eine der beiden Pflichten gerechtfertigt ist. In der Abwandlung ist C bzgl. der geringwertigeren Pflicht, der Rettung des B, gerechtfertigt.

Hirsch[179] sieht die Rechtfertigung erst in der Vornahme einer Pflicht mit der Folge, dass bei Vornahme keiner Pflicht beide Pflichten verletzt werden. Auf Ebene des Strafmaßes sei jedoch die Unmöglichkeit der Erfüllung beider Pflichten zu berücksichtigen, indem das Strafmaß bei gleichwertigen Pflichten die Anzahl der gleichzeitig vermeidbaren Delikte und bei verschiedenwertigen Pflichten auf das geringwertigere Delikt begrenzt wird. Bei Möglichkeit 3 vom Beispiel und der Abwandlung verwirklicht C hiernach jeweils einmal § 323c Abs. 1 StGB durch den Verstoß gegen zwei Handlungspflichten, jedoch wäre das Strafmaß auf den Verstoß gegen eine Handlungspflicht zu reduzieren, wobei bei der Abwandlung insbesondere die Eigenschaft des geringwertigeren Rechtsguts zu berücksichtigen sei. Würde es sich im Beispiel dagegen um Totschlag durch Unterlassen handeln, hätte C das Delikt zweifach verwirklicht, wobei das Strafmaß auf die Verwirklichung von einem Delikt zu reduzieren wäre.

III) Schuldlösung

Andere lösen die Pflichtenkollision gleichwertiger Pflichten zur Rettung von Menschenleben erst auf Schuldebene. Sie gehen davon aus, dass das Recht beim Aufeinandertreffen von Pflichten zur Rettung mehrerer Menschenleben unfähig sei, die Kollision zu lösen; denn Menschenleben dürfen aufgrund der Menschenwürde nach Art. 1 Abs. 1 GG nicht qualitativ oder quantitativ gegeneinander

---

178 LK[12.]/*Rönau*, Vor § 32 StGB, Rn. 126; *Joerden*, S. 85f., 93f., plädiert innerhalb der Ansicht des Rechtfertigungsgrunds dafür, dass dieser schon in der Pflichtenkollision liegt, folgt letztlich aber der Tatbestandslösung.

179 LK[11.]/*Hirsch*, Vor § 32 StGB, Rn. 81.

abgewogen werden, so dass das Recht den Tod des einen zugunsten der Rettung des anderen nicht billigen darf. Dies wäre bei der Annahme eines Rechtfertigungsgrundes jedoch der Fall. Die Schuld habe zu entfallen, wenn der Hilfspflichtige eine gewissenhafte Entscheidung trifft und danach handelt, weil das Recht nicht mehr von ihm verlangen könne.[180] Dabei greife der Entschuldigungsgrund auch ein, wenn der Hilfspflichtige es nicht mit seinem Gewissen vereinbaren könne, in das Schicksal einzugreifen, indem er sich für die Rettung keiner Person entscheide.[181]

Nach dieser Ansicht wäre C bei jeder Möglichkeit im Beispiel und der Abwandlung entschuldigt, sofern er sich auf sein Gewissen beruft. Wird hingegen eine Entscheidung, die der Rettung von Rechtsgütern dient, verlangt, wäre für C in Möglichkeit 3 des Beispiels die Schuld für § 323c Abs. 1 StGB hinsichtlich A und B zu bejahen.

IV) Lösung über den rechtsfreien Raum

Eine andere Ansicht zieht aus der Unmöglichkeit des Rechts bei der Rettung von Menschenleben eine Entscheidung zu treffen, die Konsequenz, dass die Lösung nicht auf der Ebene des Tatbestands, der Rechtswidrigkeit oder der Schuld zu suchen sei. Vielmehr sei in diesen Fällen „der Kompetenzanspruch des Strafrechts […] überhaupt zu verneinen" und das Strafrecht entfalte keine Geltung mehr.[182] Es bestehe insoweit ein rechtsfreier Raum. Das Recht habe die Gewissensentscheidung des Hilfspflichtigen zu respektieren.[183] Der rechtsfreie Raum gelte aber nur bei gleichwertigen Pflichten und sofern der Hilfspflichtige eine Pflicht vornehme.[184]

Hiernach wäre im Beispiel bei Möglichkeit 1 und 2 die Geltung des § 323c Abs. 1 StGB zu verneinen. Für Möglichkeit 3 scheidet ein rechtsfreier Raum aus, da C keine Pflicht erfüllt und damit § 323c Abs. 1 StGB durch den Verstoß gegen zwei Handlungspflichten verwirklicht hat.

---

180 *Gallas*, in: FS Mezger, S. 330, 332f.; *Jescheck/Weigend*, S. 501 – 503.

181 *Jescheck/Weigend*, S. 503; a.A. wohl *Gallas*, in: FS Mezger, S. 333f., wenn er verlangt, dass die Entscheidung der Rettung von Rechtsgütern dienen soll, welches im Beispiel bei Möglichkeit 3 gerade nicht der Fall ist, da kein Rechtsgut gerettet wird.

182 *Dingeldey*, Jura 1979, S. 478 (481f.).

183 *Dingeldey*, Jura 1979, S. 478 (485); *Arth. Kaufmann*, Jus 1978, S. 321 (326).

184 *Dingeldey*, Jura 1979, S. 478 (485).

V) *Auswirkungen der strafrechtlichen Einordnung für das Zivilrecht*

Im Strafrecht hat die rechtsdogmatische Einordnung nur Auswirkungen auf Irrtümer des Hilfspflichtigen und die Möglichkeit der Rechtfertigung von Handlungen gegen den Hilfepflichtigen, der sich für die Hilfe einer Person entschieden hat. Demgegenüber sind die Auswirkungen im Zivilrecht erheblicher. Dies betrifft einerseits die Beweislast, welche sich im Strafrecht aufgrund des Amtsermittlungsgrundsatzes nicht in gleicher Form stellt. Im Deliktsrecht hat der Geschädigte grundsätzlich alle anspruchsbegründenden Tatsachen, wozu bei § 823 Abs. 2 BGB insbesondere die einzelnen Tatbestandsmerkmale des Schutzgesetzes zählen, zu beweisen.[185] Bei der Tatbestandslösung hat der Geschädigte nachzuweisen, dass entweder beiden Geschädigten rechtzeitig geholfen werden konnte oder zumindest die Pflicht ihm zu helfen höherwertiger war. Die Beweislast für Rechtfertigungsgründe obliegt dagegen dem Schädiger.[186] Daher trifft den Schädiger in der Rechtfertigungslösung die Beweislast, dass er nur einer Person helfen konnte und welche Pflicht höherwertiger war. Dies gilt für die Schuldlösung entsprechend. Die Bestimmung der Beweislast bei der Lösung des rechtsfreien Raums ist dagegen aufgrund der Weigerung, die Problematik einer der Ebenen zuzuordnen, schwieriger. Letztlich handelt es sich um die Vorfrage, ob das Schutzgesetz überhaupt anwendbar ist, womit hierfür der Geschädigte erst recht die Beweislast trägt, wenn er die anschließende Frage, ob eine Pflicht besteht, beweisen muss. Bei allen Lösungen kann zudem die sekundäre Darlegungslast einschlägig sein, wenn eine Partei in die genaueren Umstände keinen Einblick gehabt hat; einerseits kann der Geschädigte bewusstlos sein, andererseits der Hilfspflichtige schnell vorbeifahren und nur allgemein den Unglücksfall und die Hilfsbedürftigkeit erkennen, den Verletzungsgrad oder die Anzahl der Verletzten aber nicht wahrnehmen. Die Anwendbarkeit der sekundären Darlegungslast hängt aufgrund der unterschiedlichen Fallvariationen vom Einzelfall ab.

Die andere Auswirkung der strafrechtlichen Einordnung betrifft die Übertragbarkeit der Lösung ins Zivilrecht überhaupt, zumal es sich bei der Verweisung des § 823 Abs. 2 BGB auf Schutzgesetze um keine Totalverweisung handelt. Vielmehr ist zu untersuchen, ob die Lösung sanktionsspezifisch und daher nicht zu übernehmen ist. Die Tatbestands- und Rechtswidrigkeitslösung bestimmen

185 *BGH*, Urt. v. 17.03.1987, BGHZ 100, 190 (195); MüKo-BGB/*Wagner*, § 823 BGB, Rn. 543 m.w.N.

186 *Großer Senat des BGH für Zivilsachen*, Beschl. v. 04.03.1957, GSZ 1/56, BGHZ 24, 21 (28); MüKo-BGB/*Wagner*, § 823 BGB, Rn. 86 m.w.N.

jeweils das Unrecht und können insoweit übernommen werden. Die Schuldlösung sowie die Lösung des rechtsfreien Raums üben durch die Gewissensentscheidung des Hilfspflichtigen Nachsicht und schließen die Strafbarkeit aus, da der Strafzweck der Prävention nicht erreicht werden kann, zumal diese Konstellationen zufällig geschehen und nicht vorausplanbar sind. Insoweit sind die Lösungen dem sanktionsspezifischen Bereich zuzuordnen und nicht ins Zivilrecht zu übertragen.

Eine nähere Betrachtung der Lösungen hinsichtlich der Behandlung der Möglichkeit 3 des Beispiels, dem Helfen keiner Person, führt im Zivilrecht zu überraschenden Ergebnissen. Im Strafrecht erreicht die Tatbestandslösung die Bestrafung des Hilfe Unterlassenden für den Verstoß gegen eine Handlungspflicht durch Begrenzung der Pflicht auf das Mögliche. Die Pflicht lautet insoweit rette eine von zwei Personen bzw. rette alternativ A oder B. Die strafrechtliche Lösung lässt die Frage, für wessen Tod C verantwortlich ist, offen. Das Zivilrecht hat diese Möglichkeit nicht, denn der Anspruch basiert gerade auf der zurechenbaren Verantwortlichkeit des Hilfe Unterlassenden. Es hat nur zwei Möglichkeiten, nämlich der Geschädigte hat einen oder keinen Anspruch, nicht aber das Offenlassen welcher von zwei Geschädigten einen Anspruch hat. Im Zivilrecht können sich beide Personen auf den Schutz der Pflicht berufen, da die Pflicht beide in ihren Schutzbereich einbezieht und dem Hilfspflichtigen die Entscheidung überlässt, wem er helfen will, dieser seine Wahl aber nicht getroffen hat, womit es an einer Konkretisierung, die nur noch dem Ausgewählten Schutz gewährt, fehlt. Dasselbe Problem hat die Strömung der Rechtfertigungslösung, die die Rechtfertigung schon im Bestehen der Kollision der Pflichten sieht. Sie klärt nicht, welche Nichtrettung gerechtfertigt ist. Die Antwort, die Nichtrettung des anderen, funktioniert nur in den ersten beiden Möglichkeiten, in denen einer der beiden gerettet wird. Faktisch ändert die Strömung wie die Tatbestandslösung den Pflichteninhalt nur dahingehend ab, dass eine von zwei Personen zu retten ist. Im Zivilrecht greift der Rechtfertigungsgrund der Pflichtenkollision bei Möglichkeit 3 nicht, so dass beide Geschädigte einen Anspruch haben. Die andere Strömung der Rechtfertigungslösung, welche die Rechtfertigung erst in der Vornahme einer Pflicht sieht, kommt ebenfalls zum Ergebnis, dass beide Geschädigte einen Anspruch haben. Die Begrenzung des Strafmaßes auf die Anzahl der kumulativ vermeidbaren Pflichten ist einerseits nur das Offenlassen der Frage, für wessen Tod der Hilfe Unterlassende letztlich verantwortlich ist und andererseits nicht in das Zivilrecht übertragbar. Die Schuldlösung und die Lösung des rechtsfreien Raums gewähren im Zivilrecht ebenfalls beiden Geschädigten einen Anspruch, weil sie die Gewissensentscheidung, die im Interesse keines Rechtsguts ist, nicht akzeptieren. Nur die Schuldlösung, die jede Gewissensentscheidung akzeptiert, führt zur vollständigen Ablehnung von Ansprüchen der Geschädigten. Hinsichtlich der Behandlung von Möglichkeit 3 des Beispiels hat die strafrechtliche Einordnung keine Auswirkungen. Ob dieses Ergebnis im Zivilrecht tragbar ist, wird nach der Stellungnahme zu den Ansichten in der Übertragung ins Zivilrecht erläutert.

VI) Stellungnahme

Der Schuldlösung ist entgegenzuhalten, dass sie zur Widersprüchlichkeit des Rechts führt, denn nach ihr wäre ein Verhalten, die Erfüllung von Pflicht A, zugleich Gehorsam gegenüber Pflicht A und Ungehorsam durch die Nichterfüllung der Pflicht B. Durch diese Widersprüchlichkeit verliert das Recht seine innere Logik und gibt seine Funktion als „rationale Lebensordnung“[187] auf.[188] Demgegenüber wahren die Tatbestands- und die Rechtfertigungslösung die innere Logik des Rechts. Denn sie modifizieren auf ihrer Ebene den Pflichteninhalt auf die Rettung eines von mehreren Rechtsgütern, so dass die Rettung eines der Rechtsgüter die einzig bestehende Pflicht erfüllt und damit mangels anderer Pflichten nicht als Ungehorsam gegenüber der anderen Pflicht ausgelegt werden kann.

Die Grundannahme der Schuldlösung und der Lösung vom rechtsfreien Raum, dass das Recht aufgrund der Menschenwürde keine Entscheidung treffen könne, ist im Rahmen des § 323c Abs. 1 StGB nicht gegeben. Die Menschenwürde verbietet eine Entscheidung über den Tod eines anderen Menschen, indem der Entscheider „die Rolle des vernichtenden Schicksals“[189] einnimmt. Bei § 323c Abs. 1 StGB zwingt das Recht dem Hilfspflichtigen diese Rolle nicht auf, weil die verunglückten Menschen in Lebensgefahr ohne seine Hilfe schon dem Schicksal überlassen wären und sterben würden. Durch die Rettung eines Menschen wendet er von diesem das Schicksal ab, handelt gerade zum Schutz des Menschen im Sinne der Menschenachtung und lässt das Schicksal bzgl. des anderen nur weiterlaufen.[190] Dem könnte entgegengehalten werden, dass in der Entscheidung, einen Menschen zu retten, eine qualitative Abwägung der beiden gefährdeten Menschenleben zu sehen ist, welche nicht im Sinne der Menschenwürde sei. Jedoch kann es nicht im Interesse der Menschenwürde liegen, dass bei Nichtrettung beider zur Vermeidung einer qualitativen Abwägung auf zwei

---

187 *Mangakis*, ZStW 84 (1972), S. 447 (461).

188 *Künschner*, S. 322; *Mangakis*, ZStW 84 (1972), S. 447 (460f.).

189 *Mangakis*, ZStW 84 (1972), S. 447 (472).

190 *Künschner*, S. 320f.; *Mangakis*, ZStW 84 (1972), S. 447 (473).

statt nur auf ein Menschenleben verzichtet wird. Ferner verstößt das Recht nicht durch die Billigung der jeweiligen Entscheidung gegen die Abwägung, sondern ermöglicht die maximal mögliche Achtung der Menschenwürde.

Gegen die Lösung des rechtsfreien Raums spricht ferner, dass sie nicht schlüssig erklären kann, warum bei Rettung einer Person ein rechtsfreier Raum bestehen soll, bei Rettung keiner Person bei derselben Ausgangslage der rechtsfreie Raum dagegen nicht bestehen soll, um zu einer Strafbarkeit zu gelangen.[191]

Der Strömung der Rechtfertigungslösung, die für den Rechtfertigungsgrund die Vornahme einer Rettung voraussetzt, ist Widersprüchlichkeit bei der Behandlung der Möglichkeit 3 vorzuhalten. Sie verlangt vom Unterlassenden, der keine Pflicht erfüllt, etwas Unmögliches, nämlich die Rettung beider Menschen, welches sie vom Hilfspflichtigen, der eine Pflicht erfüllt, nicht erwartet, obwohl beide mangels Möglichkeit für den Tod des zweiten Menschen nicht verantwortlich sind.[192]

Gegen die Tatbestandslösung könnte eingewendet werden, dass sie für Möglichkeit 3 keine praxistaugliche Lösung anbietet, da sie dem Richter keine Antwort darauf gibt, hinsichtlich wessen Tod er freisprechen oder verurteilen soll. Bei § 323c Abs. 1 StGB stellt sich das Problem nicht, weil es für die Verwirklichung des Delikts nicht darauf ankommt, ob der Hilfe Unterlassende einem oder mehreren Menschen eines Unglücksfalls nicht geholfen hat. In beiden Konstellationen verwirklicht er im Gegensatz zum Totschlag durch Unterlassen, wo jeder Tod eines Menschen ein Delikt darstellt, nur ein Delikt. § 323c Abs. 1 StGB liegt in Möglichkeit 3 eindeutig vor, so dass entsprechend zu verurteilen und die Anzahl der Hilfsbedürftigen erst auf der Strafzumessungsebene zu berücksichtigen ist.

Zum besseren Verständnis ist dem Einwand dennoch für den Totschlag durch Unterlassen nachzugehen. Diesem Einwand ist ebenso die Strömung der Rechtfertigungslösung ausgesetzt, welche die Rechtfertigung schon im Bestehen kollidierender Pflichten sieht, da sie nicht beantwortet, welche Pflicht gerechtfertigt ist. Die andere Strömung vermeidet dieses Problem, indem sie die Verantwortung für beide Tode bejaht und die Lösung erst auf der Ebene der Strafzumessung sucht. Als Lösung wird das Institut der Wahlfeststellung vorgeschlagen.[193] Dies ist aber nicht unmittelbar anwendbar, da es am Merkmal der Tatsachenalternativität, welches beide Formen der Wahlfeststellung voraussetzen, fehlt,

---

191 *Joerden*, S. 83f.

192 Schönke/Schröder/*Sternberg-Lieben*, Vorbem. §§ 32 ff. StGB, Rn. 73; *Joerden*, S. 85; *Scheid*, S. 151f.

193 *Künschner*, S. 320.

denn der Hilfe Unterlassende hat unzweifelhaft keinem Menschen geholfen. Die Unklarheit besteht also weder in der Tatsachengrundlage noch in der Rechtsgrundlage, da es keine Frage der Auslegung von Tatbestandsmerkmalen ist, sondern im Recht, weil dieses durch die Übertragung der Wahlmöglichkeit auf den Hilfe Unterlassenden eine Alternativität eröffnet hat, die mangels Wahl des Hilfe Unterlassenden nicht wieder geschlossen wurde. Eine eindeutige Verurteilung wegen Totschlags durch Unterlassen hinsichtlich eines Menschen und Freispruchs bzgl. des anderen ist nicht möglich. Die Tatbestands- und Rechtfertigungslösung greifen faktisch auf die Technik der Wahlfeststellung, der Angeklagte hat entweder Delikt A oder B verwirklicht, zurück, indem sie die Pflicht zur Rettung beider zur alternativen Pflicht, rette A oder B, modifizieren. Daher sind die Fälle der Wahlfeststellung um diese Konstellation der Unklarheit durch das Recht zu erweitern, der Angeklagte wegen Totschlags durch Unterlassen zu verurteilen und nicht hinsichtlich eines Totschlags durch Unterlassen zu verurteilen und bzgl. des anderen freizusprechen. Innerhalb der Gründe des Urteils ist die Wahlfeststellung bei der rechtlichen Würdigung näher auszuführen.

Für die Tatbestandslösung spricht, dass der Pflichteninhalt auf der Tatbestandsebene bestimmt wird, wozu ebenfalls dessen Begrenzung zählt. Ist nur ein Rechtsgut betroffen, wird im Tatbestand geprüft, ob die geforderte Handlung für den Hilfe Unterlassenden physisch-real durchführbar ist.[194] Mit einer Selbstverständlichkeit wird der Grundsatz, dass Unmögliches nicht verlangt werden kann, hier schon auf der Tatbestandsebene und nicht wie bei kollidierenden Pflichten auf der Rechtfertigungsebene geprüft, obwohl systematisch ein Grund für eine unterschiedliche Handhabung nicht ersichtlich ist. Die Erfüllung beider Pflichten ist physisch-real nicht möglich, sondern nur die alternative Rettung von A oder B. Allein durch eine isolierte Betrachtung des jeweiligen Rechtsguts kann dieser Prüfungspunkt umschifft werden, um den Fehler dann systemwidrig auf Ebene der Rechtswidrigkeit wieder zu beheben.[195] Zudem behandelt auch § 323c Abs. 1 StGB die Kollision verschiedener Pflichten, nämlich der Hilfeleistungspflicht und anderer wichtiger Pflichten, im Rahmen der Zumutbarkeit schon auf der Tatbestandsebene.[196] Hieraus könnte zwar geschlossen werden,

---

194 *BGH*, Beschl. v. 06.03.2007, 3 StR 497/06, NStZ 2007, 469; *Fischer*, § 13 StGB, Rn. 77f.; MüKo-StGB/*Freund*, § 13 StGB, Rn. 10; NK-StGB/*Gaede*, § 13 StGB, Rn. 12; *Rengier*, AT, § 49, Rn. 9; *Wessels/Beulke/Satzger*, AT, Rn. 900.

195 Ebenso *Freund*, S. 282 für die Fälle der unechten Unterlassungsdelikte.

196 *BGH*, Urt. v. 02.03.1962, 4 StR 355/61, BGHSt 17, 166 (168); SK-StGB/*Stein*, § 323c StGB, Rn. 32; ausführlich *Frellesen*, S. 211 – 222; a.A. als Schuldmerkmal: LK[11.]/*Spendel*, § 323c StGB, Rn. 159 m.w.N.

dass § 323c Abs. 1 StGB zunächst alle Pflichten entstehen und erst im Rahmen der Zumutbarkeit eine Pflicht zurücktreten lässt. Jedoch wird dabei übersehen, dass § 323c Abs. 1 StGB mit dem Begriff „andere Pflichten", andere als die Hilfspflichten meint, also das Verhältnis der Hilfspflichten untereinander gerade nicht geregelt wird. Dies ist plausibel, weil schon im Rahmen der möglichen Pflichten eine Begrenzung vorgenommen wird. Daher ist die Rechtfertigungslösung abzulehnen und es ist der Tatbestandslösung zu folgen.

VII) Exkurs: Kollision von § 323c Abs. 1 StGB mit § 323c Abs. 2 StGB

Lenk[197] weist auf den denkbaren Fall einer Kollision der Pflichten zwischen § 323c Abs. 1 StGB und § 323c Abs. 2 StGB hin, indem bei unüberschaubaren Unglücksfällen der hinzukommende Helfer weitere Helfer behindert, um nach weiteren Hilfsbedürftigen zu schauen oder ein Helfer für seine Hilfe hinzukommenden Helfern den Weg versperrt und diese dadurch behindert. Sofern es sich bei dem Verhalten überhaupt um ein Behindern, also eine spürbare, nicht unerhebliche Störung der Rettungstätigkeit handelt, kann der Fall entsprechend über die Pflichtenkollision gelöst werden. Handelt es sich um nicht gleichwertige Pflichten, geht die höherrangige Pflicht vor, handelt es sich um gleichwertige Pflichten, scheidet die nicht erfüllte Pflicht mangels Möglichkeit der Pflichterfüllung auf Tatbestandsebene aus. Im Fall des Behinderns wäre die Möglichkeit nicht zu behindern zu verneinen, womit ein Behindern zu verneinen ist. Dagegen löst *Lenk*[198] den Fall, indem er den objektiven Tatbestand verneint, weil der Täter „nicht nur ein erlaubtes, sondern vielmehr ein strafgesetzlich eingefordertes Risiko" verwirklicht. Zu begrüßen ist der Ansatz, den Fall auf der Ebene des objektiven Tatbestands zu lösen. Allerdings übersieht er bei seinem Ansatz, dass es sich bei § 323c Abs. 2 StGB um ein Tätigkeitsdelikt handelt,[199] bei dem es gerade nicht auf die Zurechnung einer Handlung zu einem Erfolg ankommt und es demnach keine objektive Zurechenbarkeit gibt, die im Fall des erlaubten Risikos ausgeschlossen ist.

B) Übertragung ins Zivilrecht

Es bleibt zu klären, ob die favorisierte Tatbestandslösung ins Zivilrecht übertragen werden kann und sie im Einklang mit zivilrechtlichen Wertungen steht.

---

197 *Lenk*, JuS 2018, S. 229 (232).
198 *Lenk*, JuS 2018, S. 229 (232).
199 *Lenk*, JuS 2018, S. 229 (230).

Die Tatbestandslösung löst den Konflikt widerstreitender Interessen schon auf Ebene des objektiven Tatbestands bei der Pflichtenentstehung. Dieser Bereich betrifft die Einstufung eines Verhaltens als Unrecht, nicht aber die Bewertung, ob und in welchem Maße es zu sanktionieren ist, also gerade nicht den sanktionsspezifischen Bereich, welches für eine Übertragung spricht.

Das Deliktsrecht enthält keine spezielle Regelung zur Lösung derartiger Konflikte. Lediglich das allgemeine Schuldrecht zeigt mit § 275 BGB, dass von einem Schuldner etwas Unmögliches nicht verlangt werden kann. Allerdings begrenzen §§ 280 Abs. 3, 283 BGB diese Aussage insoweit, dass der Schuldner für den aus verschuldeter Unmöglichkeit entstandenen Schaden zu haften hat. Die Normen finden für das Beispiel keine Anwendung, da die Hilfspflicht nach § 323c Abs. 1 StGB kein Schuldverhältnis begründet. Würde sich bei einer Fiktion eines Schuldverhältnisses die Lösung der zivilrechtlichen Normen mit denen der Tatbestandslösung decken, spricht dies erst recht für die Übertragbarkeit ins Zivilrecht. Erfüllt der Hilfspflichtige in Möglichkeit 1 oder 2 des Beispiels[200] jeweils eine Pflicht, ist ihm die andere Pflicht im Sinne des § 275 BGB unmöglich. Die Unmöglichkeit hat der Hilfspflichtige im Sinne der §§ 280 Abs. 3, 283 BGB nicht zu vertreten; denn der Umstand, dass er nur eine von zwei Pflichten erfüllen kann, liegt außerhalb seines Machtbereichs und die Wahl die andere Pflicht zu erfüllen, ist bei gleichwertigen Pflichten zu Recht ihm überlassen, so dass er sich im Rahmen des Zulässigen entschieden hat, womit kein Auswahlfehler vorliegt. Insoweit deckt sich die Tatbestandslösung mit den Wertungen des Zivilrechts, so dass einer Übernahme bis hierhin nichts entgegensteht.

Die Übernahme lässt sich mit der Rechtsprechung des *BGH* zu einem anderen Fall der Pflichtenkollision im Zivilrecht, nämlich der Kollision von § 64 S 1 GmbHG und §§ 823 Abs. 2 BGB i.V.m. 266a StGB, vereinbaren. Nach § 64 S 1 GmbHG haftet der Geschäftsführer, wenn er nach Eintritt der Zahlungsunfähigkeit Zahlungen leistet. Zahlt er dagegen die Arbeitnehmerbeiträge an die Sozialversicherung nicht, macht er sich nach §§ 266a Abs. 1, 14 StGB strafbar und haftet für die Verletzung dieses Schutzgesetzes nach § 823 Abs. 2 BGB.[201] Diese Kollision unterscheidet sich jedoch in zweierlei Hinsicht von § 323c Abs. 1 StGB. Einerseits kollidieren nicht zwei Handlungsgebote miteinander, sondern ein Handlungsverbot, das Verbot masseschmälernder Zahlungen im Sinne des Masseerhaltungsgebots,[202] mit einem Handlungsgebot,

200 Siehe Kapitel 2) § 3) A), S. 66.

201 *BGH*, Urt. v. 04.07.1989, VI ZR 23/89, VersR 1989, 922; *Fischer*, § 266a StGB, Rn. 2a.

202 Baumbach/Hueck/*Haas*, § 64 GmbHG, Rn. 4.

der Abführung der Arbeitnehmerbeiträge zur Sozialversicherung. Andererseits sind die Pflichten laut *BGH* nicht gleichwertig. Außerhalb der Insolvenzanmeldefrist des § 15a Abs. 1 InsO ist die Abführung der Arbeitnehmerbeiträge nach § 266a Abs. 1 StGB vorrangig und stellt eine erlaubte Zahlung nach § 64 S 2 GmbHG als Ausnahme vom Masseerhaltungsgebot dar,[203] innerhalb der Frist kann das Masseerhaltungsgebot des § 64 S 1 GmbHG im Falle eines aussichtsreichen Sanierungsversuchs einen Verstoß gegen § 266a StGB rechtfertigen.[204] Daher ist diese Rechtsprechung eher mit der Lösung der Möglichkeiten 1 und 2 der Abwandlung des Beispielfalls, in der verschiedenartige Pflichten kollidieren, vergleichbar und deckt sich im Ergebnis mit der Tatbestandslösung.

Zu klären bleibt, wie Möglichkeit 3 des Beispielfalls, in der keine der Pflichten erfüllt wird, im Zivilrecht zu lösen ist. Die Tatbestandslösung modifiziert die Pflicht rette beide in rette einen von beiden und lässt im Strafrecht offen, für wessen Tod der Hilfe Unterlassende verantwortlich ist, weil es hierauf bei § 323c Abs. 1 StGB nicht ankommt. Im Zivilrecht führt die Tatbestandslösung dazu, dass beide einen Anspruch haben, da beide von der Pflicht einen von beiden zu retten geschützt sind. Das Ergebnis ist mit den zivilrechtlichen Wertungen zu vergleichen. Durch die Erfüllung keiner Pflicht sind beide Pflichten nach § 275 Abs. 1 BGB unmöglich geworden. Die Unmöglichkeit der ersten Rettung durch Verstreichenlassen der Rettungsmöglichkeit hätte der Hilfe Unterlassende verhindern können, womit er sie zu vertreten hat und dafür haften muss. Die zweite Rettung ist ihm dagegen wie in Möglichkeit 1 und 2 aus Zeitgründen, die er nicht beeinflussen kann, unmöglich, womit er sie nicht zu vertreten hat. Die Nichterfüllung keiner Pflicht ist dagegen kein Grund für die Unmöglichkeit der zweiten Rettung. Mit der Bestimmung des Menschen, der zuerst zu retten ist, kommt das Zivilrecht nun in dasselbe Dilemma wie das Strafrecht bei §§ 212, 13 StGB mit dem Unterschied, dass die Möglichkeit der Wahlfeststellung im Zivilrecht nicht vorhanden ist. Festzuhalten bleibt zunächst, dass nach den Wertungen nur eine Person einen Anspruch hat, das Zivilrecht diesen aber nicht zu bestimmen vermag.

Eine Lösung kann jedoch die Betrachtung der Risikosphären bieten. Ohne den Hilfspflichtigen obliegt das Risiko des Schadenseintritts vollständig dem Hilfsbedürftigen. Kann der Hilfspflichtige jedoch nur einen von zwei Menschen retten, kann rechnerisch nur das Risiko eines jeden zur Hälfte auf den Hilfspflichtigen verlagert werden, da es außerhalb der Macht der Hilfsbedürftigen

203 *BGH*, Urt. v. 14.05.2007, II ZR 48/06, NJW 2007, 2118 (2120).
204 *BGH*, Beschl. v. 30.07.2003, 5 Str 221/03, BGHSt 48, 307 (309-311).

liegt, für wen sich der Hilfspflichtige entscheidet und das Recht beide Entscheidungen billigt. Entscheidet sich der Hilfspflichtige nun für die Rettung keines Menschen, kann die Risikosphäre beider nicht plötzlich vollständig auf den Hilfspflichtigen übertragen werden. Vielmehr trägt er weiterhin nur 50% der Risikosphäre eines jeden, so dass mangels Bestimmungsmöglichkeit eines Geschädigten nur eine anteilige Haftung für beide Geschädigte verbleibt. Diese Lösung wird dem Grundsatz, dass Unmögliches nicht verlangt werden kann, bei Möglichkeit 3 gerecht.

Damit stellt sich die Frage, wie eine anteilige Haftung umzusetzen ist. Der Lösung steht das im Zivilrecht geltende „Prinzip der Totalreparation" entgegen, wonach der Schädiger alle Schäden im Sinne des „Alles-oder-Nichts-Prinzip[s]" unabhängig vom Grad seines Verschuldens zu tragen hat.[205] Dieses Prinzip kann durch § 254 Abs. 1 BGB[206] oder § 242 BGB durchbrochen werden. § 254 BGB ist dabei die speziellere Regelung und entfaltet in seinem Anwendungsbereich eine Sperrwirkung gegenüber § 242 BGB.[207]

Allerdings passt § 254 BGB für die geplante Anspruchskürzung aus mehreren Gründen nicht. Denn die Regelung muss zunächst alle Konstellationen der Pflichtenkollision erfassen, was bei § 254 BGB nicht durchgängig gegeben ist. § 254 Abs. 1 BGB setzt ein Verschulden des Geschädigten an der Entstehung des Schadens voraus, indem der Geschädigte in eigenen Angelegenheiten nicht mit der gebotenen Sorgfalt handelt.[208] Neben Fällen der bewussten Eigengefährdung sind aber ebenso Fälle denkbar, in denen die Notsituation trotz aller Sorgfalt entstanden ist, etwa durch Naturkatastrophen, Straftaten oder Fehler Dritter bei Wahrung der eigenen Sorgfalt. In diesen Fällen scheidet eine Anwendung des § 254 BGB mangels Verschuldens des Geschädigten aus. Daneben liegt der eigentliche Grund der Anspruchskürzung, die Unmöglichkeit der zweiten Rettung, außerhalb des Machtbereichs vom Geschädigten und Schädiger, so dass eine Verteilung dieses Grundes mittels Verursachungsbeiträgen nach § 254 BGB keinen Erfolg verspricht. Insbesondere kann dem Geschädigten nicht plausibel erklärt werden, warum sein Verschuldensbeitrag bei gleicher Sorgfalt gegen sich selbst und dem gleichen Fehlverhalten des Schädigers abhängig von der Anzahl

205 Jauernig/*Teichmann*, Vor §§ 249-253 BGB, Rn. 2.
206 NK-BGB/*Knöfler*, § 254 BGB, Rn. 1.
207 Erman/*Ebert*, § 254 BGB, Rn. 4.
208 Soergel/*Ekkenga/Kuntz*, § 254 BGB, Rn. 2.

der Geschädigten steigt: bei einem Geschädigten 0%, bei zwei 50%, bei drei 66,67%, bei vier 75% usw.[209]

Daher bedarf es des Rückgriffs auf Treu und Glauben nach § 242 BGB. Die Sperrwirkung des § 254 BGB steht der Anwendung von § 242 BGB nicht entgegen, da der Grund der Anspruchskürzung, die Unmöglichkeit der zweiten Rettung, außerhalb des Anwendungsbereichs von § 254 BGB liegt. § 242 BGB gilt trotz seines Wortlauts auch im Deliktsrecht.[210] Die Anspruchskürzung lässt sich sowohl über das Verbot widersprüchlichen Verhaltens als auch über die Korrekturfunktion des § 242 BGB begründen. Macht ein Geschädigter aufgrund der Pflicht rette einen von beiden Schadensersatz in Höhe von 100% geltend, deutet er die Pflicht in rette mich bzw. beide um und verlangt mehr, als ihm von Rechts wegen zusteht, nämlich die Rettung eines von zwei Menschen, wobei die Rettung des anderen vom Recht ebenso gebilligt wird. Insofern verhält sich der Geschädigte mit seiner Forderung gegenüber seinem Anspruch aus der Pflicht widersprüchlich. Korrekturbedürftig ist der Zustand, dass das Recht auf Tatbestandsebene nicht bestimmen kann, welche zweite Rettung unmöglich ist und wem damit kein Anspruch zusteht, sondern beiden einen Anspruch zuspricht und damit vom Hilfspflichtigen Unmögliches verlangt. Um die Begrenzung auf das Mögliche zu erreichen, sind beide Geschädigte so zu behandeln, als wären sie ein Hilfsbedürftiger, dem der Schaden nur einmal entstanden ist. Da es aber zwei Geschädigte sind, ist der gedachte Schaden entsprechend der Anzahl der Geschädigten aufzuteilen, welches durch eine Anspruchskürzung zu erreichen ist. Hierdurch ist ein billiges Ergebnis unter Berücksichtigung der beiderseitigen Interessen entsprechend der Risikosphären erreicht, bei dem die Hilfspflicht, die jedem eine Chance von 50% zur Rettung bietet, im Schadensersatzanspruch fortwirkt. Für die praktische Umsetzung ist auf die folgende Formel zurückzugreifen:

*Kürzungshöhe des Anspruchs = 100% – 100% * Anzahl der gleichzeitig rettbaren Menschen /Anzahl der Hilfsbedürftigen.*

Der eben dargestellten Lösung von Möglichkeit 3 könnte die Rechtsprechung des *BGH* zu §§ 66 GmbHG, 266a StGB entgegengehalten werden. Hiernach haftet

---

209 Die Berechnung beruht auf Formel: Kürzungshöhe des Anspruchs = 100% – 100% * Anzahl der gleichzeitig rettbaren Menschen / Anzahl der Hilfsbedürftigen. Für die Berechnung wurde davon ausgegangen, dass jeweils nur ein Mensch gleichzeitig gerettet werden kann. Der Formel liegt der Gedanke zugrunde, dass der Schädiger nur für Schäden der gleichzeitig rettbaren Menschen, also für die ihm möglichen Pflichten, haften soll und verteilt diesen Wert auf die Anzahl der Hilfsbedürftigen durch Kürzung deren Anspruchs um die Prozentzahl.

210 Jauernig/*Mansel*, § 242 BGB, Rn. 10.

der Geschäftsführer bei Bevorzugung eines anderen Gläubigers und Nichtabführung der Arbeitnehmerbeiträge sowohl aus § 64 S 1 GmbHG in Höhe der Bevorzugung als auch für die Arbeitnehmerbeiträge nach §§ 823 Abs. 2 BGB i.V.m. 266a Abs. 1 StGB. Der Einwand gegen die Haftung für die Arbeitnehmerbeiträge, dass er dem Masseerhaltungsgebot folge, greift nicht durch, da er sich durch die Bevorzugung des anderen Gläubigers widersprüchlich verhalten hat.[211] Bei genauer Betrachtung ist diese Konstellation mit Möglichkeit 3 nicht vergleichbar; denn der Geschäftsführer haftet immer nur für die Verletzung einer Norm, da sich die Pflichten gegenseitig ausschließen, nämlich das Zahlungsgebot nach § 266a Abs. 1 StGB und das Zahlungsverbot nach § 66 S 1 GmbHG. Erst die weitere Handlung der Bevorzugung eines anderen Gläubigers löst § 66 S 1 GmbHG aus, aber nur hinsichtlich der Zahlung an den anderen Gläubiger und nicht wegen der Abführung von Arbeitnehmerbeiträgen.

Zusammenfassend ist festzuhalten, dass die Tatbestandslösung ins Zivilrecht übertragbar ist und es lediglich bei Möglichkeit 3, der Nichterfüllung zweier gleichwertiger Pflichten, auf Rechtsfolgenseite einer Korrektur durch eine Anspruchskürzung nach § 242 BGB bedarf.

§ 4) Haftungsbegründende Kausalität als Begrenzung des Anspruchs

Im Rahmen der Diskussion um die Schutzgesetzeigenschaft des § 323c Abs. 1 StGB wird darauf hingewiesen, dass eine übermäßige Haftung mitunter durch das Erfordernis der Kausalität begrenzt werden könne. Hierbei ist zunächst die Kausalität selbst und in einem weiteren Schritt ihre Beweisbarkeit näher zu beleuchten.

A) Die haftungsbegründende Kausalität

§ 823 Abs. 2 BGB setzt von seinem Wortlaut her keine Rechtsgutsverletzung voraus, sofern das Schutzgesetz diese selbst nicht verlangt. Die Konsequenz für abstrakte und konkrete Gefährdungsschutzgesetze wäre daraus, dass bei § 823 Abs. 2 BGB eine haftungsbegründende Kausalität nicht zu prüfen wäre. Denn wenn eine Norm keine Rechtsgutsverletzung voraussetzt, bedarf es auch keiner Feststellung, dass ein Verhalten, hier der Schutzgesetzverstoß, für eine Rechtsgutsverletzung ursächlich ist. Allerdings bezwecken die Schutzgesetze den Schutz bestimmter Rechtsgüter und gewähren nur einen Schadensersatz,

211 *BGH*, Urt. v. 29.09.2008, II ZR 162/07, NJW 2009, 295.

wenn das Schutzgesetz solche Schäden verhindern soll. Die Schäden können nur aus der Verletzung der geschützten Rechtsgüter resultieren, welche das Schutzgesetz verhindern will. Damit ist aber notwendige Voraussetzung für einen Schaden die Verletzung des geschützten Rechtsguts. Der Ursachenzusammenhang der Schutzgesetzverletzung für eine Rechtsgutsverletzung ist dabei eine Frage der haftungsbegründenden Kausalität.[212] Wenn das Schutzgesetz wie § 323c Abs. 1 StGB ein Unterlassungsdelikt ist, bedarf es der Unterlassenskausalität, wonach eine Unterlassung für die Rechtsgutsverletzung kausal ist, wenn die geforderte Handlung nicht hinzugedacht werden könne, ohne dass die Verletzung in ihrer konkreten Form mit an Sicherheit grenzender Wahrscheinlichkeit entfiele.[213] Indem auf die mit an Sicherheit grenzende Wahrscheinlichkeit abgestellt wird, kann die zivilrechtliche Kausalitätsprüfung bei § 323c Abs. 1 StGB und § 138 StGB durchaus eine Filterfunktion haben. Denn beide Normen verlangen nicht nur die Hilfeleistung oder Anzeige, die die Rechtsgutsverletzung mit an Sicherheit grenzender Wahrscheinlichkeit verhindert hätte, sondern mangels Alternativen auch solche mit einer weit darunterliegenden Wahrscheinlichkeit. Dies ist möglich, weil beide Delikte keine Erfolgsdelikte[214] sind und daher im Strafrecht keine Kausalitätsprüfung zwischen der gebotenen Handlung und der Rechtsgutsverletzung erfolgt. Vielmehr verlangt § 323c Abs. 1 StGB nur, dass die Hilfeleistung erforderlich ist. Dies setzt die Geeignetheit der Hilfe zur Gefahrabwendung voraus, wobei es genügt, wenn die Hilfe möglicherweise die Gefahr oder einen Teil davon abwenden kann.[215] Eine bestimmte Mindestwahrscheinlichkeit der Gefahrenabwendung wird nicht gefordert.[216] § 138 Abs. 1 StGB verlangt eine Anzeige zu einer Zeit, zu der die Ausführung oder der Erfolg der geplanten Straftat noch abgewendet werden kann. Hieraus folgt aber nicht zwingend, dass die rechtzeitige Anzeige den Erfolg auch verhindert hätte. Einerseits kann der Anzeigenempfänger der Anzeige keinen Glauben schenken, so dass er

---

212 Dies gilt auch für § 323c Abs. 2 StGB, welches als Tätigkeitsdelikt im Strafrecht selbst keine Kausalität des Verhaltens für einen Erfolg voraussetzt.

213 *BGH*, Urt. v. 30.01.1961, III ZR 225/59, BGHZ 34, 206 (215).

214 Konkrete Gefährdungsdelikte: NK-StGB/*Gaede*, § 323c StGB, Rn. 2; MüKo-StGB/*Hohmann*, § 138 StGB, Rn. 3; NK-StGB/*Ostendorf*, § 139 StGB, Rn. 3; a.A.: SK-StGB/*Stein*, § 138 StGB, Rn. 8, 37 sehen die Norm insofern als Erfolgsdelikt an, als ein Nichtanzeigeerfolg eintreten muss, welcher erst vorliegt, wenn der Erfolg der jeweiligen Katalogtat eingetreten ist, womit sie gleichzeitig den Erfolgseintritt der Katalogtat verlangen.

215 *LG Magdeburg*, Urt. v. 24.08.2009, 26 Ns 66/08, BeckRS 2010, 05957.

216 SK-StGB/*Stein*, § 323c StGB, Rn. 24.

keine entsprechenden Abwehrmaßnahmen trifft, andererseits können aber zu treffende Abwehrmaßnahmen aus verschiedensten Gründen misslingen, so dass der Erfolg trotzdem eintritt.

Bei den bisher positiv entschiedenen Fällen, die jeweils das Verhindern einer bevorstehenden Straftat (Vergewaltigung, Körperverletzung bzw. Tötung) betroffen haben, ergeben sich an dieser Stelle keine Probleme, weil der Hilfe Unterlassende die Rechtsgutsverletzung vollständig durch sein unmittelbares Einschreiten abwenden kann bzw. konnte.

Anders verhält es sich dagegen, wenn der Hilfe Unterlassende erst nach dem Eintritt der ersten Rechtsgutsverletzung hinzukommt oder seine Hilfe in der Alarmierung fremder Hilfskräfte liegt.[217] Zur Veranschaulichung dient folgender Fall:

Der körperlich überlegene A tritt seinem Opfer B gegen das Schienbein, so dass dies bricht. Nach dem Bruch kommt C hinzu, A schlägt nun auf den Oberkörper des B ein. Der körperlich unterlegene C geht weiter. Nach vier Minuten ist die Leber des B gefährlich verletzt, nach sieben Minuten die Milz. Hätte C die Polizei gerufen, wäre diese innerhalb von fünf Minuten vor Ort gewesen.

Zunächst ist der Bruch des Schienbeins nicht kausal, da dieser vor der Anwesenheit des C geschehen ist, so dass es an einer Verhinderungsmöglichkeit fehlt. Demgegenüber wären die Polizisten rechtzeitig eingetroffen, um die Verletzung der Milz zwei Minuten nach ihrem Eintreffen zu verhindern, womit insoweit die Kausalität zu bejahen ist. Für die Leberverletzung wären die Polizisten mindestens eine Minute zu spät gekommen, wodurch die unterlassene Verständigung der Polizei nicht kausal ist. Damit bleibt die Frage, ob von C eine andere Art der Hilfe verlangt werden kann, die die Verletzung der Leber durch das Stoppen von weiteren Schlägen des B verhindert hätte. Ein körperliches Eingreifen ist bei Straftaten in der Regel aufgrund der möglichen Gefährdung des eigenen Körpers nicht zumutbar.[218] Dies trifft erst recht im Fall des C zu, wenn dieser auch körperlich unterlegen ist. Andere Möglichkeiten wären das Einreden auf den Täter von weiteren Tatausführungen Abstand zu nehmen und ihn darüber zu informieren, dass die Polizei verständigt wurde. Obwohl die Wahrscheinlichkeit gering ist, dass der körperlich überlegene A aufgrund C's Einredens mit den Schlägen aufhört, ist das Einreden aus *ex-ante*-Sicht eine geeignete und mangels

---

217 Dies gilt entsprechend für § 323c Abs. 2 StGB, wenn der Helfende nach den ersten Rechtsgutsverletzungen hinzukommt und dann vom Täter an seiner Hilfe behindert wird.

218 LK[11.]/*Spendel*, § 323c StGB, Rn. 124; MüKo-StGB/*Freund*, § 323c StGB, Rn. 94.

Alternativen erforderliche Hilfeleistung im Sinne des § 323c Abs. 1 StGB. Dies trifft erst recht auf das Informieren des Täters über die alarmierte Polizei zu, zumal A eine Verhaftung fürchten und daher fliehen könnte. Jedoch ist schon zweifelhaft, ob für C das Einreden auf und Informieren des A zumutbar ist. Denn neben den denkbaren Möglichkeiten, dass A entweder aufhört oder C schlicht ignoriert und weitermacht, besteht die Chance, dass A aus Wut auf den helfenden C losgeht. Die Gefahr der Selbstschädigung dürfte im Vergleich zum direkten Eingreifen geringer sein, jedoch ist sie in Anbetracht der möglichen schweren Verletzungen des Körpers noch so hoch, dass es C nicht zuzumuten ist, verbal einzuschreiten. Im Falle der Bejahung der Zumutbarkeit ist die Kausalität näher zu untersuchen. Dabei sind die Maßnahmen nur kausal, wenn A mit großer Wahrscheinlichkeit von weiteren Schlägen abgesehen hätte.

Zusammenfassend folgt daraus, dass zunächst Rechtsgutsverletzungen, die vor der Möglichkeit des Eingreifens des Hilfe Unterlassenden entstanden sind, nicht kausal sind. Erschöpft sich die Hilfe im Alarmieren von fachkundigem Personal, ist der Zeitpunkt des Eingreifens erst das gedachte Eintreffen jenes Personals nach sofortiger Alarmierung. Sofern das Informieren des Straftäters über die Alarmierung der Polizei zumutbar ist, muss dies des Weiteren auch für ein vorzeitiges Abbrechen der Straftat kausal sein. Wenn sich die Rechtsgutsverletzung ab dem Zeitpunkt des möglichen Eingreifens verschlimmert hat, ist nur der Teil der Verschlimmerung kausal. Für die Berechnung des Schadens in Form der Behandlungskosten bedeutet dies, dass von den Gesamtbehandlungskosten diejenigen Kosten abzuziehen sind, die schon im Zeitpunkt des Eingreifens notwendig wären. Dasselbe gilt entsprechend bei Sachschäden. Beim Schmerzensgeld ist zunächst die Höhe für die tatsächliche Lebensbeeinträchtigung zu ermitteln und anschließend die Höhe abzuziehen, die für die Lebensbeeinträchtigung im Zeitpunkt des Eingreifens bestanden hätte. Die unterlassene Hilfeleistung des Hilfe Unterlassenden ist nur für die Steigerung der Lebensbeeinträchtigung kausal.

Ein möglicher Einwand gegen die dargestellte Differenzierung könnte darin liegen, dass der Ersatzpflichtige die Schadensanfälligkeit des Opfers hinnehmen müsse, die in den bisherigen Verletzungen des Hilfsbedürftigen bestehe und daher die vollständigen Behandlungskosten tragen müsse, die er durch seine unterlassene Hilfeleistung mitverursacht hat. Der Einwand überzeugt nicht. Die Besonderheit der Fallgruppe der Schadensanfälligkeit des Opfers liegt darin, dass die Verletzungshandlung bei einem gesunden Opfer nicht die entsprechenden Verletzungsfolgen hervorgerufen hätte und der Ersatzpflichtige nur die entsprechenden Schäden eines gesunden Opfers zahlen wolle. Hierauf hat der Ersatzpflichtige aber kein Recht,[219] da die Rechtsordnung gerade die Geschwächten besonders schützt und von diesen nicht verlangt werden kann, dass diese auf die Gemeinschaft verzichten, damit Ersatzpflichtige bei unerlaubten Handlungen weniger zahlen müssen.[220] Bei § 323c Abs. 1 StGB ist dagegen der umgekehrte Fall betroffen; während der Ersatzpflichtige für die kausalen Verschlimmerungen unzweifelhaft einstehen muss, ist die Behandlung der Vorerkrankung bzw. -verletzung ausgeschlossen und die damit zusammenhängenden Behandlungskosten schadensmindernd zu berücksichtigen, weil die unterlassene Hilfe des Ersatzpflichtigen hierfür nicht kausal ist.[221]

Die bisherigen Ausführungen beschränken sich auf die Konstellation, in denen nur eine Person Hilfe benötigt. Denkbar sind daneben Fälle, in denen mehrere Personen gleichzeitig Hilfe benötigen. Könnte der Hilfe Unterlassende allen gleichzeitig helfen, etwa durch einen Notruf und stehen genügend besetzte Krankenwagen mit gleichen Anfahrtszeiten zur Verfügung, dann gelten die obigen Ausführungen entsprechend. Abzustellen ist auf den gedachten Zeitpunkt des Eintreffens der professionellen Helfer. Anders verhält es sich dagegen, wenn nicht allen gleichzeitig geholfen werden kann. Insoweit ist auf die Tatbestandslösung der Pflichtenkollision zurückzugreifen. Zur Veranschaulichung dient folgendes Beispiel, bei dem mehrere Konstellationen zusammentreffen:

Fahrer A fährt mit den Insassen B, C und D auf einsamer Straße gegen einen Baum. Während A und B schwer verletzt sind, sind C und D auf den Rücksitzen nur leicht verletzt. Das nächste Haus ist ein 20 km entferntes Krankenhaus. Nur dort kann ihnen tatsächlich geholfen werden. E, der sein Handy Zuhause vergessen hat, fährt allein in seinem Zweisitzer am Unfallauto vorbei und nimmt die Hilfsbedürftigkeit wahr. Dennoch fährt er weiter, anstatt einen Verletzten mitzunehmen und das Krankenhaus über die anderen Verletzten zu informieren. Im Zeitraum zwischen dem gedachten Eintreffen des E im Krankenhaus und dem gedachten späteren Eintreffen des informierten Krankenwagens verschlechtert sich der Zustand aller 4 Insassen mangels Behandlung.

---

219 *BGH*, Urt. v. 22.10.1963, VI ZR 187/62, VersR 1962, 49 (51); Lange/Schiemann/*Lange*, S. 128.

220 Lange/Schiemann/*Lange*, S. 128.

221 Entsprechend stellt der *BGH*, Urt. v. 22.10.1963, VI ZR 187/62, VersR 1962, 49 (51), fest, dass der Ersatzpflichtige des Zweitunfalls für Folgen, die schon nach dem Erstunfall eingetreten sind, nicht haftet und damit der Gesamtschaden entsprechend zu reduzieren wäre. Allerdings hat der erforderliche Nachweis der früheren Folgen gefehlt.

Die unterlassene Hilfe ist für die Verletzungen durch den Unfall selbst nicht kausal. Erst Verschlimmerungen dieser Verletzungen können kausal sein. Dabei ist als frühestmöglicher Zeitpunkt derjenige der möglichen Hilfe, hier das gedachte Eintreffen des E mit einem Verletzten im Krankenhaus zu sehen. Die Besonderheit ist jedoch, dass E nur eine Person mitnehmen konnte und demnach den anderen erst Hilfe zugekommen wäre, nachdem E das Krankenhaus erreicht, das Personal über die anderen Insassen informiert und diese von einem Krankenwagen in das nächstgelegene Krankenhaus worden wären. Der Zeitpunkt für die anderen wäre also das Eintreffen des Krankenwagens im Krankenhaus, womit die Verschlimmerung nicht kausal wäre. Dies wirft die Frage auf, für wen welcher Zeitpunkt gilt. Würde für alle vier Insassen der Zeitpunkt des Eintreffens des E im Krankenhaus gelten, würde von E eine Hilfe verlangt, die er unmöglich leisten kann. Hier liegen zwei Fälle der Pflichtenkollision vor, nämlich das Aufeinandertreffen verschiedenwertiger Pflichten (Rettung der Leben von A und B gegen Erhalt der Gesundheit von C und D) sowie gleichwertiger Pflichten (Rettung des Lebens von A gegen Rettung des Lebens von B). Bei verschiedenartigen Pflichten entsteht nur die höherwertige Pflicht, in diesem Fall die Rettung von Leben, womit für C und D es beim späteren, nicht mehr kausalen Zeitpunkt bleibt. Bei gleichwertigen Pflichten entsteht eine alternative Pflicht, rette einen von beiden, die beide schützt, so dass für A und B der frühere, kausale Zeitpunkt maßgeblich ist.

Dieser Haftung kann E nicht durch den Einwand des rechtmäßigen Alternativverhaltens entgehen, indem er gegenüber A vorträgt, dass die Verschlimmerung auch bei Rettung des B eingetreten wäre und gegenüber B entsprechend. Beim rechtmäßigen Alternativverhalten ist die Rechtsgutsverletzung nicht kausal, wenn sie beim Einhalten der geforderten Pflicht auch eingetreten wäre. Die geforderte Pflicht rette einen von beiden ist durch die Rettung des B erfüllt und die weiteren Verletzungen des A wären trotzdem eingetreten, allerdings kann beim Anspruch des A die geforderte Pflicht nur rette A sein, damit A vom Schutzbereich dieser Pflicht erfasst wird, womit der Einwand nicht greift. Für B gilt dies entsprechend.

Beim Mitverschulden nach § 254 Abs. 1 BGB wäre an dieser Stelle näher zu untersuchen, ob A an der Herbeiführung des Unfalls ein Verschulden oder zumindest die Betriebsgefahr trägt, ob sich B dies zurechnen lassen muss und wie sich dies im Verhältnis zur Nichthilfe des E verhält. Auf nähere Ausführungen wird an dieser Stelle verzichtet. Zuletzt sind die Ansprüche von A und B nach § 242 BGB um 50%, da E nur einem von beiden gleichzeitig helfen konnte, zu kürzen. C und D sind bei der Berechnung nicht zu berücksichtigen, da ihnen gegenüber zu dem Zeitpunkt keine Hilfspflicht bestanden hat.

B) Einschränkungen durch das Beweisrecht

Die Begrenzungswirkung der Kausalität könnte sich vollends erst durch das Beweisrecht entfalten. Hierbei ist zunächst die Beweislast zu klären. Anschließend ist zu untersuchen, ob die Begrenzungswirkung durch Beweiserleichterungen in Form der Beweislastumkehr oder das Beweismaß abgemildert wird. Abschließend ist kurz auf die Besonderheiten bei der Alarmierung von Rettungskräften einzugehen.

I) Beweislast und Beweislastumkehr

Die Beweislast bestimmt sich grundsätzlich nach der ungeschriebenen Regel, wonach „jede Partei, die den Eintritt einer Rechtsfolge geltend macht, die Voraussetzungen des ihr günstigen Rechtssatzes zu beweisen hat. Den Anspruchsteller trifft die Beweislast für rechtsbegründende Tatsachen, der Gegner muß den Beweis für rechtshemmende, rechtshindernde oder rechtsvernichtende Tatsachen erbringen."[222] Danach trifft den Geschädigten bei einem Schadensersatzanspruch nach § 823 Abs. 2 BGB grundsätzlich der Nachweis der Kausalität.[223] Das materielle Recht kann von der Grundregel durch spezielle Regelungen der Beweislast abweichen, wodurch eine Beweislastumkehr erfolgt. Bei § 823 Abs. 2 BGB können sich diese Abweichungen aus den Schutzgesetzen ergeben, wobei dann wiederum zu prüfen ist, ob die jeweilige Abweichung von der Verweisung des § 823 Abs. 2 BGB erfasst ist. Ein Beispiel hierfür ist die Beteiligung an einer Schlägerei gem. § 231 StGB. Die Norm setzt nur die Kausalität zwischen der Schlägerei und der schweren Folge, Tod eines Menschen oder schwere Körperverletzung, voraus, nicht aber zwischen der individuellen Handlung des Einzelnen und der schweren Folge.[224] Im Schadensersatzprozess wird dem Geschädigten jedoch der Gegenbeweis gestattet, dass seine Handlung für die schwere Folge nicht kausal gewesen ist, wodurch eine Beweislastumkehr erfolgt.[225]

Eine vergleichbare Beweislastregelung enthalten weder § 323c Abs. 1 StGB noch § 138 StGB, denn keine der beiden Normen setzt im Gegensatz zu § 231 StGB eine schwere Folge als objektive Bedingung der Strafbarkeit voraus.

---

222 *BGH*, Urt. v. 14.01.1991, II ZR 190/89, BGHZ 113, 222 (224f.).

223 MüKo-BGB/*Wagner*, § 823 BGB, Rn. 546.

224 MüKo-StGB/*Hohmann*, § 231 StGB, Rn. 23.

225 *BGH*, Urt. v. 02.02.1988, VI ZR 133/87, BGHZ 103, 197 (200 – 203); *Spickhoff*, S. 298 – 300.

Während § 231 StGB gerade zur Überwindung von Beweisproblemen bei der Kausalität, die aus der Unübersichtlichkeit einer Schlägerei mit mehreren Beteiligten resultiert, geschaffen wurde,[226] hat es für §§ 138, 323c Abs. 1 StGB keinen entsprechenden Anlass gegeben. Der Grund der Regelung ist vielmehr die Normierung von Solidarpflichten gewesen.[227]

Teilweise wird bei abstrakten Gefährdungsnormen eine Beweislastumkehr für die Kausalität zwischen Schutzgesetzverletzung und Schaden gefordert, wenn die Verletzung der Norm das Risiko des Schadens erhöht und die Norm diese Art des Schadens verhindern will.[228] Unabhängig von der Bewertung der Beweislastumkehr ist sie bei §§ 138, 323c Abs. 1 StGB nicht einschlägig. Denn das Risiko des Schadens für den Geschädigten geht in den Fällen der §§ 138, 323c Abs. 1 StGB nicht von dem Hilfs- bzw. Anzeigepflichtigen aus, sondern ist durch die Natur, von dritter Seite oder durch vorherige Handlungen des Opfers selbst entstanden. Wenn der Hilfe Unterlassende die geforderte Hilfeleistung oder Anzeige unterlässt, besteht das gleiche Risiko unverändert fort. Das Risiko sinkt nicht durch die bloße Anwesenheit eines Hilfspflichtigen und steigt automatisch wieder, wenn er nicht hilft. Im Gegenteil, erst durch seine Hilfe kann er das Risiko des Schadens im Erfolgsfalle senken, bei Nichterfolg unverändert lassen oder bei fehlerhafter Hilfe durch weitere Verletzungen erhöhen.

Auf § 323c Abs. 1 StGB könnte jedoch die Beweislastumkehr der Rechtsprechung im Rahmen der Arzthaftung, die der *BGH* auf die Haftung einer Badeaufsicht erstreckt hat, übertragbar sein. Immerhin ist der grobe Ablauf von § 323c Abs. 1 StGB und der eines Badeunfalls vergleichbar, denn in beiden Fällen gerät die hilfsbedürftige Person ohne Zutun des Hilfe Unterlassenden bzw. der Badeaufsicht in Not und könnte bei rechtzeitigem Einschreiten gerettet werden, wobei dieser Punkt zwischen den Parteien gerade streitig ist.

Im Arzthaftungsrecht nimmt die Rechtsprechung eine Beweislastumkehr für die haftungsbegründende Kausalität zwischen Behandlungsfehler und Gesundheitsbeeinträchtigung an, wenn ein grober Behandlungsfehler vorliegt, der grundsätzlich geeignet ist Verletzungen dieser Art hervorzurufen.[229] Für Behandlungsverträge ist dies inzwischen in § 630h Abs. 5 S 1 BGB kodifiziert. Die Beweislastumkehr wird damit begründet, dass der Behandelnde

---

226 MüKo-StGB/*Hohmann*, § 231 StGB, Rn 2; NK-StGB/*Paeffgen/Böse*, § 231 StGB, Rn. 2.

227 NK-StGB/*Ostendorf*, § 139 StGB, Rn. 1; NK-StGB/*Gaede*, § 323c StGB, Rn. 1.

228 *Deutsch*, in: FS Larenz 1973, S. 885 (901f.); *ders.*, Haftungsrecht, Rn. 324.

229 *BGH*, Urt. v. 11.04.1967, VI ZR 61/66, NJW 1967, 1508 (1508f.); *BGH*, Urt. v. 27.04.2004, VI ZR 34/03, BGHZ 159, 48 (53 – 56).

durch seinen groben Behandlungsfehler das Spektrum der möglichen Ursachen erweitert und damit die Beweisnot für die Kausalität des Behandlungsfehlers geschaffen hat. Sein Wissensvorsprung aufgrund seines Berufs und der Nähe zum Geschehen rechtfertigt die Annahme eines Ausgleichs in Form der Beweislastumkehr aus Billigkeitsgründen.[230] Ein grober Behandlungsfehler sei anzunehmen, wenn ein Arzt „eindeutig gegen bewährte ärztliche Behandlungsregeln oder gesicherte medizinische Kenntnisse verstoßen und einen Fehler begangen hat, der aus objektiver Sicht nicht mehr verständlich erscheint, weil er einem Arzt schlechterdings nicht unterlaufen darf“[231]. Diese Beweisgrundsätze überträgt die Rechtsprechung wegen der vergleichbaren Interessenlage auf andere Berufs- und Organisationspflichten, die ebenfalls andere vor Gefahren für Leben und Gesundheit schützen sollen, wozu u.a. die Badeaufsicht zählt.[232]

Eine Übertragung der Grundsätze auf § 323c Abs. 1 StGB ließe sich wie folgt begründen: Die unterlassene Hilfe des § 323c Abs. 1 StGB dient ebenso der Abwehr von Gefahren für Leib und Leben. Sofern nur Gefahren für Sachen betroffen sind, scheidet eine Übertragung aufgrund der geringeren Bedeutung des Rechtsguts aus. Zwar überträgt die Rechtsprechung die Grundsätze auf die Behandlung von Tieren,[233] welche Sachen gleichgestellt werden, allerdings handelt es sich bei diesen wie bei Menschen um lebende Organismen, wodurch sie sich von Sachen unterscheiden.[234] Indem der Hilfe Unterlassende trotz Kenntnis der Hilfsbedürftigkeit nicht handelt, verstößt er nicht nur grob fahrlässig, sondern vorsätzlich gegen die von ihm verlangten und bewährten Verhaltensregeln, was nicht mehr verständlich ist. Daher ist der vorsätzliche Verstoß wertungsmäßig mit demjenigen eines schweren Behandlungsfehlers vergleichbar. Zugleich hat er durch sein Unterlassen die Beweisnot des Geschädigten verstärkt, indem nicht mehr aufgeklärt werden kann, ob seine geforderte Hilfe den Schaden gemindert hätte. Gegen die Übertragung lässt sich einwenden, dass der

---

230 *BGH*, Urt. v. 11.04.1967, VI ZR 61/66, NJW 1967, 1508 (1508f.); *BGH*, Urt. v. 21.09.1982, VI ZR 302/80, BGHZ 85, 212 (216); *BT*-Drucks. 17/10488, S. 30; Kritik an dieser Begründung äußert MüKo-BGB/*Wagner*, § 630h BGB, Rn. 81.

231 *BGH*, Urt. v. 04.10.1994, VI ZR 205/93, NJW 1995, 778 (779).

232 *BGH*, Urt. v. 12.02.1962, VI ZR 142/61, NJW 1962, 959 (959f.); *BGH*, Urt. v. 23.11.2017, III ZR 60/16, BGHZ 217, 50 (59).

233 *BGH*, Urt. v. 10.05.2016, VI ZR 247/15, BGHZ 210, 197 (203 – 206).

234 Daher zog das *LG Magdeburg*, Urt. v. 24.08.2009, 26 Ns 66/08, BeckRS 2010, 05957 Abschnitt VII, für die Kausalitätsfrage, ob der Dieb auf die Aufforderung des Hilfe Unterlassenden die Sache an den Eigentümer zurückgegeben hätte, eine Beweislastumkehr gar nicht erst in Betracht.

Hilfe Unterlassende im Gegensatz zum Arzt oder zur Badeaufsicht über kein Spezialwissen oder besondere Fähigkeiten verfügt, allerdings benötigt er diese auch nicht für die von ihm verlangte Hilfe. Denn diese beschränkt sich auf die Verständigung von Rettungskräften und dem Leisten Erster Hilfe.

Die Übertragung ist jedoch abzulehnen, da die Billigkeitserwägungen der Arzthaftung in Fällen des § 323c Abs. 1 StGB nicht vorliegen. Dies verdeutlichen schon Entscheidungen zur Haftung eines zufällig am Unfallort anwesenden Arztes ohne spezielle Notfallausbildung.[235] Die Beweislastumkehr für grobe Behandlungsfehler betrifft Fälle, in denen der Arzt freiwillig gegen Entgelt die Behandlung übernimmt, auf diese Behandlung vorbereitet und dafür entsprechend ausgestattet ist. Die Behandlung darf er zudem nur übernehmen, wenn er über die speziellen Kenntnisse und Fähigkeiten zur Bewältigung der konkreten Gefahren verfügt. Verfügt er hierüber nicht, muss er die Behandlung ablehnen und ein Facharzt muss diese durchführen. Übernimmt er sie dennoch, handelt er im Widerspruch zu seiner Pflicht, nur mit den speziellen Kenntnissen und Fähigkeiten die Behandlung zu übernehmen, so dass er aufgrund seines widersprüchlichen Verhaltens nach Treu und Glauben für die möglichen Folgen einstehen muss. Denn der Patient vertraut darauf, dass der Arzt die Behandlung nur übernimmt, wenn er die Kenntnisse und Fähigkeiten hierfür besitzt und sich an die Standards hält und akzeptiert aufgrund dieses Vertrauens zusätzliche Risiken für seine Gesundheit. Verstößt der Arzt grob gegen die Standards, erschüttert er das Vertrauen erheblich, welches die Beweislastumkehr rechtfertigt. Anders verhält es sich beim zufällig am Unfallort anwesenden Arzt. Diesen trifft die Situation überraschend, weder ist er vorbereitet oder optimal mit Hilfsmitteln ausgestattet noch verfügt er aufgrund einer anderen Fachrichtung über die notwendigen Kenntnisse und Fähigkeiten für die notwendige Behandlung. Normalerweise würde der Arzt die Behandlung ablehnen, jedoch darf er aufgrund der Hilfspflicht des § 323c Abs. 1 StGB nicht frei darüber entscheiden, sondern muss Erste Hilfe leisten. Insofern ist es aber unbillig, dem Arzt, der bei freier Wahl aufgrund seiner Defizite die Behandlung ablehnen würde, von ihm diese zu verlangen, andererseits seine Haftung für grobe Behandlungsfehler durch die

235 *OLG München*, Urt. v. 06.04.2006, 1 U 4142/05, NJW 2006, 1883 (1885f.); *OLG Düsseldorf*, Urt. v. 13.12.2007, 8 U 27/07, NJW-RR 2008, 1474 (1475), die hiergegen erhobene Nichtzulassungsbeschwerde hat der *BGH* mangels Vorliegens der Voraussetzungen des § 543 Abs. 2 ZPO zurückgewiesen, *BGH*, Beschl. v. 01.08.2008, VI ZR 04/08, juris; BeckOK-BGB/*Katzenmeier*, § 630h BGB, Rn. 53.

Beweislastumkehr zu verschärfen, weil er die Standards, die er nicht kennt und weswegen er nicht behandelt hätte, grob verletzt hat.[236]

Ähnlich verhält sich die Situation für den Laien in einem Unglücksfall. Für diesen kommt die Situation ebenso überraschend, er ist nicht vorbereitet und hat keine Wahl zu entscheiden, ob er sich die Hilfe zutraut. Regelmäßig verfügt er zwar theoretisch über Kenntnisse der Ersten Hilfe, allerdings liegt der letzte Kurs, welcher meistens nur als Voraussetzung für den Führerschein absolviert wurde, oft viele Jahre zurück und die theoretischen Kenntnisse wurden seitdem nicht mehr praktisch geübt. Zudem hat der Hilfe Unterlassende durch die unfreiwillige Verpflichtung zur Hilfeleistung beim Geschädigten kein Vertrauen begründet, welches Letzteren zur Eingehung zusätzlicher Risiken veranlasst hat. Letztlich verfügt der Hilfe Unterlassende im Gegensatz zum Arzt nicht über spezielle Kenntnisse, um die Auswirkungen einer rechtzeitigen Hilfe besser beurteilen zu können als der Geschädigte. Daher ist die Beweislastumkehr der Arzthaftung für grobe Behandlungsfehler nicht auf § 323c Abs. 1 StGB übertragbar.

II) Beweismaß der Kausalität

Zu klären ist, ob die Kausalität unter das Beweismaß des § 286 ZPO oder § 287 ZPO fällt. Während § 286 ZPO den vollen Beweis verlangt, ist das Beweismaß bei § 287 ZPO reduziert und der Richter ist freier bei der Gestaltung der Beweisaufnahme.[237] Dies ist insbesondere aufgrund des Wortlauts des § 287 Abs. 1 ZPO, ob ein Schaden entstanden sei, umstritten.

1) Rechtsprechung

Die Rechtsprechung differenziert zwischen der haftungsbegründenden und haftungsausfüllenden Kausalität. Das Ob der Schadensentstehung betreffe nur die haftungsausfüllende Kausalität, so dass diese nach § 287 ZPO und die haftungsbegründende Kausalität nach § 286 ZPO zu bestimmen sei.[238] Die Abgrenzung zwischen den beiden Kausalitäten bereite jedoch Schwierigkeiten, insbesondere bei der Bestimmung der Reichweite des Haftungsgrundes. Die Rechtsprechung verlangt, dass der Geschädigte durch ein Ereignis tatsächlich betroffen ist,

---

236 *OLG Düsseldorf*, Urt. v. 13.12.2007, 8 U 27/07, NJW-RR 2008, 1474 (1475).

237 *BGH*, Urt. v. 04.11.2002, II ZR 224/00, BGHZ 152, 280 (287); PG/*Laumen*, § 287 ZPO, Rn. 1; Wieczorek/Schütze/*Ahrens*, § 287 ZPO, Rn. 1

238 *BGH*, Urt. v. 13.12.1951, IV ZR 123/51, BGHZ 4, 192 (196); *BGH*, Urt. v. 04.11.2003, VI ZR 28/03, NJW 2004, 777 (778).

welches zu einem Schaden geführt hat. Die Frage, ob das Ereignis den Geschädigten betroffen hat, gehöre zum Haftungsgrund und sei nach § 286 ZPO zu klären.[239]

Das Erfordernis der Betroffenheit hat der *BGH* zuerst für einen vertraglichen Schadensersatzanspruch aus Verwahrung[240] eingeführt, bei dem unklar gewesen ist, welches von mehreren Ereignissen für die Unmöglichkeit der Herausgabe der verwahrten Sachen ursächlich gewesen ist, da die Beklagte nicht alle Ereignisse zu vertreten hat.[241] In einem weiteren Fall hatte der *BGH* über einen Schadensersatzanspruch entschieden, bei dem der Beklagte Abraum in einen Bombentrichter gegeben hatte, der das Grundwasser erreichte und in der Folgezeit beim benachbarten Kläger Verschmutzungen des Grundwassers in dessen Brunnen aufgetreten waren. Der *BGH* wendet die bisherige Rechtsprechung im Deliktsrecht an und präzisiert zunächst, dass im Falle von § 823 Abs. 1 BGB die Kausalität zwischen Handlung und Eigentumsbeeinträchtigung nach § 286 ZPO nachzuweisen sei, welche hier das Einbringen des Abraums und die Verunreinigung im Nachbarbrunnen sei.[242] Dies überträgt er auf § 823 Abs. 2 BGB, indem er feststellt, dass „der, der durch den Verstoß gegen ein Schutzgesetz verletzt zu sein behauptet, gemäß § 286 ZPO zu beweisen [hat], daß zwischen dem Verstoß und dem bei ihm eingetretenen, für ihn schädlichen Erfolg ein ursächlicher Zusammenhang gegeben ist“[243]. Das einschlägige Schutzgesetz ist § 906 Abs. 1 BGB gewesen, welches jedoch mit der Beeinträchtigung einen Erfolg voraussetzt, so dass über ein abstraktes Schutzgesetz noch nicht entschieden wurde. Dies hat der *BGH* für § 2 Abs. 1 StVZO a.F.[244] und § 9 Abs. 1, Abs. 3

---

239 *BGH*, Urt. v. 13.12.1951, IV ZR 123/51, BGHZ 4, 192 (196f.); *BGH*, Urt. v. 11.01.1972, VI ZR 46/71, BGHZ 58, 48 (53 – 56); *BGH*, Urt. v. 28.04.1982, Iva ZR 8/81, NJW 1983, 998 (998f.).

240 Es handelte sich um ein öffentlich-rechtliches Verwahrungsverhältnis, auf welches der *BGH* den vertraglichen Anspruch aus §§ 280 Abs. 1, Abs. 3, 283 BGB (damals § 280 Abs. 1 BGB a.F. mit der Beweislastumkehr des § 282 BGB a.F.) entsprechend angewendet hat, *BGH*, Urt. v. 13.12.1951, IV ZR 123/51, BGHZ 4, 192 (195).

241 *BGH*, Urt. v. 13.12.1951, IV ZR 123/51, BGHZ 4, 192 (195 – 197).

242 *BGH*, Urt. v. 28.09.1956, VI ZR 219/55, VersR 1956, 793 (793f.).

243 *BGH*, Urt. v. 28.09.1956, VI ZR 219/55, VersR 1956, 793 (794).

244 § 2 Abs. 1 StVZO a.F.: Wer sich infolge körperlicher oder geistiger Mängel nicht sicher im Verkehr bewegen kann, darf am Verkehr nur teilnehmen, wenn in geeigneter Weise – für die Führung von Fahrzeugen nötigenfalls durch Vorrichtungen an diesen – Vorsorge getroffen ist, daß er andere nicht gefährdet. […]
In der Dienstanweisung des Bundesministers für Verkehr zu §§ 2 und 3 wird in Abs. 3 die Einwirkung von Alkohol als vorübergehender geistiger Mangel angesehen.

StVO a.F.[245] nachgeholt, als er darüber zu entscheiden hatte, ob das Fahren unter Alkoholeinfluss und mit überhöhter Geschwindigkeit an einer Bahnhaltestelle mit haltender Bahn für den tödlichen Zusammenstoß des Kraftfahrzeuges des unter Alkoholeinfluss stehenden Fahrers mit einem zur Bahn eilenden Fahrgast kausal gewesen ist. Hierbei sei für § 823 Abs. 2 BGB der ursächliche Zusammenhang „zwischen dem Verstoß und dem bei ihm eingetretenen Schadensereignis“[246] nach § 286 ZPO zu beweisen, wobei die Begriffe „rechtlich missbilligter Erfolg“ und „Schadensereignis“ synonym verwendet werden. Zu Schutzgesetzen, die eine Handlungspflicht auferlegen, hat er sich in einem Urteil geäußert, bei dessen zugrundeliegenden Sachverhalt der Hauseigentümer nach einer Streupflichtsatzung bis 20 Uhr streuen muss, welches er unterlassen hatte, die Geschädigte aber erst gegen 21 Uhr gestürzt war und es nach 20 Uhr nochmal geregnet hatte. Hierbei hat der *BGH* seine bisherige Rechtsprechung bestätigt und insbesondere wiederum den Beweis der haftungsbegründenden Kausalität zwischen Schutzgesetzverstoß und Schadensereignis nach § 286 ZPO gefordert.[247]

Bei reinen Vermögensschäden relativiert er zunächst bei Vertragsverletzungen den Haftungsgrund dahingehend, dass die Feststellung genüge, dass „der Vertragspartner [...] von dem Verstoß so betroffen worden [sei], daß nachteilige Folgen eintreten können.“[248] Die Differenzierung von Personen- und

---

§§ 2 Abs. 1, 71 StVZO a.F. waren als Ordnungswidrigkeit die Vorgänger des heutigen § 316 StGB, s. LK[12.]/*König*, § 316 StGB, Rn. 0.

245 § 9 StVO a.F.: (1) Der Fahrzeugführer hat die Fahrgeschwindigkeit so einzurichten, daß er jederzeit in der Lage ist, seinen Verpflichtungen im Verkehr Genüge zu leisten, und daß er das Fahrzeug nötigenfalls rechtzeitig anhalten kann. Das gilt besonders an unübersichtlichen Stellen und an höhengleichen Bahnübergängen.
(3) Wenn an Haltestellen von Schienenfahrzeugen die Fahrgäste auf der Fahrbahn ein- und aussteigen, darf nur in mäßiger Geschwindigkeit und nur in einem solchen Abstand vorbeigefahren werden, daß die Fahrgäste nicht gefährdet werden; nötigenfalls hat der Fahrzeugführer anzuhalten.

246 *BGH*, Urt. v. 28.05.1957, VI ZR 272/56, VRS 13 (1957), 174 (178).

247 *BGH*, Urt. v. 04.10.1983, VI ZR 98/82, VersR 1984, 40 (41).

248 *BGH*, Urt. v. 28.04.1982, IVa ZR 8/81, NJW 1983, 998 (999). Wenn der *BGH* unter Verweis auf dieses Urteil für Personenschäden aus einem Unfall feststellt, dass „[f]ür die Bejahung des Haftungsgrunds [es] genügt [...], daß der Schädiger auf das Rechtsgut des Geschädigten in einer Weise eingewirkt hat, die nachteilige Folgen auslösen kann“, (*BGH*, Urt. v. 28.06.1983, VI ZR 98/81, VersR 1983, 985 (986)) ist dies unglücklich formuliert. Denn es kommt bei der haftungsbegründenden Kausalität nicht darauf an, ob eine Einwirkung auf den Körper nachteilige Folgen auslösen kann, sondern nur, ob die Einwirkung zu einer Körper- oder Gesundheitsverletzung geführt hat.

Sachschäden gegenüber reinen Vermögensschäden erhält er aufrecht[249] und verallgemeinert dies später wie folgt: „Bei deliktischen und vertraglichen Schadensersatzansprüchen, die die Verletzung eines Rechtsguts voraussetzen, gehört die primäre Rechtsgutsverletzung zur haftungsbegründenden Kausalität [...]. Entsteht ein Schadensersatzanspruch dagegen unabhängig von der Verletzung eines Rechtsguts, ist bereits der erste Schaden der haftungsausfüllenden Kausalität zuzuordnen“[250]. Zwar setzen Schadensersatzansprüche nach § 823 Abs. 2 BGB i.V.m. Schutzgesetzen, die abstrakte oder konkrete Gefährdungsnormen sind und Rechtsgüter des § 823 Abs. 1 BGB schützen, ihrem Wortlaut nach keine Rechtsgutsverletzung voraus. Jedoch kann ein Schadensersatzanspruch aus diesen Normen ohne den Eintritt einer Rechtsgutsverletzung nicht entstehen, da der Schaden nur aus der Rechtsgutsverletzung resultieren kann, die Rechtsgutsverletzung mithin notwendiger Zwischenschritt vor dem Schaden ist, so dass sie zur haftungsbegründenden Kausalität zu zählen ist.

Für § 323c Abs. 1 StGB bedeutet dies, dass der Geschädigte nach § 286 ZPO den Beweis führen muss, welche Rechtsgutsverletzung er erlitten hat und inwieweit diese im Falle der Hilfe des Hilfe Unterlassenden geringer oder gar nicht eingetreten wäre. Er muss demnach nachweisen, wie sein Zustand beim Eintreffen des Hilfe Unterlassenden gewesen ist und dass die Hilfe mit an Sicherheit grenzender Wahrscheinlichkeit die Rechtsgutsverletzung verhindert oder gemildert hätte.[251] Dies deckt sich mit dem speziell für § 823 Abs. 2 BGB geforderten Zusammenhang zwischen Schutzgesetzverstoß und Schadensereignis. Das Schadensereignis ist bei § 323c Abs. 1 StGB die ohne Zutun des Hilfe Unterlassenden eintretende Rechtsgutsverletzung des Hilfsbedürftigen. Die Hilfeleistung des Hilfe Unterlassenden betrifft den Hilfsbedürftigen nur, wenn sie die Rechtsgutsverletzungen nicht nur möglicherweise, sondern mit an Sicherheit grenzender Wahrscheinlichkeit mildern oder verhindern würde.

Ob aus dieser nachteilige Folgen resultieren, ist Frage des Schadens und der damit zusammenhängenden haftungsausfüllenden Kausalität.

249 *BGH*, Urt. v. 15.06.1993, XI ZR 111/92, VersR 1994, 68 (70).

250 *BGH*, Urt. v. 12.07.2016, KZR 25/14, NJW 2016, 3527 (3531).

251 Bei § 323c Abs. 2 StGB müsste der Geschädigte nachweisen, wie sein Zustand bei dem hypothetischen Eintreffen des Helfenden ohne Behinderung gewesen wäre und wie die Folgen bei einem früheren Einschreiten im Vergleich zum späteren Einschreiten verlaufen wären.

2) Ansichten der Literatur

In der Literatur wird in diesem Bereich § 823 Abs. 2 BGB weniger Aufmerksamkeit geschenkt. Grundsätzlich lassen sich zwei Strömungen ausmachen, wonach entweder die Unterscheidung zwischen haftungsbegründender und -ausfüllender Kausalität geteilt oder abgelehnt wird. Im Lager der Zustimmung wird der Rechtsprechung teilweise weitergehend hinsichtlich der Abgrenzung zwischen den beiden Kausalitäten gefolgt,[252] während andere eine Differenzierung nach den Haftungstatbeständen bevorzugen. Danach gehöre bei Eingriffstatbeständen, die die Verletzung eines Rechtsguts voraussetzen, wozu § 823 Abs. 1 BGB und § 823 Abs. 2 BGB mit entsprechenden Schutzgesetzen zählen, die Rechtsgutsverletzung zum Haftungsgrund. Bei Verhaltensnormtatbeständen, die nur ein Verhalten ge- oder verbieten, genüge der Verstoß gegen das entsprechende Gebot.[253] Hiernach wäre für § 323c Abs. 1 StGB, welches nur ein Verhalten in Form der Leistung der erforderlichen und zumutbaren Hilfe vorschreibt, nur die Hilfeleistung Teil des Haftungsgrundes, so dass die Prüfung der haftungsbegründenden Kausalität faktisch entfallen würde.[254] Ob die Hilfe den Schaden verhindert hätte, sei erst im Rahmen der haftungsausfüllenden Kausalität nach § 287 ZPO zu klären.

Innerhalb der anderen Strömung wird auf alle Kausalitätsfragen entweder § 286 ZPO[255] oder § 287 ZPO[256] angewendet oder stattdessen eine andere Abgrenzungsmöglichkeit vorgeschlagen. Für die Anwendung von § 286 ZPO wird vorgetragen, dass der Wortlaut nur von Schaden spreche[257] und die Kausalität sich nicht schätzen lasse, sondern nur bestehe oder eben nicht.[258] Für die Anwendung von § 287 ZPO spreche, dass die Beweisprobleme beider Kausalitätsformen vergleichbar und eine Unterscheidung nicht überzeugend sei.[259] Auf diese Weise gebe es keine Unterschiede, wenn ein Sachverhalt sowohl von einem Eingriffs- als auch Verhaltensnormtatbestand erfasst sei.[260] Ferner wende

---

252 BeckOK-ZPO/*Bacher*, § 287 ZPO, Rn. 3 – 5; MüKo-ZPO/*Prütting*, § 287 ZPO, Rn. 9f.; Stein/Jonas/*Leipold*, § 287 ZPO, Rn. 13 – 15.

253 *Arens*, ZZP 88 (1975), S. 1 (20 – 27); *Schellhammer*, Rn. 1285.

254 Entsprechend würde dies für § 323c Abs. 2 StGB als Tätigkeitsdelikt gelten, welches keine Kausalität für einen Verletzungserfolg voraussetzt.

255 *Prölss*, S. 53 – 58; *Wahrendorf*, S. 47 – 49.

256 *Gottwald*, S. 88f.; *Spickhoff*, S. 318f.

257 *Prölss*, S. 56f.

258 *Prölss*, S. 55f.

259 *Spickhoff*, S. 317f.

260 *Spickhoff*, S. 318f.

die Rechtsprechung mithilfe von Anscheinsbeweisen § 287 ZPO faktisch auf die haftungsbegründende Kausalität an, so dass eine durchgängige Anwendung von § 287 ZPO konsequenter wäre.[261]

Weber lehnt ebenso für die Einordnung der Kausalität in §§ 286, 287 ZPO eine Differenzierung nach haftungsbegründender und -ausfüllender Kausalität ab.[262] Stattdessen unterscheidet er nach realer oder hypothetischer Kausalität, wobei Erstere den tatsächlichen Geschehensablauf und Letztere die Annahme, wie sich ein Geschehen unter Änderung einzelner Komponenten entwickelt hätte, beschreibt.[263] Kausalität versteht er als Bewegung in Form eines Energieübertrags von der Handlung hin zum Erfolg.[264] Die reale Kausalität zeichne sich durch die Energieübertragung zwischen Handlung und Erfolg mitunter als viele Einzelereignisse in Form von Zwischenschritten aus, die jeweils Tatsachen und damit nach § 286 ZPO zu beweisen sein.[265]

Die Kausalität eines Unterlassens bejaht er, wenn das Ergebnis des realen Geschehensablaufs vom Ergebnis eines hypothetischen Geschehensablaufs, bei dem der Hilfe Unterlassende die gebotene Handlung vornimmt, abweicht.[266] Der hypothetische Geschehensablauf im Rahmen der hypothetischen Kausalität sei kein reales Geschehen der Vergangenheit und damit keine Tatsache, sondern das Gegenteil, eine „Nicht-Tatsache". § 286 ZPO sei aufgrund seines Wortlauts, tatsächliche Behauptung für wahr oder für nicht wahr zu erachten, nur bei Tatsachen einschlägig, wozu die hypothetische Kausalität nicht gehöre.[267] § 287 ZPO finde keine direkte Anwendung, weil der Wortlaut Schaden und Schadenshöhe die hypothetische Kausalität nicht vollständig umfasse.[268] Jedoch könne § 287 ZPO analog angewendet werden, da die Schadensberechnung ebenfalls auf hypothetische Elemente zurückgreife und insoweit eine Vergleichbarkeit bestehe.[269]

---

261 *Spickhoff*, S. 318f.

262 *Weber*, S. 208 – 210.

263 *Weber*, S. 120; dieser Einteilung für §§ 286, 287 ZPO stimmt Zöller/*Greger*, § 287 ZPO, Rn. 3 zu.

264 *Weber*, S. 77 – 80; zur Kritik am Kausalitätsbegriff durch Energieübertragung siehe NK-StGB/*Puppe*, Vorb. §§ 13 ff. StGB, Rn. 81; *Puppe*, RW 2011, S. 400 (413 – 418).

265 *Weber*, S. 178, 210.

266 *Weber*, S. 100.

267 *Weber*, S. 195.

268 *Weber*, S. 195.

269 *Weber*, S. 196f.

Nach dieser Ansicht ist die Kausalität zwischen der Hilfeleistung nach § 323c Abs. 1 StGB und dem Schaden vollständig nach § 287 ZPO zu beweisen.[270] Dasselbe gilt für § 138 StGB.

3) Stellungnahme

Der Wortlaut, ob ein Schaden entstanden sei und wie hoch sich der Schaden belaufe, spricht explizit nur vom Schaden. Dies lässt den Schluss zu, dass der Haftungsgrund und damit die haftungsbegründende Kausalität nicht erfasst sind. Ferner kann der Wortlaut, ob ein Schaden entstanden sei, dahin gedeutet werden, ob aus etwas überhaupt ein Schaden entstanden sei, also aus dem Haftungsgrund. Wenn die Norm allein die Schadenshöhe erfassen soll, hätte insoweit wie hoch sich der Schaden belaufe genügt.[271]

Der Gesetzgeber hat mit § 260 CPO, der Vorgängernorm des § 287 ZPO, verhindern wollen, dass ein an sich bestehender Schadensersatzanspruch nur daran scheitert, dass der Geschädigte den Schaden nicht genau beziffern kann. Hierfür sollte das Beweismaß gesenkt und damit dem Richter ein größerer Bewertungsspielraum eingeräumt werden. Dies setzt aber voraus, dass der übrige Haftungstatbestand, also insbesondere der Haftungsgrund, schon bewiesen war.[272] Insofern ist die haftungsbegründende Kausalität nach § 286 ZPO zu beweisen. Während in der Kommission ein Mitglied der Meinung gewesen ist, dass „[r]ücksichtlich des Zusammenhangs zwischen der beschädigenden Handlung und dem angerichteten Schaden [...] ein vollständiger Beweis erforderlich [sei]“ und nur für die Höhe des Schadens § 287 ZPO gelte, sind diese Fragen mehrfach als untrennbar eingestuft worden.[273] Noch deutlicher spricht sich die Kommission an anderer Stelle für die Einordnung der haftungsausfüllenden Kausalität in § 287 ZPO aus. „Mit Stimmenmehrheit wurde beschlossen, dieses Ermessen auch auf die Frage, ob ein Schaden geschehen sei, einschließlich des ursächlichen Zusammenhangs zwischen der rechtswidrigen Handlung und dem

---

270 Bei § 323c Abs. 2 StGB ist die früher mögliche Hilfe ebenso ein hypothetischer Verlauf, so dass dementsprechend der Nachweis zwischen Kausalität und Schaden nach § 287 ZPO zu erbringen ist.

271 *Prölss*, S. 54 hält die Formulierung, ob ein Schaden entstanden sei, für überflüssig.

272 *Schubert*, Protokolle CPO, S. 683; ausführlich zur Rechtsgeschichte *Stoll*, AcP 176 (1976), S. 145 (183 – 185) m.w.N.

273 *Schubert*, Protokolle CPO, S. 683f.

angerichteten Schaden auszudehnen, während der Nachweis der Verpflichtung zum Schadensersatze sich nach den gewöhnlichen Regeln zu richten hat."[274]

Gegen die Anwendung des § 287 ZPO auf die Kausalität wird vorgebracht, dass eine Schätzung nur bei Quantitätsfragen, nicht aber bei Bestehen oder Nichtbestehen eines Tatbestandsmerkmals möglich sei.[275] Die haftungsausfüllende Kausalität wird jedoch nicht geschätzt, sondern es werden lediglich die Anforderungen an den Nachweis gesenkt und es wird dem Richter die Möglichkeit gegeben, über die Notwendigkeit von Sachverständigengutachten – auch aus Wirtschaftlichkeitsgründen – nach § 287 Abs. 1 S 2 ZPO zu entscheiden. Hiergegen wird eingewendet, dass der Verzicht auf Beweismittel bei Kausalitätsfragen unmittelbar über den Gewinn oder Verlust des Prozesses entscheide, welches im Gegensatz zur Schadenshöhe nicht hinnehmbar sei.[276] Hierbei wird jedoch übersehen, dass bei der Schadenshöhe ebenfalls über den Gewinn des Prozesses entschieden wird, nämlich ob dem Kläger die beantragte Höhe oder weniger zugesprochen wird. Daneben sind nach der Rechtsprechung die anspruchsbegründenden Voraussetzungen nach § 286 ZPO nachzuweisen, womit die grundsätzliche Zahlungspflicht gerade feststeht und der Nachweis der haftungsausfüllenden Kausalität betrifft insoweit letztlich nur die Höhe des zurechenbaren Schadens.

Systematisch setzt die haftungsausfüllende Kausalität den Schaden voraus, so dass sie erst nach der Feststellung des Schadens bejaht werden kann und folglich zum Schaden zu zählen ist.

Die Einordnung nach Haftungstatbeständen führt zu unbilligen Zufallsergebnissen, wenn der Geschädigte bei gleichem Sachverhalt die Kausalität zwischen dem Verstoß gegen eine Verhaltensnorm und der Rechtsgutsverletzung bei § 823 Abs. 1 BGB nach § 286 ZPO beweisen muss, bei Vertrags- und Schutzgesetzverletzungen demgegenüber der Nachweis des Verstoßes gegen die Verhaltensnorm im Rahmen der haftungsbegründenden Kausalität nach § 286 ZPO genügt und die Rechtsgutsverletzung erst im Rahmen der haftungsausfüllenden Kausalität nach § 287 ZPO zu beweisen ist.[277] Diese Unbilligkeit verhindert sowohl die Rechtsprechung, indem sie für Beweiszwecke bei § 823 Abs. 2 BGB die haftungsbegründende Kausalität auf die Rechtsgutsverletzung erstreckt und

---

274 *Schubert*, Protokolle CPO, S. 686; *Prölss*, S. 57 Fn. 168 hält dieser Auslegung entgegen, dass sie im Wortlaut keine Stütze fände.

275 *Prölss*, S. 55f.

276 *Prölss*, S. 51.

277 *Stoll*, AcP 176 (1976), S. 145 (187f.).

damit § 823 Abs. 1 und Abs. 2 BGB gleichbehandelt, sowie die anderen Ansichten, die durchgängig nur § 286 ZPO oder § 287 ZPO anwenden. Zusätzlich verhindert die Rechtsprechung im Gegensatz zur durchgängigen Anwendung von § 287 ZPO zugleich, dass der Schuldner für eine Rechtsgutsverletzung haften muss, die er nur möglicherweise verursacht hat.[278]

Der Rechtsprechung wird vorgeworfen, dass sie § 287 ZPO mittels Anscheinsbeweis durch die Hintertür anwendet und eine vollständige Anwendung des § 287 ZPO konsequenter wäre.[279] In der Tat gleicht die Rechtsprechung Härten bei Beweisschwierigkeiten durch den Anscheinsbeweis oder sonstige Beweiserleichterungen aus, allerdings rechtfertigt dies noch nicht, § 287 ZPO entgegen seinem Wortlaut und historischer Auslegung durchgängig anzuwenden.[280]

Gegen die Einordnung der hypothetischen Kausalität unter § 286 ZPO wird angeführt, dass der hypothetische Geschehensverlauf keine Tatsache, sondern vielmehr eine „Nicht-Tatsache" sei.[281] Richtig ist, dass der hypothetische Geschehensverlauf keine Tatsache, sondern vielmehr eine Prognose bzw. eine Subsumtion unter einen noch zu beweisenden Erfahrungssatz und damit ein Werturteil darstellt. Die Tatsachen sind der Erfahrungssatz und die Ausgangsbedingungen, auf die der Erfahrungssatz angewendet werden soll. Insofern wurden die Ebenen der zu beweisenden Tatsachen und der hierauf aufbauenden Subsumtion des Richters nicht sauber getrennt.

Daneben überzeugt aber auch das Argument, die hypothetische Kausalität enthalte ebenso wie Schadensermittlung hypothetische Elemente, für die Begründung einer vergleichbaren Interessenlage im Rahmen einer Analogie zu § 287 ZPO, nicht. Denn hypothetische Geschehensabläufe gibt es auch jenseits von Schadensersatzansprüchen, so dass bei diesen in der Konsequenz ebenfalls eine Analogie zu § 287 ZPO anzunehmen wäre, welches sich aber kaum mehr mit der eigentlichen Intention des § 287 ZPO decken würde. Ein Beispiel hierfür ist die hypothetische Kausalität im Rahmen der Störung der Geschäftsgrundlage nach § 313 BGB, nämlich, ob mindestens eine Vertragspartei bei Kenntnis des Fehlens oder Wegfallens einer Vertragsgrundlage den Vertrag in dieser Weise nicht abgeschlossen hätte, welches nur hypothetisch festgestellt werden kann. Ein weiteres Beispiel sind die nicht gezogenen Nutzungen, die nach

---

278 *BGH*, Urt. v. 04.11.2003, VI ZR 28/03, NJW 2004, 777 (778f.).
279 *Gottwald*, S. 82f.; *Spickhoff*, S. 318f.
280 *BGH*, Urt. v. 04.11.2003, VI ZR 28/03, NJW 2004, 777 (778f.).
281 *Weber*, S. 195.

ordnungsgemäßer Wirtschaft zu ziehen wären, im Falle des Nutzungsersatzes nach § 347 Abs. 1 BGB und § 987 Abs. 2 BGB.

Gegen die Einteilung von *Weber* wird vorgebracht, dass sie aus beweisrechtlicher Sicht zu einer Besserstellung des Gläubigers, der seinen Anspruch aus unerlaubter Handlung auf ein Unterlassen stützt, gegenüber einem Gläubiger, der seinen Anspruch auf eine Handlung begründet, führt. Für diese Ungleichbehandlung gebe es aber keinen sachlichen Grund im Sinne des Art. 3 Abs. 1 GG.[282] Im Ergebnis ist dem Einwand zuzustimmen, jedoch fehlt die Begründung, ob überhaupt zwei vergleichbare Sachverhalte gegeben sind und warum kein sachlicher Grund vorliegt. Gegen vergleichbare Sachverhalte könnte eingewandt werden, dass beim Unterlassen hypothetische Geschehensverläufe zu beweisen seien, die im Gegensatz zu realen Geschehensverläufen bei Handlungen keine Tatsachen und daher nicht vergleichbar seien. Wie oben dargelegt, sind aber bei hypothetischen Geschehensverläufen ebenfalls die Ausgangsbedingungen und Erfahrungssätze als Tatsachen zu beweisen, so dass insofern eine Vergleichbarkeit der Sachverhalte zu bejahen ist. Als sachlicher Grund würden sich die Erwägungen für die Beweiserleichterung bei der Schadensberechnung anbieten, zumal für die hypothetische Kausalität insoweit eine Vergleichbarkeit im Rahmen der Analogie angenommen wurde. Hiergegen spricht jedoch, dass Beweisprobleme ebenso gut bei der Kausalität von Handlungen z.B. im Arzthaftungsrecht auftreten können, so dass dieser Gesichtspunkt allein nicht den Ausschlag geben kann. Zudem liegt bei der Berechnung des Schadens der vollständige Anspruch mit Ausnahme der Schadenshöhe vor, woran der Anspruch nicht mehr scheitern soll, während bei der Kausalität überhaupt erst die Zurechnung der Handlung geklärt werden muss.

Aufgrund des Wortlauts und der historischen Auslegung schließe ich mich der Rechtsprechung an.

III) Beweisproblematik bei der Alarmierung von Einsatzkräften

Stellt die erforderliche Hilfeleistung die Alarmierung von Einsatzkräften dar, ergibt sich insbesondere die Problematik der Bestimmung, wie lange nach der Alarmierung die Einsatzkräfte vor Ort gewesen wären, um zu ermitteln, ob hierdurch die Rechtsverletzungen noch gemindert oder verhindert werden könnten. Dabei hängt die Dauer von verschiedenen Faktoren wie der Entfernung zum Einsatzort, der Verkehrslage, der Verfügbarkeit der Einsatzkräfte und der

---

282 *Göertz*, S. 99f.

Einstufung der Dringlichkeit durch die Leitstelle im Vergleich zu gleichzeitig bestehenden Einsätzen ab. Eine genaue Rekonstruktion ist aufgrund der unbekannten Verkehrslage und mangels Kenntnis des genauen Standpunkts der Einsatzwagen, dessen Fahrten in der Regel nicht mittels GPS aufgezeichnet und über einen längeren Zeitraum gespeichert werden, nicht möglich. Die Standpunkte der Einsatzwagen und die Dringlichkeit anderer Einsätze lassen sich – soweit vorhanden – aus den Einsatzprotokollen ermitteln. Mit diesen Kenntnissen ist der Einsatzleiter der Leitstelle zu vernehmen, welche Einsatzkräfte er wann zum Einsatzort geschickt hätte. Die Fahrtzeit ist aufgrund der Erfahrungen der Einsatzkräfte zu den zu dieser Zeit üblichen Verkehrsbedingungen zu schätzen. Abweichende Verkehrslagen wie Staus, die zu einer längeren Anfahrtszeit führen würden, hat der Hilfe Unterlassende zu beweisen. Fehlen genauere Aufzeichnungen hinsichtlich des Standpunktes und weiterer Einsätze, ist die Einsatzbereitschaft am Bereitschaftsstandort zu unterstellen.

C) Ergebnis

Die haftungsbegründende Kausalität begrenzt die Haftung des Hilfe Unterlassenden auf Rechtsgutsverletzungen, die er mit an Sicherheit grenzender Wahrscheinlichkeit verhindern kann. Diese Begrenzungswirkung unterstützt das Beweisrecht, indem dem Geschädigten die Beweislast für die Kausalität auferlegt wird und ihm keine Erleichterungen durch eine Beweislastumkehr oder das geringere Beweismaß des § 287 ZPO zukommen. Gleichzeitig werden aber auch die Grenzen der Kausalität für die Verhinderung einer übermäßigen Haftung deutlich. Denn wenn mehrere Hilfsbedürftige gleichzeitig Hilfe benötigen und diese dem Hilfe Unterlassenden insbesondere durch Alarmierung von Rettungskräften möglich ist, kann die Haftungssumme je nach Anzahl der Hilfsbedürftigen schnell exorbitante Größen erreichen.

§ 5) Schaden

Beim Anspruch aus § 823 Abs. 2 BGB i.V.m. § 323c Abs. 1 StGB existieren beim Schaden drei Besonderheiten, auf die an dieser Stelle näher eingegangen werden soll. Dies betrifft die Frage, ob es bei Sachschäden eine Schadensuntergrenze gibt, die Berechnung des Schmerzensgeldes nach § 253 Abs. 2 BGB sowie die Gewährung von Hinterbliebenengeld nach § 844 Abs. 3 BGB.

A) Schadensuntergrenze bei Sachschäden

Sofern das Eigentum an Sachen zu den geschützten Rechtsgütern des § 323c Abs. 1 StGB gezählt werden kann, wird für den Unglücksfall eine Gefahr für Sachen von bedeutendem oder erheblichem Wert[283] verlangt. Der bedeutende Wert soll ab 750 €[284] beginnen. Bei dem Wert ist jedoch nicht auf den Wert der Sache selbst, sondern den ihr drohenden Schaden abzustellen.[285] Sachen mit einem niedrigeren Wert sind in Abwägung mit der Handlungsfreiheit des Hilfe Unterlassenden nicht geschützt. Dies wirft die Frage auf, ob bei einem Schaden einer Sache von bedeutendem Wert der vollständige Schaden zu ersetzen ist oder erst derjenige Schaden, der die Grenze des bedeutenden Wertes überschreitet. Bei der vollständigen Ersetzung des Schadens käme dem bedeutenden Wert nur ein Schwellenwert für einen Anspruch zu.

Ein erstes Indiz für eine Schadensuntergrenze bietet die vergleichbare Regelung des § 11 ProdHaftG, wonach der Geschädigte einen Sachschaden bis 500 € selbst tragen muss. Hierbei sind die 500 € stets abzuziehen, es handelt sich also um einen Selbstbehalt.[286] Die Norm geht sogar über eine Schadensuntergrenze hinaus, indem der Selbstbehalt erst nach der Kürzung des Schadens um den Mitverschuldensanteil abgezogen wird.[287] Einer Vergleichbarkeit kann vordergründig der Normzweck des § 11 ProdHaftG entgegengehalten werden, welcher in der Vermeidung „einer allzu großen Zahl von Streitfällen"[288] durch niedrige

283 Siehe hierzu Kapitel 2) § 1) A) I) 4), S. 37.

284 *BGH*, Beschluss v. 28.09.2010, 4 Str 245/10, NStZ 2011, 215; SK-StGB/*Wolters*, Vor §§ 306 ff. StGB, Rn. 12, will den Mindestwert aufgrund Kaufkraftverlustes erst bei 1.500 € ansetzen.
Die Begriffe „erheblich" und „bedeutend" werden jeweils als „groß" und „beträchtlich" verstanden und zusätzlich wird erheblich als „durch das Ausmaß bedeutend" umschrieben (*Brockhaus/Wahrig*, Deutsches Wörterbuch, Erster Bd.: A – BT, Stuttgart 1980, S. 548; *Brockhaus/Wahrig*, Deutsches Wörterbuch, Zweiter Bd.: BU – FZ, Stuttgart 1981, S. 559), womit es sich um Synonyme handelt. Daher beginnt der Wert von „Sachen von erheblichem Wert" ebenfalls bei 750 €.

285 SK-StGB/*Wolters*, Vor 306 ff. StGB, Rn. 12.

286 *OLG Hamm*, Urt. v. 14.09.1992, 32 U 274/91, VersR 1993, 765 (766); BeckOK-BGB/*Förster*, § 11 ProdHaftG, Rn. 2; Soergel[13.]/*Krause*, § 11 ProdHaftG, Rn. 2; a.A.: *Sack*, VersR 1988, S. 439 (446f.), plädiert dafür, Sachschäden über 500 € vollständig dem ProdHaftG zu unterwerfen, um die Geltendmachung mehrerer Anspruchsgrundlagen zu verhindern, welches die Gerichte ebenfalls mehr belasten würde.

287 *OLG Hamm*, Urt. v. 14.09.1992, 32 U 274/91, VersR 1993, 765 (766).

288 Erwägungsgrund Nr. 9 der Richtlinie 85/374/EWG, ABl Nr. L 210, S. 29.

Schadensbeträge[289] liegt; denn mit einer finanziellen Überlastung durch regelmäßige Klagen in niedriger Höhe ist für den Hilfe Unterlassenden im Gegensatz zu kleineren produzierenden Gewerbetreibenden grundsätzlich nicht zu rechnen. Allerdings beruhen beide Ausschlüsse auf vergleichbaren Wertungen, nämlich dem Überwiegen der Handlungsfreiheit des Produzenten bzw. Hilfe Unterlassenden gegenüber den Interessen des Eigentümers bei niedrigen Sachschäden. Zudem steht es dem Eigentümer in beiden Fällen frei, den Sockelbetrag zusätzlich über andere Normen oder gegen andere Personen geltend zu machen. Ferner steht die unterschiedliche Systematik der Vergleichbarkeit nicht entgegen. Zwar wird im Fall des § 323c Abs. 1 StGB schon auf Tatbestandsebene ein erster Ausschluss im Rahmen des Unglücksfalls durch das Erfordernis des besonderen Wertes vorgenommen und im zweiten Schritt auf Ebene des Schadens der nicht schutzwürdige Teil vom Schaden ausgenommen, während die Kürzung des § 11 ProdHaftG erst nach dem Mitverschulden greift. Jedoch ist die unterschiedliche Gesetzestechnik vielmehr auf die Besonderheit des § 823 Abs. 2 BGB mit der Verweisung auf (strafrechtliche) Schutzgesetze zurückzuführen, denen eine andere Struktur zugrunde liegt.

Für einen Schwellenwert bietet sich ein Vergleich mit Gesundheitsschäden an, bei denen eine Verletzung die Überschreitung der Unerheblichkeitsschwelle verlangt, danach aber der vollständige Schaden ersetzt wird. Diesem Vergleich ist entgegenzuhalten, dass sich die Ungleichbehandlung aufgrund der überragenden Bedeutung des Rechtsguts der Gesundheit im Vergleich zum Eigentum, welches ersetzbar ist, begründen lässt und § 11 ProdHaftG insbesondere zeigt, dass eine solche Differenzierung zwischen Eigentum und Gesundheit möglich ist.

Letztlich liegt der Grund für das Erfordernis des bedeutenden Wertes darin, dass die Handlungsfreiheit des Hilfe Unterlassenden gegenüber dem Interesse des Eigentümers am Schutz seiner Sache bis zur Wertgrenze überwiegt. Dann ist es aber aus gleichheitsrechtlichen Gründen nicht erklärbar, warum beim Überschreiten der Grenze der vollständige Wert zu ersetzen ist, während beim Unterschreiten der Grenze der Eigentümer auf dem Schaden sitzen bleibt. Denn nach dieser Wertung ist dem Eigentümer ein Schaden bis 750 € grundsätzlich zumutbar und damit insoweit nicht ersatzfähig. Folglich ist der bedeutende Wert als Schadensuntergrenze zu verstehen, welcher bei Schäden an mehreren Sachen

289 BeckOK-BGB/*Förster*, § 11 ProdHaftG, Rn. 1; Soergel[13.]/*Krause*, § 11 ProdHaftG, Rn. 1.

desgleichen Eigentümers nur einmal greift, weil dem Eigentümer nur einmal und nicht mehrmals ein Schaden bis 750 € zumutbar ist.[290]

B) Schmerzensgeld nach § 253 Abs. 2 BGB

Bei der Berechnung des Schmerzensgeldes ist einerseits zu beachten, dass hierbei nur diejenigen Lebensbeeinträchtigungen zu berücksichtigen sind, für die die unterlassene Hilfeleistung kausal ist. Hat der Hilfsbedürftige vor einer möglichen Hilfeleistung schon Verletzungen erlitten, ist die unterlassene Hilfeleistung nur für die Verschlimmerung der Verletzungen kausal. Daher ist zunächst die Höhe des Schmerzensgeldes unter der Prämisse zu bestimmen, dass der Hilfe Unterlassende für alle Verletzungen verantwortlich ist. Von diesem Betrag ist das fiktive Schmerzensgeld abzuziehen, welches sich für die bisherigen Verletzungen ergeben würde, wenn der Hilfe Unterlassende geholfen hätte. Andererseits ist bei der Genugtuungsfunktion des Schmerzensgeldes zu beachten, dass der Unrechtsgehalt des Hilfe Unterlassenden deutlich unter dem des vorsätzlich unmittelbaren Schädigers liegt, welches sich auch deutlich auf die Höhe des Schmerzensgeldes auszuwirken hat.[291]

C) Hinterbliebenengeld nach § 844 Abs. 3 BGB

Bisher stand einem Hinterbliebenen beim fremdverursachten Tod einer besonders nahestehenden Person nur ein eigener Schadensersatzanspruch gem. § 823 Abs. 1 BGB zu, wenn der Hinterbliebene im Rahmen der Schockschadenrechtsprechung eine eigene medizinisch messbare Gesundheitsschädigung erlitt, die über das normale Maß an Trauer und Schmerz für den Verlust hinausging.[292] Mit dem Gesetz zur Einführung eines Anspruchs auf Hinterbliebenengeld vom 17. Juli 2017 hat der Gesetzgeber einen eigenen Anspruch für Hinterbliebene in § 844 Abs. 3 BGB integriert. Hierdurch soll dem Hinterbliebenen auch eine Anerkennung für dessen seelisches Leid in Geld gewährt werden, das noch nicht die Schwelle der Schockschadenrechtsprechung erreicht. Auf diese Weise erweitert der Gesetzgeber in § 844 BGB die Ausnahmen vom Unmittelbarkeitsgrundsatz, dass nur der unmittelbar Geschädigte eines Rechtsguts

290 SK-StGB/*Wolters*, Vor §§ 306 ff. StGB, Rn. 12; vgl. für § 11 ProdHaftG: MüKo-BGB/*Wagner*, § 11 ProdHaftG, Rn. 4; Soergel[13.]/*Krause*, § 11 ProdHaftG, Rn. 2.

291 Zum Größenunterschied in der bisherigen Rechtsprechung siehe Kapitel 2) § 7) Fn. 381, S. 126.

292 Grundlegend: *BGH*, Urt. v. 11.05.1971, VI ZR 78/70, BGHZ 56, 163.

Ersatzansprüche hat, um den Bereich immaterieller Schäden.[293] Die Ansprüche der mittelbar Betroffenen setzen in § 844 BGB eine unerlaubte Handlung im Sinne der §§ 823ff. BGB mit der Verletzungsfolge des Todes voraus, die gerade auch in Fällen des § 323c Abs. 1 StGB denkbar ist. Zwar hat der Gesetzgeber nur die §§ 211, 212, 222 StGB explizit als „das Leben schützende […] Schutzgesetze […]" genannt, jedoch handelt es sich hierbei nicht um eine abschließende Aufzählung, welches er durch „wie z.B." gekennzeichnet hat.[294]

I) Besonderes persönliches Näheverhältnis des Hinterbliebenen

Voraussetzung für den Anspruch ist ein besonderes persönliches Näheverhältnis des Hinterbliebenen zum Getöteten im Zeitpunkt der Verletzung, welches der Gesetzgeber nach § 844 Abs. 3 S 2 BGB zwischen Ehegatten, Lebenspartnern, Eltern und ihren Kindern widerlegbar vermutet. Andere Personen wie Partner einer eheähnlichen Gemeinschaft, Verlobte, Geschwister, Stief- und Pflegekinder des Verstorbenen müssen dagegen darlegen und beweisen, dass sie in einem besonderen persönlichen Näheverhältnis zum Verstorbenen gestanden haben.[295]

---

293 *Katzenmeier*, JZ 2017, S. 869 (870); A.A.: *Schwintowski*, Stellungnahme, S. 2, geht grundsätzlich von einer Gesundheitsverletzung des Hinterbliebenen durch den seelischen Schmerz aus, so dass dieser unmittelbar Geschädigter wäre und § 844 Abs. 3 BGB nur eine Klarstellungsfunktion zukommen sollte. Dem ist der Gesetzgeber in *BT*-Drucks. 18/11397, S. 8 nicht gefolgt, indem er klarstellt, dass der Anspruch „[u]nabhängig vom Nachweis einer medizinisch fassbaren Gesundheitsbeeinträchtigung" gewährt werden soll.
Huber, JuS 2018, S. 744 nimmt bei § 844 Abs. 2 BGB an, dass es sich hierbei nur um eine „formale Ausnahme" zum Unmittelbarkeitsgrundsatz handelt, weil der Unterhaltsanspruch des Unterhaltsgläubigers nur „ein Ausschnitt aus dem Erwerbschaden, den der Getötete geltend machen könnte, würde er überleben" sei. Dem ist nicht zu folgen. Der Unterhaltsberechtigte wurde nicht in seinen Rechtsgütern verletzt, womit eine echte Ausnahme vorliegt. Sein Anspruch stellt sich nicht als ein Ausschnitt des Erwerbsschadens des Getöteten dar, denn der Erwerbsschaden, also der Ersatz für den Ausfall der Arbeitskraft, wird unabhängig vom Bestehen etwaiger Unterhaltsansprüche gezahlt und etwaige Unterhaltsansprüche haben grundsätzlich auch keinen Einfluss auf die Höhe des Arbeitslohns und damit des Erwerbsschadens. Der Unterhaltsanspruch richtet sich lediglich nach dem erzielten Einkommen. Der Getötete hätte den Unterhalt im Falle seines Überlebens für den Zeitraum seiner Arbeitsunfähigkeit aus dem erhaltenen Schadensersatz (genau genommen aus der Lohnfortzahlung bzw. Krankengeld) bezahlt.

294 *BT-Drucks.* 18/11397, S. 13.

295 *BT-Drucks.* 18/11397, S. 13.

Hierfür ist eine „Intensität der tatsächlich gelebten sozialen Beziehung“ erforderlich, „wie sie in den in Satz 2 genannten Fällen typischerweise besteht“.[296] Dabei bieten sich „leicht feststellbare objektive Kriterien wie das Bestehen einer häuslichen Gemeinschaft“[297] an. Auf das Kriterium der häuslichen Gemeinschaft stellt ebenfalls die Gesetzesbegründung ab, denn im Fall des § 1933 BGB, also dem Vorliegen der Scheidungsvoraussetzungen, wozu das Nichtbestehen der häuslichen Gemeinschaft nach § 1567 BGB gehört, soll die Vermutung des Näheverhältnisses widerlegt sein.[298] Dieses Kriterium eignet sich gut, um die vom Gesetzgeber gedachte Patchwork-Familie[299] oder in einem Haushalt lebende Geschwister zu erfassen. Allerdings hat es einen Nachteil, da erwachsene Kinder grundsätzlich mit der Zeit die häusliche Gemeinschaft der Eltern verlassen und demnach der Schädiger die Vermutung zwischen erwachsenen Kindern und Eltern leicht schon aufgrund unterschiedlicher Adressen widerlegen könnte. Dies hätte den faktischen Ausschluss des Anspruchs erwachsener Kinder bzw. deren Eltern zur Folge, welches jedoch nicht gewollt ist, zumal der Gesetzgeber gerade keine Begrenzung auf minderjährige Kinder in der Vermutung des S 2 vorgenommen hat.[300] Daher ist für die Widerlegung der Vermutung bei erwachsenen Kindern zusätzlich zu fordern, dass kein regelmäßiger Kontakt – im Durchschnitt mindestens alle 2 Wochen – mehr bestanden hat, wozu neben persönlichen Besuchen auch Telefonate, E-Mails etc. zu zählen sind. Wird jedoch der Hinterbliebene im Testament des Verstorbenen ohne wirtschaftlich vernünftige Gründe von der Erbfolge ausgeschlossen, ist die Vermutung bei erwachsenen Kindern widerlegt.

II) Angemessene Entschädigung

Für das zugefügte seelische Leid soll jedem Hinterbliebenen eine angemessene Entschädigung zustehen, dessen Bestimmung der Gesetzgeber den Gerichten im Rahmen des § 287 ZPO überlässt.[301]

---

296 *BT-Drucks.* 18/11397, S. 13.

297 *Katzenmeier*, Stellungnahme, S. 4; ebenso *Wagner*, Stellungnahme, S. 11.

298 *BT-Drucks.* 18/11397, S. 14.

299 *BT-Drucks.* 18/11397, S. 15.

300 *Wagner* nimmt in seiner Stellungnahme S. 13 an, dass auch erwachsene Kinder bzw. deren Eltern einen Anspruch haben, wenn er minderjährigen Kindern für den Verlust eines Elternteils eine höhere Summe als bei erwachsenen Kindern zusprechen will; *DAV*, Stellungnahme Nr. 3/2017, plädiert dafür, dass das Fehlen einer häuslichen Gemeinschaft kein absoluter Ausschlussgrund sei.

301 *BT-Drucks.* 18/11397, S. 14.

Fechner[302] weist darauf hin, dass der Verweis auf Urteile des *EGMR* in der Gesetzesbegründung[303], in denen den Geschädigten bis zu 25.000 € zugesprochen worden seien, eine Orientierung für die Höhe bieten könne. Diesem Hinweis kann jedoch nicht gefolgt werden. Zum einen wurde den Geschädigten in den zitierten Urteilen nur 7.000 €[304], 10.000 €[305] und 3.000 GBP[306] zugesprochen, während die Summe von 25.000 € nur beantragt wurde.[307] Ferner begründet der *EMGR* die Höhe des Schmerzensgeldes nicht, sondern setzt dies lediglich fest.[308] In die Schmerzensgeldberechnung der Urteile fließen neben dem seelischen Leid durch den Verlust andere Verstöße wie die fehlende Mitarbeit der Behörden bei der Aufklärung ein,[309] die beim Hinterbliebenengeld nicht zu berücksichtigen sind. Zum anderen ist es zweifelhaft, ob diese Urteile gerade als Musterfälle anzusehen sind; denn die Verstorbenen haben jeweils Selbstmord aufgrund unterschiedlicher psychischer Störungen begangen, welches Behörden aus verschiedenen Gründen nicht verhindert haben. Letztlich handelt es sich um Fälle der Amtshaftung, was die Frage aufwirft, ob diese mit der Verursachung durch Privatpersonen vergleichbar sind oder aufgrund des besonderen Vertrauens in den Staat zu höheren Entschädigungen führen. Daher enthält die Gesetzbegründung zu Recht eine Begrenzung der Berücksichtigung auf Fälle der Amtshaftung[310], wobei auch dort aus den eben genannten Gründen eine Orientierung an der Höhe zweifelhaft ist. Ferner wird zutreffend darauf hingewiesen, dass eine rechtsvergleichende Betrachtung nur begrenzt hilfreich ist, zumal Art, Höhe und Umfang der Schadenskomponenten in den einzelnen Ländern erheblich abweichen.[311]

---

302 *Fechner*, DRiZ 2017, S. 84 (85); ebenso *Bischoff*, MDR 2017, S. 739 (741).

303 *BT-Drucks*. 18/11397, S. 14.

304 *EGMR*, Urt. v. 13.03.2012, Reynolds ./. Großbritannien, Nr. 2694/08, Rn. 73.

305 *EGMR*, Urt. v. 17.03.2005, Bubbins ./. Großbritannien, Nr. 50196/99, Rn. 177.

306 *EGMR*, Urt. v. 03.04.2001, Keenan ./. Großbritannien, Nr. 27229/95, Rn. 138, wobei 3.000 GBP der Mutter für ihren Verlust des Sohnes und 7.000 GBP dem Nachlass des verstorbenen Sohnes für die Bestrafung und Behandlung im Gefängnis zugesprochen wurde.

307 *EGMR*, Urt. v. 13.03.2012, Reynolds ./. Großbritannien, Nr. 2694/08, Rn. 71.

308 Karpenstein/Meyer/*Wenzel*, Art. 41 EMRK, Rn. 21.

309 *EGMR*, Urt. v. 03.04.2001, Keenan ./. Großbritannien, Nr. 27229/95, Rn. 138.

310 *BT-Drucks*. 18/11397, S. 14.

311 *Gause*, Stellungnahme des GDV, S. 3; *Katzenmeier*, Stellungnahme, S. 2; *ders*. JZ 2017, S. 869 (873).

Für die Berechnung der Höhe enthält die Gesetzesbegründung den Hinweis, dass die Schockschadenrechtsprechung eine „gewisse Orientierung" bieten könne, wobei jedoch zu berücksichtigen sei, „dass der Anspruch auf Hinterbliebenengeld keine außergewöhnliche gesundheitliche Beeinträchtigung voraussetzt."[312] Ferner soll beim Vorliegen eines Anspruchs auf Ersatz von Schockschäden und Hinterbliebenengeld Ersterer vorgehen bzw. Letzterer in Ersterem aufgehen.[313] Zu guter Letzt soll der Anspruch auf Hinterbliebenengeld gerade „[u]nabhängig vom Nachweis einer medizinisch fassbaren Gesundheitsschädigung"[314] gewährt werden. Aus diesen Aspekten folgt die Konsequenz, dass das Hinterbliebenengeld primär die Fälle unterhalb der Grenze der Schockschadenrechtsprechung erfasst, da andernfalls die Schockschadenrechtsprechung Vorrang hat.[315] Zu Recht wird das Hinterbliebenengeld daher als „Minus" zum Anspruch für Schockschäden bezeichnet,[316] mit der Folge, dass die Höhe die bisherigen Schockschäden nicht übersteigen können, sondern vielmehr darunter liegt.[317] Daher ist von einem Rahmen von 3.000 – 10.000 €

312 *BT-Drucks.* 18/11397, S. 14.

313 *BT-Drucks.* 18/11397, S. 12.

314 *BT-Drucks.* 18/11397, S. 8.

315 A.A.: *Bischoff*, MDR 2017, S. 739 (740f.), nimmt in einem Erst-Recht-Schluss an, dass Hinterbliebene nach § 844 Abs. 3 BGB auch für über das seelische Leid hinausgehende gesundheitliche Schäden Ersatz erlangen können. Hierfür würden die Intention des Gesetzgebers die Rechte der Hinterbliebenen zu stärken sowie die systematische Stellung des § 844 Abs. 3 BGB sprechen. Dem ist nicht zu folgen. Der Gesetzgeber stellt in der Gesetzesbegründung (*BT*-Drucks. 18/11397, S. 12) gerade klar, dass die Ansprüche aus Schockschäden dem Anspruch auf Hinterbliebenengeld vorgehen. Systematisch sind Ansprüche aus Gesundheitsschädigung, also Ansprüche des unmittelbar in einem eigenen Rechtsgut Geschädigten, in §§ 823 ff. BGB und nicht in § 844 BGB zu verordnen, in welchem die Ansprüche des mittelbar Geschädigten geregelt sind. Daneben zeigt der Wortlaut angemessene Entschädigung im Vergleich mit § 253 BGB gerade, dass in § 843 Abs. 3 BGB nur immaterielle Schäden geregelt werden sollen. Dies hat jedoch die Konsequenz, dass etwa Heilbehandlungskosten für psychische Beeinträchtigungen, die noch nicht über das normale Maß an Trauer hinausgehen, nicht nach der Schockschadenrechtsprechung ersetzbar sind. Daher sollte im Rahmen der Schockschadenrechtsprechung in Anbetracht des § 844 Abs. 3 BGB bei der Voraussetzung der medizinisch fassbaren Gesundheitsbeeinträchtigung, die über das normale Maß an Trauer beim Verlust eines nahen Angehörigen hinausgehen, der Zusatz im Relativsatz gestrichen werden.

316 *Gause*, Stellungnahme des GDV, S. 2.

317 *LG Tübingen*, Urt. v. 17.05.2019, 3 O 108/18, DAR 2019, 468 (470) sähe zutreffenderweise einen Wertungswiderspruch, wenn „Schockschäden als unmittelbare

auszugehen[318], da für Schockschäden regelmäßig Beträge von ca. 10.000 €

Beeinträchtigung einen geringeren Ersatzanspruch auslösen als die hier zu erörternde Reflexbeeinträchtigung"; *Gause*, Stellungnahme des GDV, S. 7; *Müller*, VersR 2017, S. 321 (324); *Katzenmeier*, JZ 2017, S. 869 (876).
Unzutreffend ist insoweit die Annahme von *Janeczek*, DAR 2019, S. 472, dass es Situationen geben könne, in denen „der Schockschadenanspruch zwar besteht, jedoch im Umfang geringer ist, als das Hinterbliebenengeld." Sowohl beim Schockschadenanspruch als auch beim Hinterbliebenengeld ist in den hier relevanten Fällen der Auslöser derselbe, der Tod eines nahen Angehörigen und damit verbundene Trauer. Diese Trauer verursacht im Fall des Schockschadens zusätzliche messbare Gesundheitsschädigungen, die im Falle des Hinterbliebenengeldes nicht erforderlich sind. Daher ist unerklärlich, wie bei einem Anspruch, der an ein geringeres Maß der „Beeinträchtigung" im Vergleich zum Schockschadenanspruch anknüpft, beim gleichen Sachverhalt ein höherer immaterieller Schaden bestehen soll. *Jäger*, VersR 2017, S. 1041 (1055f.) betont, dass das Hinterbliebenengeld mangels verletztem Rechtsgut kein Schmerzensgeld sei, sondern ein Anspruch eigener Art, der sich vergleichbar zum Persönlichkeitsrecht aus Art. 1 Abs. 1, 2 Abs. 1 GG herleiten lassen könne und insoweit neben dem Schmerzensgeldanspruch stehe und damit das System des Schmerzensgeldes unberührt lasse. Der Anspruch auf Hinterbliebenengeld könne neben dem Ersatz von Schockschäden bestehen, da die Trauer und das Leid neben dem Gesundheitsschaden bestehen und mit diesem nicht vergleichbar seien. Dem ist nicht zu folgen, denn die Trauer und das Leid haben sich letztlich im Gesundheitsschaden manifestiert. Eine Trennung davon und eine gesonderte Betrachtung ist indes nicht möglich (ebenso *Nugel*, ZfSch 2018, S. 72 (74), der zudem auf den Willen des Gesetzgebers verweist). Letztlich soll die Höhe nach *Jäger* unterhalb des Schockschadens liegen, wobei er insgesamt für eine Erhöhung des gesamten Schmerzensgeldsystems plädiert.

318 *Gause*, Stellungnahme des GDV, S. 7, geht von 3.000 – 5.000 € aus, die von den Versicherungen in außergerichtlichen Fällen im Durchschnitt gezahlt werden; *Katzenmeier*, JZ 2017, S. 869 (876) geht von einem Rahmen von 5.000 – 15.000 € aus.
Huber, JuS 2018, S. 744 (749) nimmt an, dass die Trauer schwerwiegender sei als ein Beinbruch, der wieder spurlos verheilt und daher die Trauer höher taxiert sein müsse. Ferner weist er darauf hin, dass das Hinterbliebenengeld nicht „beleidigend niedrig" sein dürfte und Hinterbliebene „Beträge zwischen 1.000 und 3.000 € eher als beschämend und provokativ empfinden würden". Hierbei übersieht er jedoch, dass der Tod naher Angehöriger zum Leben dazu gehört und insofern jeder damit früher oder später umgehen muss. Die Besonderheit im Falle des Hinterbliebenengeldes liegt darin, dass der Tod nicht zu dem natürlichen Zeitpunkt eingetreten ist, sondern früher durch menschliches Verschulden und insofern dem Angehörigen die zusätzliche Zeit und die auch sonst nicht immer bestehende Möglichkeit des Verabschiedens genommen wurde. Demgegenüber erleidet ein Beinbruch nicht jeder, so dass der Vergleich in diesem Kontext nur begrenzt hilfreich ist. Passender ist vielmehr die Abstufung

gewährt werden.[319] Höhere Beträge können nur durch das Vorliegen von Schockschäden geltend gemacht werden, wobei dieser Anspruch dann auch Vorrang hat.

Unter dem Punkt der weiteren Kosten stellt der Gesetzgeber in der Gesetzesbegründung selbst eine Berechnung der Mehrkosten des Anspruchs auf Hinterbliebenengeld auf. Hierbei kommt er auf Mehrkosten „von nicht mehr als rund 240 Mio. Euro" pro Jahr, wofür er von 6.000 fremdverursachten Todesfällen mit durchschnittlich vier Hinterbliebenen ausgeht und dies mit der durchschnittlichen Entschädigung für Schockschäden von 10.000 € multipliziert. Der Ansatz der durchschnittlichen Entschädigung von 10.000 € wirft die Frage auf, ob diese Zahl als Richtwert für das Hinterbliebenengeld verstanden werden kann. Dies ist jedoch nicht der Fall.[320] Die Berechnung dient nur dem Ausweis der Mehrbelastung, geht also von den Maximalkosten aus, welches aus der Formulierung „nicht mehr als" folgt. Zudem verursachen Extremfälle von Schockschäden, wo die Höhe deutlich über 10.000 € liegt, keine Mehrkosten durch den Anspruch auf Hinterbliebenengeld, weil diese Kosten schon nach der früheren Gesetzeslage bestanden haben und das Hinterbliebenengeld hierin aufgeht, so dass es hier zu keinen Mehrkosten kommt. Vielmehr hat der Gesetzgeber in Übereinstimmung mit seinen weiteren Ausführungen, wonach das Hinterbliebenengeld hinter der Entschädigung für Schockschäden zurückbleibt, den durchschnittlichen Wert für Schockschäden als Obergrenze für die Berechnung verstanden.

Schwintowski[321] schlägt unter Verweis auf die Rechtsprechung des *Großen Zivilsenat des BGH*, wonach für die Berechnung des Schmerzensgeldes „Höhe und Maß der Lebensbeeinträchtigung zu berücksichtigen"[322] sind, eine tagegenaue Berechnung des Hinterbliebenengeldes anhand der Lebensbeeinträchtigungen vor. Die Lebensbeeinträchtigung sei anhand der Dauer der Behandlung abhängig von der Art der Behandlung (Intensiv-, Normalstation, Rehabilitation,

---

gegenüber weitergehenden Beeinträchtigungen wie dies im Falle der Schockschäden vorgenommen wird, zumal sie gerade die gleiche Ursache haben.

319 *BT-Drucks.* 18/11397, S. 11; kritisch hierzu *Jäger*, VersR 2017, S. 1041 (1054f.), welcher darlegt, dass die Summe im Schnitt nicht bei 10.000 € liegt.

320 *LG Tübingen*, Urt. v. 17.05.2019, 3 O 108/18, DAR 2019, 468 (470) sieht den Betrag von 10.000 € als „Richtschnur"; *Müller*, VersR 2017, S. 321 (324), sieht in diesem Durchschnittswert eine „bedauerliche Unstimmigkeit" zu den weiteren Ausführungen des Gesetzgebers, wonach das Hinterbliebenengeld hinter der Entschädigung von Schockschäden zurückbleibt.

321 *Schwintowski*, Stellungnahme, S. 4.

322 *BGH*, Urt. v. 06.07.1955, GSZ 1/55, BGHZ 18, 149 (157).

ambulante häusliche Behandlung) sowie verbleibender Dauerschäden zu bestimmen. Die Dauerschäden können mithilfe der versorgungsmedizinischen Grundsätze ermittelt werden. Der Behandlungsart sei ein bestimmter Prozentsatz vom durchschnittlichen monatlichen Bundeseinkommen aller Bundesbürger zugewiesen, den der Geschädigte für jeden Behandlungstag erhält.[323] Der Vorschlag ist abzulehnen, weil der Gesetzgeber das Hinterbliebenengeld gerade „[u]nabhängig vom Nachweis einer medizinisch fassbaren Gesundheitsschädigung“[324] gewähren und „kein Mindestmaß“[325] an seelischem Leid für den Anspruch voraussetzen will. Daneben ist zweifelhaft, ob das vorgeschlagene System, welches primär für physische Gesundheitsschäden bestimmt ist, die gerade eine ärztliche Behandlung voraussetzen, auf Fälle von Trauer und Schmerz anwendbar ist, wo sich nicht jeder Hinterbliebene sofort in ärztliche Behandlung begibt. Zudem würde eine aufwendige Untersuchung psychischer Beeinträchtigungen dem Ziel der Anerkennung des seelischen Leides entgegenstehen und das seelische Leid durch das Wiedererleben des Verlustes möglicherweise verstärken. Letztlich ist zweifelhaft, ob das seelische Leid tatsächlich messbar ist.[326]

Mangels Messbarkeit des Leides bieten sich nur indirekte verallgemeinernde Rückschlüsse auf die Größe des Leides an. Einerseits kann eine Abstufung nach der Intensität des Näheverhältnisses vorgenommen werden. Dies ist aber abzulehnen, da dies zu unwürdigem Waschen schmutziger Wäsche im Gerichtssaal führen kann, welches den Hinterbliebenen in ihrer schweren Situation nicht zugemutet werden sollte.[327] Zudem würde der Sinn der Vermutung des Näheverhältnisses in § 844 Abs. 3 S 2 BGB, den genannten Personengruppen den Beweis hierfür zu ersparen, *ad absurdum* geführt, wenn für die Rechtsfolge des Schadens das Näheverhältnis doch bewiesen werden muss. Auf die Intensität stellt jedoch das *LG Tübingen*[328] als erste veröffentlichte Gerichtsentscheidung zum Hinterbliebenengeld entscheidend ab, indem es die gemeinsame Wohnung, die Dauer der Ehe, die Rollenaufteilung in der Ehe sowie gemeinsam ausgeübte Hobbies und unternommene Urlaube berücksichtigt. Bei den Kindern sei deren

---

323 Kurzüberblick über das System der tagegenauen Berechnung des Schmerzensgeldes: Schwintowski/Schah Sedi/*Schwintowski*, Rn. 272 – 307.

324 *BT-Drucks.* 18/11397, S. 8.

325 *BT-Drucks.* 18/11397, S. 14.

326 Die Messbarkeit verneinend: *Bischoff*, MDR 2017, S. 739 (741); *DAV*, Stellungnahme Nr. 3/2017, S. 4; *Gause*, Stellungnahme des GDV, S. 5.

327 Vgl. *DAV*, Zusammenfassende Stellungnahme, S. 5.

328 *LG Tübingen*, Urt. v. 17.05.2019, 3 O 108/18, DAR 2019, 468 (470); die Kriterien lobend *Janeczek*, DAR 2019, 472 (473).

Alter und ob sie noch im Haushalt der Eltern wohnen entscheidend, wobei sich das Wohnen aus nur finanziellen Gründen wie Arbeitslosigkeit oder Studium nachteilig auswirkt. Ob mithilfe dieser Kriterien eine bessere Einzelfallgerechtigkeit geschaffen werden kann und nicht nur alte Wunden der Trauer wieder aufgerissen werden, ist mehr als fraglich. Es ist bedauerlich, dass der Gesetzgeber sich nicht zu Beträgen und seien sie gestaffelt, durchringen konnte.

Empfehlenswerter ist eine allgemeine Wertung nach Verwandtschaftsgraden.[329] Hiernach dürfte wertungsmäßig der Verlust eines minderjährigen Kindes für die Eltern den größten Schmerz verursachen und umgekehrt dürfte der Schmerz beim Verlust eines Elternteils für ein minderjähriges Kind vergleichbar hoch sein. Kurz danach ist der Verlust des Ehe- oder Lebenspartners einzuordnen, wobei die Dauer der Ehe noch eine Möglichkeit der Auf- bzw. Abstufung eröffnet. Da die Bindung der Eltern zu erwachsenen Kindern abnimmt, ist das Leid unterhalb des Verlusts des Ehe-/Lebenspartners einzuordnen. Personen nichtehelicher Lebensgemeinschaften und Verlobte sind grundsätzlich auf derselben Stufe wie Ehegatten und Lebenspartner zu verorten, wobei die Dauer des Verhältnisses hier regelmäßig zu Auf- bzw. Abstufungen führen dürfte. Geschwister und weiter entfernte Verwandte sind eine Ebene darunter einzustufen, wobei innerhalb dieser Ebene der Verlust eines minderjährigen gegenüber eines erwachsenen Angehörigen sowie der Verlust für einen minderjährigen gegenüber einem erwachsenen Angehörigen schwerwiegender ist.[330] Daneben können Aspekte des Verschuldensgrades des Schädigers (Vorsatz, einfache oder grobe Fahrlässigkeit oder Gefährdungshaftung) sowie ein Versicherungsschutz Einfluss auf die Höhe des Hinterbliebenengeldes haben.[331] Hinsichtlich des Vorsatzdelikts § 323c Abs. 1 StGB ist wie beim Schmerzensgeld zu beachten, dass der Unwertgehalt des Delikts deutlich unter dem des vorsätzlichen Verursachers, des Totschlägers, liegt, welches bei der Höhe zu berücksichtigen ist.

329 *Müller*, VersR 2017, S. 321 (325), lehnt eine Orientierung am Verwandtschaftsverhältnis ab.

330 *Wagner*, in: FS Stürner, S. 231 (236f., 251f.), *ders.*, Stellungnahme, S. 13, orientiert sich für Abstufungen nach Verwandtschaftsgraden an der schweizerischen Rechtsprechung. Er nimmt danach folgende Abstufung vor: Verlust eines minderjährigen Kindes, Verlust eines Ehe-/Lebenspartners, Verlust eines Elternteils für das erwachsene Kind, Verlust von Schwester oder Bruder; *Katzenmeier*, JZ 2017, S. 869 (876) geht davon aus, dass sich „Regelsätze für die verschiedenen Personengruppen“ in der Rechtsprechung bilden werden.

331 *DAV*, zusammenfassende Stellungnahme, S. 6.

Verliert ein Hinterbliebener durch eine unerlaubte Handlung mehrere nahestehende Personen, z.B. Eltern ihre drei Kinder, wird nach der Schockschadenrechtsprechung ein Schmerzensgeld, bei dessen Höhe der Verlust von drei Kindern besonders berücksichtigt wird, festgesetzt.[332] Der Grund hierfür ist, dass das Schmerzensgeld für die einheitliche Gesundheitsschädigung gewährt wird. Beim Anspruch auf Hinterbliebenengeld begründet der Verlust eines jeden Kindes einen eigenen Anspruch, obwohl das seelische Leid genauso wenig wie die Gesundheitsschädigung aufgeteilt werden kann.[333] Durch die mehreren eigenen Ansprüche wird der Aspekt des Verlustes mehrerer Kinder schon berücksichtigt, so dass dieser nicht nochmalig bei der Höhe des einzelnen Anspruchs zu beachten ist.

III) Vererbbarkeit des Anspruchs

Nach der Gesetzesbegründung ist der Anspruch auf Hinterbliebenengeld nicht höchstpersönlich und damit vererbbar.[334] Hieraus kann sich eine Vervielfachung des Anspruchs für den letztlich Hinterbliebenen ergeben, wenn mehrere nahe Angehörige nicht gleichzeitig, sondern kurze Zeit nacheinander sterben. Zur Veranschaulichung dient folgendes Beispiel, wobei zum einfacheren Rechnen davon auszugehen ist, dass Ehegatten und Eltern jeweils 10.000 € und Geschwister 5.000 € Hinterbliebenengeld erhalten:

Ein Ehepaar hat drei minderjährige Töchter und fährt mit den zwei jüngeren Töchtern zu einer Veranstaltung. Auf dem Weg dorthin kommt das Auto auf einer Bergstraße durch Fahrlässigkeit eines anderen Autofahrers von der Straße ab und versinkt im Bergsee. Im Sekundenabstand ertrinken zunächst die Töchter und anschließend die Eltern. Die Zuhause gebliebene Tochter erhält als eigene Ansprüche für jeden Elternteil 10.000 € und für jede Schwester 5.000 €, also 30.000 €. Zusätzlich erbt sie von der zweitverstorbenen Schwester (über die Eltern) 5.000 € für die erstverstorbene Schwester, von der Mutter je 10.000 € für jede Tochter und vom Vater je 10.000 € für jede Tochter und 10.000 € für die Ehefrau. Insgesamt erbt sie damit 55.000 €.

Das Beispiel zeigt zunächst, dass für die überlebende Tochter für die Höhe des erhaltenen Hinterbliebenengeldes faktisch von erheblicher Bedeutung ist, ob die

---

332 Vgl. *OLG Nürnberg*, Urt. v. 01.08.1995, NVZ 1996, S. 367.

333 *Nugel*, ZfSch 2018, S. 72 (77) hält eine einheitliche Betrachtung wie beim Schmerzensgeld nicht für zwingend, da es sich beim Hinterbliebenengeld um einen Anspruch eigener Art handle.

334 *BT-Drucks.* 18/11397, S. 12.

Familie gleichzeitig oder kurz nacheinander gestorben ist. Zugleich wirft es die Frage auf, wie lange das seelische Leid bestehen muss, um Hinterbliebenengeld zu erhalten. Entsprechend könnte im vorliegenden Fall das Hinterbliebenengeld des Vaters, der Mutter und der zweitverstorbenen Tochter abgelehnt werden, weil es aufgrund des eigenen Versterbens nur Sekunden gedauert hat. Begründen lässt sich die Verneinung mit einem Rückgriff auf die Schockschadenrechtsprechung, wonach die psychischen Beeinträchtigungen von einer gewissen Dauer sein müssen und das Hinterbliebenengeld an die Schockschadenrechtsprechung angelehnt ist. Ein anderer Ansatz wäre eine Kürzung entsprechend der Dauer des seelischen Leides. Auf beide Ansätze ist jedoch zu verzichten und stattdessen unabhängig von der tatsächlichen Dauer des seelischen Leides das Hinterbliebenengeld zu gewähren. Dadurch kann eine etwaige Abgrenzung nach der Dauer der Trauer, die bei jedem Menschen von unterschiedlicher Dauer ist und im Zweifel zumindest zu gefühlter Ungerechtigkeit führt, vermieden werden. Wenn sich das seelische Leid insgesamt nicht messen lässt, dann ist dies auch erst recht nicht zeitlich möglich. Ansonsten würde dies womöglich noch zu Rückforderungsansprüchen führen, wenn der Trauernde zu früh verstorben ist oder sich wegen des Verlusts des anderen selbst das Leben nimmt. Diese Ansicht findet in der Gesetzesbegründung Rückhalt, wo betont wird, dass „[d]as Gesetz […] den Begriff des seelischen Leids bewusst nicht ein[schränkt] und […] insbesondere kein Mindestmaß vor[sieht].“[335]

§ 6) Mitverschulden des Hilfsbedürftigen

Resultiert der Schaden des Geschädigten nicht aus einer Straftat eines Dritten, sondern auch aus dem Verhalten des Geschädigten, stellt sich die Frage der Anspruchskürzung im Rahmen des Mitverschuldens nach § 254 Abs. 1 BGB. Denkbar sind zunächst Arbeits- und Haushaltsunfälle. In Betracht kommen daneben Fälle, in denen der Geschädigte sich entweder bewusst selbst schädigt, wozu der Suizid und bewusste Selbstverstümmelungen zählen, oder zumindest bewusst selbst gefährdet, wozu der Konsum illegaler Drogen, die Ausübung von Extremsportarten und die Teilnahme am Straßenverkehr zählen können.

335 *BT-Drucks.* 18/11397, S. 14.

A) Bewusste Selbstschädigung und -gefährdung als Fälle des § 323c Abs. 1 StGB

Bevor sich die Frage des Mitverschuldens stellt, ist zunächst zu klären, ob die bewusste Selbstschädigung und -gefährdung überhaupt die Hilfspflicht des § 323c Abs. 1 StGB begründen.

Umstritten ist die Behandlung der bewussten Selbstschädigung in Form des Suizidversuchs, der auf einem freien und voll verantwortlich getroffenen Entschluss beruht. Teilweise wird aufgrund des Selbstbestimmungsrechts des Menschen ein Unglücksfall verneint.[336] Der Suizidversuch sei nicht mehr vom Wortlaut „Unglücksfall" erfasst und mit einer Bejahung würde die Straflosigkeit der Teilnahme an der Selbsttötung umgangen.[337] Die Gegenansicht hält den Suizidwillen für unbeachtlich und nimmt für die durch Suizidversuch geschaffene lebensbedrohliche Lage aufgrund der Unverfügbarkeit des Lebens einen Unglücksfall an.[338] Jedoch ist dem Helfer im Falle eines freiverantwortlichen Suizidversuchs die Hilfeleistung nicht zumutbar.[339] Auf eine Stellungnahme wird an dieser Stelle verzichtet, weil es für die zivilrechtliche Frage des Mitverschuldens unerheblich ist, ob der Anspruch mangels Unglücksfalls oder wegen Unzumutbarkeit der Hilfeleistung ausscheidet. Übrig bleiben zunächst die Fälle der unfreien Suizidversuche.[340] Hinzu kommen freiverantwortliche Suizidversuche, bei denen der Helfer *ex ante* nicht erkennen konnte, dass es sich um einen freiverantwortlichen Suizidversuch handelt, weil er erst im Zeitpunkt der

---

336 *BGH*, Urt. v. 12.02.1952, 1 StR 59/50, BGHSt 2, 150 (150f.); *LG Deggendorf*, 13.09.2013, 1 Ks 4 Js 7438/11, juris Rn. 5 – 7 lehnt eine Bestrafung unter Hinweis auf § 1901a BGB ab; LK[11.]/*Spendel*, § 323c StGB, Rn. 48 – 54; MüKo-StGB/*Freund*, § 323c StGB, Rn. 59; NK-StGB/*Gaede*, § 323c StGB, Rn. 5; Schönke/*Schröder/Hecker*, § 323c StGB, Rn. 8; SK-StGB/*Stein*, § 323c StGB, Rn. 18 m.w.N.; ausführlich *Schmitz*, S. 159 – 188 (Stellungnahme ab S. 176).

337 LK[11.]/*Spendel*, § 323c StGB, Rn. 50f.

338 *Großer Senat des BGH für Strafsachen*, Beschl. v. 10.03.1954, GSSt 4/53, BGHSt 6, 147 (148 – 155); *BGH*, Urt. v. 04.07.1984, 3 StR 96/84, BGHSt 32, 367 (374 – 376, 381); *Fischer*, § 323c StGB, Rn. 5; *Rengier*, BT 2, § 8, Rn. 19.

339 *BGH*, Urt. v. 04.07.1984, 3 StR 96/84, BGHSt 32, 367 (381); *Fischer*, § 323c StGB, Rn. 5; *Rengier*, BT 2, § 8, Rn. 20f.

340 Demgegenüber lehnt *BGH*, Urt. v. 12.02.1952, 1 StR 59/50, BGHSt 2, 150 (150f), zustimmend *Schmitt*, JZ 1985, S. 365 (368), den Unglücksfall für sämtliche Suizidversuche ab, da ein Unglücksfall nur „ein plötzliches ä u ß e r e s Ereignis" sei, welches nicht gegeben ist, wenn der Suizident sich die Lebensgefahr selbst herbeiführt. Diese Auffassung ist jedoch zu eng, ebenso SK-StGB/*Stein*, § 323c StGB, Rn. 18.

Ausführung hinzukommt und von entsprechenden Absichten keine Kenntnis hat, welches überwiegend der Fall sein dürfte.[341]

In der Literatur wird über die Suizidfälle hinaus vertreten, dass Schäden und Gefahren aus der freiverantwortlichen bewussten Selbstgefährdung des Opfers keine Unglücksfälle sind.[342] Dies umfasse sowohl die absichtliche und bedingt vorsätzliche Selbstschädigung als auch das bewusste Eingehen von Gefahren, bei dem der Handelnde auf das Ausbleiben des Schadenseintritts vertraut. Der Handelnde gehe durch sein Verhalten bewusste Risiken für seine Rechtsgüter ein, über die er frei verfügen kann, so dass es nicht Aufgabe der Rechtsordnung sei, die Folgen der eingegangenen Risiken durch Hilfspflichten Dritter aufzufangen. Eine Grenze sei jedoch bei „der strukturell übereinstimmenden bewussten Eingehung allgemeiner Lebensrisiken"[343] zu ziehen, die überschritten wird, wenn die Risiken im Vergleich zum Nutzen hoch seien. Als Beispiele werden S-Bahn-Surfen, Ausübung von Extremsportarten durch Ungeübte sowie Konsum hochdosierter Drogen genannt.[344]

Demgegenüber stellt die Rechtsprechung darauf ab, dass es irrelevant ist, ob die Gefahr von außen, also auf Naturkräften oder Handlungen Dritter beruht oder von innen durch den Gefährdeten selbst verursacht wurde.[345] Danach sind sowohl eine stark alkoholisierte Person, die auf einer verkehrsreichen Straße zusammenbricht und nicht mehr allein aufstehen kann[346] als auch die Bewusstlosigkeit infolge des Konsums hochdosierter Drogen[347] Unglücksfälle. Dieser

341 MüKo-StGB/*Freund*, § 323c StGB, Rn. 60; *Schmitz*, S. 187.

342 AnwaltKomm/*Conen*, § 323c StGB, Rn. 27; LK[11.]/*Spendel*, § 323c StGB, Rn. 55; MüKo-StGB/*Freund*, § 323c StGB, Rn. 64; NK-StGB/*Gaede*, § 323c StGB, Rn. 5; Schönke/*Schröder/Hecker*, § 323c StGB, Rn. 8; SK-StGB/*Stein*, § 323c StGB, Rn. 17; *Pawlik*, GA 142 (1995), S. 360 (369).

343 SK-StGB/*Stein*, § 323c StGB, Rn. 17.

344 SK-StGB/*Stein*, § 323c StGB, Rn. 17.

345 *Großer Senat des BGH für Strafsachen*, Beschl. v. 10.03.1954, GSSt 4/53, BGHSt 6, 147 (152); *BayObLG*, Urt. v. 09.12.1952, 2 St 176 a-b/51, NJW 1953, 556; *BayObLG*, Urt. v. 06.09.1962, RReg. 4 St 235 a-c/62, NJW 1963, 62; *OLG Stuttgart*, Beschl. v. 17.09.1980, 3 Ss (23) 697/80, GA 128 (1981), 273 (274); *OLG Hamm*, Urt. v. 01.10.2004, 9 U 138/04, VersR 2005, 1689; a.A.: *BGH*, Beschl. v. 12.12.1990, 4 StR 531/90, NJW 1991, 1120 nimmt für den von zwei Fahrern absichtlich herbeigeführten Unfall keinen Unglücksfall an.

346 *BayObLG*, Urt. v. 09.12.1952, 2 St 176 a-b/51, NJW 1953, 556; *BayObLG*, Urt. v. 06.09.1962, RReg. 4 St 235 a-c/62, NJW 1963, 62.

347 *OLG Stuttgart*, Beschl. v. 17.09.1980, 3 Ss (23) 697/80, GA 128 (1981), 273 (274); *OLG Hamm*, Urt. v. 01.10.2004, 9 U 138/04, VersR 2005, 1689 bejaht durch die Verneinung des anschließenden Vorsatzes zumindest inzident das Vorliegen eines Unglücksfalls.

Rechtsprechung stimmt *Geilen* zu und nennt als weiteres Beispiel eine Familie, die trotz Warnungen geschulter Alpinisten eine lebensgefährliche Bergbesteigung unternimmt und verunglückt.[348]

Ähnliche Beispiele sind ein Schlittschuhfahrer auf einem noch nicht freigegebenen See, der einbricht, ein Skifahrer, der abseits der Piste im Tiefschnee fährt und dadurch eine Lawine auslöst, ein *Slopestyler*, dem ein neuer Sprung misslingt und sich dadurch schwer verletzt oder ein Schwimmer, der erstmals einen See überqueren will, aber nach der Hälfte keine Kraft mehr hat. In allen Beispielen gehen die jeweiligen Personen das höchst mögliche Risiko, den Verlust des eigenen Lebens, ein, wobei sich nur die Wahrscheinlichkeit des Schadenseintritts unterscheidet. Dabei ist der Eintritt des Risikos unerwünscht. Unklar ist dagegen, worin ein Nutzen liegen könnte, der ein solches Risiko aufwiegt. Genügt ein Adrenalinkick, sportliche Betätigung, das Gefühl absoluter Freiheit oder eine verbreitete Anerkennung der Tätigkeit in der Gesellschaft?

Eine entsprechende Abgrenzung halte ich für schwierig und für den Hilfe Unterlassenden in der konkreten Situation birgt sie eine große Rechtsunsicherheit. Daneben ist es gerade eine zentrale Aufgabe der Rechtsordnung die Gesundheit und das Leben zu schützen, so dass eine Gleichgültigkeit derart, dass jeder für die Konsequenzen seiner Handlungen vollständig einstehen muss, im Zusammenhang mit den unersetzlichen Rechtsgütern Leib und Leben nicht tragbar ist. Ferner lässt der Wortlaut des Unglücksfalls durchaus die Erfassung der bewussten Selbstschädigung und -gefährdung zu. Denn als Unglück wird auch ein „Zustand des Geschädigtseins durch ein schlimmes, unheilvolles Ereignis“[349] verstanden, wozu die genannten Fälle zählen.[350] Letztlich stellt auch die Gesetzesbegründung klar, dass „[e]ine Nothilfepflicht nur da entstehen soll, wo wirklich Hilfe erforderlich ist.“[351] Wirkliche Hilfe brauchen Menschen, deren Leben akut bedroht ist, unabhängig davon, wie sie in diese Situation gelangt sind. Daher ist der Ausschluss der bewussten Selbstschädigung und -gefährdung aus dem Begriff des „Unglücksfalls“ sowie die Differenzierung bei Letzterer abzulehnen.

In diesem Zusammenhang ist klarzustellen, dass die Hilfe im Rahmen des § 323c Abs. 1 StGB erst erforderlich ist, wenn die hilfsbedürftige Person sich

---

348 *Geilen*, Jura 1983, S. 78 (88f.).

349 *Duden*, Das große Wörterbuch der deutschen Sprache, Bd. 9: Tach – Vida, 3. Aufl., Mannheim, Leipzig, Wien, Zürich 1999, S. 4109.

350 *Dölling*, NJW 1986, S. 1011 (1012f.).

351 *BT*-Drucks. 1/3713, S. 44.

selbst nicht mehr helfen kann.[352] Daher muss der Hilfe Unterlassende in Fällen der Selbstschädigung und -gefährdung die hilfsbedürftige Person nicht von der Eingehung entsprechender Risiken abhalten, sondern nur helfen, wenn sich diese nicht mehr selbst helfen kann, weil das Risiko eingetreten ist oder sie sich in einer Situation befindet, wo sie den drohenden Schaden selbst nicht mehr abwenden kann.[353]

B) Verschulden bei der Schadensentstehung nach § 254 Abs. 1 BGB

Nach § 254 Abs. 1 BGB ist ein Verschulden des Geschädigten bei der Entstehung des Schadens schadensmindernd zu berücksichtigen. Das Verschulden dient der Begrenzung der zu berücksichtigenden schadensmindernden Umstände.[354] Es handelt sich dabei nicht um einen vorwerfbaren Verstoß gegen eine Rechtspflicht, da die Selbstgefährdung und -schädigung von der allgemeinen Handlungsfreiheit des Art. 2 Abs. 1 GG gedeckt und damit erlaubt sind, sondern um eine Art Obliegenheit.[355] Diese besteht in der Einhaltung derjenigen Sorgfalt, die ein ordentlicher und verständiger Mensch zur Vermeidung von Schäden für die eigenen Rechtsgüter anzuwenden pflegt.[356] Eine Person wie der Suizident, der sich bewusst selbst schädigt, hält diese Obliegenheit nicht ein und trifft für die Schadensentstehung ein Verschulden. Bei der bewussten Selbstgefährdung

352 LK[11.]/*Spendel*, § 323c StGB, Rn. 88.

353 Der Hilfe Unterlassende ist auch nicht dazu verpflichtet, die bald hilfsbedürftige Person zu warnen, wenn der Hilfe Unterlassende überlegenes Wissen hat. Weiß der Hilfe Unterlassende kraft eigener Messungen, dass die Eisdecke eines Sees fürs Schlittschuhfahren zu dünn ist, ist er nicht verpflichtet, andere zu warnen, welche die Fläche gerade betreten wollen. Die Hilfspflicht soll gerade erst im letzten Moment eingreifen, um einerseits den Hilfe Unterlassenden durch die Auferlegung der Hilfspflicht nicht über Gebühr in seiner Handlungsfreiheit einzuschränken und auch den bald Hilfsbedürftigen, um ihm die weitestgehende Handlungsfreiheit zu ermöglichen und die Handlungsfreiheit nicht durch andere, die ihn von für den bald Hilfsbedürftigen gefährlichen Handlungen abhalten, über Gebühr zu begrenzen. Siehe ferner zur Legitimation der Handlungspflicht des § 323c Abs. 1 StGB Kapitel 4) § 1) B), S. 205.

354 *Weidner*, S. 45.

355 *BGH*, Urt. v. 03.07.1951, I ZR 44/50, BGHZ 3, 46 (49 – 51); *BGH*, Urt. v. 17.06.2014, VI ZR 281/13, NJW 2014, 2493 (2494); Palandt/*Grüneberg*, § 254 BGB, Rn. 1; Soergel/*Ekkenga/Kuntz*, § 254 BGB, Rn. 2; *Brox/Walker*, SchuldR AT, § 31, Rn. 37.

356 *RG*, Urt. v. 06.03.1935, I 82/34, RGZ 149, 6 (7); *BGH*, Urt. v. 29.04.1953, VI ZR 63/52, BGHZ 9, 316 (318); *BGH*, Urt. v. 17.06.2014, VI ZR 281/13, NJW 2014, 2493 (2494).

verschuldet zunächst die Person den Schaden mit, welche die für diese Tätigkeit im Verkehr gebotene Sorgfalt nicht beachtet. In den obigen Beispielen betrifft dies etwa das Betreten nicht freigegebener gefrorener Gewässer, die Ausübung von Extremsportarten durch Ungeübte, den Konsum illegaler Drogen, die Benutzung des Straßenverkehrs im verkehrsunfähigen Zustand, die Ausübung nicht erlaubter Tätigkeiten wie S-Bahn-Surfen sowie die Nichteinhaltung etwaiger Warnstufen und Hinweisschilder für Sportarten in den Bergen.

Hält die Person, wie z.B. der *Slopestyler*, Tiefschneefahrer oder Autofahrer, die im Verkehr erforderliche Sorgfalt ein, stellt sich die Frage, ob ihn trotzdem durch das bewusste Eingehen der Selbstgefährdung an sich ein Verschulden trifft. Die sich in diesen Fällen realisierende Sach- oder Betriebsgefahr muss sich der Geschädigte analog § 254 Abs. 1 BGB bei Tätigkeiten wie dem Autofahren anrechnen lassen, bei denen im Falle einer Fremdschädigung eine Gefährdungshaftung eingreifen würde.[357] Jedoch kann sich der Geschädigte analog § 17 Abs. 3 StVG oder vergleichbarer Normen entlasten, wenn für ihn ein unabwendbares Ereignis vorgelegen hat, er sich also wie ein „Idealfahrer“[358] verhalten hat und der Schaden nicht auf Fehler am Fahrzeug zurückzuführen ist.[359] Teilweise wird vertreten, dass die analoge Anwendung des § 254 Abs. 1 BGB über die bisher geregelten Gefährdungshaftungstatbestände auf alle weiteren Sach- und Betriebsgefahren erstreckt werden soll, sofern sie mit den Gefahren der bisher geregelten Tatbestände vergleichbar sind.[360] Noch weiter geht *Deutsch*, indem er die Anwendung des § 254 Abs. 1 BGB „auf alle besonderen Gefährdungen“

357 RG, Urt. v. 21.11.1907, IV 163/07, RGZ 67, 120 (121 – 123); *BGH*, Urt. v. 06.07.1976, VI ZR 177/75, BGHZ 67, 129 (134); *OLG Hamm*, Urt. v. 11.02.2004, 13 U 194/03, NJW 2004, 2246 (2246f.); MüKo-BGB/*Oetker*, § 254 BGB, Rn. 14; NK-BGB/*Knöfler*, § 254 BGB, Rn. 11; RGRK/*Alff*, § 254 BGB, Rn. 6; Soergel/*Ekkenga/Kuntz*, § 254 BGB, Rn. 28; *Brox/Walker*, SchuldR AT, § 31, Rn. 42; Lange/Schiemann/*Lange*, S. 557 – 560.

358 *BGH*, Urt. v. 28.05.1985, VI ZR 258/83, VersR 1985, 864; *BGH*, Urt. v. 13.12.2005, VI ZR 68/04, VersR 2006, 369 (371).

359 *Looschelders*, Mitverantwortlichkeit, S. 401 – 403.

360 AK-BGB/*Rüßmann*, § 254 BGB, Rn. 7; jurisPK-BGB/*Rüßmann*, § 254 BGB, Rn. 16; *Weidner*, S. 33 – 35; ähnlich: MüKo-BGB/*Oetker*, § 254 BGB, Rn. 15 bejaht für die Fortbewegung per Fahrrads, Ski, Motorboot und dem Betreiben eines Unternehmens eine analoge Anwendung, „wenn aus einer speziellen gesetzlichen Risikozuweisung folgt, dass der Träger einer Gefahrenquelle die hierdurch entstehenden Schäden ganz oder teilweise allein tragen soll.“ Zustimmend: NK-BGB/*Knöfler*, § 254 BGB, Rn. 11; mir erschließt sich nicht, woraus die gesetzliche Risikozuweisung in den genannten Fällen folgen soll, wenn es gerade keine Gefährdungshaftung gibt.

erstreckt, die z.B. der „Schütze, Turmspringer und Skiläufer“ mit ihrer Tätigkeit eingehen.[361] Er verweist dabei auch auf zwei Urteile, wonach für einen Skifahrer schon das Fahren auf einem stark befahrenen Hang ein Mitverschulden begründen kann.[362] Die zuletzt genannte Ausweitung ist abzulehnen. Ansonsten würde der Geschädigte durch die Teilnahme am Verkehrs- und Freizeitleben mit einer „Vorab-Hypothek“[363] derart belastet, dass er seine Freizeitgestaltung deutlich einschränken würde, welches nicht mehr im Sinne der allgemeinen Handlungsfreiheit ist, die gerade eine Entfaltung der Persönlichkeit ermöglichen soll.[364] Dem Interesse des Schädigers wird durch die Auferlegung von Verhaltensregeln, die der Vermeidung von Verletzungen dienen, für den Geschädigten hinreichend Rechnung getragen.[365] Bei Einhaltung der Regeln kann im Rahmen des Gleichbehandlungsgedankens weder der Geschädigte Schadensersatz noch der Schädiger eine Kürzung des Anspruchs verlangen.[366] Gegen die Ausweitung über die geregelten Gefährdungstatbestände hinaus spricht, dass im Rahmen des Gleichbehandlungsgedankens das Enumerationsprinzip sowohl für den Schädiger als auch für den Geschädigten gilt.[367] Ferner kann die Ausweitung dazu führen, dass sich der Schädiger entgegen dem allgemeinen Grundsatz im Schadensrecht auf die besondere Anfälligkeit des Geschädigten für Fremdschädigungen berufen kann, die sich bei Radfahrern etwa aus dem Fehlen einer Knautschzone ergibt.[368]

Damit bleibt festzuhalten, dass das bewusste Eingehen einer Selbstgefährdung an sich noch kein Verschulden nach § 254 Abs. 1 BGB begründet und damit der Schadensersatzanspruch nicht zu kürzen ist. Erst wenn im Falle einer

---

361 *Deutsch*, Haftungsrecht, Rn. 581.

362 *OLG Karlsruhe*, Urt. v. 25.03.1959, 5 U 72/58, NJW 1959, 1589 (1590); *OLG Köln*, Urt. v. 14.04.1962, 9 U 49/60, NJW 1962, 1110 (1111); in eine ähnliche Richtung geht das *AG Wilhelmshaven*, Urt. v. 20.06.1995, 13 C 231/95, NJW 1996, 1901, wenn es feststellt, dass allein die Teilnahme eines Autofahrers am Verkehr aufgrund der hohen Gefahren ein Mitverschulden begründet.

363 *Esser/E. Schmidt*, S. 279.

364 *Esser/E. Schmidt*, S. 279; *Looschelders*, Mitverantwortlichkeit, S. 390; *Weidner*, S. 45.

365 *Esser/E. Schmidt*, S. 279.

366 Soergel/*Ekkenga/Kuntz*, § 254 BGB, Rn. 29; Staudinger/*Kaiser*, § 254 BGB, Rn. 12; *Esser/E. Schmidt*, S. 279.

367 *BGH*, Urt. v. 17.11.2009, VI ZR 58/08, VersR 2010, 270 (271); Staudinger/*Kaiser*, § 254 BGB, Rn. 12; *Looschelders*, Mitverantwortlichkeit, S. 393, 398.

368 Soergel/*Ekkenga/Kuntz*, § 254 BGB, Rn. 29; *Looschelders*, Mitverantwortlichkeit, S. 399.

Fremdschädigung eine Gefährdungshaftung eingreifen würde oder wenn der Geschädigte nicht die im Verkehr erforderliche Sorgfalt bei der Tätigkeit eingehalten hat, kommt es zu einer Anspruchskürzung.

C) Abwägung der Verursachungsbeiträge nach § 254 Abs. 1 BGB

Die Rechtsfolge des § 254 Abs. 1 BGB ist die Abwägung der maßgeblichen Umstände. Hierbei ist in erster Linie auf die Verursachungsbeiträge abzustellen und in zweiter Linie auf das Verschulden, welchem eine Korrekturfunktion zukommt.[369] Weitere Umstände fließen nicht in die Abwägung ein.[370] Die Verursachungsbeiträge sind bei der Abwägung nicht naturwissenschaftlich zu verstehen, da sie insoweit immer gleichwertig sind, sondern wertend zu betrachten.[371] Als Kriterium für die Abwägung wird dabei überwiegend auf den Wahrscheinlichkeitsgrad des jeweiligen Verhaltens für den Schadenseintritt abgestellt.[372] Dementsprechend ist für die Rechtsprechung maßgeblich, „ob die Handlungsweise der einen Partei den Schaden nicht nur objektiv ermöglicht, sondern in wesentlich höherem Maße wahrscheinlich gemacht hat als das Verhalten der anderen Partei, wobei es nicht auf die zeitliche Reihenfolge ankommt, in der die Bedingungen, die den Schaden herbeigeführt haben, eingetreten sind“[373]. Nach der Abwägung der Verursachungsbeiträge ist zu prüfen, ob aufgrund des Verschuldens dieser Beiträge eine Korrektur vorzunehmen ist. Dabei tritt eine fahrlässige Obliegenheitsverletzung des Geschädigten regelmäßig

---

369 *BGH*, Urt. v. 20.01.1998, VI ZR 59/97, NJW 1998, 1137 (1138); MüKo-BGB/*Oetker*, § 254 BGB, Rn. 108 – 110; Soergel/*Ekkenga/Kuntz*, § 254 BGB, Rn. 148f.; Lange/Schiemann/*Schiemann*, S. 610f., 614; demgegenüber lehnt *Rother*, VersR 1983, S. 793 (794 – 798) die Abwägung anhand von Verursachungsbeiträgen ab, da diese stets gleich sind, die vorgeschlagenen Abwägungskriterien untauglich seien und andere nicht ersichtlich sind. Er plädiert stattdessen für eine ausschließliche Abwägung des Verschuldens.

370 MüKo-BGB/*Oetker*, § 254 BGB, Rn. 116; Lange/Schieman/*Schiemann*, S. 619f.

371 MüKo-BGB/*Oetker*, § 254 BGB, Rn. 108f.; Lange/Schiemann/*Schiemann*, S. 611.

372 *BGH*, Urt. v. 29.01.1969, I ZR 18/69, NJW 1969, 789 (790); MüKo-BGB/*Oetker*, § 254 BGB, Rn. 109; ablehnend: *Looschelders*, Mitverantwortlichkeit, S. 573 – 575, der stattdessen die von den Beteiligten geschaffenen Gefahren gegeneinander abwägen will, wobei er selbst eine Parallele zur Wahrscheinlichkeitstheorie erkennt, S. 576f.

373 *BGH*, Urt. v. 29.01.1969, I ZR 18/69, NJW 1969, 789 (790); bestätigend: *BGH*, Urt. v. 30.09.1982, III ZR 110//81, VersR 1982, 1196 (1197); *BGH*, Urt. v. 28.10.1993, IX ZR 252/92, NJW 1994, 379; *BGH*, Urt. v. 20.01.1998, VI ZR 59/97, NJW 1998, 1137 (1138).

hinter ein vorsätzliches Handeln des Schädigers zurück.[374] Dies gilt aber nicht, wenn sich der Vorsatz des Schädigers nur auf den Verstoß gegen eine Verhaltenspflicht, nicht aber auf den Schaden bezieht.[375]

I) Suizid und bewusste Selbstschädigung

Im Fall des Suizids und der bewussten Selbstschädigung hat der Geschädigte allein durch sein Verhalten die primäre Ursache für die Verletzungen gesetzt, sie geradezu herbeigeführt, die im weiteren Verlauf zu den Verschlimmerungen geführt hat. Zwar hätte der Hilfe Unterlassende sie abwenden können, jedoch liegt wertungsmäßig der Schwerpunkt eindeutig auf der Herbeiführung der Verletzungen, womit der Geschädigte den Schaden überwiegend wahrscheinlich gemacht hat, so dass er nach den Verursachungsbeiträgen den Schaden allein zu tragen hat. Bei den Verschuldensbeiträgen ist trotz des Vorsatzes des Hilfe Unterlassenden keine Korrektur vorzunehmen. Denn der Geschädigte hat durch die Selbstschädigung vorsätzlich, wenn nicht gar absichtlich seine Obliegenheit, sich selbst nicht zu schädigen, verletzt und zudem erstreckt sich sein Vorsatz gerade auch auf den herbeigesehnten Schaden. Demgegenüber bleibt der Vorsatz des Hilfe Unterlassenden, welcher in der Regel die Schädigung des anderen nicht oder zumindest nur bedingt erfasst, weit dahinter zurück. Daher ist der Anspruch des Geschädigten im Rahmen des § 254 Abs. 1 BGB vollständig zu kürzen.

II) Bewusste Selbstgefährdung

Bei der bewussten Selbstgefährdung kommt es stärker auf den Einzelfall an. Die Besonderheit dieser Fälle liegt darin, dass sich der Geschädigte nicht bewusst in den Gefahrenbereich des Hilfe Unterlassenden begeben hat, sondern in einen von ihm selbst zu verantwortenden Gefahrenbereich, so dass er grundsätzlich allein oder zusammen mit einem Dritten, sofern er sich in dessen Gefahrenbereich begeben hat, für die Schäden verantwortlich ist. Dabei hat er aufgrund der hohen Gefahren für Leib und Leben in besonderem Maße die Obliegenheit,

---

374 *RG*, Urt. v. 06.12.1939, VI 104/39, RGZ 162, 202 (208); *BGH*, Urt. v. 26.02.1980, VI ZR 53/79, BGHZ 76, 216 (218); *BGH*, Urt. v. 06.12.1983, VI ZR 60/82, NJW 1984, 921 (922); Soergel/*Ekkenga/Kuntz*, § 254 BGB, Rn. 153.

375 *BAG*, Urt. v. 18.06.1970, 1 AZR 520/69, NJW 1970, 1861 (1862); *BGH*, Urt. v. 14.10.1971, VII ZR 313/69, BGHZ 57, 137 (145f.); Soergel/*Ekkenga/Kuntz*, § 254 BGB, Rn. 154.

die im Verkehr erforderliche Sorgfalt zu achten. Verstößt er hiergegen, wiegt in Anbetracht der hohen Gefahren sein Verursachungsbeitrag besonders schwer. Durch sein Verhalten hat der Geschädigte den Unglücksfall herbeigeführt und damit den Verantwortungsbereich des Hilfe Unterlassenden erst eröffnet, so dass der Verursachungsbeitrag des Hilfe Unterlassenden eher in den Hintergrund tritt. Insoweit hat der Verursachungsbeitrag des Geschädigten im Vergleich zum Hilfe Unterlassenden wertungsmäßig den Schaden überwiegend wahrscheinlich gemacht, womit der Geschädigte diesen nach den Verursachungsbeiträgen allein zu tragen hat.

Dieses Ergebnis kann im Rahmen des Verschuldens jedoch korrigiert werden. § 323c Abs. 1 StGB kann nur vorsätzlich verwirklicht werden, so dass der vorsätzliche Verstoß des Hilfe Unterlassenden die fahrlässige Obliegenheitsverletzung des Geschädigten grundsätzlich verdrängen würde. Allerdings ist dies vorliegend nicht der Fall. Denn einerseits bezieht sich der Vorsatz der Norm nur auf die Verhaltensnorm, also das Erkennen des Unglücksfalls sowie die vom Hilfe Unterlassenden zu leistende erforderliche Hilfe, aber nicht auf den Erfolg in Form weiterer Verschlimmerungen. Diese dürften für den Hilfe Unterlassenden regelmäßig unerwünscht sein und er hofft, dass diese nicht eintreten, indem jemand anderes helfend eingreift oder sie wider Erwarten nicht geschehen. Andererseits wiegt der Sorgfaltsverstoß des Geschädigten besonders schwer, weil er eine Tätigkeit ausübt, die schon bei sorgfältiger Ausübung mit erheblichen Risiken für Leib und Leben verbunden ist und sich die Risiken bei Nichtbeachtung der erforderlichen Sorgfalt deutlich steigern können. Zudem verstößt der Geschädigte selbst, wenn er etwaigen Warnungen oder Hinweisschildern zuwiderhandelt, vorsätzlich gegen eine entsprechende Verhaltensobliegenheit, wobei sich der Vorsatz ebenfalls nicht auf den Eintritt des Schadens erstreckt. Daher überwiegt im Gegenteil das Verschulden des Geschädigten das Verschulden des Hilfe Unterlassenden deutlich bis vollständig, so dass abhängig vom konkreten Verschulden eine Korrektur von 0 – max. 40% in Betracht kommt, womit der Geschädigte 60 – 100% des Schadens selbst tragen müsste. Für die oben angeführten Beispiele kann dabei wie folgt differenziert werden. Handelt es sich um Tätigkeiten, die die Rechtsordnung zu vermeiden sucht, wie der Konsum illegaler Drogen oder S-Bahn-Surfen, und welche überhaupt nicht mit der im Verkehr erforderlichen Sorgfalt durchführbar sind, liegt der Mitverschuldensanteil des Geschädigten bei 100%. Bei den Sportarten ist je nach Höhe der Warnstufe, z.B. Lawinenwarnstufe, nach dem Können sowie der entsprechenden Sicherheitsausrüstung zu differenzieren. Bei Unfällen im Straßenverkehr kommt es entscheidend auf die Schwere des Verstoßes an, wobei insbesondere bei leichten Verstößen die Mitverschuldensquote bei 60% liegt.

III) Die übrigen mitverschuldeten Unfälle

Übrig bleiben Arbeits-, Haushalts-, Freizeit- und Verkehrsunfälle, die sich nicht in die oben genannten Kategorien einteilen lassen. Für sie ist es schwierig allgemeine Aussagen zu treffen. Für Fälle, in denen der Schaden durch eine Verletzung einer Verkehrsversicherungspflicht entstanden ist, bietet sich der Verteilungsmaßstab des Mitverschuldens zwischen Geschädigtem und Verkehrspflichtigen als Orientierungshilfe an. Denn wertungsmäßig wiegt der Vorwurf gegenüber dem Hilfe Unterlassenden, die Folgen einer fremden Gefahrenquelle zu beseitigen, nicht schwerer als gegenüber dem Verkehrspflichtigen, die Gefahren der Gefahrenquelle zu minimieren. Daher ist der Mitverschuldensanteil des Geschädigten gegenüber dem Hilfe Unterlassenden mindestens genauso groß wie derjenige gegenüber dem Verkehrspflichtigen, so dass der zu kürzende Prozentsatz gegenüber dem Verkehrspflichtigen die Untergrenze für den Hilfe Unterlassenden bildet.

IV) Ergebnis

Schädigt oder gefährdet sich der Hilfsbedürftige bewusst selbst, begründet dies, sobald er sich selbst nicht mehr helfen kann, die Hilfspflicht nach § 323c Abs. 1 StGB. Hält der Geschädigte bei der bewussten Selbstgefährdung die im Verkehr erforderliche Sorgfalt ein, trifft ihn für Schäden kein Mitverschulden, sofern die Sach- oder Betriebsgefahr nicht im Fall einer Fremdschädigung eine Gefährdungshaftung begründen würde.

Die bewusste Selbstschädigung führt zur vollständigen Anspruchskürzung im Rahmen des § 254 Abs. 1 BGB. Bei der bewussten Selbstgefährdung überwiegt der Mitverschuldensanteil des Geschädigten deutlich bis überwiegend, so dass der Anspruch je nach Konstellation um 60 – 100% zu kürzen ist.

Bei den übrigen Fällen kommt es auf den Einzelfall an. Sofern der Geschädigte sich im Gefahrenbereich eines anderen verletzt hat, dient die Quote der Anspruchskürzung zwischen Geschädigten und Verkehrspflichtigen als Untergrenze für den Hilfe Unterlassenden. Damit trägt der Hilfe Unterlassende die Folgen der Risiken, die der Geschädigte eingeht, grundsätzlich mit, wobei sie im Rahmen des Mitverschuldens teilweise bis vollständig wieder auf den Geschädigten übertragen werden können, sofern ihn eine Obliegenheitsverletzung trifft.

In der Praxis trägt der Hilfe Unterlassende jedoch einen größeren Anteil des Risikos, weil er als Schuldner den Beweis für das Mitverschulden des Geschädigten führen muss,[376] der sich äußerst schwierig gestaltet, wenn der Hilfe

---

376 *BGH*, Urt. v. 11.01.2007, III ZR 116/06, NJW 2007, 1063 (1064); Palandt/*Grüneberg*,

Unterlassende erst in dem Zeitpunkt hinzukommt, in dem der Geschädigte Hilfe benötigt und der Hilfe Unterlassende daher keine Kenntnis vom möglichen Fehlverhalten des Geschädigten hat. Dem Hilfe Unterlassenden kommt zwar zugute, dass den Geschädigten für Umstände aus seiner Sphäre eine Mitwirkungspflicht bei der Sachaufklärung trifft und der Anscheinsbeweis anwendbar ist,[377] allerdings dürfte dies nicht immer genügen.

§ 7) Gesamtschuldnerausgleich

Im Rahmen der Diskussion um die Schutzgesetzeigenschaft des § 323c Abs. 1 StGB wird gegen eine übermäßige Haftung vorgebracht, dass der Hilfe Unterlassende im Innenverhältnis beim Verursacher des Unglücksfalls Regress nehmen könne. In wieweit sich die endgültige Belastung des Hilfe Unterlassenden im Wege des Gesamtschuldnerausgleich reduzieren kann, sofern die anderen Gesamtschuldner solvent, bekannt und zahlungsfähig sind, soll an dieser Stelle näher untersucht werden.

§ 840 Abs. 1 BGB ordnet an, dass mehrere Schuldner aus unerlaubter Handlung, die für denselben Schaden nebeneinander verantwortlich sind, als Gesamtschuldner nach § 421 BGB haften. Dadurch kann der Gläubiger nach seinem Belieben von jedem Schuldner den Schaden ganz oder teilweise fordern, wobei ihm jedoch der ganze Schaden insgesamt nur einmal zusteht. Für die Gesamtschuld nach § 840 Abs. 1 BGB ist es unerheblich, ob der Schuldner neben Delikt auch aus Vertrag haftet.[378] Ob § 840 Abs. 1 BGB auch gilt, wenn ein Schuldner nur aus Vertrag haftet, kann vorliegend dahinstehen, da dieser Schaden, welcher ein reiner Vermögensschaden wäre, nicht vom Schutzbereich des § 323c Abs. 1 StGB erfasst und damit nicht ersatzfähig wäre. Für einen Schaden verantwortlich können neben den in § 830 BGB genannten Beteiligten auch Nebentäter sein,[379] wozu der den Unglücksfall verursachende Deliktsschuldner und der Hilfe Unterlassende zählen. Die Gesamtschuldnerschaft bei Nebentätern besteht jedoch nur hinsichtlich des einheitlichen Schadens, für den sie nebeneinander verantwortlich sind, welcher nur ein Teil des Gesamtschadens

---

§ 254 BGB, Rn. 72.

377 Palandt/*Grüneberg*, § 254 BGB, Rn. 72.

378 *RG*, Urt. v. 29.05.1905, VI 441/04, RGZ 61, 56 (59 – 62); MüKo-BGB/*Wagner*, § 840 BGB, Rn. 10.

379 *RG*, Urt. v. 12.07.1919, VI 144/19, RGZ 96, 224 (225); *BGH*, Urt. v. 13.05.1955, I ZR 137/53, BGHZ 17, 214 (221); NK-BGB/*Katzenmeier*, § 840 BGB, Rn. 9.

sein kann.[380] Dies trifft insbesondere auf das Schmerzensgeld zu, wie die bisherigen Entscheidungen zu § 323c Abs. 1 StGB zeigen, bei denen der Hilfe Unterlassende zu deutlich geringeren Summen als der verursachende Deliktsschuldner verurteilt wurde,[381] ist aber ebenso bei materiellen Schäden möglich, wenn der Hilfe Unterlassende mangels Kausalität nicht für alle Schäden verantwortlich ist.

Im Innenverhältnis hat jeder Gesamtschuldner grundsätzlich nach § 426 Abs. 1 S 1 BGB den gleichen Anteil zu tragen, soweit nicht etwas anderes bestimmt ist. Andere gesetzliche Bestimmungen können sich aus § 840 Abs. 2, Abs. 3 BGB sowie aus dem Rechtsgedanken des § 254 BGB ergeben.[382]

A) Verschiedene Fallgruppen der Gesamtschuldner

Bevor das Innenverhältnis der Gesamtschuldner geklärt werden kann, ist zu berücksichtigen, dass hierbei verschiedene Konstellationen denkbar sind, die sich womöglich nicht alle gleich lösen lassen. Die denkbaren Konstellationen der Gesamtschuld im Zusammenhang mit § 323c Abs. 1 StGB lassen sich in drei Gruppen zusammenfassen.

In der ersten Gruppe schädigt der unmittelbare Verursacher den Hilfsbedürftigen vorsätzlich oder fahrlässig und die Hilfspflicht des Hilfe Unterlassenden besteht schon in der Verhinderung der Schädigung. Hierunter fallen die entschiedenen Fälle der Vergewaltigung und der Körperverletzung durch Schusswaffengebrauch. Handelt der Verursacher lediglich fahrlässig, ist jedoch

---

380 *BGH*, Urt. v. 03.02.1954, VI ZR 153/52, BGHZ 12, 213 (220); MüKo-BGB/*Wagner*, § 840 BGB, Rn. 14.

381 *OLG Düsseldorf*, Urt. v. 27.07.2004, I-14 U 24/04, NJW 2004, 3640 (3640f.): Während der Vergewaltiger einer Frau durch Teilversäumnisurteil des *LG Kleve*, Urt. v. 12.11.2003, 3 O 198/03, nicht veröffentlicht, zu 8.000 € Schmerzensgeld verurteilt wurde, verurteilte das *OLG Düsseldorf* den Hilfe Unterlassenden zu einem Schmerzensgeld von 4.000 €; *OLG Düsseldorf*, Urt. v. 17.08.2011, I-19 U 6/11, juris Rn. 14, 48, 50, verurteilte den Hilfe Unterlassenden zu einem Schmerzensgeld von 10.000 €, wobei 20.000 € beantragt wurden. Da der Schütze nicht mitverklagt wurde, ist die Höhe des von ihm zu zahlenden Schmerzensgeldes nicht bekannt. Das *OLG Düsseldorf* merkte jedoch an, dass der Hilfe Unterlassende ein niedrigeres Schmerzensgeld als der Schütze zu zahlen habe. Die Revision hat die Höhe des Schmerzensgeldes nicht angegriffen, so dass der *BGH*, Urt. v. 14.05.2013, VI ZR 255/11, BGHZ 197, 225 (235), sie nicht überprüft hat.

382 *RG*, Urt. v. 22.12.1910, VI 610/06, RGZ 75, 251 (256); *BGH*, Urt. v. 03.02.1954, VI ZR 153/52, BGHZ 12, 213 (215, 220); MüKo-BGB/*Heinemeyer*, § 426 BGB, Rn. 22; Jauernig/*Stürner*, § 426 BGB, Rn. 9.

zu beachten, dass er hinsichtlich weiterer Verschlimmerungen vorsätzlich eine Garantenpflicht aus Ingerenz verletzt, wenn er nicht die ihm mögliche Hilfe erbringt.

In der zweiten Gruppe hat der unmittelbare Verursacher den Hilfsbedürftigen schon geschädigt, die Hilfspflicht des Hilfe Unterlassenden liegt nur in der Vermeidung der Verschlimmerung der Folgen. Der unmittelbare Verursacher kann den Hilfsbedürftigen vorsätzlich oder fahrlässig geschädigt haben, aber auch aufgrund vermuteten Verschuldens oder aus Gefährdung haften. Zum Beispiel hat der unmittelbare Verursacher den Hilfsbedürftigen krankenhausreif geschlagen oder fahrlässig durch einen Unfall verletzt, wobei er selbst ärztliche Hilfe benötigt und der Hilfe Unterlassende jeweils nach der Schädigung hinzukommt.

Die dritte Gruppe betrifft dagegen das Aufeinandertreffen mehrerer Hilfe Unterlassender, wobei sich die Haftung des einen auch aus einer Garantenstellung begründen kann. Ein Beispiel hierfür ist die Schwimmaufsicht, die fahrlässig das Ertrinken eines Schwimmers nicht bemerkt, während ein anderer Schwimmer dies wahrnimmt, die Badeaufsicht aber nicht darüber unterrichtet.

B) Kein Ausschluss nach § 840 BGB

§ 840 Abs. 2 BGB stellt im Innenverhältnis den nach §§ 831 bzw. 832 BGB haftenden Prinzipal gegenüber dem haftenden Verrichtungsgehilfen bzw. Schutzbefohlenen von der Haftung frei. § 840 Abs. 3 BGB lässt im Innenverhältnis einen Deliktsschuldner neben dem Schuldner aus §§ 833 – 838 BGB allein haften. Eine direkte Anwendung scheidet aus, da § 823 Abs. 2 BGB von den Absätzen des § 840 BGB nicht genannt wird.

Jedoch könnte der Rechtsgedanke der Absätze des § 840 BGB auf §§ 823 Abs. 2 BGB i.V.m. 323c Abs. 1 StGB übertragbar sein.[383] Der Gedanke wird vorwiegend darin gesehen, dass beim Aufeinandertreffen der Haftung aus tatsächlichem und vermutetem Verschulden im Innenverhältnis der Schuldner der Ersteren den Schaden allein trägt und bei Haftung aus ebenso haftendem Verschulden und Gefährdungshaftung der Schuldner der Letzteren freigestellt

383 Die Rechtsprechung lehnt die Herleitung eines allgemein gültigen Grundsatzes aus § 840 Abs. 2, Abs. 3 BGB ab, *BGH*, Urt. v. 24.04.1952, III ZR 78/51, BGHZ 6, 3 (28); *BGH*, Urt. v. 23.06.1952, III ZR 297/51, BGHZ 6, 319 (321f.); zustimmend BeckOK-BGB/*Spindler*, § 840 BGB, Rn. 22; NK-*BGB*/Katzenmeier, § 840 BGB, Rn. 36; *von Bar*, Gutachten, S. 1681 (1710f., 1762, 1777) lehnt eine Erweiterung der § 840 Abs. 2, Abs. 3 BGB ab, da diese gerade nur für die speziellen Normen gedacht waren. Stattdessen fordert er die Streichung der beiden Absätze.

wird.[384] Der Hilfe Unterlassende verstößt jedoch gegen seine eigene Pflicht Hilfe zu leisten und haftet aus tatsächlichem Verschulden, weshalb dieser Gedanke nicht übertragbar ist.

Teilweise wird der Gedanke darin gesehen, dass „die Verantwortlichkeit des unmittelbaren Täters die des mittelbaren Schädigers in ihrem Verhältnis zueinander gänzlich überwiegt."[385] Dieser Gedanke lässt sich auf § 323c Abs. 1 StGB übertragen, zumal der unmittelbare Verursacher des Unglücksfalls der unmittelbare Täter und der Hilfe Unterlassende nur aufgrund der Pflicht des § 323c Abs. 1 StGB mittelbarer Schädiger ist. Auf den ersten Blick lässt sich zudem eine vergleichbare Interessenlage zum Aufsichtspflichtigen nach §§ 840 Abs. 2, 832 BGB begründen. Der Aufsichtspflichtige haftet, wenn er den Schutzbefohlenen nicht genügend beaufsichtigt und verhindert, dass dieser einem Dritten einen Schaden zufügt. Ebenso haftet der Hilfe Unterlassende, wenn er nicht verhindert, dass ein anderer einem Hilfsbedürftigen einen Schaden zufügt. Dabei stellt die Pflicht des Hilfe Unterlassenden zur Aufsichtspflicht ein Minus dar, so dass § 840 Abs. 2 BGB erst recht auf §§ 823 Abs. 2 BGB i.V.m. 323c Abs. 1 StGB anwendbar sein müsste.

Hierbei werden jedoch zwei Gesichtspunkte übersehen. Einerseits stellt sich die Frage der Verteilung des Schadens bei § 323c Abs. 1 StGB nicht nur in der Konstellation der Gruppe 1, wo die erforderliche Hilfe im Verhindern der Schädigung des Hilfsbedürftigen durch einen anderen besteht, sondern auch in Gruppe 2 in Form der Milderung oder Beseitigung einer schon verursachten Schädigung des anderen oder in Form der Alarmierung fremder Hilfe in Gruppe 3. Daher ist eine Vergleichbarkeit für alle Konstellationen des § 323c Abs. 1 StGB nicht gegeben. Andererseits ist die Hilfspflicht kein Minus zur Aufsichtspflicht, da sie durchaus über die Aufsichtspflicht hinausgehen kann, denn der Aufsichtspflichtige muss nur die Schädigungen seines Schutzbefohlenen verhindern, nicht aber – im Gegensatz zum Hilfe Unterlassenden – die eines anderen. Letztlich können entsprechende Wertungen ebenso gut über den Rechtsgedanken des § 254 BGB erreicht werden, so dass es einer Übertragung der § 840 Abs. 2, Abs. 3 BGB nicht bedarf.[386]

---

384 *RG*, Urt. v. 22.09.1909, VI 225/08, RGZ 71, 7 (8); *BGH*, Urt. v. 11.11.2003, VI ZR 13/03, BGHZ 157, 9 (14); Erman/*Willhelmi*, § 840 BGB, Rn. 11; Palandt/*Sprau*, § 840 BGB, Rn. 10.

385 *Canaris/Larenz*, Schuldrecht II/2, S. 583.

386 *Canaris/Larenz*, Schuldrecht II/2, S. 583f.

C) Reduktion nach § 254 BGB analog

Eine anderweitige Bestimmung kann sich aus dem Rechtsgedanken des § 254 BGB ergeben. Hierfür werden in erster Linie die Verursachungsbeiträge der einzelnen Haftenden gegeneinander abgewogen.[387] Zusätzlich werden im Wege einer Korrektur die Grade des jeweiligen Verschuldens berücksichtigt.[388] Weitere Umstände fließen nicht in die Abwägung ein.[389] Die Verursachungsbeiträge sind bei der Abwägung nicht naturwissenschaftlich zu verstehen, da sie insoweit immer gleichwertig sind, sondern wertend zu betrachten.[390] Als Kriterium für die Abwägung wird dabei überwiegend auf den Wahrscheinlichkeitsgrad des jeweiligen Verhaltens für den Schadenseintritt abgestellt.[391] Dementsprechend ist für die Rechtsprechung maßgeblich, „ob die Handlungsweise der einen Partei den Schaden nicht nur objektiv ermöglicht, sondern in wesentlich höherem Maße wahrscheinlich gemacht hat als das Verhalten der anderen Partei, wobei es nicht auf die zeitliche Reihenfolge ankommt, in der die Bedingungen, die den Schaden herbeigeführt haben, eingetreten sind“[392].

Für § 323c Abs. 1 StGB bedeutet dies zunächst, dass der Zeitpunkt der Hilfeleistung, der in Gruppe 1 vor der Handlung des unmittelbaren Verursachers und in Gruppe 2 danach liegt, keine Auswirkung auf die Abwägung hat. Die

---

387 *BGH*, Urt. v. 20.01.1998, VI ZR 59/97, NJW 1998, 1137 (1138); Staudinger/*Looschelders*, § 426 BGB, Rn. 65; Lange/Schiemann/*Schiemann*, S. 610; *Wandt*, in: FS Kollhosser, S. 769 (771f.); demgegenüber lehnt *Rother*, VersR 1983, S. 793 (794 – 798) die Abwägung anhand von Verursachungsbeiträgen ab, da diese stets gleich sind, die vorgeschlagenen Abwägungskriterien untauglich seien und andere nicht ersichtlich sind. Er plädiert stattdessen für eine ausschließliche Abwägung des Verschuldens.

388 MüKo-BGB/*Oetker*, § 254 BGB, Rn. 110; Staudinger/*Schiemann*, § 254 BGB, Rn. 119; Lange/Schiemann/*Schiemann*, S. 614; *Looschelders*, Mitverantwortlich-keit, S. 581; *Wandt*, in: FS Kollhosser, S. 769 (772).

389 MüKo-BGB/*Oetker*, § 254 BGB, Rn. 116; Lange/Schieman/*Schiemann*, S. 619f.; *Wandt*, in: FS Kollhosser, S. 769 (772).

390 MüKo-BGB/*Oetker*, § 254 BGB, Rn. 108f.; Lange/Schiemann/*Schiemann*, S. 611; *Wandt*, in: FS Kollhosser, S. 769 (773).

391 *BGH*, Urt. v. 29.01.1969, I ZR 18/69, NJW 1969, 789 (790); MüKo-BGB/*Oetker*, § 254 BGB, Rn. 109; ablehnend: *Looschelders*, Mitverantwortlichkeit, S. 573 – 575, der stattdessen die von den Beteiligten geschaffenen Gefahren gegeneinander abwägen will, wobei er selbst eine Parallele zur Wahrscheinlichkeitstheorie erkennt, S. 576f.

392 *BGH*, Urt. v. 29.01.1969, I ZR 18/69, NJW 1969, 789 (790); bestätigend: *BGH*, Urt. v. 30.09.1982, III ZR 110//81, VersR 1982, 1196 (1197); *BGH*, Urt. v. 28.10.1993, IX ZR 252/92, NJW 1994, 379; *BGH*, Urt. v. 20.01.1998, VI ZR 59/97, NJW 1998, 1137 (1138).

schädigende Wirkung geht in Gruppe 1 und 2 primär vom unmittelbaren Verursacher aus. Zugleich begründet er durch seine Handlung überhaupt erst die Pflicht des anderen zur Hilfe. Daher hat der unmittelbare Verursacher in Gruppe 1 und 2 durch seine Handlung den Schaden wesentlich wahrscheinlicher gemacht als der Hilfe Unterlassende.

Dies lässt sich bei Gruppe 1 für den vorsätzlich schädigenden Verursacher und in Gruppe 2 für den Verursacher, der anschließend aus Ingerenz für die Verhinderung weiterer Folgen haftet, mathematisch im Rahmen einer Gleichung darstellen. Der unmittelbare Verursacher in Gruppe 1 haftet nicht nur für seine Handlung, sondern auch für die Pflicht aus § 323c Abs. 1 StGB, dem Hilfsbedürftigen die erforderliche Hilfe nicht erbracht zu haben, die für ihn im Aufgeben der geplanten Schädigung liegt. Da der Verursacher weiß, dass er den Hilfsbedürftigen schädigen will, erkennt er zugleich, dass sich der Hilfsbedürftige in einem Unglücksfall befindet, so dass § 323c Abs. 1 StGB gegeben ist. Bei der bisherigen Schadensersatzprüfung besteht keine Notwendigkeit für einen Rückgriff auf § 323c Abs. 1 StGB als Schutzgesetz, da der unmittelbare Verursacher unzweifelhaft schon § 823 Abs. 1 BGB verwirklicht hat. Bei der Gleichung zeigt sich nun, dass auf Seiten des unmittelbaren Verursachers die Handlung und die Pflicht aus § 323c Abs. 1 StGB stehen, während beim Hilfe Unterlassenden nur § 323c Abs. 1 StGB anzuführen ist. Dies eröffnet die Möglichkeit die Pflicht aus § 323c Abs. 1 StGB auf beiden Seiten zu kürzen, so dass nur auf der Seite des unmittelbaren Verursachers seine Handlung übrigbleibt.[393] Entsprechend ist in Gruppe 2 hinsichtlich des unmittelbaren Verursachers zu verfahren, bei dem die Haftung aus Ingerenz zugleich die Pflicht aus § 323c Abs. 1 StGB enthält.

Bei Gruppe 3 fehlt ein unmittelbarer Verursacher. Treffen zwei Hilfe Unterlassende nach § 323c Abs. 1 StGB aufeinander, bleibt die Quote bei 50: 50, so dass eine Verteilung nach Köpfen im Sinne des § 426 Abs. 1 BGB einschlägig ist. Insbesondere führt die Erwägung, dass dem einen Hilfe Unterlassenden bessere Rettungsmöglichkeiten zustanden oder die Rettung für ihn einfacher gewesen wäre, nicht zu einer anderen Abwägung. Denn der andere Hilfe Unterlassende haftet nach §§ 823 Abs. 2 BGB i.V.m. 323c Abs. 1 StGB nur, wenn seine Hilfeleistung die Rechtsgutsverletzung mit an Sicherheit grenzender Wahrscheinlichkeit verhindert oder abgemildert hätte, so dass wirklich bessere Rettungsmöglichkeiten nicht ersichtlich sind. Sofern die Methode des einen den Schaden stärker

393 NK-GVR/*Pardey*, § 823 BGB, Rn. 58 Fn. 1 geht von einer haftungsrechtlichen Gleichstellung des Hilfe Unterlassenden mit dem Verursacher des Unglücks aus, beleuchtet den Gesamtschuldnerausgleich insoweit aber nicht näher.

reduziert als die des anderen, besteht die Gesamtschuld nur hinsichtlich der Schadenshöhe, die der andere verhindert hätte. Daher wirkt sich der Aspekt, dass der eine den Schaden stärker reduziert hätte, für die Abwägung des gemeinsam zu verantwortenden Schadens nicht aus.

Anders verhält es sich, wenn ein Hilfe Unterlassender eine Garantenstellung für den Hilfsbedürftigen innehat. In diesem Fall ist der Hilfsbedürftige im Vertrauen auf die Hilfe des Garanten zusätzliche Risiken eingegangen, die er ohne den Garanten nicht oder nur unter weiteren Sicherheitsmaßnahmen eingegangen wäre. Durch dieses Vertrauen hat der Garant zusätzliche Risiken geschaffen, die den Schaden wahrscheinlicher machen und wiederum die Hilfspflicht des anderen erst begründen. Zwar haben beide Hilfe Unterlassenden durch ihre vergleichbare Hilfspflicht den Schaden ermöglicht, allerdings wiegt die Hilfspflicht des Garanten durch die mit seinem Vertrauen geschaffenen vorherigen Risiken deutlich schwerer, so dass er den Schaden wesentlich wahrscheinlicher gemacht hat.

Bis hierhin sind in den drei Gruppen nur die Verursachungsbeiträge gegeneinander abgewogen worden. Zu prüfen bleibt, ob aufgrund des Verschuldens eine Korrektur vorzunehmen ist. Beim Zusammentreffen einer vorsätzlichen und fahrlässigen Mitverursachung wird grundsätzlich dahingehend korrigiert, dass der vorsätzliche Verursacher den Schaden allein zu tragen hat.[394] Hierfür genügt es nicht, wenn der Vorsatz sich nur auf den Verstoß gegen eine Verhaltenspflicht erstreckt, vielmehr muss er den Schaden erfassen.[395]

Der Hilfe Unterlassende handelt nach § 323c Abs. 1 StGB aufgrund des entsprechenden Tatbestandsmerkmals immer vorsätzlich, allerdings erstreckt sich der Vorsatz nicht auf einen Erfolg, sondern lässt eine Verhaltenspflicht genügen. Ob der Hilfe Unterlassende darüber hinaus Vorsatz hinsichtlich des Schadens gehabt hat, bedarf einer zusätzlichen Feststellung. Regelmäßig vertraut er darauf, dass jemand anderes hilft oder etwaige Folgen nicht eintreten. Handelt der unmittelbare Verursacher in Gruppe 1 und 2 vorsätzlich hinsichtlich der Schädigung oder in Gruppe 2 zumindest vorsätzlich hinsichtlich seiner Garantenstellung aus Ingerenz, besteht auf beiden Seiten ein vorsätzlicher Verursachungsbeitrag.

394 *BGH*, Urt. v. 11.07.1958, VI ZR 158/57, VersR 1958, 672 (673); *BGH*, Urt. v. 08.07.1986, VI ZR 47/85, BGHZ 98, 148 (158f.); Staudinger/*Schiemann*, § 254 BGB, Rn. 121; Lange/Schiemann/*Schiemann*, S. 621.

395 *BAG*, Urt. v. 18.06.1970, 1 AZR 520/69, NJW 1970, 1861 (1862); *BGH*, Urt. v. 14.10.1971, VII ZR 313/69, BGHZ 57, 137 (145f.); Staudinger/*Schiemann*, § 254 BGB, Rn. 121; Lange/Schiemann/*Schiemann*, S. 621.

Dabei wiegt der Vorsatz des unmittelbaren Verursachers, welcher gerade den Schaden mitumfasst, schwerer als der des Hilfe Unterlassenden, so dass die bisherige Abwägung der Verursachungsbeiträge insoweit keiner Korrektur bedarf.

Hat der unmittelbare Verursacher in Gruppe 1 und 2 dagegen nur fahrlässig gehandelt und trifft ihn keine weitere Haftung aus Ingerenz, weil ihm die erforderliche Hilfe nicht möglich ist, ist die Abwägung nicht so eindeutig. Zunächst ist festzuhalten, dass eine Korrektur aufgrund des Vorsatzes des Hilfe Unterlassenden nicht in der Art und Weise geschieht, dass der Hilfe Unterlassende den Schaden allein trägt, denn sein Vorsatz beschränkt sich nur auf eine Verhaltenspflicht und umfasst den Schaden nicht. Jedoch auch bei der Feststellung, dass der Hilfe Unterlassende den Schaden bewusst in Kauf genommen hat und insoweit vorsätzlich handelt, ist eine vollständige Tragung des Schadens durch den Hilfe Unterlassenden abzulehnen. Dies würde für den unmittelbaren Verursacher zu einem „Freibrief" für fahrlässig schädigendes Verhalten führen, solange ein anderer nicht hilft. Daher ist in Anbetracht dessen, dass die primäre Schädigung vom fahrlässig handelnden unmittelbaren Verursacher ausgeht, eine Korrektur von maximal 50% angemessen. Je nachdem, aus welchen Motiven der Hilfe Unterlassende nicht hilft, ob er Vorsatz hinsichtlich des Schadens hat und dem Grad der Fahrlässigkeit des unmittelbaren Verursachers ist eine Korrektur für den Hilfe Unterlassenden im Rahmen von 20 – 50% vorzunehmen.

In Gruppe 3 ist beim Zusammentreffen von zwei Hilfe Unterlassenden nach § 323c Abs. 1 StGB grundsätzlich keine Korrektur aufgrund des Vorsatzes vorzunehmen, da beide der gleiche Vorsatzvorwurf trifft. Ausnahmsweise können geringere Korrekturen vorgenommen werden, wenn nur eine Person Vorsatz hinsichtlich des Schadens hat und die Motivation im Gegensatz zur anderen deutlich weniger nachvollziehbar ist. Ist einer der beiden Hilfe Unterlassenden Garant, überwiegt der Verschuldensvorwurf des Garanten, wenn dieser vorsätzlich keine Hilfe leistet. Handelt der Garant nur fahrlässig, ist ebenso wie in Gruppe 2 eine Korrektur von 20 – 50% vorzunehmen. Hierbei muss jedoch besonders beachtet werden, ob der Garant vorsätzlich oder nur fahrlässig gegen Verhaltensgebote verstoßen hat, wobei die Korrektur im ersten Fall eher im unteren Bereich der Korrekturspanne vorzunehmen ist. Ferner ist zu berücksichtigen, dass der Schutz des Hilfsbedürftigen primär im Aufgabenbereich des Garanten liegt, welcher zugleich regelmäßig hierfür bezahlt wird und die Aufgaben insoweit bewusst übernommen hat, so dass auch ein geringerer Verschuldensgrad stärker zu berücksichtigen ist.

D) Ergebnis

Die interne Verteilung des Schadens, für den die Schuldner gesamtschuldnerisch haften, richtet sich nicht nach § 840 Abs. 2, Abs. 3 BGB analog, wonach der Hilfe Unterlassende grundsätzlich freizustellen wäre, sondern bestimmt sich für jeden Einzelfall nach § 426 Abs. 1 BGB i.V.m. dem Rechtsgedanken des § 254 BGB. Jedoch lassen sich für bestimme Fallgruppen verallgemeinernd Richtwerte festlegen. Liegt die Hilfeleistung im Abhalten der Schädigung des Hilfsbedürftigen durch den unmittelbaren Verursacher, trägt der vorsätzlich handelnde Verursacher den Schaden allein. Handelt er fahrlässig, trägt der Hilfe Unterlassende 20 – 50% des Schadens. Besteht die Hilfeleistung in der Linderung des Schadens, nachdem der unmittelbare Verursacher den Hilfsbedürftigen geschädigt hat, trägt der Verursacher wiederum den Schaden allein, wenn er Vorsatz hinsichtlich des Schadens hat oder fahrlässig gehandelt und anschließend trotz Garantenpflicht aus Ingerenz nicht geholfen hat. Verursacht er den Schaden nur fahrlässig und ist ihm danach die Hilfeleistung unmöglich, trägt der Hilfe Unterlassende 20 – 50% des Schadens. Haften zwei Hilfe Unterlassende, ist der Schaden grundsätzlich hälftig aufzuteilen, wobei ausnahmsweise geringfügige Korrekturen vorgenommen werden können. Haftet hierbei einer der Hilfe Unterlassenden aus einer Garantenpflicht, trägt er im Falle der vorsätzlichen Nichthilfe den Schaden allein, im Falle von Fahrlässigkeit muss der andere Hilfe Unterlassende 20 – 50% des Schadens aufbringen.

Zusammenfassend ist damit festzuhalten, dass der Hilfe Unterlassende letztlich im Idealfall durch den Regress mit dem Schaden nicht belastet wird, wenn der andere Schuldner vorsätzlich hinsichtlich des Schadens handelt. Dagegen trägt der Hilfe Unterlassende dauerhaft 20 – 50% des Schadens, sofern dem anderen Schuldner nur Fahrlässigkeit zur Last gelegt wird. Damit führt der erfolgreiche Gesamtschuldnerregress zu einer Reduktion des selbst zu tragenden Schadens, nicht aber zwangsläufig zur vollständigen Entlastung. Dagegen trägt der Hilfe Unterlassende endgültig 100% des Schadens, sofern der Regress mangels Zahlungsfähigkeit des anderen Schuldners oder mangels Kenntnis seiner Person scheitert.

Der Regressanspruch des Hilfe Unterlassenden gegen den fahrlässig handelnden unmittelbaren Verursacher nach § 426 Abs. 1 S 1 BGB muss zügig durchgesetzt werden. Denn der Regressanspruch unterliegt der regelmäßigen dreijährigen Verjährungsfrist und der im Falle der Befriedigung nach § 426 Abs. 2 S 1 BGB übergegangene Deliktsanspruch ist den Einwendungen des anderen Schuldners aus §§ 412, 404 BGB ausgesetzt.[396] Dies betrifft insbesondere die Verjährungseinrede, welche bei fahrlässiger Körperverletzung und

396 Palandt/*Grüneberg*, § 426 BGB, Rn. 4, 16.

Sachbeschädigung schon nach Ablauf der dreijährigen Verjährungsfrist erhoben werden kann, während der Anspruch des Hilfe Unterlassenden erst nach 30 Jahren verjährt.[397]

§ 8) Konsequenzen aus der Einstufung von § 323c Abs. 1 StGB als vorsätzliche unerlaubte Handlung

Im Zivilrecht wird die Durchsetzbarkeit eines Anspruchs aus vorsätzlicher unerlaubter Handlung im Vergleich zu anderen Schadensersatzansprüchen an verschiedenen Stellen verschärft. Dies betrifft einerseits das materielle Recht, im Einzelnen[398] die Verjährungsfristen gem. §§ 197 Abs. 2, 199 Abs. 2 BGB und das Aufrechnungsverbot gem. § 393 BGB, andererseits das prozessuale Recht, namentlich die Änderungen bei den Pfändungsfreigrenzen gem. § 850f Abs. 2 ZPO, die Ausnahmen von der Restschuldbefreiung gem. § 302 Nr. 1 Var. 1 InsO und vom Vollstreckungsverbot hinsichtlich des künftigen unpfändbaren Arbeitseinkommens nach § 89 Abs. 2 S 2 Alt. 2 InsO. Von besonderer Bedeutung ist ferner der Ausschluss der Leistungspflicht des Versicherers nach § 103 VVG. Daneben steht Bundesbeamten und Beamten einzelner Länder als Gläubiger seit dem 28. Oktober 2016 nach § 78a Abs. 1 BBG bzw. den entsprechenden landesrechtlichen Normen die Erfüllungsübernahme von Schmerzensgeldansprüchen durch ihren Dienstherrn zu.

Hierbei unterscheiden sich die Voraussetzungen der einzelnen Normen zumindest von ihrem Wortlaut her. Während § 103 VVG verlangt, dass der Versicherungsnehmer vorsätzlich und widerrechtlich den bei dem Dritten eingetretenen Schaden herbeigeführt hat, setzen § 197 Abs. 1 Nr. 2 BGB und in vergleichbarer Weise § 78a Abs. 1 BBG Schadensersatzansprüche, die auf einer vorsätzlichen Verletzung des Lebens, des Körpers, der Gesundheit, der Freiheit oder der sexuellen Selbstbestimmung, beruhen,[399] voraus und in den übrigen Normen wird eine vorsätzlich begangene unerlaubte Handlung verlangt. Die unterschiedlichen Voraussetzungen werfen die Frage auf, worauf sich der Vorsatz beziehen muss. Genügt schon die Schutzgesetzverletzung des § 823 Abs. 2 BGB,

---

397 Siehe zur Anwendung des § 197 Abs. 1 Nr. 1 BGB Kapitel 2) § 8) B), S. 144.

398 §§ 273 Abs. 2, 1000 S 2 BGB sind vorliegend irrelevant, da der Zuschauer keine Sache herauszugeben hat.

399 § 199 Abs. 2 BGB verzichtet bei dieser Formulierung auf die Wörter „vorsätzlich" und „sexuelle Selbstbestimmung".

die Rechtsgutsverletzung, welche nicht jedes Schutzgesetz voraussetzt oder muss sich der Vorsatz auf den Schaden erstrecken?

Die Unterschiede lassen sich gut an § 323c Abs. 1 StGB kenntlich machen. § 323c Abs. 1 StGB selbst setzt nur bedingten Vorsatz hinsichtlich des Unglücksfalls und der erforderlichen und zumutbaren Hilfeleistung voraus. Demnach enthält die Schadensersatzprüfung selbst keine Angaben zum Vorsatz hinsichtlich einer Rechtsgutsverletzung oder des eingetretenen Schadens. Wird darüber hinaus geprüft, ob der Hilfe Unterlassende Vorsatz hinsichtlich der Rechtsgutsverletzung oder des Schadens hat, lassen sich drei Fälle unterscheiden.

In Variante 1 erkennt der Hilfe Unterlassende, dass eine Gefahr der Rechtsgutsverletzung besteht, wenn er nicht helfend eingreift, vertraut jedoch darauf, dass eine weitere Person rechtzeitig die erforderliche Hilfe leisten wird. Hier scheitert der bedingte Vorsatz des Hilfe Unterlassenden am fehlenden Wollenselement und es liegt nur bewusste Fahrlässigkeit hinsichtlich der Rechtsgutsverletzung vor. Beispiel 1: Mehrere Personen werden Zeuge eines Unfalls, bisher leistet keiner der Zeugen Hilfe und der Hilfe Unterlassende verlässt den Unglücksort im Vertrauen darauf, dass ein anderer Zeuge Hilfe leisten wird, was jedoch nicht geschieht. Beispiel 2[400]: In einer Bank in der Nähe eines Geldautomaten liegt abends, in einem stark frequentierten Zeitraum, ein älterer Mann aufgrund eines Herzinfarktes regungslos auf dem Boden. Mehrere Kunden nehmen den Mann auf dem Weg zum Geldautomaten wahr, beachten den Mann jedoch nicht näher in dem Glauben, dass die weiteren Kunden Hilfe leisten werden.

In Variante 2 hat der Hilfe Unterlassende Kenntnis der drohenden Rechtsgutsverletzung, erkennt das andere Hilfe nicht rechtzeitig kommt und handelt dennoch nicht. Der bedingte Vorsatz des Hilfe Unterlassenden erstreckt sich sowohl auf die Rechtsgutsverletzung als auch auf die eintretenden Schäden. Beispiele hierfür sind Unfälle an entlegenen Orten, Zuschauer von Körperverletzungen, Diebstählen[401] und Vergewaltigungen[402] sowie Schaulustige an Unfallorten.

In Variante 3 erkennt der Hilfe Unterlassende, dass dem Hilfsbedürftigen eine Gesundheitsverletzung droht, nicht aber die Möglichkeit des tödlichen Ausgangs, da er innere Verletzungen nicht wahrnehmen kann und die äußeren Verletzungen als harmloser einstuft. Der Vorsatz erstreckt sich vorliegend nur auf die Gesundheitsverletzung und die aus ihr selbst resultierenden Schäden.

---

400 Angelehnt an *AG Essen-Borbeck*, Urt. v. 18.09.2017, 3 Ds 252/17, juris.

401 *LG Magdeburg*, Urt. v. 24.08.2009, 26 Ns 66/08, BeckRS 2010, 05957, Abschnitt III 3., IV Abs. 18 – 21, V Abs. 1.

402 *OLG Düsseldorf*, Urt. v. 27.07.2004, I-14 U 24/04, NJW 2004, 3640 (3640f.).

Dagegen umfasst er nicht die Rechtsgutsverletzung des Lebens, da insoweit schon das Wissenselement fehlt. Die Schadensfolge des Todes ist zwar adäquat durch die Verletzung der Gesundheit verursacht, allerdings ist sie vom Vorsatz des Hilfe Unterlassenden nicht umfasst. Im Strafrecht stellt diese Konstellation eine vorsätzliche Körperverletzung mit Todesfolge nach § 227 StGB dar. Im Zivilrecht wird in diesem Zusammenhang ein vorsätzlicher Schadensersatzanspruch aus § 823 Abs. 1 bzw. Abs. 2 BGB bejaht, allerdings genügt hierfür, dass sich der Vorsatz auf den haftungsbegründenden Tatbestand, die Rechtsguts- bzw. Schutzgesetzverletzung, erstreckt, während hinsichtlich des Schadens die haftungsbegründende Kausalität ausreicht. Daher enthält die Prüfung keine Aussage darüber, ob sich der Vorsatz auch auf die Schadensfolge des Todes erstreckt.

A) Kein Versicherungsschutz nach § 103 VVG

Am deutlichsten ist die Regelung des § 103 VVG, wonach der Versicherer nicht zur Leistung verpflichtet ist, wenn der Versicherungsnehmer vorsätzlich und widerrechtlich den bei dem Dritten eingetretenen Schaden herbeigeführt hat. Nach dem Wortlaut bezieht sich der Vorsatz nicht nur auf die schädigende Handlung, sondern auch auf den daraus resultierenden Schaden.[403] Dies bestätigt die Gesetzbegründung, wonach „[k]largestellt wird, dass sich der Vorsatz hier – anders als bei § 823 BGB – nicht nur auf die Handlung, sondern auch auf die Schadensfolgen beziehen muss, damit der Haftungsausschluss zu Gunsten des Versicherers greift."[404] Dabei ist der Ausschluss des § 103 VVG in Fällen des § 823 BGB nicht schon deswegen zu verneinen, weil die Schadensersatzansprüche selbst keinen Vorsatz hinsichtlich des Schadens voraussetzen, sondern erst, sofern dieser als zusätzlicher Prüfungspunkt nicht festgestellt werden kann. Die Feststellung einer vorsätzlichen unerlaubten Handlung im Haftpflichtprozess hat für den Deckungsprozess Bindungswirkung, allerdings für den Vorsatz hinsichtlich des Schadens nur, sofern dieser selbst im Haftpflichtprozess festgestellt worden ist. Enthält das Urteil hierzu keine Feststellung, hat das Gericht im Deckungsprozess den Vorsatz selbstständig zu prüfen.[405] Hierbei ist der Vorsatz zu bejahen, sobald der Versicherungsnehmer die Folgen seiner Handlung

403 Hk-VVG/*Schimikowski*, § 103 VVG, Rn. 3; Looschelders/Pohlmann/*Schulze Schwienhorst*, § 103 VVG, Rn. 4; MüKo-VVG/*Littbarski*, § 103 VVG, Rn. 26; Prölss/Martin/*Lücke*, § 103 VVG, Rn. 4; *Stoecker*, S. 55.

404 *BT*-Drucks. 16/3945, S. 85.

405 *BGH*, Urt. v. 17.12.2014, IV ZR 90/13, VersR 2015, 181; MüKo-VVG/*Littbarski*, § 103 VVG, Rn. 63.

in groben Umrissen vorausgesehen und billigend in Kauf genommen hat und die tatsächlich eingetretenen Folgen von den Vorstellungen nicht wesentlich abwichen.[406]

Für Ansprüche aus § 823 Abs. 2 BGB bedeutet dies, dass der Versicherungsschutz ausgeschlossen ist, sofern der Vorsatz hinsichtlich des Schadens zusätzlich festgestellt wird, welches auch in Fällen von abstrakten[407] und konkreten Gefährdungsdelikten wie § 323c Abs. 1 StGB[408] möglich ist. Danach ist § 103 VVG nur in der oben genannten Variante 2 einschlägig. Tritt in Variante 3 die nicht vorhergesehene Folge des Todes erst später ein, so dass Behandlungskosten und Schmerzensgeldansprüche des Geschädigten entstehen, ist zu differenzieren. Sind bei einem einheitlichen Tathergang, welcher bei § 323c Abs. 1 StGB immer zu bejahen ist, einzelne Schadensfolgen nicht vom Vorsatz erfasst, dann führt dies nicht dazu, dass die Versicherung alle Schadensfolgen abdecken muss, sondern die Schäden entsprechend den vorsätzlichen und unvorsätzlichen Schadensfolgen aufzuteilen sind.[409]

---

406 Ausführlich hierzu Bruck/Möller[9.]/*Koch*, § 103 VVG, Rn. 28 – 30 mit einer näheren Darstellung der Abgrenzungskriterien von wesentlichen und unwesentlichen Abweichungen. Die Abgrenzung von wesentlichen und unwesentlichen Abweichungen hält MüKo-VVG/*Littbarski*, § 103 VVG, Rn. 23, 32 dagegen für nicht sinnvoll, da das Abgrenzungskriterium begrenzt tauglich und eine innere Einstellung für einen Dritten nur schwer beweisbar sei.

407 *Stoecker*, S. 61.

408 Zur Einstufung von § 323c Abs. 1 StGB als konkretes Gefährdungsdelikt: *Fischer*, § 323c StGB, Rn. 2; NK-StGB/*Gaede*, § 323c StGB, Rn. 2 m.w.N. inklusive von anderen Autoren vertretenen abweichenden Einstufungen des § 323c Abs. 1 StGB.

409 Zutreffend: Bruck/Möller[9.]/*Koch*, § 103 VVG, Rn. 75f.; MüKo-VVG/*Littbarski*, § 103 VVG, Rn. 54f.; Prölss/Martin/*Lücke*, § 103 VVG, Rn. 12; Langheid/Rixecker/*Langheid*, § 103 VVG, Rn. 10f.; Staudinger/Halm/Wendt/*Heinrichs*, § 103 VVG, Rn. 5; *Langheid*, NVersZ 1999, S. 253; *Stoecker*, S. 80; a.A.: Schwintowski/Brömmelmeyer/*Retter*, § 103 VVG, Rn. 15 hält bei einaktigen Handlungen eine Differenzierung nach der Willensrichtung des Handelnden für nicht überzeugend durchführbar. Der Kritik ist entgegenzuhalten, dass im Strafrecht eine Differenzierung zwischen vorsätzlicher Tötung, vorsätzlicher Körperverletzung und Körperverletzung mit Todesfolge funktioniert, so dass nicht ersichtlich ist, warum dies im Zivilrecht nicht möglich sein soll. Im Zweifel hat der Richter für die Aufteilung der Schäden einen Sachverständigen hinzuzuziehen (Langheid/Rixecker/*Langheid*, § 103 VVG, Rn. 11). Ferner widerspricht die fehlende Differenzierung dem Wortlaut des § 103 VVG, der gerade auf die konkreten Schadensfolgen abstellt (Bruck/Möller[9.]/*Koch*, § 103 VVG, Rn. 76).

Zur Veranschaulichung dient folgendes Beispiel: [410] Der Hilfe Unterlassende schreitet trotz Möglichkeit und ohne eigene Gefährdung nicht ein, als der Täter dem Opfer ins Gesicht schlägt, wodurch dieses vorhersehbar einen Kieferbruch und unvorhersehbar eine Hirnblutung, die erst nach einer Woche zum Tod führt, erleidet. Die Behandlungskosten für den Kieferbruch und der Anteil des Schmerzensgeldes, der auf dem Kieferbruch beruht, sind von der Versicherung nicht gedeckt. Dagegen muss die Versicherung für die Behandlungskosten zur Verhinderung des Todes, den weitergehenden Anteil des Schmerzensgeldes sowie Ansprüche Hinterbliebener aufkommen.[411]

Der Versicherungsnehmer kann den Schaden sowohl durch ein aktives Tun als auch ein Unterlassen herbeiführen.[412] Hinsichtlich des Unterlassens wird eine Pflicht zur Verhinderung des Schadenseintritts verlangt, welche sich aus Vertrag, allgemeiner Sorgfaltspflicht des § 823 Abs. 1 BGB oder einer Verkehrssicherungspflicht ergeben könne.[413] Danach wäre das Schutzgesetz des § 323c Abs. 1 StGB, welches zu keiner der drei Kategorien gehört, nicht erfasst.[414] Allerdings orientieren sich die Vertreter in dieser Frage jeweils am materiellen Recht[415] und sind vermutlich davon ausgegangen, dass § 323c Abs. 1 StGB kein Schutzgesetz sei, so dass § 103 VVG auch die unterlassene Hilfeleistung nach § 323c Abs. 1 StGB umfasst.

Fraglich ist, ob das Ergebnis zugunsten des Hilfe Unterlassenden und des Geschädigten korrigiert werden kann. Das Interesse des Geschädigten liegt primär darin, dass er einen solventen Schuldner für seinen Schmerzensgeldanspruch hat, denn für die materiellen Schäden in Form von Behandlungskosten kommt seine Krankenkasse oder Unfallversicherung auf. Dies ist grundsätzlich

---

410 Angelehnt an Langheid/Rixecker/*Langheid*, § 103 VVG, Rn. 10.

411 *Langheid*, NVersZ 1999, S. 253

412 *BGH*, Urt. v. 14.04.1976, IV ZR 29/74, VersR 1976, 649 (649f.); Langheid/Rixecker/*Langheid*, § 103 VVG, Rn. 18; *Littbarski*, § 4 AHB, Rn. 381; MüKo-VVG/*Littbarski*, § 103 VVG, Rn. 24; *Wussow*, S. 507; *Pfund*, ZVersWiss 1918, S. 377 (377f.); *Stoecker*, S. 58.

413 Langheid/Rixicker/*Langheid*, § 103 VVG, Rn. 18; *Littbarski*, § 4 AHB, Rn. 381; MüKo-VVG/*Littbarski*, § 103 VVG, Rn. 24; *Wussow*, S. 508; *Stoecker*, S. 58.

414 *Kaufmann*, VersR 1999, S. 551 (556) bejaht für § 138 Abs. 1 Nr. 7 StGB den Ausschlusstatbestand des § 4 Abs. 2 Nr. 1 AHB, wenn ein Hersteller von Babynahrung dahingehend erpresst wird, dass der Erpresser androht einzelne Flaschen zu vergiften und der Hersteller weder zahlt noch die Tat anzeigt.

415 Langheid/Rixicker/*Langheid*, § 103 VVG, Rn. 18; *Littbarski*, § 4 AHB, Rn. 381; MüKo-VVG/*Littbarski*, § 103 VVG, Rn. 24; *Wussow*, S. 507; *Stoecker*, S. 58.

möglich, weil § 103 VVG nicht nur zulasten des Versicherungsnehmers, sondern auch zu seinen Gunsten abbedungen werden kann.[416] Dem steht § 112 VVG nicht entgegen, da er einerseits mit seinem Verbot der Abweichung nicht § 103 VVG erfasst und andererseits nur die Abweichung zum Nachteil des Versicherungsnehmers regelt, während die vorliegende Korrektur zu seinen Gunsten ist. Da die Haftpflichtversicherung viele verschiedene Risiken abdeckt, wäre eine allgemeine Beschränkung der Versicherungsklauseln auf die Vorsatzformen der Absicht und Wissentlichkeit (*dolus directus* 1. und 2. Grades) nicht zielgerecht und zu weitgehend. In Betracht kommt daher nur eine explizite Ausnahme für Schadensersatzansprüche aus §§ 823 Abs. 2 BGB i.V.m. 323c Abs. 1 StGB in den Versicherungsklauseln. Sofern die Ausnahme nur bedingten Vorsatz umfasst, ist zu beachten, dass die Grenze zum sicheren Wissen insbesondere bei geschultem medizinischen Fachpersonal, welches die Folgen einer Nichtbehandlung gut einschätzen kann, schnell überschritten ist. Daher sollte eine Ausnahme sowohl bedingten Vorsatz als auch Wissentlichkeit berücksichtigen und die Versicherungsleistung nur im Falle von Absicht ausschließen.

Gegen eine Erweiterung der Leistungspflicht bei bedingtem Vorsatz und Wissentlichkeit wird vorgebracht, dass eine solche Vereinbarung nach § 138 Abs. 1 BGB sittenwidrig und damit nichtig sei,[417] sofern sie Straftaten betreffe, ergebe sich die Nichtigkeit schon aus einem Verstoß gegen § 134 BGB.[418] Ferner sei dies mit dem Leitgedanken des § 276 Abs. 3 BGB, nach dem Vorsatz nicht im Voraus erlassen werden kann, nicht vereinbar.[419] Diesen Einwänden ist nicht zu folgen.

Die Vereinbarung, dass die Versicherung die Schäden des Versicherungsnehmers aus einer vorsätzlichen Straftat zahlt, ist nicht nach § 134 BGB nichtig, weil sie nicht gegen ein Verbotsgesetz verstößt. Zum einen verpflichtet sich der Versicherungsnehmer gerade nicht zur Vornahme einer strafbewehrten Handlung, vielmehr ist diese – zumindest aus Sicht der Versicherung – ungewollt. Zum anderen verwirklicht die Versicherung durch ihre Verpflichtung weder eine Anstiftung noch eine Beihilfe zur vom Versicherungsnehmer begangenen vorsätzlichen rechtswidrigen Haupttat. Die Anstiftung scheitert am Hervorrufen

---

416 MüKo-VVG/*Littbarski*, § 103 VVG, Rn. 15f.; Looschelders/Pohlmann/*Schulze Schwienhorst*, § 103 VVG, Rn. 8f.

417 Bruck/Möller/Johannsen[8.]/*Johannsen*, Anm. G 220; Bruck/Möller[9.]/*Koch*, § 103 VVG, Rn. 11, 86, 100; *von Gierke*, S. 304; *Stoecker*, S. 73, 75.

418 Bruck/Möller[9.]/*Koch*, § 103 VVG, Rn. 86, 100.

419 Bruck/Möller/Johannsen[8.]/*Johannsen*, Anm. G 220.

des konkreten Tatentschlusses oder spätestens am Vorsatz hinsichtlich des konkreten Tatgeschehens, von dem die Versicherung keine Kenntnis hat. Die Beihilfe setzt eine Hilfeleistung, also einen „Tatbeitrag, der die Haupttat ermöglicht oder erleichtert oder die vom Täter begangene Rechtsgutsverletzung verstärkt hat“[420], voraus. Die Erleichterung ist auch durch psychische Beihilfe in Form der Bestärkung des Tatentschlusses möglich.[421] Denkbar wäre hier, dass die Versicherung durch ihre Zahlungszusage Bedenken des Hilfe Unterlassenden hinsichtlich der Gefahr hoher Schadensersatzansprüche ausräumt, weswegen er von der Hilfe absieht. Allerdings erreicht diese Vereinbarung, die nur ein kleiner Baustein innerhalb der Haftpflichtversicherung ist und womöglich vor mehreren Jahren geschlossen wurde, noch nicht die Schwere eines ernsthaften Ausredens von Bedenken hinsichtlich der konkreten Tat. Ansonsten würde jede Zusage der Eltern ihren Kindern gegenüber oder Ehepartnern untereinander in jeder Notsituation und bei großen Fehlern einander beizustehen und zu helfen, in den Bereich der Beihilfe gerückt. Bezüglich des Vorsatzes der Haupttat fehlen bis auf die Kenntnis des Delikts sämtliche näheren Angaben, weshalb dieser zu verneinen ist. Daneben widerspricht die Vereinbarung nicht dem Sinn und Zweck der entsprechenden Strafvorschriften. Denn auf diese Weise ist für das Opfer zumindest sichergestellt, dass es entschädigt wird und nicht ein zweites Mal zum Opfer wird, indem es die Schäden aufgrund eines insolventen Schuldners endgültig zu tragen hat.

§ 276 Abs. 3 BGB steht einer Vereinbarung der Versicherung im Fall vorsätzlicher Schädigung zu haften unmittelbar nicht entgegen. Denn einerseits wird im Verhältnis vom Versicherungsnehmer zum geschädigten Dritten der Vorsatz nicht ausgeschlossen, vielmehr bekommt dieser einen zusätzlichen solventen Schuldner. Diese Besserstellung sowie die Nichtbetroffenheit des Verhältnisses von Versicherungsnehmer und geschädigtem Dritten übersieht der folgende Erst-Recht-Schluss zu § 276 Abs. 3 BGB, weswegen er abzulehnen ist. Wenn schon der Schuldner im Vorhinein dem Gläubiger nicht die Abnahme eines ihm vorsätzlich zugefügten Schadens versprechen könne, dann könne ein Dritter dem Gläubiger erst recht nicht die Abnahme vorsätzlich herbeigeführter Schäden versprechen.[422] Andererseits begründet im Verhältnis vom Versicherungsnehmer zur Versicherung die vorsätzliche Schädigung des geschädigten Dritten eine Zahlungspflicht des Versicherers, aber nicht gleichzeitig einen

420 *Wessels/Beulke/Satzger*, AT, Rn. 900.

421 BeckOK-StGB/*Kundlich*, § 27 StGB, Rn. 3.

422 *Von Gierke*, ZHR 60 (1907), S. 1 (48).

Schadensersatzanspruch des Versicherers gegenüber dem Versicherungsnehmer, dessen Haftung begrenzt wird. Jedoch führt die Vereinbarung mittelbar dazu, dass sich die Versicherung der Willkür des Versicherungsnehmers ausliefert, indem dieser nach seinem Gutdünken Dritte vorsätzlich schädigen kann, wodurch er zugleich seiner Versicherung vorsätzlich einen Schaden zufügt. § 276 Abs. 3 BGB liegt der Gedanke zugrunde, dass es für die Rechtsordnung unerträglich wäre, wenn sich der Vertragspartner der Willkür des anderen in Form von vorsätzlichen Schädigungen ausliefern würde.[423] Bei Delikten wie Körperverletzungen, die der Versicherungsnehmer jederzeit begehen kann, besteht die Gefahr der Willkür durchaus, so dass eine Vereinbarung dem Leitgedanken des § 276 Abs. 3 BGB widersprechen würde. Anders verhält es sich dagegen bei der unterlassenen Hilfeleistung. Die drei Notlagen sind für den Hilfe Unterlassenden nicht planbar, sondern treten zufällig und für den einzelnen Hilfe Unterlassenden sehr selten ein. Das Risiko, dass der Hilfe Unterlassende in einer Notlage helfen muss, ist überschaubar und die daraus resultierenden Schäden sind für die Versicherung kalkulierbar. Daher ist die Versicherung durch die Entscheidung des Versicherungsnehmers, in einer Notlage die Hilfe zu unterlassen, nicht übermäßig seiner Willkür ausgeliefert, womit die Vereinbarung bzgl. § 323c Abs. 1 StGB mit dem Leitgedanken vereinbar ist.

Die Sittenwidrigkeit des § 138 Abs. 1 BGB wird damit begründet, dass eine Inanspruchnahme des Versicherungskollektivs für vorsätzliche Schädigungen durch einen Versicherungsnehmer unerträglich sei.[424] Die Inanspruchnahme stelle zugleich eine sittenwidrige Schädigung des Kollektivs dar.[425] Sittenwidrig ist ein Rechtsgeschäft, wenn sein „aus der Zusammenfassung von Beweggrund, Inhalt und Zweck zu entnehmende[r] Gesamtcharakter […] mit dem Anstandsgefühl aller billig und gerecht Denkenden unvereinbar ist“[426]. Die dem Anstandsgefühl zugrunde liegenden Wertungen sind in den meisten Fällen in der Rechtsordnung berücksichtigt worden, so dass diese zur näheren Bestimmung der guten Sitten herangezogen werden kann.[427] Einfachgesetzlich widerspricht es der Wertung von Strafgesetzen, wenn Rechtsgeschäfte strafbare

---

423 MüKo-BGB/*Grundmann*, § 276 BGB, Rn. 182; Staudinger/*Löwisch*, § 276 BGB, Rn. 119.

424 *Stoecker*, S. 73.

425 *Stoecker*, S. 73.

426 *RG*, Urt. v. 15.10.1912, VII 231/12, RGZ 80, 219 (221); *BGH*, Urt. v. 09.07.1953, IV ZR 242/52, BGHZ 10, 228 (232) führt die Rechtsprechung des *RG* fort.

427 NK-BGB/*Looschelders*, § 138 BGB, Rn. 39.

Handlungen vorbereiten, fördern oder hieraus einen Nutzen ziehen.[428] Wie bereits bei § 134 BGB dargelegt wurde, liegt dieser Fall hier nicht vor. Eine Sittenwidrigkeit kann nur angenommen werden, wenn die Versicherung dem Versicherungsnehmer einen Anreiz zur Herbeiführung eines Haftpflichtschadens setzt.[429] Dies ist regelmäßig ausgeschlossen, weil der Versicherungsnehmer aus dem herbeigeführten Schaden keinen materiellen Gewinn erzielen kann.[430] Als Ausnahme wird ein Geschäftsmodell angeführt, bei dem der Unternehmer bewusst das Risiko der Schädigung in Kauf nimmt und das Risiko auf die Versicherung auslagert.[431] Hierbei liegt der Gewinn jedoch darin, dass die Rückstellungen für einen Schaden höher wären als die zu zahlenden Versicherungsbeiträge. Diese Kalkulation nimmt jedoch jeder Versicherungsnehmer vor Abschluss seiner Versicherung vor, so dass sich hieraus allein keine Sittenwidrigkeit ergeben kann.

Die Sittenwidrigkeit folgt nicht daraus, dass die zivilrechtlichen Schadensersatzansprüche durch die Übernahme des Schadens durch die Versicherung ihren Präventionscharakter verlieren. Zum einen müsste dieser Einwand gegen jede Verschuldensform erhoben werden. Zum anderen erfüllen die Präventionswirkung primär die Strafgesetze, während die Schadensersatzansprüche den Ausgleich des Schadens verwirklichen.[432] Die Kritik, dass die Strafgesetze hierfür nicht ausreichen, weil insbesondere der Versuch der Sachbeschädigung und der Untreue nicht strafbar sind,[433] überzeugt nicht. Das Haftungsrecht schafft mangels Schadens nämlich keine weitergehende Prävention. Vielmehr liegt die Präventionswirkung von Straf- und Zivilrecht darin, dass im Falle der Vollendung der Straftat die Rechtsfolgen der jeweiligen Norm greifen und durch die Gefahr der Vollendung eines Versuchs schon diesen verhindern.

Eine weitere Wertung liegt im Schutz des typischerweise schwächeren Vertragspartners.[434] Die schwächeren Vertragspartner wären in diesem Fall die große Menge der ordentlichen Versicherungsnehmer, die sich rechtmäßig verhalten und niemanden vorsätzlich schädigen. Durch die Abdeckung von

---

428 NK-BGB/*Looschelders*, § 138 BGB, Rn. 77.

429 *BGH*, Urt. v. 18.10.1952, II ZR 72/52, BGHZ 7, 311 (324); MüKo-VVG/*Littbarski*, § 103 VVG, Rn. 9; BK/*Baumann*, § 152 VVG, Rn. 3.

430 *BGH*, Urt. v. 18.10.1952, II ZR 72/52, BGHZ 7, 311 (324); MüKo-VVG/*Littbarski*, § 103 VVG, Rn. 9; BK/*Baumann*, § 152 VVG, Rn. 3.

431 Bruck/Möller[9.]/*Koch*, § 103 VVG, Rn. 11.

432 *Von Gierke*, ZHR 60 (1907), S. 1 (51); *Looschelders*, VersR 1996, S. 529 (536).

433 Bruck/Möller[9.]/*Koch*, § 103 VVG, Rn. 11.

434 NK-BGB/*Looschelders*, § 138 BGB, Rn. 73.

vorsätzlichen Schädigungen erhöht sich das zu versichernde Risiko erheblich, welches auf das Versicherungskollektiv zu verteilen ist, wodurch die Versicherungsbeiträge steigen würden. Die Versicherung kann jedoch nicht vorhersehen, welche Versicherungsnehmer ein besonders hohes Risiko bedeuten, so dass die Versicherungsbeiträge für alle gleichermaßen steigen würden. Auf diese Weise werden aber die ordentlichen Versicherungsnehmer bestraft, da sie selbst nie den Versicherungsschutz für vorsätzliche Schädigungen benötigen, ihn aber für die anderen durch höhere Beiträge mitzutragen haben.[435] Wenn es nur einen Haftpflichtversicherungsanbieter gäbe oder ein Wechsel mit erheblichen finanziellen Nachteilen durch bereits erworbene Anwartschaften verbunden wäre, dann sind die Versicherungsnehmer in der Tat besonders schutzwürdig. Dies ist bei der Haftpflichtversicherung, die grundsätzlich jedes Jahr ohne Verluste gekündigt werden kann, nicht der Fall. Zudem decken viele Versicherungen Risiken ab, die beim einzelnen Versicherungsnehmer vermutlich nie eintreten werden, da er mit diesen Risiken überhaupt nicht in Kontakt kommt. Mit dem Argument der Benachteiligung der ordentlichen und sorgfältigen Versicherungsnehmer ließe sich genauso die Haftung für grob fahrlässiges Verhalten ausschließen, welches regelmäßig jedoch nicht geschieht. Die Rechtfertigung für die Erfassung der groben Fahrlässigkeit, dem Schutz des geschädigten Dritten,[436] bietet keinen Grund für eine Unterscheidung zwischen grob fahrlässiger und vorsätzlicher Schädigung, da die Schutzbedürftigkeit des Dritten in beiden Fällen besteht.

Eine weitere Wertung lässt sich § 276 Abs. 3 BGB entnehmen, jedoch wurde oben schon dargelegt, dass zumindest bei § 323c Abs. 1 StGB eine Ausnahme möglich ist. Daher ist eine Vereinbarung über die Deckung von vorsätzlich herbeigeführten Schäden aus §§ 823 Abs. 2 BGB i.V.m. 323c Abs. 1 StGB nicht sittenwidrig nach § 138 Abs. 1 BGB.

Jedoch sprechen versicherungsmathematische Gründe gegen die Versicherung vorsätzlich herbeigeführter Schäden. Hierdurch wird einerseits das zu versichernde Risiko signifikant erhöht[437] und vor allem unkalkulierbar, wodurch sich eine solche Versicherung nicht rentiert oder zu exorbitanten Versicherungsbeiträgen führen würde.[438] Bei der unterlassenen Hilfeleistung, bei welcher der Hilfe Unterlassende keinen Einfluss auf das Eintreten der Notsituation hat, sind

---

435 *Prölss*, in: FS Larenz 1983, S. 487 (499).

436 Looschelders/Pohlmann/*Schulze Schwienhorst*, § 103 VVG, Rn. 1; *Looschelders*, VersR 1996, S. 529 (536).

437 *Prölss*, in: FS Larenz 1983, S. 487 (499); *Stoecker*, S. 71.

438 *Stoecker*, S. 70f.

die zu kalkulierenden Schäden überschaubar, weswegen auch aus versicherungsmathematischen Gründen eine Ausnahme möglich ist.

B) Verjährung

Mit dem Schuldrechtsmodernisierungsgesetz hat der Gesetzgeber die regelmäßige Verjährungsfrist von drei Jahren gem. § 195 BGB geschaffen. Die Frist beginnt gem. § 199 Abs. 1 BGB mit dem Schluss des Jahres der Anspruchsentstehung und der Kenntniserlangung oder grob fahrlässiger Unkenntnis der anspruchsbegründenden Tatsachen und des Schuldners. Bei Schadensersatzansprüchen kann sich der Beginn durch die Unkenntnis des Schuldners oder eines erst nach vielen Jahren eintretenden Schadens weit hinauszögern, wodurch sich die Zeit seit dem schädigenden Ereignis deutlich verlängert. Um dennoch Rechtsfrieden zu schaffen, hat der Gesetzgeber in § 199 Abs. 2 und 3 BGB Verjährungshöchstfristen für Schadensersatzansprüche statuiert.[439] Grundsätzlich tritt nach Abs. 3 spätestens Verjährung ein, sobald entweder zehn Jahre seit der Schadensentstehung oder 30 Jahre seit dem den Schaden auslösenden Ereignis vergangen sind. Abs. 2 gewährt für Schadensersatzansprüche, die auf der Verletzung des Lebens, des Körpers, der Gesundheit und der Freiheit beruhen, eine Ausnahme, indem auf die Zehnjahresfrist ab Schadensentstehung bei Unkenntnis der Anspruchsvoraussetzungen oder des Schuldners zugunsten der 30 Jahresfrist ab dem den Schaden auslösenden Ereignis verzichtet wird. Auf diese Ausnahme kann es gerade im Bereich des § 323c Abs. 1 StGB ankommen, wenn das Opfer den Schuldner, also den Hilfe Unterlassenden, nicht kennt. Kennt das Opfer einer Vergewaltigung dagegen den Vergewaltiger und den Hilfe Unterlassenden wie im Fall des *OLG Düsseldorf*[440], beginnt die kurze dreijährige Verjährungsfrist nach § 199 Abs. 1 BGB mit Ablauf des Jahres der Anspruchsentstehung. Diese Frist genügt jedoch aufgrund einer langjährigen Aufarbeitung des Geschehens, etwaiger Abhängigkeitsverhältnisse zum Täter sowie dem Abwarten des strafrechtlichen Verfahrens regelmäßig nicht.[441] Daher hat der Gesetzgeber als Reaktion auf die Missbrauchsfälle in Kirchen, Schulen und Heimen die Verjährungsfrist für Schadensersatzansprüche, die auf einer vorsätzlichen Verletzung des Lebens, der Gesundheit, der Freiheit oder der sexuellen Selbstbestimmung beruhen, mit der Einführung des § 197 Abs. 1 Nr. 1 BGB auf

---

439 NK-BGB/*Mansel/Stürner*, § 199 BGB, Rn. 4.

440 *OLG Düsseldorf*, Urt. v. 27.07.2004, I-14 U 24/04, NJW 2004, 3640 (3640f.).

441 *BT*-Drucks. 17/6261, S. 18.

30 Jahre verlängert.[442] Die Frist beginnt nach § 200 BGB mit der Entstehung des Anspruchs.

§ 197 Abs. 1 Nr. 1 BGB und § 199 Abs. 2 BGB setzen zunächst jeweils Schadensersatzansprüche voraus, die auf einer Verletzung der dort genannten Rechtsgüter beruhen. Die Normen orientieren sich am Wortlaut des § 823 Abs. 1 BGB, jedoch soll hierdurch keine Begrenzung auf Schadensersatzansprüche nach § 823 Abs. 1 BGB erfolgen.[443] Der Begriff „beruhen" bedeutet „seinen Grund, seine Ursache in etwas haben"[444], woraus abgeleitet werden kann, dass der Schadensersatzanspruch zugleich den haftungsbegründenden Tatbestand des § 823 Abs. 1 BGB erfüllen muss. Für die meisten vertraglichen und gesetzlichen Schadensersatzansprüche stellt dies nur eine kurze zusätzliche Prüfung dar, dessen Ergebnis wenig überraschend ausfällt.

Anders verhält es sich bei §§ 823 Abs. 2 BGB i.V.m. 323c Abs. 1 StGB. Da § 323c Abs. 1 StGB keine Garanten- oder Verkehrspflicht darstellt,[445] kann die Unterlassung des Nichthelfenden der Rechtsgutsverletzung des Hilfsbedürftigen nicht zugerechnet werden, womit der haftungsbegründende Tatbestand des § 823 Abs. 1 BGB ausscheidet. Jedoch dient der Schadensersatzanspruch aus §§ 823 Abs. 2 BGB i.V.m. 323c Abs. 1 StGB gerade dazu, die Schäden, die aus den verletzten Rechtsgütern resultieren, zu ersetzen. Daher ist der Begriff „beruhen" weit auszulegen und nicht zu fordern, dass gleichzeitig der haftungsbegründende Tatbestand des § 823 Abs. 1 BGB gegeben ist, sondern nur das Vorliegen einer Rechtsgutsverletzung, die mit dem Schadensersatzanspruch ausgeglichen werden soll. Dieses Verständnis deckt sich mit dem Wortlaut der Rechtsgutsverletzung, die als Substantiv nur den Erfolg in Form der Beeinträchtigung voraussetzt, während das Verb verletzen dazu eine entsprechende Handlung zur Hervorrufung des Erfolgs erfordert. Zugleich hat der Gesetzgeber keine Differenzierung nach der Art des Schadensersatzanspruchs, sondern nach dem geschützten Rechtsgut beabsichtigt, da die längere Verjährungsfrist bzw. -höchstfrist nur bei „besonders hochrangigen Rechtsgüter[n]" gelten soll.[446]

---

442 Gesetz zur Stärkung der Rechte von Opfern sexuellen Missbrauchs (StORMG) vom 26.06.2013.

443 MüKo-BGB/*Grothe*, § 199 BGB, Rn. 51f.; Staudinger/*Peters/Jacoby*, § 199 BGB, Rn. 94f.

444 *Duden*, Das große Wörterbuch der deutschen Sprache, Bd. 2: Bedr – Eink, 3. Aufl., Mannheim, Leipzig, Wien, Zürich 1999, S. 542.

445 Siehe Kapitel 4) § 1) D), S. 214.

446 *BT*-Drucks. 14/7052, S. 178; für § 197 Abs. 1 Nr. 1 BGB orientiert sich der Gesetzgeber an § 199 Abs. 2 BGB: *BT*-Drucks. 17/6261, S. 19.

Der Vorsatz bezieht sich nicht wie bei § 103 VVG auf den herbeigeführten Schaden, sondern nur auf die Rechtsgutsverletzung, also den Eintritt der Rechtsgutsverletzung. Daher ist für die längere Verjährungsfrist bei vertraglichen sowie gesetzlichen Schadensersatzansprüchen aus § 823 Abs. 2 BGB über den vorsätzlichen Verstoß gegen eine vertragliche Pflicht bzw. abstraktes oder konkretes Gefährdungsdelikt hinaus zu prüfen, ob der Schuldner den Eintritt der Rechtsgutsverletzung zumindest billigend in Kauf genommen hat. Sofern allein der vorsätzliche Verstoß gegen ein abstraktes Gefährdungsdelikt genügen sollte, müsste es in § 197 Abs. 1 Nr. 1 BGB „vorsätzliche Schadensersatzansprüche, die auf der Verletzung […] beruhen" heißen.

Für die drei oben dargestellten Varianten hat dies folgende Auswirkungen: In Variante 1[447] greift mangels Vorsatzes nur die regelmäßige dreijährige Verjährungsfrist nach § 195 BGB und zugleich gilt die dreißigjährige Höchstverjährungsfrist des § 199 Abs. 2 BGB. Für Variante 2 gilt die dreißigjährige Verjährungsfrist des § 197 Abs. 1 Nr. 1 BGB. Bei Variante 3 ist zu differenzieren. Für Schadensersatzansprüche des Hilfebedürftigen, die Behandlungskosten und Schmerzensgeld des Hilfsbedürftigen umfassen, gilt § 197 Abs. 1 Nr. 1 BGB, weil sie auf der Verletzung des Körpers bzw. der Gesundheit beruhen, die der Hilfe Unterlassende billigend in Kauf genommen hat. Dies gilt auch für nicht vorhergesehene schwere Folgen der Körperverletzung wie z.B. den Verlust der Hör- oder Sehfähigkeit. Für Schadensersatzansprüche Dritter wegen des Todes des Hilfsbedürftigen nach § 844 BGB findet nur die dreijährige Verjährungsfrist des § 195 BGB sowie die dreißigjährige Verjährungshöchstfrist des § 199 Abs. 2 BGB Anwendung. Denn diese Schadensersatzansprüche beruhen nicht auf der Verletzung des Körpers bzw. der Gesundheit des Hilfsbedürftigen, sondern auf der Verletzung des Lebens, die vom Vorsatz des Hilfe Unterlassenden nicht mitumfasst ist. Wird beim Hinterbliebenengeld hingegen auf die Verletzung der Gesundheit des Hinterbliebenen abgestellt, bleibt das Ergebnis unverändert. Denn wenn der Hilfe Unterlassende schon keinen Vorsatz hinsichtlich des Todes des Hilfsbedürftigen hat, dann hat er erst recht keinen hinsichtlich der seelischen Schmerzen des Hinterbliebenen, die aus dem Tod resultieren.

Wird entgegen der hier vertretenen Ansicht angenommen, dass § 323c Abs. 1 StGB neben Körper, Gesundheit und Leben noch weitere Rechtsgüter schützt, sind die Einschränkungen der §§ 197 Abs. 1 Nr. 1, 199 Abs. 2 BGB zu beachten. Rettet der Hilfe Unterlassende fremdes Eigentum nicht, gilt die dreijährige Verjährungsfrist des § 195 BGB und die Verjährungshöchstfrist des

447 Siehe Darstellung der drei Varianten auf S. 114f.

§ 199 Abs. 3 BGB, da sich der Gesetzgeber bewusst gegen die Aufnahme von Eigentum als hochrangiges Rechtsgut entschieden hat.[448] Sollte § 323c Abs. 1 StGB auch die Ehre schützen, dann würde für diese die gleichen Fristen wie für das Eigentum gelten, da weder § 197 Abs. 1 Nr. 1 BGB noch § 199 Abs. 2 BGB das allgemeine Persönlichkeitsrecht als Rechtsgut benennen und die Aufzählung abschließend ist.[449] Leistet der Hilfe Unterlassende im Fall der Verletzung der sexuellen Selbstbestimmung keine Hilfe, gilt die dreißigjährige Verjährungsfrist des § 197 Abs. 1 Nr. 1 BGB. Sofern *Schmidt-Rätsch*[450] § 199 Abs. 2 BGB im Falle der grob fährlässigen Verletzung der sexuellen Selbstbestimmung analog anwenden will, übersieht sie, dass es eine solche nicht gibt. Der Begriff der „sexuellen Selbstbestimmung" ist im BGB nicht definiert und an den strafrechtlichen Begriff im 13. Abschnitt des StGB angelehnt. Hiernach ist sie die „Freiheit der Person, über Ort, Zeit, Form und Partner sexueller Betätigung frei zu entscheiden."[451] Eine Verletzung dieser Freiheit setzt eine Einschränkung der Entscheidung des

---

448 *BT*-Drucks. 14/7052, S. 172, 178, 180.

449 MüKo-BGB/*Grothe*, § 199 BGB, Rn. 51; NK-BGB/*Mansel/Stürner*, § 199 BGB, Rn. 94; Palandt/*Ellenberger*, § 199 BGB, Rn. 44; PWW/*Deppenkemper*, § 199 BGB, Rn. 20; a.A.: BeckOK-BGB/*Heinrich*, § 199 BGB, Rn. 52; Erman/*Schmidt-Rätsch*, § 199 BGB, Rn. 33a; jurisPK-BGB/*Lakkis*, § 199 BGB, Rn. 192; Staudinger/*Peters/Jacoby*, § 199 BGB, Rn. 95; wobei die Autoren dies ohne nähere Begründung bei § 197 Abs. 1 Nr. 1 BGB ausschließen: Erman/*Schmidt-Rätsch*, § 197 BGB, Rn. 1b; Staudinger/*Peters/Jacoby*, § 197 BGB, Rn. 8b. Die Gesetzesmaterialien deuten schon auf eine abschließende Regelung hin, wenn der Gesetzgeber für „besonders hochrangige Rechtsgüter wie Freiheit, Körper, Leben oder Gesundheit" (*BT*-Drucks. 14/7052, S. 178) eine besondere Regelung trifft und in § 199 Abs. 2 BGB „unmittelbar nur die Verjährung von Schadensersatzansprüchen" (*BT*-Drucks. 14/7052, S. 180) wegen Verletzung dieser Rechtsgüter bestimmen will. Insofern hat er das allgemeine Persönlichkeitsrecht und die sexuelle Selbstbestimmung nicht vergleichbar hoch gewertet und bei Letzterer die Möglichkeit der Hemmung für Opfer unter 21 Jahren und Fälle häuslicher Gewalt gem. § 208 BGB der Aufnahme in § 199 Abs. 2 BGB vorgezogen, welches er gleichzeitig geregelt hat (*BT*-Drucks. 14/7052, S. 179). Erman/*Schmidt-Rätsch*, § 199 BGB, Rn. 33a erblickt einen Wertungswiderspruch darin, dass bei einer Verletzung des allgemeinen Persönlichkeitsrechts zusammen mit der Gesundheit aufgrund der Schadenseinheit eine längere Verjährungshöchstfrist gelte als wenn nur Ersteres verletzt sei. Dieser ist nicht ersichtlich, weil sowohl bei Verletzung von Gesundheit und allgemeinem Persönlichkeitsrecht als auch bei Gesundheit und Eigentum die Schäden aufgeteilt und die jeweiligen Verjährungshöchstfristen bestimmt werden können (Palandt/*Ellenberger*, § 199 BGB, Rn. 48).

450 Erman/*Schmidt-Rätsch*, § 199 BGB, Rn. 33a.

451 *Fischer*, Vor § 174 StGB, Rn. 5.

Opfers durch einen Fremden voraus, also eine Fremdbestimmung. Ein Bestimmen kann aber nur willentlich durch einen bewussten Beschluss eines Fremden erfolgen, wofür Vorsatz erforderlich ist und Fahrlässigkeit nicht genügt. Dies bestätigen die Normen des 13. Abschnitts des StGB, welche alle Vorsatz verlangen, womit ein Schadensersatzanspruch wegen fahrlässiger Verletzung nach § 823 Abs. 2 BGB ausscheidet. Ebenso bedarf es für das Bestimmen mittels Drohung, Hinterlist oder Missbrauch eines Abhängigkeitsverhältnisses nach § 825 BGB Vorsatz.[452] Wird die sexuelle Selbstbestimmung als Teilbereich des allgemeinen Persönlichkeitsrechts im Rahmen des § 823 Abs. 1 BGB betrachtet,[453] würde theoretisch Fahrlässigkeit genügen, allerdings kann eine Fremdbestimmung nur vorsätzlich erfolgen.

Grothe[454] und der *Bundesrat*[455] halten die Regelung des § 197 Abs. 1 Nr. 1 BGB für alle vorsätzlichen Verletzungen der genannten Rechtsgüter für zu weitgehend. *Grothe* schlägt daher entsprechend dem Ziel des Gesetzes, den Opfern von sexuellem Missbrauch genügend Zeit für die Geltendmachung ihrer Ansprüche zu gewähren, eine teleologische Reduktion auf die Fälle des sexuellen Missbrauchs und solche, in denen sich das Opfer in einer Zwangslage gegenüber dem Schädiger befindet, sei es beispielsweise aufgrund häuslicher Gewalt, Misshandlung in Heimen, Schulen sowie anderen gesellschaftlichen Einrichtungen oder familiäre Gewalt, vor. Demgegenüber befürwortet *Schmidt-Rätsch*[456] die weite Anwendung, wodurch das Opfer nicht erklären müsse, warum es die Ansprüche erst nach Ablauf der regelmäßigen Verjährungsfrist geltend mache.

Der Vorteil der weiten Anwendung besteht darin, dass sie durch die vollständige Einbeziehung der vorsätzlichen Verletzung der Rechtsgüter eine klare Regelung schafft, wodurch die Verjährung schnell geklärt werden kann und damit dem Grundgedanken der Verjährung entspricht.[457] Auf der anderen Seite erfordert die Einschränkung der Zwangslage nur minimale Mehraufwendungen des Nachweises, denn in den Fällen sexuellen Missbrauchs beschränkt sie sich auf den Tatnachweis und bei familiärer oder häuslicher Gewalt sowie Misshandlungen in Einrichtungen ist der Nachweis der Lebenssituation objektiv einfach zu erbringen. Außerdem ergibt sich die Handhabbarkeit der Einschränkung durch

---

452 MüKo-BGB/*Wagner*, § 825 BGB, Rn. 12.
453 JurisPK-BGB/*Lange*, § 823 Abs. 1 BGB, Rn. 34.
454 MüKo-BGB/*Grothe*, § 197 BGB, Rn. 7.
455 *BT*-Drucks. 17/6261, S. 25.
456 Erman/*Schmidt-Rätsch*, § 197 BGB, Rn. 1a.
457 *BT*-Drucks. 14/7052, S. 178.

einen Vergleich mit den Hemmungstatbeständen der §§ 207, 208 BGB, die einige Fälle der Zwangslagen erfassen. Demgegenüber ist nicht ersichtlich, warum jede vorsätzliche einfache Körperverletzung oder Freiheitsentziehung ohne Bezug zu einer Zwangslage, bei denen keine vergleichbaren Gründe für eine spätere Geltendmachung wie bei den Misshandlungsfällen vorliegen, einer dreißigjährigen Verjährungsfrist unterliegen soll. Daher ist der Einzelfallgerechtigkeit gegenüber der geringen Einschränkung der Rechtsklarheit der Vorzug zu geben und der teleologischen Reduktion zuzustimmen.

Dies hat Auswirkungen auf die oben dargestellten Varianten 2 und 3. Sofern kein Fall des sexuellen Missbrauchs oder eine anderweitige Zwangslage vorliegt, gelten in beiden Varianten die dreijährige Verjährungsfrist des § 195 BGB sowie die Verjährungshöchstfrist des § 199 Abs. 2 BGB. Ist dagegen ein solcher Fall gegeben, bleibt es bei den obigen Ausführungen.

C) Erfüllungsübernahme bei Schmerzensgeldansprüchen nach § 78a BBG

Als Ausfluss des Fürsorgeprinzips übernimmt der Dienstherr auf Antrag eines Bundesbeamten nach § 78a Abs. 1 BBG[458] die Zahlung von Schmerzensgeldansprüchen wegen einer vorsätzlichen Verletzung des Körpers, der Gesundheit, der Freiheit oder der sexuellen Selbstbestimmung nach einem aussichtslosen Vollstreckungsversuch.[459] Der Gesetzgeber hat im Gegensatz zu mehreren landesrechtlichen Bestimmungen[460] vom Erfordernis eines tätlichen Angriffs abgesehen und sich stattdessen an § 253 Abs. 2 BGB orientiert.[461]

---

458 Eine entsprechende Regelung für Landesbeamte in Mecklenburg-Vorpommern enthält § 83a Abs. 1 M-V. Demgegenüber setzt § 82a Abs. 1 Nr. 1 LBG NRW voraus, dass der Schaden entstanden ist, weil die oder der Dritte den Körper, die Gesundheit, die Freiheit, die sexuelle Selbstbestimmung der Beamtin oder des Beamten schuldhaft und im dienstlichen Zusammenhang verletzt hat.

459 Plog/Widow/*Lemhöfer*, § 78a BBG, Rn. 2.

460 Art. 97 Abs. 1 BayBG, § 67a Abs. 1 LBG Bbg, § 74a Abs. 1 LBG Berlin, § 80a Abs. 1 LBG BW, § 83a Abs. 1 BremBG, § 81a Abs. 1 HBG, § 83a Abs. 1 HmbBG, § 83a Abs. 1 NBG, § 83a Abs. 1 LBG SH, § 83a LBG LSA, § 74a Abs. 1 ThürBG, setzten jeweils einen tätlichen rechtswidrigen Angriff voraus, während § 71a Abs. 1 LBG (RP), § 71a Abs. 1 SächsBG, § 76a Abs. 1 SBG einen rechtswidrigen Angriff genügen lassen.

461 *BT*-Drucks. 18/8517, S. 37; Plog/Widow/*Lemhöfer*, § 78a BBG, Rn. 5.
Die Änderung bedeutet jedoch nicht, dass auch Schmerzensgeldansprüche wegen Beleidigungen erfasst sind. Denn während diese beim tätlichen Angriff aufgrund fehlender Aggression gegen den Körper ausscheiden, sind sie bei § 78a Abs. 1 BBG nicht erfasst, weil sich der Ersatz immaterieller Schäden für Persönlichkeitsverletzungen

Fraglich ist aber, ob die unterlassene Hilfeleistung eine vorsätzliche Verletzung oder einen tätlichen Angriff darstellt. Als denkbare Konstellation kommt einerseits die unmittelbar bevorstehende Gewaltausübung eines Dritten gegenüber eines Beamten, die der Hilfe Unterlassende wie im Urteil des *BGH*[462] hätte verhindern können, in Betracht. Andererseits kann der Beamte durch Gewalttaten Dritter, Naturereignisse oder eigenes Fehlverhalten in eine Notlage geraten, aus der er sich ohne die Hilfe des Hilfe Unterlassenden nicht befreien kann. Ein Angriff wird bei der strafrechtlichen Notwehr als „jede einem Menschen zurechenbare Gefährdung von Individualrechtsgütern"[463] verstanden. Indem die von dritter Seite kommende Primärgefahr dem Hilfe Unterlassenden normativ zugerechnet wird, weil er sie trotz Verpflichtung nicht abwendet, wird das Unterlassen strafrechtlich als Angriff gewertet.[464] Der Begriff „tätlich" wird als „körperliche Gewalt einsetzend" und „handgreiflich"[465] verstanden, so dass bei einem tätlichen Angriff nur die Gewaltausübung Dritter gegen den Beamten dem Hilfe Unterlassenden zugerechnet werden kann, während es bei Notlagen durch Naturereignisse oder eigenes Fehlverhalten an der erforderlichen körperlichen Gewalt fehlt. In den Fällen der Gewaltausübung Dritter besteht jedoch schon gegen den Dritten als unmittelbaren Schädiger ein höherer Schmerzensgeldanspruch, dessen Erfüllung der Dienstherr nach der landesrechtlichen Norm auf Antrag übernimmt, so dass für die Übernahme des Schmerzensgeldanspruchs gegen den Hilfe Unterlassenden kein Bedarf besteht.[466] Auf den

---

unmittelbar aus § 823 BGB i.V.m. Art. 1 Abs. 1, 2 Abs. 1 GG unter Ausschluss von § 253 Abs. 2 BGB ergibt (Palandt/*Grüneberg*, § 253 BGB, Rn. 10; den Ausschluss von Beleidigungen bei § 78a Abs. 1 BBG bejahen deswegen Plog/Widow/*Lemhöfer*, § 78a BBG, Rn. 5; Battis/*Grigoleit*, § 78a BBG, Rn. 2).

462 *BGH*, Urt. v. 14.05.2013, VI ZR 255/11, BGHZ 197, 225 (225, 231 – 233).

463 SK-StGB/*Hoyer*, § 32 StGB, Rn. 8.

464 *Lagodny*, GA 138 (1991), S. 300 (302); im Strafrecht wird bei der Notwehr der Angriff durch Unterlassen überwiegend bejaht: NK-StGB/*Kindhäuser*, § 32 StGB, Rn. 33 m.w.N.; MüKo-StGB/*Erb*, § 32 StGB, Rn. 66 m.w.N.; im Zivilrecht wird dies abgelehnt, da ansonsten das Gewaltmonopol des Staates bei der Vollstreckung privater Forderungen ausgehebelt wird: *BGH*, Urt. v. 19.10.1966, Ib ZR 156/64, NJW 1967, 46 (47); MüKo-BGB/*Grothe*, § 227 BGB, Rn. 5 m.w.N.; *von Bar*, Gemeineurop. DeliktsR. II, Rn. 495 mit rechtsvergleichenden Nachweisen.

465 *Duden*, Das große Wörterbuch der deutschen Sprache, Bd. 9: Tach – Vida, 3. Aufl., Mannheim, Leipzig, Wien, Zürich 1999, S. 3861.

466 Hätte es eine entsprechende landesrechtliche Regelung schon früher gegeben, wäre die Entscheidung des *BGH* zur Schutzgesetzeigenschaft des § 323c Abs. 1 StGB vermeidbar gewesen, weil der Kläger seine Klage vermutlich nur gegen den unmittelbaren

Schmerzensgeldanspruch des Hilfe Unterlassenden kann es dagegen ankommen, sofern nur der Hilfe Unterlassende, nicht aber der unmittelbare Schädiger bekannt ist. Jedoch spricht gegen die Anwendung in diesem Fall der Sinn und Zweck der landesrechtlichen Normen, der nur in der Übernahme des Risikos fehlender Liquidität, nicht aber fehlender Kenntnis des Schuldners besteht. Daher umfasst der tätliche Angriff nur aktive Handlungen.[467]

Demgegenüber ist der Wortlaut des § 78a Abs. 1 BBG mit der vorsätzlichen Verletzung der dort genannten Rechtsgüter weiter und kann wie § 197 Abs. 1 Nr. 1 BGB die unterlassene Hilfeleistung erfassen. Jedoch beabsichtigt der Gesetzgeber mit § 78a BBG nur die Fälle zu erfassen, in denen Beamte „aufgrund ihrer dienstlichen Stellung Opfer von Gewalt werden."[468] Hierbei kann ein Beamter, der aufgrund eigenen Fehlverhaltens oder eines Naturereignisses in eine Notlage geraten ist, aus der ihm der Hilfe Unterlassende nicht hilft, schwerlich als Opfer von Gewalt bezeichnet werden. Hinsichtlich der Gewaltausübung durch Dritte gelten die Ausführungen zum tätlichen Angriff entsprechend. Daher ist § 78a Abs. 1 BGB auf Schmerzensgeldansprüche zu reduzieren, in denen der Beamte Opfer von Gewalt wird, womit Schmerzensgeldansprüche nach §§ 823 Abs. 2 BGB i.V.m. 323c Abs. 1 StGB ausscheiden.[469]

D) Vorsätzliche unerlaubte Handlung

Der Gläubiger einer vorsätzlichen unerlaubten Handlung wird vollstreckungsrechtlich bei der Selbstvollstreckung durch das Aufrechnungsverbot des § 393 BGB, bei der Einzelvollstreckung durch § 850f Abs. 2 ZPO und § 89 Abs. 2 S 2 Alt. 2 InsO und bei der Gesamtvollstreckung durch § 302 Nr. 1 Var. 1 InsO gegenüber anderen Gläubigern privilegiert. Ob der Gläubiger eines Schadensersatzanspruchs nach §§ 823 Abs. 2 BGB i.V.m. 323c Abs. 1 StGB von diesen

---

Schädiger gerichtet hätte. Jedoch hätte in diesem Fall der Dienstherr den Schadensersatzanspruch aus übergegangenem Recht geltend machen können.

467 BeckOK-BeamtenR Hessen/*Klingspor*, § 81a HBG, Rn. 13.

468 *BR*-Drucks. 158/16, S. 16; Zwei Sätze weiter heißt es: „Aus solchen Angriffen resultieren in der Regel Schmerzensgeldansprüche gegen den Schädiger." Dies deutet ebenfalls darauf hin, dass nur Angriffe durch Handlungen erfasst sind.

469 Die Ausführungen gelten entsprechend für § 83a Abs. 1 LBG M-V. Mit dem Verb verletzen setzt § 82a Abs. 1 Nr. 1 LBG NRW eine zurechenbare Handlung voraus, so dass die unterlassene Hilfeleistung nach § 323c Abs. 1 StGB schon mangels Garantenpflicht ausscheidet. Im Übrigen würden die Ausführungen zu § 78a Abs. 1 BBG zum gleichen Ergebnis führen.

Privilegien profitiert, ist von der Rechtsprechung bisher noch nicht entschieden worden.[470]

Nach dem Wortlaut verweist die unerlaubte Handlung auf den 27. Abschnitt des BGB zur unerlaubten Handlung.[471] Der Begriff „vorsätzlich" bezieht sich auf die unerlaubte Handlung, so dass der Schluss nahe liegt, dass sich der Vorsatz nach der jeweiligen unerlaubten Handlung richtet. Im Rahmen des § 823 Abs. 2 BGB ist insbesondere bei abstrakten Schutzgesetzen umstritten, ob sich der Vorsatz nur auf das Schutzgesetz oder auch auf das geschützte Rechtsgut beziehen muss (**I**). Hinsichtlich § 302 Nr. 1 Var. 1 InsO hat der *BGH* für die Einordnung einer Gefährdung des Straßenverkehrs nach § 315c Abs. 1 Nr. 1 lit. a, Abs. 3 Nr. 1 StGB die formale Betrachtung der vorsätzlichen unerlaubten Handlung aufgegeben und verlangt, dass sich der Vorsatz auf die Schadensfolgen beziehen müsse (**II 1) a)**). Hierbei ist zu klären, welche Bedeutung die Ansicht des *BGH* für § 323c Abs. 1 StGB hat (**II 1) b)**) und ob sich diese Auslegung auf

---

470 Unklar insoweit *BGH*, Urt. v. 21.07.2011, IX ZR 151/10, BGHZ 190, 353 (354, 356): Der *BGH* hat darüber zu entscheiden, ob die Strafverfahrenskosten einschließlich der Kosten der Nebenklage, die der Schuldner aufgrund der Verurteilung wegen gemeinschaftlicher Körperverletzung in Tateinheit mit gemeinschaftlicher Vergewaltigung und unterlassener Hilfeleistung zu tragen hat, zu den Verbindlichkeiten aus vorsätzlich begangener unerlaubter Handlung gem. § 302 Nr. 1 InsO gehören und von der Restschuldbefreiung auszunehmen sind. Während er im Tatbestand noch alle drei Delikte nennt, führt er in den Entscheidungsgründen in Rn. 6 bei den vorsätzlich unerlaubten Handlungen die unterlassene Hilfeleistung ohne weitere Begründung im Gegensatz zu den anderen Delikten nicht als Schutzgesetz des § 823 Abs. 2 BGB auf. Da der Tatbestand keine näheren Sachverhaltsangaben zu den Delikten enthält und das Strafrechtsurteil nicht veröffentlicht wurde, sind zuverlässige Schlussfolgerungen der Nichtnennung des § 323c Abs. 1 StGB schwer möglich. Er kann § 323c Abs. 1 StGB schlicht vergessen haben oder bewusst ausgeschlossen haben, weil er ihn entweder nicht zu den Vorsatzdelikten zählt oder schon andere vorsätzliche Delikte vorliegen. Für die letzte Annahme spricht, dass er auf diese Weise mangels Entscheidungserheblichkeit auf die erstmalige Stellungnahme zur Schutzgesetzeigenschaft des § 323c Abs. 1 StGB verzichten konnte.

471 Der Streit, ob § 302 Nr. 1 Var. 1 InsO nur auf unerlaubten Handlungen innerhalb des BGB (offengelassen *BGH*, Urt. v. 21.07.2011, IX ZR 151/10, BGHZ 190, 353 (356); HambKomm-InsO/*Streek*, § 302 InsO, Rn. 2; FK-InsO/*Ahrens*, § 302 InsO, Rn. 18; Uhlenbruck/*Sternal*, § 302 InsO, Rn. 6) oder auch auf solche außerhalb des BGB (PG/*Ahrens*, § 850f ZPO, Rn. 39; Wieczorek/Schütze/*Lüke*, § 850f ZPO, Rn. 26; *Brei*, S. 86f.) verweist, bedarf an dieser Stelle keiner Entscheidung, da die zu untersuchenden Ansprüche nach § 823 Abs. 2 BGB erfasst sind.

die weiteren Normen übertragen lässt, womit ein einheitlicher vollstreckungsrechtlicher Vorsatzbegriff anzunehmen wäre.

I) Materiellrechtliche Erstreckung des Vorsatzes auf das Rechtsgut

Nach der überwiegenden Ansicht muss sich der Vorsatz im Rahmen des § 823 Abs. 2 BGB nur auf die Verletzung des Schutzgesetzes beziehen.[472] Danach handle der Hilfe Unterlassende in allen drei Varianten[473] vorsätzlich. Demgegenüber verlangen einige Literaturstimmen, dass sich das Verschulden auf das geschützte Interesse bzw. Rechtsgut beziehen müsse.[474] Hiernach wäre in Variante 1 die Haftung mangels Vorsatzes hinsichtlich der Rechtsgutsverletzung zu verneinen, während in Variante 3 der Vorsatz hinsichtlich der Gesundheitsschädigung für eine Haftung genügt.

Der verkürzte Verschuldensbezug der überwiegenden Meinung sei zu weitgehend, da er dazu führe, dass „das Haftungsrisiko bei der Übertretung eines Schutzgesetzes umso größer ist, je allgemeiner und abstrakter das Gefährdungsdelikt formuliert ist."[475] Ferner bestehe die Gefahr, dass der verkürzte Verschuldensbezug zu einer „zivilrechtliche[n] Gefährdungshaftung" führe.[476] Dem ist entgegenzuhalten, dass die Vorverlagerung der Haftung auf den Verstoß gegen das abstrakte Gefährdungsdelikt (verkürzter Verschuldensbezug) gerade gewollt ist und dem § 823 Abs. 2 BGB insoweit eine eigenständige Bedeutung neben § 823 Abs. 1 BGB für den Schutz der in § 823 Abs. 1 BGB genannten Rechtsgüter zukommt.[477] Mit abstrakten Gefährdungsdelikten hat der Gesetzgeber aufgrund seiner großen Expertise Schäden in besonderen Gefahrensituationen verhindern wollen, die der einzelne wohlmöglich noch nicht vorhergesehen hat. Daher kann es für einen effektiven Schutz der Rechtsgüter nicht auf die Sicht

472 *BGH*, Urt. v. 25.09.1952, III ZR 322/51, BGHZ 7, 198 (207); *BGH*, Urt. v. 02.02.1988, VI ZR 133/87, BGHZ 103, 197 (200); *BGH*, Urt. v. 21.06.2007, IX ZR 29/06, NZI 2007, 532 (533); MüKo-BGB/*Wagner*, § 823 BGB, Rn. 536; NK-BGB/*Katzenmeier*, § 823 BGB, Rn. 532; Palandt/*Sprau*, § 823 BGB, Rn. 61; PWW/*Schaub*, § 823 BGB, Rn. 234; Soergel[13.]/*Spickhoff*, § 823 BGB, Rn. 209; Staudinger[12.]/*Schäfer*, § 823 BGB, Rn. 613; *von Bar*, Verkehrspflichten, S. 162; *Deutsch*, JZ 1966, S. 556 (558).

473 Siehe Darstellung der drei Varianten auf S. 114f.

474 MüKo-BGB[3.]/Mertens, § 823 BGB, Rn. 50, 187; *Brüggemeier*, Haftungsrecht, S. 541f.; *von Falkhausen*, S. 100 - 113; *Fikentscher/Heinemann*, Rn. 1635; *Stoll*, Kausalzusammenhang, S. 21 - 24.

475 *Stoll*, Kausalzusammenhang, S. 22.

476 *Brüggemeier*, Haftungsrecht, S. 541.

477 *Von Bar*, Verkehrspflichten, S. 162.

des einzelnen, sondern nur auf die Vorhersehbarkeit des Gesetzgebers ankommen.[478] Dabei ist aufgrund des technischen Fortschritts und der damit erweiterten Zulassung konkreter Gefahrensituationen ein Ausgleich über entsprechende abstrakte Gefährdungsdelikte als Schutzgesetze notwendig.[479] Zugleich wird eine zu weitgehende Haftung durch den Schutzzweck der Norm sowie eine restriktive Anerkennung von Schutzgesetzen gewährleistet, wodurch zu allgemeine und abstrakte Gefährdungsdelikte keine Schutzgesetze sind.[480]

Für die Erstreckung des Vorsatzes auf die Rechtsgutsverletzung wird § 823 Abs. 2 S 2 BGB angeführt, der ein deliktisches Verschulden voraussetze, welches das Verschulden bezüglich des Verletzungseingriffs mitumfasse.[481] Diese Auslegung überzeugt nicht, da S 2 lediglich sicherstellt, dass für die zivilrechtliche Haftung zumindest ein fahrlässiger Verstoß gegeben ist.[482] Ferner zeigt der Vergleich zu § 280 Abs. 1 BGB, dass der Gesetzgeber auch an anderer Stelle eine schuldhafte Normübertretung ausreichen lässt. Hierbei ist nicht ersichtlich, warum die gleiche Problemlage beider Normen unterschiedlich behandelt werden soll.[483] Daher ist der überwiegenden Ansicht zu folgen.

II) Einheitlicher vollstreckungsrechtlicher Vorsatzbegriff

Anstelle einer materiellrechtlichen Lösung hat der *BGH* für § 302 Nr. 1 Var. 1 InsO eine eigenständige Auslegung des Vorsatzes bevorzugt (**1) a)**), dessen Konsequenzen für §§ 823 Abs. 2 BGB i.V.m. 323c Abs. 1 StGB zu untersuchen sind (**1) b)**). Anschließend ist zu klären, ob sich der vollstreckungsrechtliche Vorsatzbegriff zur Schaffung von Rechtseinheitlichkeit auf die weiteren Normen übertragen lässt (**2)**).

1) Ausschluss der Restschuldbefreiung nach § 302 Nr. 1 Var. 1 InsO

Nach § 302 Nr. 1 Var. 1 InsO sind Forderungen aus einer vorsätzlich begangenen unerlaubten Handlung von der Restschuldbefreiung ausgeschlossen, die deren Gläubiger in der Form des § 174 Abs. 1 S 1, Abs. 2 InsO angemeldet haben.

---

478 MüKo-BGB/*Wagner*, § 823 BGB, Rn. 536; Staudinger[12.]/*Schäfer*, § 823 BGB, Rn. 613; *Von Bar*, Verkehrspflichten, S. 162; Deutsch, JZ 1966, S. 556 (558).
479 *Von Bar*, Verkehrspflichten, S. 162f.
480 Staudinger[12.]/*Schäfer*, § 823 BGB, Rn. 613; Staudinger/*J. Hager*, § 823 BGB, Rn. G 35.
481 *Fikentscher/Heinemann*, Rn. 1635.
482 Staudinger[12.]/*Schäfer*, § 823 BGB, Rn. 613; Staudinger/*J. Hager*, § 823 BGB, Rn. G 35.
483 Soergel[13.]/*Spickhoff*, § 823 BGB, Rn. 209.

a) BGH-*Urteil zum konkreten Gefährdungsdelikt des § 315c StGB*

Der *BGH* hat bei der Auslegung der vorsätzlichen unerlaubten Handlung gem. § 302 Nr. 1 Var. 1 InsO eine formale Betrachtung abgelehnt und verlangt stattdessen, dass der Vorsatz die Schadensfolge erfassen muss.[484] Anlass hierfür ist die Fragestellung gewesen, ob die Vorsatz-Fahrlässigkeits-Kombination des § 315c StGB in Form einer vorsätzlichen Trunkenheitsfahrt mit fahrlässiger Gefährdung der Gesundheit des Beifahrers und fahrlässiger Körperverletzung eine vorsätzliche unerlaubte Handlung ist. Diese Frage ist aufgekommen, weil im Strafrecht die Besonderheit besteht, dass eine Vorsatz-Fahrlässigkeits-Kombination nach § 11 Abs. 2 StGB als vorsätzliche Tat gilt. Seine Auslegung begründet der *BGH* mit dem Schutzzweck und dem Ausnahmecharakter des § 302 Nr. 1 Var. 1 InsO. Der Schutzzweck bestehe in der Billigkeitserwägung, wonach eine vorsätzliche unerlaubte Handlung aufgrund ihres hohen Unrechtsgehalts eine Nachhaftung des Schuldners rechtfertige. Formal betrachtet erfülle auch der Verstoß gegen ein abstraktes Schutzgesetz[485] wie dem Rechtsfahrgebot im Rahmen des § 823 Abs. 2 BGB das Vorsatzerfordernis, wobei sich der Vorsatz des Schuldners regelmäßig nicht auf die Schädigung der Rechtsgüter des Geschädigten erstrecke. Dieser Vorsatz erreiche jedoch nicht den hohen Unrechtsgehalt, der eine Nachhaftung rechtfertige. Ansonsten könne aufgrund der hohen Anzahl abstrakter Schutzgesetze der Ausnahmecharakter der Nachhaftung nicht mehr gewahrt bleiben.[486]

Aus einem Vergleich der wichtigen insolvenzrechtlichen Schutzgesetze, § 170 StGB (Vorenthaltung von Unterhalt), §§ 263, 264, 264a StGB (Betrugsvorschriften), § 266a StGB (Vorenthalten von Sozialversicherungsbeiträgen), § 64 GmbHG a.F. (jetzt: § 15a Abs. 1 InsO, rechtzeitige Anmeldung des Insolvenzverfahrens), leitet der *BGH* eine „Schädigungstendenz" aller Normen als Gemeinsamkeit ab.[487] Diese haben einen höheren Unrechtsgehalt im Vergleich

484 *BGH*, Urt. v. 21.06.2007, IX ZR 29/06, NZI 2007, 532 (533).

485 Der *BGH* nennt die Schutzgesetze nicht abstrakt, sondern zählt beispielhaft für den Bereich des Straßenverkehrsrechts einige Schutzgesetze auf, für die er die Schutzgesetzeigenschaft schon bejaht hat und die jeweils abstrakt sind: Rechtsfahrgebot nach § 2 Abs. 2 StVO, Anpassung der Geschwindigkeit an die Straßenverhältnisse nach § 3 Abs. 1 S 2 StVO, Rücksichtnahme ggü. schwächeren Verkehrsteilnehmern nach § 3 Abs. 2a StVO, Sicherung des Autos vor Schwarzfahrern nach § 14 Abs. 2 S 2 StVO und vorsichtiges Vorbeifahren an Haltestellen des öffentlichen Nahverkehrs nach § 20 Abs. 1 StVO.

486 *BGH*, Urt. v. 21.06.2007, IX ZR 29/06, NZI 2007, 532 (533).

487 *BGH*, Urt. v. 21.06.2007, IX ZR 29/06, NZI 2007, 532 (533f.).

zu den abstrakten Schutzgesetzen und rechtfertigen daher die Anwendung des § 302 Nr. 1 Var. 1 InsO. Bei erfolgsqualifizierten Delikten soll aufgrund des hohen Unrechtsgehalts wertungsmäßig schon die vorsätzliche Verwirklichung des Grundtatbestandes genügen. Der fahrlässig verursachte schwere Erfolg sei erfasst, weil „[d]er Täter […] sozusagen über das (Schädigungs-)Ziel hinausgeschossen“[488] sei. Bei der Vorsatz-Fahrlässigkeits-Kombination nach § 315c StGB richte sich der Vorsatz nur auf den Verstoß gegen die abstrakte Verhaltensnorm, das Verbot im fahruntüchtigen Zustand zu fahren, nicht aber auf die Schädigung der geschützten Rechtsgüter. Daher hat der *BGH* eine Schädigungstendenz verneint, weil sich der Täter „nicht vorsätzlich gegen das Leben, die Gesundheit oder die Sachwerte eines anderen vergangen“[489] hat. Dieser Wertung stehe § 11 Abs. 2 StGB nicht entgegen, da sich dessen Zweck allein auf die Ermöglichung der Versuchs- und Teilnehmerstrafbarkeit erstrecke.

Der Auslegung des *BGH* ist im Wesentlichen zuzustimmen.[490] Jedoch sind die verwendeten Begrifflichkeiten zu präzisieren. Wenn der *BGH* meint, der Vorsatz müsse die Schadensfolge umfassen, ist tatsächlich nur gemeint, dass der Vorsatz die Verletzung des geschützten Rechtsguts umfassen muss.[491] Dies bestätigt ein Vergleich mit § 103 VVG und den Ausführungen zu den erfolgsqualifizierten Delikten. Müsste der Vorsatz die Schadensfolgen umfassen,[492] wäre er wie bei § 103 VVG zu bejahen, wenn der Schuldner die Folgen seiner Handlung in groben Umrissen vorausgesehen und billigend in Kauf genommen hat und die tatsächlich eingetretenen Folgen von den Vorstellungen nicht wesentlich abweichen. Danach wären aber insbesondere die Schäden aus den fahrlässig verursachten schweren Folgen wie dem Tod von erfolgsqualifizierten Delikten nicht erfasst, welche der *BGH* aufgrund des hohen Unrechtsgehalts aus Wertungsgründen erfassen will.[493] Zudem kann auf das unklare Kriterium der

488 *BGH*, Urt. v. 21.06.2007, IX ZR 29/06, NZI 2007, 532 (534).

489 *BGH*, Urt. v. 21.06.2007, IX ZR 29/06, NZI 2007, 532 (534).

490 BeckOK-InsO/*Riedel*, § 302 InsO, Rn. 3; FK-InsO/*Ahrens*, § 302 InsO, Rn. 18; HambKomm-InsO/*Streek*, § 302 InsO, Rn. 3; Kayser/Thole/*Waltenberger*, § 302 InsO, Rn. 7; Schmidt/*Henning*, § 302 InsO, Rn. 4; Uhlenbruck/*Sternal*, § 302 InsO, Rn. 6f.; *Asmuß*, VIA 2010, S. 83 (83f.); *Brei*, VuR 2008, S. 115 (116).

491 *Kolbe*, S. 39 spricht vom „Vorsatz bezüglich des Verletzungseingriffs.“

492 So aber *OLG Saarland*, Urt. v. 27.07.2010, 4 U 531/09, KTS 2011, 106 (110).

493 *Asmuß*, VIA 2010, S. 83 (84) und *Brei*, VuR 2008, S. 115 (116) lehnen unter Hinweis auf die erfolgsqualifizierten Delikte jeweils die Erstreckung des Vorsatzes auf die konkrete Schadensfolge ab.

Schädigungstendenz[494] verzichtet werden. Es ist nicht abstrakt zu prüfen, ob ein Schuldner beim Verstoß gegen ein Schutzgesetz typischerweise die Verletzung des geschützten Rechtsguts billigend in Kauf genommen hat,[495] sondern im konkreten Fall zusätzlich zur normalen Prüfung des Schutzgesetzes festzustellen, ob sich der Vorsatz des Schuldners auf die Rechtsgutsverletzung erstreckt. Der durch die zusätzliche Prüfung des Vorsatzes entstehende Mehraufwand ist hinzunehmen.[496]

Die Auslegung des *BGH* ist in der Literatur teilweise auf Kritik gestoßen, auf die an dieser Stelle näher eingegangen werden soll. Der Ansicht des *BGH* stehe der Wortlaut des § 302 Nr. 1 Var. 1 InsO entgegen, der auf §§ 823 Abs. 1, Abs. 2, 826 BGB verweise und nicht nur auf § 826 BGB, der als einziger den Vorsatz bzgl. des Schadens voraussetze.[497] Sofern der Vorsatzbegriff materiell-rechtlich verstanden wird, trifft diese Kritik zu, allerdings ist daneben auch ein allein vollstreckungsrechtliches Verständnis möglich. Hiergegen wird vorgebracht, dass die Entscheidung, was unter einer vorsätzlichen unerlaubten Handlung zu verstehen sei, allein das materielle Recht treffen könne. Die Insolvenzordnung als formelles Recht ermögliche „(nur) die Umsetzung des materiellen Rechts in die Wirklichkeit – und muß daher darauf beschränkt sein, den Vorgaben des Zivilrechts Rechnung zu tragen."[498] Das formelle Recht dient zwar der Umsetzung des materiellen Rechts, allerdings kann der Gesetzgeber auch im formellen Recht bestimmte Wertungen wie z.B. bei § 302 InsO, bei dem das Ausgleichsinteresse das Interesse an einem unbeschwerten Neuanfang in einzelnen Fällen überwiegt, treffen. Die Tatbestandsvoraussetzungen dieser Normen können eigenständige insolvenzrechtliche Begriffe sein und damit von den gleichen Begriffen des materiellen Rechts abweichen, so dass sich die Auslegung der insolvenzrechtlichen Begriffe nicht nach dem materiellen Recht richten muss, sondern es einer eigenständigen insolvenzrechtlichen Auslegung bedarf, ob die materielle Forderung unter den insolvenzrechtlichen Begriff fällt. Dies gilt besonders, wenn das materielle Recht selbst keine Wertung getroffen hat, wie dies z.B. bei § 823 Abs. 1 BGB der Fall ist, in welchem sich die Rechtsfolge einer vorsätzlichen von einer fahrlässigen Rechtsgutsverletzung nicht unterscheidet.

---

494 *Brei*, VuR 2008, S. 115 (116).

495 So aber *Asmuß*, VIA 2010, S. 83 (84) mit Zustimmung von FK-InsO/*Ahrens*, § 302 InsO, Rn. 18.

496 *Brei*, VuR 2008, S. 115 (116).

497 *Stamm*, KTS 2011, S. 113 (117).

498 *Kolbe*, S. 35.

Die Unterscheidung in Form von Privilegien wird vielmehr erst an anderen Stellen unter den dort bestimmten Kriterien getroffen. Insofern ist es nicht inkonsequent, wenn der vorsätzliche Verstoß gegen ein Schutzgesetz im Rahmen des § 823 Abs. 2 BGB zu einer deliktischen Haftung führt, weil materiellrechtliche Erwägungen die Übernahme des Schadens des Geschädigten durch den Schädiger rechtfertigen, während im formellen Recht aufgrund anderer Wertungen dem Verstoß mangels hohen Unrechtsgehalts vollstreckungsrechtliche Privilegien versagt werden.[499] Daher ist der Einwand, die ausufernde Haftung für Schutzgesetzverletzungen sei auf materieller und nicht prozessualer Ebene zu regeln,[500] in diesem Zusammenhang nicht zielführend.

Nach Ansicht von *Stamm*[501] spricht der Wortlaut des § 174 Abs. 2 InsO, welcher für die Anmeldung die Angabe der Tatsachen für das Vorliegen einer vorsätzlichen unerlaubten Handlung voraussetzt, aber keinen Hinweis auf die zusätzliche Schädigungstendenz enthalte, gegen die Ansicht des *BGH*. Hierbei wird jedoch übersehen, dass § 174 Abs. 2 InsO sich auf § 302 Nr. 1 Var. 1 InsO bezieht und sich demnach die Auslegung der vorsätzlichen unerlaubten Handlung nach § 302 Nr. 1 Var. 1 InsO richtet. Gegen eine teleologische Reduktion wendet *Stamm*[502] ein, dass sich der Gesetzgeber bei der vorsätzlichen unerlaubten Handlung bewusst für eine Durchbrechung der Restschuldbefreiung entschieden habe und daher für eine Einschränkung dieser Entscheidung kein Grund ersichtlich sei. Der Gesetzgeber hat die Durchbrechung für sachgerecht gehalten, allerdings ist aufgrund der kurzen Gesetzesbegründung zu § 302 Nr. 1 Var. 1 InsO nicht ersichtlich, ob er hierbei auch an abstrakte Schutzgesetze gedacht oder nicht vielmehr bei seinen Überlegungen die typischen Insolvenzdelikte sowie vorsätzliche Körperverletzungen, Sachbeschädigungen etc. im Blick gehabt hat. Zugleich deutet der Begriff „sachgerecht" auf Billigkeitserwägungen hin, auf die der *BGH* seine Auslegung stützt.[503] Des Weiteren

---

499 A.A. *Kolbe*, S. 40.

500 *Kolbe*, S. 39f.

501 *Stamm*, KTS 2011, S. 113 (117).

502 *Stamm*, KTS 2011, S. 113 (119) mit Verweis auf die Gesetzesbegründung: „Es erscheint sachgerecht, Schadensersatzansprüche aus vorsätzlich begangenen unerlaubten Handlungen sowie Geldstrafen und vergleichbare Verbindlichkeiten von der Schuldbefreiung auszunehmen" (*BT*-Drucks. 12/2443, S. 194 zu § 251).

503 Die von *Kolbe*, S. 40 befürchtete Gefahr, dass durch die Rechtsprechung eine allgemeine Redlichkeitsprüfung in § 302 Nr. 1 Var. 1 InsO implementiert werde, besteht nicht. Es wird lediglich bewertet, ob die unerlaubte Handlung von einer solchen Schwere ist, von welcher der Gesetzgeber bei seiner Wertentscheidung ausgegangen ist.

sind nach Ansicht von *Stamm*[504] sachgerechte Ergebnisse schon aufgrund allgemeiner Adäquanzkriterien sowie des Erfordernisses, dass sich der Vorsatz auf alle objektiven Tatbestandsmerkmale beziehen müsse, erreichbar, so dass es der Auslegung des *BGH* nicht bedurft hätte. Dieses Verständnis vermag zwar bei Vorsatz-Fahrlässigkeits-Kombinationen helfen, versagt allerdings bei abstrakten Schutzgesetzen, die keine Rechtsgutsverletzung und damit insoweit auch keinen Vorsatz voraussetzen sowie bei erfolgsqualifizierten Delikten, bei denen die schwere Folge nicht vorsätzlich verursacht werden muss.

In einem weiteren Urteil plädiert der *BGH* für eine einheitliche Auslegung des Begriffs der „vorsätzlichen unerlaubten Handlung" für alle Privilegierungsnormen.[505] Hierfür sprechen prozessökonomische Gründe, da das Gericht auf diese Weise die vorsätzliche unerlaubte Handlung für alle Privilegierungsnormen mit einer Klage feststellen kann, anstatt dass es für jede Privilegierungsnorm einer gesonderten Feststellung bedarf.[506] Überraschend sind hierbei jedoch die Ausführungen, dass kein Sachgrund ersichtlich sei, den Begriff der „vorsätzlichen unerlaubten Handlung" in der Privilegierungsnorm enger zu fassen als im materiellen Recht. Vielmehr sei für die Auslegung das materielle Recht ausschlaggebend.[507] Im Urteil beziehen sich diese Ausführungen auf die Frage, ob die Strafverfahrens- und Nebenklägerkosten des Landes wegen einer vorsätzlichen Straftat zu den Forderungen aus vorsätzlicher unerlaubter Handlung gehören. Würden die Ausführungen allgemein gelten, wäre die Konsequenz die indirekte Aufhebung der Rechtsprechung zum Begriff des Vorsatzes bei § 302 Nr. 1 Var. 1 InsO. Dies kann jedoch aufgrund der besonderen Billigkeitserwägungen und des Ausnahmecharakters nicht gewollt sein. Vielmehr beschränken sich die Ausführungen darauf, dass die Rechtsfolgen einer unerlaubten Handlung unmittelbar nach dem materiellen Recht zu bestimmen sind.[508] Unabhängig davon sprechen prozessökonomische Gründe für eine einheitliche Auslegung des Vorsatzes der unerlaubten Handlung bei allen Privilegierungsnormen,[509] so dass bei den weiteren hier zu behandelnden Normen zu prüfen ist, ob eine einheitliche Auslegung möglich ist.

504 *Stamm*, KTS 2011, S. 113 (121).
505 *BGH*, Urt. v. 21.07.2011, IX ZR 151/10, BGHZ 190, 353 (357f.).
506 *BGH*, Urt. v. 21.07.2011, IX ZR 151/10, BGHZ 190, 353 (357f.).
507 *BGH*, Urt. v. 21.07.2011, IX ZR 151/10, BGHZ 190, 353 (357).
508 *BGH*, Urt. v. 21.07.2011, IX ZR 151/10, BGHZ 190, 353 (356f.).
509 *Busch*, VuR 2012, S. 162 (162f.).

b) Konsequenzen für § 323c Abs. 1 StGB

Nach den obigen Ausführungen muss sich der Vorsatz auf die Rechtsgutsverletzung beziehen, welches bei Schutzgesetzen, die eine solche nicht voraussetzen, explizit festzustellen ist. Dieser Fall trifft auf § 323c Abs. 1 StGB zu. In Variante 1[510] ist § 302 Nr. 1 Var. 1 InsO mangels Vorsatzes hinsichtlich der Verletzung des Körpers nicht einschlägig. In Variante 2 umfasst der Vorsatz die Rechtsgutsverletzung, wodurch der Schadensersatzanspruch des Hilfe Unterlassenden von der Restschuldbefreiung nicht mitumfasst ist. In Variante 3 ist wiederum zu differenzieren. Hinsichtlich der Schadensersatzansprüche des Hilfsbedürftigen besteht die Nachhaftung im Sinne des § 302 Nr. 1 Var. 1 InsO, weil insoweit der Vorsatz bezüglich der Körperverletzung genügt, solange die schwere Folge – wie in Variante 3 – adäquat kausal auf der Körperverletzung beruht. Die Ersatzansprüche Dritter bei Tötung nach § 844 BGB setzen die Verletzung des Lebens voraus. Der Hilfe Unterlassende hat die Möglichkeit des Todes des Hilfsbedürftigen in Variante 3 nicht vorausgesehen, so dass insoweit kein Vorsatz vorliegt und § 302 Nr. 1 Var. 1 InsO hinsichtlich der Dritten ausscheidet.

2) Erweiterte Pfändungsuntergrenze nach § 850f Abs. 2 ZPO

Während § 302 Nr. 1 Var. 1 InsO eine Privilegierung der Gläubiger einer Forderung aus vorsätzlich begangener unerlaubter Handlung im Rahmen der Gesamtvollstreckung darstellt, schafft § 850f Abs. 2 ZPO eine Entsprechende für die Einzelvollstreckung. § 850f Abs. 2 ZPO gewährt jenen Gläubigern die Möglichkeit auf Antrag nach Ermessen des Gerichts in den unpfändbaren Bereich des Arbeitseinkommens des Schuldners nach § 850c ZPO zu vollstrecken.

Der *BGH* sieht seine Auslegung der vorsätzlichen unerlaubten Handlung des § 302 Nr. 1 Var. 1 InsO dadurch bestätigt, dass es zu der Parallelvorschrift des § 850f Abs. 2 ZPO keine bekannte Entscheidung gibt, in der jemand „aus dem Vorliegen von „Vorsatz-Fahrlässigkeits-Kombinationen" vollstreckungsrechtliche Vorteile abzuleiten"[511] versucht. Hierdurch impliziert er, dass aufgrund der Vergleichbarkeit der Vorsatz des § 850f Abs. 2 ZPO wie in § 302 Nr. 1 Var. 1 InsO auszulegen ist. In der Literatur wird diese Auslegung teilweise gefordert.[512]

Gegen eine Übertragung wird eingewandt, dass mit § 850f Abs. 2 ZPO im Gegensatz zu § 302 Nr. 1 Var. 1 InsO „nicht ausnahmsweise eine fortbestehende Haftung legitimiert, sondern ein Haftungsanspruch erleichtert durchgesetzt

---

510 Siehe Darstellung der drei Varianten auf S. 114f.

511 *BGH*, Urt. v. 21.06.2007, IX ZR 29/06, NZI 2007, 532 (534).

512 Hk-ZV/*Meller-Hannich*, § 850f ZPO, Rn. 14; *Busch*, VuR 2012, S. 162 (162f.).

werden"[513] soll. Dieser Unterschied steht einer einheitlichen Auslegung jedoch nicht entgegen. Denn § 850f Abs. 2 ZPO beruht auf vergleichbaren Billigkeitserwägungen wie § 302 Nr. 1 Var. 1 InsO, wonach der Schuldner aufgrund des hohen Unrechtsgehalts der vorsätzlichen unerlaubten Handlung bis zur Grenze seiner Leistungsfähigkeit für den verursachten Schaden haften soll.[514] Dies bestätigen auch die Gesetzesmaterialien, wonach „§ 850f Abs. 2 ZPO [...] einem Grundgedanken unseres Rechts [entspricht], der u.a. nach § 393 BGB für das Recht der Aufrechnung gilt."[515] In der Begründung zu § 393 BGB heißt es, dass „[d]er Grund der Vorschrift [...] unverkennbar der [ist], dass dem Diebe und dem einem Diebe gleichzustellender Uebelthäter ausnahmsweise das Recht der Aufrechnung allgemein und schlechthin hat entzogen werden sollen."[516] Hierin kommen gerade die Billigkeitserwägungen aufgrund des hohen Unrechtsgehalts zur Geltung. Zugleich ist bei der Einführung des § 850f Abs. 2 ZPO primär an „ein[en] Betrüger, ein[en] Dieb, ein[en] Raufbold usw."[517] gedacht worden, also an Schutzgesetze mit einem hohen Unrechtsgehalt, nicht aber an abstrakte Gefährdungsdelikte. Des Weiteren sind § 850f Abs. 2 ZPO und § 393 BGB – wie die Gesetzesbegründungen zeigen – gerade Ausnahmeregelungen, weswegen wie bei § 302 Nr. 1 Var. 1 InsO eine zu weitgehende Auslegung nicht gewollt ist. Daher kann die Auslegung des *BGH* übertragen werden. Für die drei Varianten gelten die Ausführungen zu § 302 Nr. 1 Var. 1 InsO entsprechend.

3) Pfändbarkeit künftiger Forderungen nach § 89 Abs. 2 S 2 Alt. 2 InsO

Für die Auslegung des Begriffs der „vorsätzlichen unerlaubten Handlung" in § 89 Abs. 2 S 2 Alt. 2 InsO ist die Kenntnis der Rolle des Abs. 2 S 2 in § 89 InsO von besonderer Bedeutung. Daher wird die Rolle des Abs. 2 S 2 erst dargestellt, bevor zur Frage, ob eine einheitliche Auslegung der vorsätzlichen unerlaubten Handlung auch bei § 89 Abs. 2 S 2 Alt. 2 InsO möglich ist, Stellung bezogen

---

513 PG/*Ahrens*, § 850f, Rn. 40. Die Ausführungen des Bearbeiters sind widersprüchlich, da er in Rn. 37 durch die Übertragung der *BGH*-Rechtsprechung, wonach sich der Vorsatz auf die Schadensfolge beziehen müsse, das genaue Gegenteil vertritt. Zugleich nimmt er in Rn. 35 an, dass der Schutzzweck von § 302 Nr. 1 Var. 1 InsO und § 850f Abs. 2 ZPO identisch ist.

514 PG/*Ahrens*, § 850f ZPO, Rn. 37; Rattunde/Smid/Zeuner/*Knop*, § 302 InsO, Rn. 3, 4 und Smid/*Haarmeyer*, § 302 InsO, Rn. 2 gehen von einer entsprechenden Regelung bzw. Regelungsstruktur aus.

515 *BT*-Drucks. 3/415, S. 11.

516 *Motive* zu dem Entwurfe eines Bürgerlichen Gesetzbuches, Bd. II, S. 112.

517 *Berner*, Rpfleger 1959, S. 77 (79).

wird. Durch das Verbot der Einzelvollstreckung für Insolvenzgläubiger während des Insolvenzverfahrens nach § 89 Abs. 1 InsO stellt der Gesetzgeber „[d]as Ziel des Insolvenzverfahrens der gemeinschaftlichen und gleichmäßigen Befriedigung der Insolvenzgläubiger“ sicher.[518] Für Neugläubiger, also Gläubiger, deren Forderung gegen den Schuldner erst nach der Insolvenzeröffnung entsteht und daher nicht am Insolvenzverfahren teilnimmt, folgt das allgemeine Vollstreckungsverbot aus den Massezuordnungsregelungen der §§ 35, 38, 49 – 51, 53, 91 InsO.[519] Um die Verteilung im Insolvenzverfahren zu erhöhen, schließt der Gesetzgeber für alle Gläubiger grundsätzlich die Einzelvollstreckung in künftige Forderungen aus einem Dienstverhältnis, also Arbeitseinkommen nach Beendigung des Insolvenzverfahrens, nach § 89 Abs. 2 S 1 InsO aus.[520] Lediglich für Neugläubiger von Unterhaltsleistungen und von Forderungen aus vorsätzlicher unerlaubter Handlung gewährt er die Einzelvollstreckung in den erweitert pfändbaren Bereich des Arbeitseinkommens der §§ 850d, 850f Abs. 2 InsO nach § 89 Abs. 2 S 2 Alt. 2 InsO. Da dieser Bereich weder Teil der Insolvenzmasse ist noch der Verteilung im Insolvenzverfahren zur Verfügung steht, ist das Ziel des allgemeinen Vollstreckungsverbots nicht gefährdet. Daher hat der Gesetzgeber keine Bedenken die Privilegierung der §§ 850d, 850f Abs. 2 InsO in der Einzelvollstreckung auf die Gesamtvollstreckung für Neugläubiger, die gerade nicht aus der Masse befriedigt werden, zu übertragen.[521] Hierdurch wird eine Bevorzugung des Schuldners gegenüber den Neugläubigern vermieden, die in der vorübergehenden Befreiung des Schuldners von der erweiterten Pfändung nach §§ 850d, 850f Abs. 2 InsO durch die Flucht ins Insolvenzverfahren bestehen würde.[522]

Indem der Gesetzgeber die Privilegierung des § 850f Abs. 2 ZPO in die Gesamtvollstreckung überträgt, gelten zugleich die Wertungen der übertragenen Norm und damit richtet sich auch die Auslegung der vorsätzlichen unerlaubten Handlung nach § 850f Abs. 2 ZPO. Für die einheitliche Auslegung spricht ferner, dass die Wertungen des § 89 Abs. 2 S 2 Alt. 2 InsO mit derjenigen des § 302 Nr. 1 Var. 1 InsO vergleichbar sind.[523] Daher ist die vorsätzliche unerlaubte Handlung

---

518 MüKo-Inso/*Breuer/Flöther*, § 89 InsO, Rn. 1; vgl. *BT*-Drucks. 12/2443, S. 137.

519 MüKo-Inso/*Breuer/Flöther*, § 89 InsO, Rn. 11.

520 *BT*-Drucks. 12/2443, S. 137.

521 *BT*-Drucks. 12/2443, S. 137f.; Jaeger/*Eckardt*, § 89 InsO, Rn. 66; Rattunde/Smid/Zeuner/*Smid*, § 89 InsO, Rn. 23; MüKo-InsO/*Breuer/Flöther*, § 89 InsO, Rn. 51.

522 *Gerhardt*, in: Kölner Schrift, S. 215, Rn. 46; Jaeger/*Eckardt*, § 89 InsO, Rn. 66; Rattunde/Smid/Zeuner/*Smid*, § 89 InsO, Rn. 23.

523 Braun/*Kroth*, § 89 InsO, Rn. 12.

in § 89 Abs. 2 S 1 InsO einheitlich wie in §§ 850f Abs. 2 ZPO, 302 Nr. 1 Var. 1 InsO auszulegen und die Ausführungen zu den Varianten im Rahmen des § 302 Nr. 1 Var. 1 InsO gelten hier entsprechend.

4) Aufrechnungsverbot nach § 393 BGB

§ 393 BGB statuiert ein einseitiges Aufrechnungsverbot, wonach der Schuldner einer vorsätzlich begangenen unerlaubten Handlung nicht gegen diesen Schadensersatzanspruch aufrechnen darf. In der Literatur ist der Sinn und Zweck des § 393 BGB umstritten, welches zu verschiedenen Ansätzen der teleologischen Reduktion des § 393 BGB führt. Die Ansätze und deren Auswirkungen auf §§ 823 Abs. 2 BGB i.V.m. 323c Abs. 1 StGB sowie die Reaktion der Rechtsprechung hierauf sollen an dieser Stelle kurz dargestellt werden. Anschließend wird überprüft, ob die einheitliche Auslegung der vorsätzlichen unerlaubten Handlung auch auf § 393 BGB übertragbar ist.

Deutsch sieht den Sinn und Zweck des § 393 BGB in der Verhinderung sanktionsloser Privatrache.[524] Der Gläubiger eines säumigen Schuldners soll diesen nicht sanktionslos bis zur Höhe seiner Schuld körperlich verletzen oder dessen Sachen beschädigen können, um anschließend aufzurechnen. Die Aufrechnung sei „[n]ur demjenigen, der sich bewußt verletztend über die Rechtsordnung hinwegsetzt,“[525] versagt. Daher genüge der Verstoß gegen ein abstraktes Schutzgesetz nicht.[526] Zugleich bedürfe es im Falle von gegenseitigen Schadensersatzansprüchen aus derselben Schlägerei nicht des Aufrechnungsverbots, da keiner der beiden Geschädigten im Eifer des Gefechts an das Aufrechnungsverbot gedacht und insofern die Gefahr der Privatrache nicht bestanden habe.[527]

Nach dieser Ansicht würden zunächst die Fälle der unterlassenen Hilfe ausscheiden, die zeitlich vor der Entstehung der Gegenforderung liegen, weil dort keine Gefahr der Privatrache bestanden hat. Zu diesen Konstellationen kann es dadurch kommen, dass der Geschädigte im Zeitpunkt des Vertragsschlusses den Hilfe Unterlassenden noch nicht gekannt, er bei der Auswahl des Vertragspartners keine Alternative gehabt hat oder der Anspruch des Hilfe Unterlassenden

---

524 *Deutsch*, NJW 1981, S. 735.

525 *Deutsch*, NJW 1981, S. 735.

526 *Deutsch*, NJW 1981, S. 735 (735f.).

527 *Deutsch*, NJW 1981, S. 735 (735f.); für diese Einschränkungen plädieren auch: RGRK/*Weber*, § 393 BGB, Rn. 7; Soergel/*Schreiber*, § 393 BGB, Rn. 5; Staudinger/*Gursky*, § 393 BGB, Rn. 32 m.w.N.; *Larenz*, Schuldrecht I, S. 259; a.A.: MüKo-BGB/*Schlüter*, § 393 BGB, Rn. 5; *Haase*, JR 1972, S. 137 (138f.)).

aufgrund Gesetzes entstanden ist. In den zeitlich späteren Fällen dürfte auch zweifelhaft sein, ob der Hilfe Unterlassende gerade in der nicht planbaren Notsituation an das Aufrechnungsverbot gedacht und deswegen nicht gehandelt hat. Die Formulierung von *Deutsch* „bewußt verletzend über die Rechtsordnung hinwegsetzend" geht in die Richtung der Rechtsprechung zu § 302 Nr. 1 InsO, wo sich der Täter „nicht vorsätzlich gegen das Leben, die Gesundheit oder die Sachwerte eines anderen vergangen" haben darf, so dass auch bei *Deutsch* der Vorsatz sich vermutlich auf die Rechtsgutsverletzung beziehen soll. Insofern wären die Ausführungen zu § 302 Nr. 1 InsO entsprechend anwendbar. Gegen den Sinn und Zweck der Verhinderung der Privatrache ist jedoch anzuführen, dass die Privatrache schon aufgrund der strafrechtlichen Vorschriften nicht sanktionslos möglich ist und der Gläubiger mit Ausnahme von seelischer Befriedigung keinen unrechtmäßigen Vorteil hieraus erlangt, für dessen Verhinderung es des Zivilrechts bedarf.[528]

Pielemeier sieht den Grund für § 393 BGB vielmehr in der Vermeidung von unzulässiger Selbsthilfe.[529] Dies sei die eigenmächtige Vollstreckung einer Forderung durch die Wegnahme einer Sache des Schuldners, um bei einer Forderung auf Übergabe und Übereignung die Sache selbst oder bei einer Forderung auf Zahlung den Erlös aus der Veräußerung der Sache als Ersatz zu erhalten. Erklärt der Gläubiger anschließend die Aufrechnung mit seiner wertlosen Forderung gegen den durch Wegnahme und Veräußerung der Sache begründeten Schadensersatzanspruch, habe er die eigenmächtige Befriedigung aus der Forderung durch den Erhalt der Sache bzw. des Erlöses bei gleichzeitigem Wegfall des Schadensersatzanspruchs erreicht. Das Aufrechnungsverbot verhindere gerade diese Befriedigung, nehme damit der eigenmächtigen Vollstreckung jeglichen Anreiz und gewährleiste im Falle der Insolvenz durch das Aufrechterhalten des Schadensersatzanspruchs eine gleichmäßige Verteilung der Insolvenzmasse an die Gläubiger. Hierfür spreche einerseits die Entstehungsgeschichte, wonach die heutige Fassung auf einem falschen Verständnis der Vorgängernorm beruhe[530] und andererseits aus systematischer Sicht die Existenz der §§ 229 – 231 BGB, die ebenso nur Selbsthilfe in engen Grenzen zulassen würden.[531] Da der eigentliche Sinn und Zweck des § 393 BGB in der Verhinderung der unzulässigen Selbsthilfe liege, plädiert *Pielemeier* für eine Auslegung, wonach die Norm nur

528 *Pielemeier*, S. 99f.

529 *Pielemeier*, S. 36 – 47, 74 – 77, 86 – 103.

530 *Pielemeier*, S. 36 – 47, 74 – 77.

531 *Pielemeier*, S. 94 – 97.

solche Fälle verhindere. Dies sei einerseits durch eine teleologische Reduktion des § 393 BGB auf Fälle unzulässiger Selbsthilfe im Rahmen der vorsätzlichen unerlaubten Handlungen sowie andererseits durch analoge Anwendung des § 393 BGB auf Fälle außerhalb des Deliktrechts zu erreichen.[532]

Da der Hilfe Unterlassende in der Notsituation durch die Nichthilfe keine Sache des Hilfsbedürftigen erlangt, wodurch er seine eigene Forderung befriedigen könnte, würden Schadensersatzansprüche aus §§ 823 Abs. 2 BGB i.V.m. 323c Abs. 1 StGB nach dieser Ansicht nicht zum Anwendungsbereich des § 393 BGB zählen. Gegen diese Ansicht spricht, dass hierdurch der Anwendungsbereich unangemessen stark eingeengt wird.[533]

Der *BGH* hat in dem Fall, dass sich zwei Schadensersatzansprüche aus einer einheitlichen Prügelei gegenüber stehen, beide eben dargestellten Einschränkungen zu Recht abgelehnt.[534] Hierfür spricht der klare Wortlaut des § 393 BGB[535] sowie die Tatsache, dass der Gesetzgeber trotz mehrerer Möglichkeiten insbesondere im Rahmen der Schuldrechtsmodernisierung keine Änderung vorgenommen hat.[536] Ferner führt das Erfordernis eines einheitlichen Lebenssachverhalts zu einer nicht hinnehmbaren Rechtsunsicherheit.[537]

Zu klären bleibt, ob der Beschluss des *BGH* zu § 393 BGB der vorgeschlagenen einheitlichen Auslegung der vorsätzlichen unerlaubten Handlung entgegensteht. Der Sinn und Zweck der Norm besteht darin, dass es aufgrund des hohen Unrechtsgehalts einer vorsätzlichen unerlaubten Handlung unbillig ist, wenn sich dessen Opfer für den Ersatz der Schäden erst langwierig mit der Erörterung von Gegenansprüchen auseinandersetzen müssten.[538] Diese Wertung folgt auch aus der Gesetzesbegründung zu § 393 BGB, wonach „[d]er Grund der Vorschrift [...] unverkennbar der [ist], dass dem Diebe und dem einem Diebe gleichzustellender Uebelthäter ausnahmsweise das Recht der Aufrechnung allgemein und

---

532 *Pielemeier*, S. 107 – 112.

533 Staudinger/Gursky, § 393 BGB, Rn. 1; *Pielemeier*, S. 112 weist selbst darauf hin, dass der Anwendungsbereich nach seinem Verständnis der Norm gering ist.

534 *BGH*, Beschl. v. 15.09.2009, VI ZA 13/09, NJW 2009, 3508; kritisch hierzu *Heyers*, JR 2010, S. 440 (440f.), der letztlich wie *Pielemeier* für eine Beschränkung auf Fälle unzulässiger Selbsthilfe plädiert.

535 *BGH*, Beschl. v. 15.09.2009, VI ZA 13/09, NJW 2009, 3508; so schon *RG*, Urt. v. 06.12.1928, VI 229/28, RGZ 123, 6 (7).

536 *BGH*, Beschl. v. 15.09.2009, VI ZA 13/09, NJW 2009, 3508.

537 *BGH*, Beschl. v. 15.09.2009, VI ZA 13/09, NJW 2009, 3508.

538 *RG*, Urt. v. 20.04.1937, II 233/36, RGZ 154, 334 (339); *BGH*, Urt. v. 28.04.1987, VI ZR 1/86, VI ZR 43/86, NJW 1987, 2997 (2998).

schlechthin hat entzogen werden sollen."[539] Zugleich betont die Begründung auch den Ausnahmecharakter der Norm, welches gegen eine zu weite Auslegung spricht. Der hohe Unrechtsgehalt liegt beim Verstoß gegen ein abstraktes Schutzgesetz allein jedoch noch nicht vor, sondern erst, wenn der Vorsatz die Rechtsgutsverletzung umfasst. Daher ist der Vorsatz des § 393 BGB ebenfalls aufgrund des Sinn und Zwecks der Norm sowie dessen Ausnahmecharakter vollstreckungsrechtlich auszulegen, so dass er die Rechtsgutsverletzung umfassen muss. Im Gegensatz zur Problematik der gegenseitigen Forderungen aus einer einheitlichen Prügelei, die unzweifelhaft vorsätzliche unerlaubte Handlungen darstellt, steht der Wortlaut hinsichtlich der Auslegung des Vorsatzes nicht zwingend entgegen. Ferner bedarf es für die vollstreckungsrechtliche Auslegung keiner Gesetzesänderung, weswegen sie aufgrund der Untätigkeit des Gesetzgebers nicht abzulehnen ist. Überdies schafft die zusätzliche Feststellung des Vorsatzes hinsichtlich der Rechtsgutsverletzung keine Rechtsunsicherheit, sondern vielmehr durch die einheitliche Auslegung bei den verschiedenen Normen Rechtsklarheit und eine schnellere Durchsetzung des Anspruchs. Folglich ist die einheitliche Auslegung mit dem Beschluss des *BGH* zu § 393 BGB vereinbar. Dem Einwand von *Ahrens*,[540] dass § 393 BGB eine ganz andere Zielsetzung, nämlich die Verhinderung von Privatrache, verfolgt, die einer einheitlichen Auslegung entgegensteht, ist nicht zu folgen. Gegen die einheitliche Auslegung spricht entgegen *Ahrens*[541] nicht, dass § 393 BGB eine ganz andere Zielsetzung, nämlich die Verhinderung von Privatrache, verfolge, da dies einerseits – wie oben darlegt – nicht Sinn und Zweck des § 393 BGB ist und zum anderen beide Normen auf vergleichbaren Wertungen beruhen.

5) Ergebnis

Dem vollstreckungsrechtlichen Vorsatzbegriff des *BGH* ist mit der Modifikation zuzustimmen, dass sich der Vorsatz nicht auf die Schadensfolgen, sondern die Rechtsgutsverletzung beziehen muss. Dieser Vorsatzbegriff ist auf die weiteren Normen übertragbar, so dass ein einheitlicher Begriff vorliegt, welcher Rechtssicherheit und Prozessökonomie fördert.

539 *Motive* zu dem Entwurfe eines Bürgerlichen Gesetzbuches, Bd. II, S. 112.
540 FK-InsO/*Ahrens*, § 302 InsO, Rn. 14.
541 FK-InsO/*Ahrens*, § 302 InsO, Rn. 14.

§ 9) *Dashcam*-Ausnahmen als zulässige Beweismittel

Die Anzahl der strafrechtlichen Verurteilungen wegen § 323c Abs. 1 StGB ist auch deshalb so gering, weil der Hilfe Unterlassende häufig unbekannt ist. Der Hilfsbedürftige kennt den Hilfe Unterlassenden regelmäßig nicht und war aufgrund der eigenen Verletzungen meist nicht in der Lage sich den Hilfe Unterlassenden oder dessen Autokennzeichen zu merken. Weitere Zeugen gibt es in der Regel nicht, zumal sich diese – falls doch vorhanden –, sofern sie nicht selbst Helfer und mit der Hilfe zu beschäftigt waren, um sich die Hilfe Unterlassenden zu merken, ebenfalls der unterlassenen Hilfeleistung strafbar gemacht haben, wodurch jeglicher Anreiz für die Zurverfügungstellung als Zeuge fehlt. Die Beweisnot des Hilfsbedürftigen könnte sich im Bereich von Autounfällen nun jedoch durch die seit einigen Jahren existierenden *Dashcams* verbessert haben. Diese Kameras werden am Armaturenbrett angebracht, zeichnen die Umgebung auf und ermöglichen so die Identifizierung der Hilfe Unterlassenden und können als Beweismittel der Inaugenscheinnahme im Zivilprozess dienen.

Fraglich ist allerdings, ob die Erstellung der Aufnahmen als Beweismittel zulässig ist und ob aus deren Rechtswidrigkeit ein Beweisverwertungsverbot folgt. Der *BGH*[542] hat in einem Verkehrsunfallprozess unter dem damals geltenden BDSG entschieden, dass kein Beweisverwertungsverbot für Aufnahmen einer *Dashcam*, die dauerhaft ohne Anlassbezug aufzeichnet, besteht. Ob dieses Urteil auch für die Aufnahmen des Hilfsbedürftigen und unter der neuen DS-GVO gilt, ist an dieser Stelle zu untersuchen.

A) Beweiserhebungsverbot

Zunächst ist zu untersuchen, ob die Aufnahmen unter der DS-GVO zulässig sind oder ob insoweit schon ein Beweiserhebungsverbot besteht. Hierbei unterscheidet sich die Situation des Hilfsbedürftigen von Verkehrsunfällen dadurch, dass nicht die letzte Minute vor dem Unfall von Interesse ist, sondern die Zeit nach dem Unfall, die sich mitunter über einen längeren Zeitraum bis zum Eintreffen der erforderlichen Hilfe erstrecken kann. Dadurch sind Aufzeichnungen, die alle zwei Minuten überschrieben werden, in dieser Konstellation wenig hilfreich, sondern es stellt sich die Frage, ob auch Aufzeichnungen über einen längeren Zeitraum zulässig sind.

Unter den sachlichen Anwendungsbereich der DS-GVO fällt gem. Art. 2 Abs. 1 DS-GVO die ganz oder teilweise automatisierte Verarbeitung von

542 *BGH*, Urt. v. 15.05.2018, VI ZR 233/17, BGHZ 218, 348 (352).

personenbezogenen Daten. Personenbezogene Daten sind nach Art. 4 Nr. 1 DS-GVO alle Informationen, die sich auf eine identifizierte oder identifizierbare natürliche Person beziehen. Hierzu zählt sowohl die Aufnahme der Person als auch deren Kfz-Kennzeichen,[543] die mit der *Dashcam* verarbeitet und gespeichert werden. Der sachliche Anwendungsbereich ist nicht durch die Ausnahme der Verarbeitung zur Ausübung ausschließlich persönlicher und familiärer Tätigkeiten nach Art. 2 Abs. 2 lit. c DS-GVO ausgenommen. Denn mit der Aufzeichnung von fremden Dritten im öffentlichen Verkehr verlässt der Autofahrer gerade diesen privaten und familiären Bereich ohne Außenbezug.[544]

Die Verarbeitung kann nach Art. 6 Abs. 1 S 1 lit. f DS-GVO gerechtfertigt sein, sofern die Verarbeitung zur Wahrung berechtigter Interessen des Verantwortlichen erforderlich ist und die Grundrechte und –freiheiten der betroffenen Person nicht überwiegen.

Verarbeitung ist nach Art. 4 Nr. 2 DS-GVO jeder mit oder ohne automatisiertem Verfahren ausgeübte Vorgang oder jede Vorgangsreihe im Zusammenhang mit personenbezogenen Daten wie das Erheben, das Erfassen, die Organisation, das Ordnen, die Speicherung, die Anpassung oder Veränderung, das Auslesen, das Abfragen, die Verwendung, die Offenlegung durch Übermittlung, Verbreitung oder eine andere Form der Bereitstellung, der Abgleich oder die Verknüpfung, die Einschränkung, das Löschen oder die Vernichtung. Die *Dashcam*-Aufnahmen stellen Vorgänge der Erfassung und Speicherung von personenbezogenen Daten dar.

Verantwortlicher ist nach Art. 4 Nr. 7 DS-GVO der aufzeichnende Autofahrer und damit der Hilfsbedürftige.

Berechtigte Interessen sind alle ideellen und wirtschaftlichen Interessen, die im Einklang mit Unionsrecht stehen.[545] Zu den Interessen des Verantwortlichen gehört das Recht auf ein faires Verfahren nach Art. 6 Abs. 1, 13 EMRK und Art. 47 GRCh, welches ohne die Möglichkeit Beweise vorzubringen nicht gewährleistet werden kann.[546] Ein weiteres Interesse liegt im Recht auf Leben und Unversehrtheit der Gesundheit nach Art. 2 Abs. 1 S 1 EMRK und Art. 2 Abs. 1, 3 Abs. 1 GRCh. Ein mögliches Motiv für die unterlassene Hilfeleistung liegt darin, dass der Hilfe Unterlassende mit keinen straf- oder zivilrechtlichen Konsequenzen rechnet, weil er davon ausgeht, dass sein Unterlassen nicht bemerkt bzw.

543 Gola/*Gola*, Art. 4 DS-GVO, Rn. 5f.

544 *Mäsch/Ziegenrücker*, JuS 2018, S. 750.

545 *Mäsch/Ziegenrücker*, JuS 2018, S. 750 (751).

546 *Mäsch/Ziegenrücker*, JuS 2018, S. 750 (751).

festgehalten wird. Besteht nunmehr aber ein Überwachungsdruck, erlangt dieses Motiv bei der Abwägung des Hilfe Unterlassenden geringere Bedeutung, so dass der Hilfe Unterlassende eher dem Hilfsbedürftigen hilft und sei es nur durch das Absetzen eines Notrufs. Damit dient die Aufnahme beim Unfall gerade dem Schutz des Lebens und der Gesundheit des Verantwortlichen.

Die Verarbeitung muss erforderlich sein, d.h. sie muss zur Erreichung des Zwecks objektiv tauglich sein und es darf keine für den Betroffenen weniger invasive Alternative geben, die dem Verantwortlichen zumutbar ist.[547] Auf den Aufnahmen des Unfallgeschehens können die Hilfe Unterlassenden durch ihr Aussehen und ihr Kfz-Kennzeichen ermittelt, deren Anwesenheit vor Ort bewiesen und, sofern sie zum Unfallwagen schauen oder die Geschwindigkeit verringern, der Einwand, dass das Unfallgeschehen nicht wahrgenommen wurde, entkräftet werden. Damit kann mit den Aufnahmen der Zweck, die Beweisnot des Verantwortlichen zu beseitigen, erreicht werden. Als weniger invasive Maßnahmen sind die Aussagen von Zeugen, sofern welche vorhanden sind und diese sich freiwillig melden, welches bei einer möglichen eigenen Strafbarkeit der Zeugen wegen § 323c Abs. 1 StGB unwahrscheinlich ist, ungenauer und unzuverlässiger als die Aufnahmen. Sachverständigengutachten sind nur bei optimaler Informationslage, an der es gerade fehlt, sehr präzise, so dass diese Mittel dem Verantwortlichen nicht zumutbar sind.[548] Bei Verkehrsunfällen werden Aufnahmen von *Dashcams*, die alle zwei Minuten überschrieben und nur im Fall des Unfalls permanent gespeichert werden, als weniger invasiv angesehen.[549] Diese Methode hilft vorliegend allerdings nicht, weil nicht die Minute vor dem Unfall von Interesse ist, die durch den Unfall permanent gespeichert wird, sondern der mitunter längere, im Vorhinein von seinem zeitlichen Umfang nicht bestimmbare Zeitraum bis zum Leisten der Ersten Hilfe nach dem Unfall; dieser Zeitraum wird aber nach zwei Minuten wieder überschrieben, so dass die Aufnahmen nicht mehr zur Verfügung stehen, zumal der Hilfsbedürftige regelmäßig nicht in der Lage ist den Auslöser für permanentes Aufzeichnen zu betätigen. Daher ist grundsätzlich für die Erreichung des Beweissicherungszwecks eine dauerhafte Aufnahme, die erst überschrieben wird, wenn der Speicher der Speicherkarte voll ist, erforderlich. Jedoch kommt es bei § 323c Abs. 1 StGB mit Ausnahme der Aufzeichnung des Unfallgegners nicht auf die Zeit vor dem Unfall an,

547 Erwägungsgrund 39, S. 9 der DS-GVO; Gola/*Schulz*, Art. 6 DS-GVO, Rn. 20; *Mäsch/Ziegenrücker*, JuS 2018, S. 750 (751).

548 *Mäsch/Ziegenrücker*, JuS 2018, S. 750 (751f.).

549 *BGH*, Urt. v. 15.05.2018, VI ZR 233/17, BGHZ 218, 348 (365f.).

sondern nur auf die Zeit danach. Wenn die *Dashcam* über einen G-Sensor die permanente Speicherung der letzten zwei Minuten vor dem Unfall veranlassen kann, dürfte eine Umstellung vom permanenten Überschreiben auf Nichtüberschreiben bei Auslösen des G-Sensors ebenfalls möglich sein. Diese Methode des regelmäßigen Überschreibens mit Ausnahmen für den Unfall ist gegenüber der dauerhaften Aufzeichnung eine mildere, gleich effektive und technisch realisierbare Methode, womit das dauerhafte Aufzeichnen nicht erforderlich ist.

Zugleich schafft die Aufnahme einen Überwachungsdruck beim potentiell Hilfe Unterlassenden doch helfend einzugreifen, weil er größere Sorge vor Strafverfolgung hat, so dass dadurch das Leben und die Gesundheit des Verantwortlichen geschützt wird. Mit dem Überwachungsdruck könnte des Weiteren die Befürchtung des Hilfe Unterlassenden steigen bei der Begehung eines Fehlers während der Erste-Hilfe-Maßnahmen aufgenommen und dadurch bloßgestellt oder für die verursachten Schäden haftbar gemacht zu werden, weswegen die Unterlassung der Hilfeleistung bevorzugt wird. Diese Befürchtung ändert die Bewertung des Überwachungsdrucks allerdings nicht, zumal der Hilfe Unterlassende bei der wichtigsten Hilfe, der Alarmierung von Feuerwehr und Krankenwagen durch das geschulte Personal auf der anderen Seite des Telefons nichts falsch machen kann und diese ihm weitere Maßnahmen genau erklären können, so dass die Befürchtung dadurch geringer wird. Für den Zweck des Schutzes von Leben und Gesundheit ist ebenfalls die dauerhafte Aufnahme erforderlich, da sich nur in diesem Fall der Hilfsbedürftige nicht darauf verlassen kann, dass seine Tat nach zwei Minuten wieder überspielt wird und dadurch den notwendigen Überwachungsdruck schafft.

Das Betrachten oder gar das Verbreiten der Aufnahmen ist hingegen nur nach einem konkreten Vorfall erforderlich und ansonsten rechtswidrig.

Die Interessen, Grundrechte und –freiheiten des Betroffenen, also des Hilfe Unterlassenden, dürfen die Interessen des Verantwortlichen, also des Hilfsbedürftigen, nicht überwiegen. Der Betroffene ist durch die Verarbeitung in seinem Grundrecht auf Schutz personenbezogener Daten nach Art. 8 GrCh und dem Recht auf Schutz seines Privatlebens nach Art. 8 EMRK betroffen. Diese Rechte gewähren – wie das Recht auf informationelle Selbstbestimmung aus Art. 1, 2 Abs. 1 GG – die Entscheidungshoheit des Betroffenen, was mit seinen Daten passiert und wer diese erheben darf.[550] Hierbei wird jedoch zwischen drei Sphären, der Intim-, Privat- und Sozialsphäre, unterschieden, die unterschiedlich stark geschützt sind.[551]

550 *Leeb/Liebhaber*, JuS 2018, S. 534 (534f.).

551 *BGH*, Urt. v. 15.05.2018, VI ZR 233/17, BGHZ 218, 348 (370f.).

Vorliegend geht es um Aufnahmen im öffentlichen Straßenverkehr und damit der Sozialsphäre mit dem geringsten Schutz. Der Betroffene setzt sich hierbei bewusst der Wahrnehmung anderer Verkehrsteilnehmer aus, so dass der Eingriff zunächst nur in der längeren Verfügbarkeit der von seiner Umgebung wahrgenommenen Daten liegt. Zudem ist aufgrund des fließenden Straßenverkehrs die Aufnahme zufällig und von kurzer Dauer. Eine flächendeckende Überwachung oder Schaffung von Bewegungsprofilen findet durch die Aufnahmen nicht statt und ist zwischen den einzelnen Nutzern, die ihre Daten nicht an einen Anbieter oder eine Sammelstelle schicken, auch nicht beabsichtigt.[552] Im Übrigen wäre diese Verarbeitung der Daten unzulässig.

Mitunter kann der vermehrte Einsatz von *Dashcams* zu einem Überwachungsdruck führen, wodurch die Betroffenen auf bestimmte Verhaltensweisen aufgrund befürchteter negativer Konsequenzen verzichten.[553] Hierbei ist jedoch zu beachten, dass sich die *Dashcams* nur dort befinden, wo sich auch der Autofahrer befindet, der das Verhalten des Betroffenen grundsätzlich ebenfalls gesehen hat und es bei Bedarf anzeigen oder anderen Personen davon erzählen kann. Insofern stellt sich für den Betroffenen grundsätzlich die Frage, wie er sich an öffentlichen Orten mit anderen Personen verhält, bei denen er mit nachteiligen Konsequenzen rechnen muss. Ein zusätzliches Überwachtwerden kann sich nur daraus ergeben, dass die Kamera das Geschehen besser erfasst, im Gegensatz zum Autofahrer auch mangels Ablenkungen besser wahrnehmen und speichern kann und die Möglichkeit der optischen Wiedergabe im Gegensatz zur schlichten Erzählung bietet. Damit geht es wiederum primär um die Frage, was mit den Aufnahmen geschehen darf, und nicht um die vorgelagerte Frage, ob sie angefertigt werden dürfen. Zudem erstellen Privatpersonen die Aufnahmen und bezwecken im Gegensatz zum Staat keine Ahndung möglicher Fehlverstöße, sondern nur die Aufklärung ihres Verkehrsunfalls. Die Gefahr der Ahndung würde nur durch die besseren Beweise steigen, denn der Autofahrer könnte auch ohne den Einsatz einer *Dashcam* entsprechendes Fehlverhalten anzeigen.

Mithin steht dem berechtigten Interesse des Betroffenen am Schutz seiner Privatsphäre in der Öffentlichkeit das Interesse des Verantwortlichen an geeigneten Beweismitteln für einen Prozess im Schadensfall und vor allem am Schutz seiner Gesundheit und seines Lebens gegenüber. Während das Interesse des Betroffenen mit jeder Aufnahme der *Dashcam* eingeschränkt wird, ist die Eintrittswahrscheinlichkeit der Einschränkung des Rechts des Verantwortlichen

552 Vgl. *Mäsch/Ziegenrücker*, JuS 2018, S. 750 (752).

553 *Schwenke*, NJW 2018, S. 823 (827).

gemessen an der Seltenheit von Verkehrsunfällen, insbesondere denjenigen, bei denen sich der Täter nicht mehr selbst helfen kann, aufgrund der Technik sehr gering. Allerdings sind die Folgen im Falle des Eintritts der Wahrscheinlichkeit aufgrund der betroffenen Rechtsgüter Leib und Leben immens hoch, während die Folgen beim Betroffenen in der Sozialsphäre geringer Natur sind.

Im Rahmen der umfassenden Interessenabwägung verweist Art. 25 Abs. 1 DS-GVO für die Verarbeitung der Daten im Rahmen des technisch Möglichen auf den Grundsatz der Datensparsamkeit und die Möglichkeit der Pseudonymisierung. Diese werden durch die oben beschriebene Möglichkeit der Überschreibung, solange kein Unfall eingetreten ist, gewahrt. Hierdurch wird der Eingriff in das Selbstbestimmungsrecht auf ein Minimum reduziert und der Überwachungsdruck nur in den Situationen nach dem Unfall, wo er gerade von der Gesellschaft erwünscht ist, durch die permanente Speicherung geschaffen, während er ansonsten durch das zügige Überschreiben nicht über die normale Wahrnehmung der anderen Personen in der Öffentlichkeit hinausgeht. Eine weitere Unkenntlichmachung etwaiger Fußgänger wäre kontraproduktiv, da sie ebenfalls zur Hilfe aufgefordert sind. Durch diese Einschränkungen überwiegt der Schutz des Betroffenen nicht die Interessen des Verantwortlichen, die trotz der geringen Eintrittswahrscheinlichkeit durch die Schwere ihrer Folgen für die betroffenen Rechtsgüter beachtlich sind.

Demgegenüber ist die permanente Speicherung der Aufnahmen ohne die beschriebenen Einschränkungen nicht erforderlich und damit rechtswidrig.

B) Beweisverwertungsverbot

Die Auswertung der Aufnahmen und die öffentliche Wiedergabe im Gericht könnten jedoch aufgrund eines Beweisverwertungsverbots unzulässig sein. Dies könnte sich einerseits aus Art. 6 Abs. 1 DS-GVO ergeben, wonach die Auswertung der Aufnahmen und deren öffentliche Wiedergabe Verarbeitungen sind und insoweit gerechtfertigt sein müssen. Andererseits könnte es aus der rechtswidrigen Erlangung der Aufnahmen folgen. Die ZPO regelt die Verwertung unzulässig erlangter Beweismittel nicht ausdrücklich. Die erlangten Beweismittel sind nicht schlechthin unverwertbar, sondern nur, wenn sich deren Unverwertbarkeit im Rahmen einer Güter- und Interessenabwägung ergibt.[554] Hierbei kann eine schwerwiegende Beweisnot eine rechtswidrige Beweiserhebung rechtfertigen.[555]

---

554 *BGH*, Urt. v. 10.12.2002, VI ZR 378/01, BGHZ 153, 165 (170).
555 Musielak/Voit/*Foerste*, § 286 ZPO, Rn. 6.

Sofern die Speicherung der Aufnahmen nach Art. 6 Abs. 1 lit. f DS-GVO schon rechtmäßig war, ist die Auswertung und Wiedergabe im Gericht, sofern ein Unfall geschah, erst recht rechtmäßig, zumal die Aufnahmen gerade für diesen Beweiszweck erstellt wurden, um die ansonsten bestehende Beweisnot zu verhindern.[556]

Die Auswertung der rechtswidrigen permanent gespeicherten Aufnahmen ist hingegen ebenfalls, soweit sie für das Auffinden des entsprechenden Beweisausschnitts erforderlich ist, nach Art. 6 Abs. 1 lit. f DS-GVO rechtmäßig, da sie nun dem berechtigten Interesse der Beweissicherung dient. Ohne die Aufnahmen als Beweismittel dürfte im Straßenverkehr der Beweis für § 323c Abs. 1 StGB regelmäßig nicht gelingen, so dass die Beeinträchtigung des fairen Verfahrens auf Seiten des Verantwortlichen erheblich ist, während der Eingriff in das Selbstbestimmungsrecht des Hilfe Unterlassenden gering ist. Den Eingriff durch eine weitere Verarbeitung kann der Betroffene selbst durch das Nichtbestreiten der Tatsachen vor Gericht verhindern, da es in diesem Fall keiner Beweiserhebung bedarf. Daher überwiegt das Interesse des Verantwortlichen durch die Beschränkung auf die notwendigen Aufnahmen das Interesse des Betroffenen. Mithin folgt aus Art. 6 Abs. 1 DS-GVO in diesem Fall kein selbstständiges Beweisverwertungsverbot.

Ein unselbstständiges Beweisverwertungsverbot lässt sich vorliegend nicht aus dem Beweiserhebungsverbot der *Dashcam*-Aufnahmen begründen, weil diese mit den oben beschriebenen Vorgaben gerade zulässig sind.

C) Ergebnis

Dashcam-Aufnahmen, die alle zwei Minuten überschrieben und nur im Falle des Unfalls dauerhaft aufgezeichnet werden, sind nach Art. 6 Abs. 1 lit. f DS-GVO gerechtfertigt und damit als Beweismittel vor Gericht zulässig. Dauerhafte Aufzeichnungen von *Dashcams* ohne entsprechende Löschfunktionen sind mangels Erforderlichkeit rechtswidrig, begründen aber im Rahmen der Güterabwägung für den Beweis vor Gericht bei bestehender Beweisnot kein Beweisverwertungsverbot.

---

556 Vgl. *Mäsch/Ziegenrücker*, JuS 2018, S. 750 (753).

§ 10) Exkurs: Haftung des Ersthelfers für fehlerhafte Erste Hilfe

Abschließend ist kurz zu klären, ob und wie der Ersthelfer haftet, wenn ihm bei der Ersten Hilfe Fehler unterlaufen, die mitunter zu einer Verschlimmerung des Zustands des Patienten führen. Zum Beispiel bricht der Ersthelfer bei einer Herzdruckmassage dem Hilfsbedürftigen eine Rippe, vergisst vor der Herzlungenwiederbelebung den Notruf abzusetzen und ruft erst nach 10 Minuten an, um zu fragen, wo der Rettungswagen bleibt, verbringt den Hilfebedürftigen bei einem Volumenmangelschock in die Oberkörper-Hoch-Lagerung anstatt in die Schocklagerung oder verzichtet auf eine weitere Prüfung von Vitalfunktionen und Wiederbelebungsmaßnahmen, weil er den Hilfsbedürftigen für tot hält.[557]

Wegen unterlassener Rettungsmaßnahmen (Notruf absetzen, Schocklagerung, Wiederbelebungsmaßnahmen) macht sich der Ersthelfer nach § 323c Abs. 1 StGB nur strafbar und haftet nach § 823 Abs. 2 BGB, wenn er erkannt hat, dass diese Maßnahme erforderlich ist, er aber trotzdem ohne berechtigten Grund darauf verzichtet. Dies ist meistens nicht der Fall. Eine Haftung nach § 823 Abs. 1 BGB für fehlerhafte Behandlungsmaßnahmen (Rippenbruch durch zu starke Herzdruckmassage, falsche Schocklagerung) scheidet aus, weil die Maßnahmen aufgrund einer tatsächlichen bzw. mutmaßlichen Einwilligung bei einer nicht ansprechbaren Person gerechtfertigt sind, womit es an der Rechtswidrigkeit der Verletzung fehlt.[558] Die Einwilligung umfasst die vom Ersthelfer für notwendig gehaltenen Maßnahmen und beinhaltet insoweit auch Fehler, sofern diese nicht die Grenze zur groben Fahrlässigkeit überschreiten.

Neben der deliktischen Haftung kann ein Schadensersatzanspruch auch auf §§ 280 Abs. 1, 677, 683 S 1 BGB gestützt werden. Die Erste Hilfe stellt dabei eine berechtigte Geschäftsführung ohne Auftrag gem. §§ 677, 683 S 1 BGB dar und bildet damit zugleich ein Schuldverhältnis im Rahmen des § 280 Abs. 1 BGB. Der Ersthelfer verwirklicht mit seiner Ersten Hilfe ein objektiv-fremdes Geschäft, welches allein im Interesse des Hilfsbedürftigen liegt, so dass der Fremdgeschäftsführungswille vermutet wird.[559] Eine Berechtigung ergibt sich

557 *OLG München*, Urt. v. 06.04.2006, 1 U 4142/05, NJW 2006, 1883 (1884).

558 *Killinger*, Rn. 254, 273, der die Voraussetzungen der Einwilligung ausführlich in Rn. 254 – 278 behandelt.

559 *Krebs/Messerschmidt/Wester/Wies*, S. 39; *Wester*, S. 137.

nicht aus § 323c Abs. 1 StGB,[560] da die Norm die Beziehung zwischen Ersthelfer und Hilfsbedürftigen nicht hinreichend bestimmt und § 680 BGB, der gerade in Notsituationen den Helfenden durch die Beschränkung der Haftung auf Vorsatz und grobe Fahrlässigkeit privilegieren will, ansonsten weitgehend leerlaufen würde.[561] Die Erste Hilfe ist im Interesse des Hilfsbedürftigen und entspricht seinem tatsächlichen oder zumindest mutmaßlichen Willen. Die erforderliche Pflichtverletzung liegt in der fehlerhaften Behandlung, dessen Kausalität für den Schaden der Hilfsbedürftige beweisen muss, woran ein Anspruch regelmäßig scheitert. Um den Ersthelfer, den der Gesetzgeber durch § 323c Abs. 1 StGB zur Ersten Hilfe zwingt, vor etwaigen Haftungsansprüchen bei der fehlerhaften Ausführung der Ersten Hilfe zu schützen, hat er in § 680 BGB eine Haftungsprivilegierung geschaffen, wonach der Ersthelfer bei der Abwendung von drohenden dringenden Gefahren nur grobe Fahrlässigkeit und Vorsatz zu vertreten hat.[562]

---

560 BeckOK-BGB/*Gehrlein*, § 677 BGB, Rn. 18; Jauernig/*Mansel*, § 677 BGB, Rn. 7; PWW/*Fehrenbacher*, § 677 BGB, Rn. 17; RGRK/*Steffen*, Vor § 677 BGB, Rn. 53; *Deutsch*, AcP 165 (1965), S. 193 (201f.).
Bei einem zufällig am Unglücksort anwesenden Arzt nimmt das *OLG München*, Urt. v. 06.04.2006, 1 U 4142/05, NJW 2006, 1883 (1884) ein Auftragsverhältnis an, so dass eine Geschäftsführung ohne Auftrag ausscheidet. Hierbei ist jedoch fraglich, ob Hilfsbedürftiger und Ersthelfer in dieser Situation Erklärungen mit Rechtsbindungswillen abgeben wollen (*Roth*, NJW 2006, S. 2814 (2814f.). Daher wird insbesondere bei Minderjährigen und Bewusstlosen ein Auftrag verneint und eine Geschäftsführung ohne Auftrag angenommen (*Deutsch/Spickhoff*, Rn. 130; *Katzenmeier*, S. 109f.; *Roth*, NJW 2006, S. 2814 (2815)).

561 BeckOGK-BGB/*Thole*, § 677 BGB, Rn. 157.

562 Bei Ärzten ist danach zu differenzieren, ob sie gegen Entgelt tätig werden bzw. dies nach § 1835 Abs. 3 BGB analog geltend machen oder darauf nach § 685 BGB verzichten (zutreffend MüKo-BGB/*Schäfer*, § 680 BGB, Rn. 9; Staudinger/*Bergmann*, § 680 BGB, Rn. 15; im Ergebnis auch *Killinger*, Rn. 241 – 249 mit weiteren Ausführungen; demgegenüber differenziert das *OLG München*, Urt. v. 06.04.2006, 1 U 4142/05, NJW 2006, 1883 (1885) mit Zustimmung von *Deutsch/Spickhoff*, Rn. 960, *Roth*, NJW 2006, S. 2813 (2816) und *Krebs/Messerschmidt/Wester/Wies*, S. 40 – 42 nach der jeweiligen Qualifikation und zieht die Grenze bei Notärzten. *Wester*, S. 141 differenziert bei Notärzten danach, ob sie im Dienst sind oder nicht und gewährt ihnen im letzteren Fall die Privilegierung. *Katzenmeier*, S. 110f. lehnt dagegen bei Ärzten § 680 BGB grundsätzlich ab, während MüKo-BGB[6.]/*Seiler*, § 680 BGB, Rn. 6 grundsätzlich bejaht). Nur in letzterem Fall handeln sie ausschließlich im Interesse des Hilfsbedürftigen und sind daher wie jeder andere Ersthelfer besonders schutzwürdig. Handeln sie gegen Entgelt, beinhaltet dies anteilig den Beitrag zur Berufshaftpflichtversicherung, so dass sie über diese hinreichend geschützt sind. Bei Ärzten gilt im

Grobe Fahrlässigkeit wird meistens abgelehnt, da der Ersthelfer aufgrund der gebotenen Eile nicht hinreichend Zeit zum intensiven Nachdenken über die Richtigkeit der Maßnahme hat und der Fehler sich aufgrund der Ausnahmesituation verbunden mit fehlender Übung nicht jedem sofort aufdrängen würde. Das Haftungsprivileg des § 680 BGB erstreckt sich auch auf deliktische Ansprüche.[563] Es gilt aber nur, wenn der Ersthelfer Maßnahmen zur Gefahrenabwehr trifft und dabei z.B. in der Hektik das Absetzen des Notrufs vergisst. Unternimmt der Hilfe Unterlassende dagegen gar keine Maßnahmen zur Gefahrenabwehr, greift § 680 BGB mangels Geschäftsführung nicht ein, so dass bei der Meldepflicht von Bränden nach den jeweiligen landesgesetzlichen Normen die Haftung nicht nach § 680 BGB auf grobe Fahrlässigkeit begrenzt wird.

§ 11) Bewertung der bisherigen Ergebnisse

Werden für die Beantwortung der Frage, ob die Haftung nach §§ 823 Abs. 2 BGB i.V.m. 323c Abs. 1 BGB zu einer unüberschaubaren Haftung führt, lediglich die bisherigen Urteile berücksichtigt, in denen Schmerzensgeld in Höhe von 4.000 €[564] bzw. 10.000 €[565] zugesprochen worden sind, liegt eine verneinende Antwort nahe. Diese Antwort bestätigen zudem die Aspekte, dass beim Schmerzensgeld der geringere Unrechtsgehalt der unterlassenen Hilfeleistung gegenüber dem unmittelbaren Schädiger zu deutlich niedrigeren Summen führt, der Hilfe Unterlassende den etwaigen unmittelbaren Schädiger vollständig in Regress nehmen kann und die Kausalität sowie deren Beweisbarkeit den Anspruch faktisch ausreichend begrenzen würde.

Hierbei wird aber übersehen, dass es sich bei dem Schmerzensgeld nur um die Spitze des Eisberges handelt. Der große Teil des Eisbergs in Form von Behandlungskosten, Lohnfortzahlung im Krankheitsfall, Unterhalt und, entgegen der hier vertretenen Ansicht, auch Sachschäden insbesondere bei Bränden taucht in den Urteilen nicht auf. Denn diese tragen im Gegensatz zum Schmerzensgeld schon die Sozialversicherungsträger, der Arbeitgeber und entsprechende Sachversicherungen, so dass der Hilfsbedürftige nur Schmerzensgeld gerichtlich selbst durchsetzen muss. Anstelle des Hilfsbedürftigen können jedoch die Träger

---

Rahmen der Fahrlässigkeit jedoch ein anderer Wissensstand (MüKo-BGB/*Schäfer*, § 680 BGB, Rn. 9).

563 *BGH*, Urt. v. 30.11.1971, VI ZR 100/71, NJW 1972, 475; PWW/*Fehrenbacher*, § 680 BGB, Rn. 3.

564 *OLG Düsseldorf*, Urt. v. 27.07.2004, I-14 U 24/04, NJW 2004, 3640 (3640f.).

565 *BGH*, Urt. v. 14.05.2013, VI ZR 255/11, BGHZ 197, 225 (226, 235).

der übernommen Kosten diese als Schadensersatz aus übergegangenem Recht nach §§ 823 Abs. 2 BGB i.V.m. 323c Abs. 1 BGB gegenüber dem Hilfe Unterlassenden geltend machen, so dass sie in dieser Diskussion eine erhebliche Rolle spielen. Bei diesen materiellen Schäden ist im Gegensatz zum Schmerzensgeld der geringere Unrechtsgehalt der unterlassenen Hilfeleistung nicht zu berücksichtigen, so dass der Hilfe Unterlassende sie vollständig tragen muss. Während diese Schäden bei einem Hilfsbedürftigen schon schnell einen mittleren sechsstelligen Betrag erreichen können, wird sich dieser bei mehreren Hilfsbedürftigen und insbesondere bei Großschadensereignissen um ein Vielfaches erhöhen, so dass ein einzelner den Gesamtbetrag niemals wird stemmen können.

Dabei kann schon der nicht abgesetzte Notruf, welcher lediglich einen geringen Aufwand darstellt, die Haftung für mehrere Hilfsbedürftige auslösen. Die Pflichtenkollision führt beim Anruf zu keiner Reduktion, da die gleichzeitige Hilfe gegenüber allen Hilfsbedürftigen möglich ist. Die Kausalität begrenzt die Haftung auf die Verschlimmerungen der Verletzungen, die der Hilfe Unterlassende hätte verhindern können, jedoch ist regelmäßig die letzte Verschlimmerung derjenige Teil, welcher zu deutlich höheren Behandlungskosten führt. Mitunter kann die fehlende Beweisbarkeit zu einer effektiven Begrenzung führen, jedoch wird durch Beweisschwierigkeiten allein eine übermäßige noch nicht zu einer verhältnismäßigen Haftung. Gerade bei Großschadensereignissen spielt das Mitverschulden des Geschädigten grundsätzlich eine geringe Rolle und ein Gesamtschuldnerregress, sofern es denn überhaupt einen unmittelbaren Schädiger als weiteren Schuldnern gibt, führt faktisch auch bei solventeren Schuldnern aufgrund der hohen Summe zu keiner wirklichen Entlastung des Hilfe Unterlassenden. Selbst wenn die eben genannten Instrumente zu einer deutlichen Begrenzung der Haftung führen, hilft diese jedoch aufgrund der hohen Ausgangshöhe des Schadens nur eingeschränkt weiter.

Verstärkend kommt hinzu, dass der Haftpflichtversicherer des Hilfe Unterlassenden von seiner Leistungspflicht nach § 103 VVG befreit wird, sobald der Hilfe Unterlassende die Gefahr von Rechtsgutsverletzungen erkannt hat und die Versicherungsbedingungen für § 323c Abs. 1 StGB keine Ausnahme enthalten, womit er den Schaden vollständig allein zu tragen hat. Im Extremfall muss der Hilfe Unterlassende den Schaden nach der Verjährungsfrist des § 197 Abs. 1 Nr. 1 BGB ab Schadensentstehung über die nächsten 30 Jahre abzahlen, sofern nicht die hier vorgeschlagene teleologische Reduktion greift. Jedoch dürfte diese den Abzahlungszeitraum nur begrenzt verkürzen, zumal nach §§ 197 Abs. 1 Nr. 3, 201 BGB rechtskräftig festgestellte Ansprüche ab Rechtskraft erst in 30 Jahren verjähren. Über diesen Zeitraum kann zudem nach § 850f Abs. 2 Alt. 1 ZPO erweitert in den unpfändbaren Teil des Arbeitseinkommens des Hilfe

Unterlassenden vollstreckt werden. Der Hilfe Unterlassende kann sich dieser Haftung aufgrund der Ausnahme des § 302 Nr. 1 Var. 1 InsO nicht im Wege der Restschuldbefreiung entziehen.

Daher führt ein Schadensersatzanspruch nach §§ 823 Abs. 2 BGB i.V.m. 323c Abs. 1 StGB in der Gesamtschau zu einer unüberschaubaren Haftung, die durch die Kausalität, den Gesamtschuldnerregress, die Pflichtenkollision und das Mitverschulden nicht in angemessener Weise begrenzt werden kann.

Kapitel 3) Bestimmung eines Schutzgesetzes nach § 823 Abs. 2 BGB

Zur Klärung der Frage, ob § 323c Abs. 1 StGB ein Schutzgesetz im Sinne des § 823 Abs. 2 BGB ist, sind zunächst die Kriterien herauszuarbeiten, mit deren Hilfe die Schutzgesetzeigenschaft eines Gesetzes bestimmt werden kann (**§ 2**). Neben § 323c Abs. 1 StGB existieren weitere echte Unterlassungsdelikte, wovon insbesondere die Meldepflichten landesrechtliche Vorschriften sind. Ob diese grundsätzlich auch Gesetze im Sinne des § 823 Abs. 2 BGB sein können oder hiergegen durchgreifende verfassungsrechtliche Bedenken bestehen, ist zunächst vor der Bestimmung der Kriterien zu erläutern (**§ 1**). Die landesrechtlichen Meldepflichten weisen zudem die Besonderheit auf, dass die Verhaltenspflicht neben der Sanktionsnorm explizit normiert ist, so dass sich die Frage stellt, ob die strenge Verschuldensform der Sanktionsnorm oder Fahrlässigkeit nach § 823 Abs. 2 S 2 BGB anzuwenden ist (**§ 3**).

§ 1) Landesrechtliche Vorschriften als taugliche Schutzgesetze

§ 823 Abs. 2 S 1 BGB setzt den Verstoß gegen ein den Schutz eines anderen bezweckendes Gesetz voraus, wobei nach Art. 2 EGBGB ein Gesetz jede Rechtsnorm ist. Eine Rechtsnorm ist „jede Rechtsregel […] mit Außenwirkung […], die verbindliche Vorschriften für das Verhalten der Menschen aufstellt."[566] Unzweifelhaft zählen hierzu Bundesgesetze wie die einzelnen Straftatbestände des StGB; für Landesgesetze wird dies ebenfalls einhellig bejaht,[567] jedoch teilweise mit verfassungsrechtlicher Kritik hinsichtlich der Gesetzgebungskompetenz und dem Gleichbehandlungsgrundsatz nach Art. 3 Abs. 1 GG.

---

566 Staudinger/*Merten*, Art. 1 EGBGB, Rn. 2.

567 MüKo-BGB/*Wagner*, § 823 BGB, Rn. 480; NK-BGB/*Katzenmeier*, § 823 BGB, Rn. 545; Palandt/*Sprau*, § 823 BGB, Rn. 57, 73; RGRK/*Steffen*, § 823 BGB, Rn. 552; Soergel[13.]/*Spickhoff*, § 823 BGB, Rn. 245; *Peters*, JZ 1983, S. 913 (918); *Taupitz*, in: FS Steffen, S. 489 (494).

A) Vereinbarkeit der dynamischen Verweisung mit der Gesetzgebungskompetenz des Bundes

Die Kritik betrifft einerseits die konkurrierende Gesetzgebungskompetenz des Bundes nach Art. 74 Abs. 1 Nr. 1 Var. 1 GG, wonach der Bund das Schadensrecht als Teil des Zivilrechts abschließend regelt. Diese Kompetenz könnte der Landesgesetzgeber jedoch teilweise aushebeln, wenn er mithilfe der Verweisungstechnik des § 823 Abs. 2 BGB durch den Erlass eigener landesrechtlicher Schutzgesetze zumindest faktisch landesrechtliches Zivilrecht schafft, wofür ihm die Gesetzgebungskompetenz fehlt.[568] Dem ist aber entgegenzuhalten, dass der Bund durch seine Gesetzgebungskompetenz die Verweisungsnorm geschaffen hat und dadurch der landesrechtlichen Regelung eine zusätzliche zivilrechtliche Funktion verschafft. Die landesrechtliche Norm ergänzt nur den bundesrechtlichen Schadensersatzanspruch und wird durch die Verweisung insoweit Bundesrecht.[569]

B) Vereinbarkeit der Verweisung auf Landesrecht mit Art. 3 GG

Andererseits bestünden gleichheitsrechtliche Bedenken, wenn aufgrund unterschiedlichen Landesrechts in einem Land ein Schadensersatzanspruch aufgrund einer landesrechtlichen Schutznorm gegeben sei, der im Nachbarland mangels entsprechender Schutznorm ausscheide.[570] Ein gutes Beispiel hierfür sind die in dieser Arbeit zu untersuchenden landesrechtlichen Meldepflichten von Bränden. Während Bayern vollständig auf eine Meldepflicht verzichtet, unterscheiden sich die Meldepflichten der anderen Länder hinsichtlich der Verschuldensform, der zu meldenden Ereignisse und der gefährdeten Güter.[571]

---

568 *Peters*, JZ 1983, S. 913 (918).

569 MüKo-BGB/*Wagner*, § 823 BGB, Rn. 480; *Peters*, JZ 1983, S. 913 (918); *Taupitz*, in: FS Steffen, S. 489 (495).

570 *Knöpfle*, NJW 1967, S. 697 (700f.); *Peters*, JZ 1983, S. 913 (921).

571 Verschulden: Sofern sich das Verschulden nach den Maßgaben der Ordnungswidrigkeitsnorm richtet, setzt Rheinland-Pfalz mit Absicht oder sicherem Wissen die strengste Form voraus, § 37 Abs. 2 LBKG. In einigen Ländern ist die Verschuldensform nicht explizit geregelt, so dass nach § 10 OwiG nur Vorsatz zumindest in Form des Eventualvorsatzes geahndet und damit vorausgesetzt wird, §§ 42 Abs. 2 BHKG NRW, § 30 Abs. 1 Nr. 8 M-V-BrSchG, § 26 Abs. 2 lit. e FwG HH, § 40 Abs. 1 Nr. 4 BrSchG SH. In den übrigen Ländern genügt Fahrlässigkeit, welche jeweils explizit normiert ist mit Ausnahme von Hessen und Niedersachsen, wo ein Verstoß keine Ordnungswidrigkeit begründet und der Fahrlässigkeitsvorwurf aus § 823 Abs. 2 S 2 BGB folgt.

Den Landesgesetzgeber selbst trifft der Vorwurf des Verstoßes gegen Art. 3 Abs. 1 GG nicht. Denn dieser behandelt durch seine Gesetze alle Menschen innerhalb seines Landes gleich. Da der Gleichbehandlungsgrundsatz jeweils nur für denselben Gesetzgeber oder Rechtsanwender gilt, darf der Landesgesetzgeber von den Regelungen anderer Länder abweichen.[572] Für den Bundesgesetzgeber ist die Situation eine andere, denn dieser muss als ein und derselbe Gesetzgeber alle Menschen in seinem Gebiet gleichbehandeln. Durch die Verweisung auf Schutzgesetze in § 823 Abs. 2 BGB hebt er die landesrechtliche Regelung gerade auf Bundesebene, wandelt sie also in Bundesrecht um,[573] ohne dass sie im ganzen Bundesgebiet anwendbar ist, sondern weiterhin nur im jeweiligen Land gilt. Weichen die Schutzgesetze der Länder voneinander ab, führt dies zu einer rechtfertigungsbedürftigen Ungleichbehandlung. Die denkbare Gegenposition, wonach die landesrechtliche Regelung eine solche bleibe und der Landesgesetzgeber faktisch landesrechtliche Schadensersatzansprüche schaffe, kann zwar die Ungleichbehandlung lösen, da der Landesgesetzgeber selbst alle gleichbehandelt und von anderen Regelungen abweichen darf; sie scheitert aber am anderen verfassungsrechtlichen Problem der konkurrierenden Gesetzgebung, mittels derer der Bund das Schadensrecht als Teil des Zivilrechts abschließend regelt.

Der sachliche Grund ist der verfassungsrechtlich verankerte Föderalismus.[574] Danach hat jeder Landesgesetzgeber für sein Land in bestimmten Rechtsbereichen die Gesetzgebungskompetenz, welche in diesen Rechtsbereichen die Regelung von Verhaltensnormen umfasst, die dem Schutz von Rechtsgütern Dritter dienen. Kern des Föderalismus ist die Eigenständigkeit des jeweiligen Landesgesetzgebers, wonach dieser gerade bei der Gesetzgebung von den Gesetzen

---

Zu meldende Ereignisse: § 4 BremHilfeG verlangt ein Schadensereignis oder drohende Gefahr. In anderen Ländern wird mehrheitlich der Brand oder vereinzelt das Schadensfeuer genannt. Hinzukommen können noch ein Unfall, Notfall, Unglücksfall und ein anderes Ereignis.

Gefährdete Güter: Während § 24 Abs. 1 FwG HH keine Güter nennt, wird der Mensch ansonsten einheitlich genannt. Weiteres Gut sind meistens Sachwerte, die regelmäßig auf erhebliche Sachwerte beschränkt werden. § 13 Abs. 1 FwG Berlin führt stattdessen sonstige bedeutsame Rechtsgüter an.

572 *BVerfG*, Urt. v. 18.07.1972, 1 BvL 32/70, 1 BvL 25/71, *BVerfGE* 33, 303 (352); Maunz/Dürig/*P. Kirchhof*, Art. 3 Abs. 1 GG, Rn. 158f.

573 *Peters*, JZ 1983, S. 913 (918); vgl. *BVerfG*, Beschl. v. 01.03.1978, 1 BvR 786/70, 1 BvR 793/70, 1 BvR 168/71, 1 BvR 95/73, BVerfGE 47 285, (310).

574 *Karollus*, S. 118f. (für Österreich); *Spickhoff*, S. 100; *Taupitz*, in: FS Steffen, S. 489 (494) sieht die Unterschiede „allenfalls als rechtspolitisches Argument" an.

anderer Länder abweichen darf und sich nicht mit den anderen Ländern auf einheitliche Gesetze verständigen muss. Wenn der Bundesgesetzgeber nun einheitliche Schadensersatzansprüche schaffen müsste, würde dies eine einheitliche Regelung der Verhaltensnormen auf Bundesebene erfordern, wofür er allerdings mangels eigener Gesetzgebungskompetenz in diejenige der Länder in unzulässiger Weise eingreifen müsste.[575] Die Alternative des Verzichts auf Schadensersatzansprüche in den Rechtsbereichen der Länder ist aufgrund der überragenden Bedeutung der betroffenen Rechtsgüter nicht durchführbar. Zugleich betrifft diese Problematik neben § 823 Abs. 2 BGB auch § 823 Abs. 1 BGB, weil die von den Landesgesetzgebern erlassenen Verhaltensnormen eine wesentliche Grundlage für die Bestimmung der Sorgfaltsanforderungen im Rahmen des § 823 Abs. 1 BGB bilden, wobei die Anforderungen aufgrund regional unterschiedlicher Verhaltensnormen voneinander abweichen, wofür auf Ebene der Gemeinden die Streusatzungen ein gutes Beispiel sind.

Daher stehen weder kompetenz- noch gleichheitsrechtliche Bedenken der Verweisungstechnik des § 823 Abs. 2 BGB auf landesrechtliche Normen entgegen.

---

575 *Karollus*, S. 119.
Spickhoff, S. 100 führt als weiteres Argument an, dass das *BVerfG* bei anderen Bezugsnormen von Bundes- auf Landesrecht keine grundsätzlichen verfassungsrechtlichen Bedenken bei abweichenden landesrechtlichen Normen gesehen und die Problematik nicht einmal näher vertieft habe. Entscheidungsgegenstand des zitierten Beschlusses (*BVerfG*, Beschl. v. 26.04.1978, 1 BvR 257/77, BVerfGE 48, 240) ist § 144 Abs. 3 KostG a.F., wonach sich die Notargebühren auch ermäßigen, wenn Landesrecht eine sachliche Gebührenbefreiung gewährt. Der Beschwerdeführer hat jedoch hinsichtlich Art. 3 Abs. 1 GG nur die Ungleichbehandlung der Notare einerseits mit anderen Berufsgruppen, die keiner entsprechenden Gebührenreduktion unterliegen und andererseits zwischen Anwaltsnotaren und beamteten Notaren mit fester Besoldung vorgetragen. Eine Ungleichbehandlung zwischen Anwaltsnotaren verschiedener Länder aufgrund unterschiedlicher Gebührenbefreiungsvorschriften wurde nicht vorgetragen. Dies ist jedoch nicht verwunderlich, weil das *BVerfG* § 144 Abs. 3 KostG a.F. als statische Verweisung versteht und zum Zeitpunkt des Erlasses des Gesetzes die landesrechtlichen Gebührenbefreiungen im Wesentlichen gleich gewesen sind, womit es schon an der Ungleichbehandlung fehlt (*BVerfG*, Beschl. v. 01.03.1978, 1 BvR 786/70, 1 BvR 793/70, 1 BvR 168/71, 1 BvR 95/73, BVerfGE 47, 285 (294, 311); *BVerfG*, Beschl. v. 26.04.1978, 1 BvR 257/77, BVerfGE 48, 240 (241f., 244)). Daher ermöglicht dieser Beschluss keinen Rückschluss auf die Verfassungsmäßigkeit des § 823 Abs. 2 BGB.

§ 2) Kriterien für die Bestimmung

Um die Schutzgesetzeigenschaft des § 323c Abs. 1 StGB zu klären, sind zunächst abstrakt die Kriterien zu ermitteln, mit deren Hilfe die Schutzgesetzeigenschaft eines Gesetzes überprüft werden kann. § 823 Abs. 2 S 1 BGB setzt voraus, dass der Schuldner gegen ein den Schutz eines anderen bezweckendes Gesetz verstößt. Ein Verstoß gegen ein Gesetz ist nur möglich, sofern dieses ein Ver- oder Gebot enthält.[576]

Problematischer ist dagegen, wann ein Gesetz den Schutz eines anderen bezweckt. Keinen Schutz eines anderen bezweckt ein Gesetz, wenn es nur Allgemeininteressen schützt, womit solche Gesetze ausscheiden.[577] Schon der Gesetzgeber hat klargestellt, dass „nur solche Gebote und Verbote in Betracht kommen, welche darauf abzielen, die Interessen des Einen vor der Beeinträchtigung durch den Anderen zu bewahren, nicht dagegen die im Interesse der Gesamtheit auferlegten Pflichten, welche, weil sie dem Interesse Aller förderlich seien, auch jedem irgendwie Betheiligten zu gute kommen."[578] Daneben weist er an anderer Stelle darauf hin, dass „Verfehlungen gegen Gesetze, die zunächst den Schutz der Allgemeinheit bezwecken, [...] zugleich ein Delikt gegen den Einzelnen enthalten [können]".[579]

Das *RG* hat zu solchen Gesetzen entschieden, dass der Schutz des Einzelnen neben dem Schutz der Allgemeinheit genügt,[580] er muss kein „Hauptzweck" des Gesetzes sein, solange er vom Gesetzgeber mitgewollt ist.[581] Später präzisiert es dies in Anlehnung an das erste Zitat des Gesetzgebers dahingehend, dass „es nicht auf die Wirkung, sondern auf den Inhalt und Zweck des Gesetzes und darauf an[kommt], daß der Gesetzgeber bei der Erlassung gerade einen solchen

---

576 *Protokolle der Kommission für die zweite Lesung des Entwurfs des Bürgerlichen Gesetzbuchs*, Bd. 2: Recht der Schuldverhältnisse, S. 568; *RG*, Urt. v. 20.03.1930, VI 373/29, RGZ 128, 298 (300); RGRK/*Steffen*, § 823 BGB, Rn. 539.

577 *RG*, Urt. v. 18.10.1920, VI 172/20, RGZ 100, 142 (146f.); *Spickhoff*, S. 118.

578 *Protokolle der Kommission für die zweite Lesung des Entwurfs des Bürgerlichen Gesetzbuchs*, Bd. 2: Recht der Schuldverhältnisse, S. 568.

579 *Protokolle der Kommission für die zweite Lesung des Entwurfs des Bürgerlichen Gesetzbuchs*, Bd. 6: Anwendung ausländischer Gesetze, Entwurf II des Bürgerlichen Gesetzbuchs, Revision, Entwurf eines Einführungsgesetzes, Entwurf eines Gesetzes, betr. Aenderungen eines Gerichtsverfassungsgesetzes, S. 201.

580 *RG*, Urt. v. 12.04.1902, V 23/02, RGZ 51, 177 (178); *RG*, Urt. v. 23.05.1906, I 603/05, RGZ 63, 325 (327).

581 *RG*, Urt. v. 15.03.1912, III 212/11, RGZ 79, 85 (91f.); *RG*, Urt. v. 20.03.1930, VI 373/29, RGZ 128, 298 (300).

Rechtsschutz, wie er wegen der behaupteten Verletzung in Anspruch genommen wird, zu Gunsten von Einzelpersonen oder eines Personenkreises gewollt oder doch mit gewollt hat“[582]. Anstelle von Wirkung wird in der Literatur teilweise davon gesprochen, dass der Individualschutz mehr als nur ein „Reflex“ des Schutzes von Allgemeingütern sein müsse.[583] Inhalt und Zweck des Gesetzes sind mittels der Auslegungsmethoden zu bestimmen.[584]

Hierbei ist zu beachten, dass der Gesetzgeber sich beim Erlass von straf- und öffentlich-rechtlichen Normen über privatrechtliche Schadensersatzansprüche regelmäßig keine Gedanken gemacht oder diese zumindest nicht in der Gesetzesbegründung wiedergegeben hat.[585] Daher weist *Knöpfle* zu Recht darauf hin, dass ein alleiniges Abstellen auf den Sinn und Zweck des Gesetzes nicht genügt. Es ist darüber hinaus zu untersuchen, ob ein Schadensersatzanspruch einerseits „mit dem Sinn, Zweck und Inhalt des Gesetzes, an dessen Verletzung angeknüpft wird“ und andererseits „mit dem Sinn und System der Gesamtrechtsordnung, des bürgerlichen Rechts und im besonderen des Rechts des außervertraglichen Schadensausgleichs“ vereinbar ist.[586] Diese zweiteilige Prüfung hat auch der *BGH* unter Verweis auf *Knöpfle* übernommen, wenn er prüft, „ob die Schaffung eines individuellen Schadensersatzanspruchs, auch soweit sie nicht erkennbar vom Gesetz erstrebt wird, in diesen Fällen sinnvoll und im Lichte des haftpflichtrechtlichen Gesamtsystems tragbar erscheint“[587].

Die Vereinbarkeit einer Haftung mit dem Schutzgesetz betrifft insbesondere den Aspekt, ob das Gesetz selbst die Konsequenzen für Verstöße erschöpfend regelt und eine Haftung die getroffenen Wertungen unterlaufen würde.[588] In der Literatur wird dies teilweise durch eine Abwägung verschiedener je-desto-Regeln durchgeführt.[589] Andere greifen auf die Technik der Rechtssatzkollision zurück und überprüfen insoweit, ob die Wertungen des geschriebenen Rechtssatzes des

---

582 *RG*, Urt. v. 26.10.1932, IX 249/32, RGZ 138, 165 (168). Diese Formulierungen hat der *BGH* nahezu wörtlich übernommen: *BGH*, Urt. 27.01.1954, VI ZR 309/52, BGHZ 12, 146 (148); *BGH*, Urt. v. 04.12.1956, VI ZR 161/55, BGHZ 22, 293 (297).

583 RGRK/*Steffen*, § 823 BGB, Rn. 542.

584 MüKo-BGB/*Wagner*, § 823 BGB, Rn. 500.

585 *Knöpfle*, NJW 1967, S. 697.

586 *Knöpfle*, NJW 1967, S. 697 (700).

587 *BGH*, Urt. v. 08.06.1976, VI ZR 50/75, BGHZ 66, 388 (390).

588 *Knöpfle*, NJW 1967, S. 697 (700).

589 RGRK/*Steffen*, § 823 BGB, Rn. 546; *Kothe*, Jura 1988, S. 125 (129f.).

Schutzgesetzes und dessen Umfeld mit denen eines deliktischen Schadensersatzanspruchs verträglich sind.[590]

Die Rechtsprechung geht noch einen Schritt weiter und prüft bei Ordnungswidrigkeitsnormen im Rahmen einer Gesamtbetrachtung, ob der Geschädigte schon durch andere Ansprüche ausreichend abgesichert ist.[591] Demgegenüber lehnt sie diese Betrachtung bei Strafgesetzen ab.[592] Gegen die von der Rechtsprechung angenommene Subsidiarität des § 823 Abs. 2 BGB wird vorgebracht, dass § 823 Abs. 2 BGB systematisch gleichwertig und nicht gegenüber § 823 Abs. 1 BGB und § 826 BGB subsidiär sei.[593] Vielmehr bestehe zwischen den Schadensersatzansprüchen Anspruchskonkurrenz, so dass der Geschädigte die Norm frei wählen könne, auf die er seinen Anspruch stützt.[594] Zudem werde den anderen Schuldnern durch den Ausschluss des § 823 Abs. 2 BGB vorschnell die Möglichkeit des Regresses abgeschnitten.[595] Hierbei geht es jedoch nicht primär um die Subsidiarität des § 823 Abs. 2 BGB, sondern um die allgemeine Rechtfertigung des Schadensersatzanspruchs, nämlich ob er „der sozialen Schadensprävention und/oder ökonomischer Effizienz und/oder billigem und gerechten Interessenausgleichs“[596] dient. Insoweit kann der Aspekt, ob eine ausreichende anderweitige Absicherung, welche jedoch selbst nicht wiederum gegenüber anderen Haftungen subsidiär sein darf, ein berechtigtes Indiz gegen die Notwendigkeit eines zusätzlichen Schadensersatzanspruchs sein. Dabei ist die Begrenzung auf Ordnungswidrigkeitsnormen abzulehnen.[597] Im Rahmen der Gesamtbetrachtung ist aber ebenso zu berücksichtigen, ob primär der

590 *Schmiedel*, S. 244 – 249; *Spickhoff*, S. 138.

591 *BGH*, Urt. v. 05.02.1980, VI ZR 169/79, NJW 1980, 1792 (1792f.); *BGH*, Urt. v. 29.06.1982, VI ZR 33/81, BGHZ 84, 312 (317); *BGH*, Urt. 19.02.1990, II ZR 268/88, BGHZ 110, 342 (360); *BGH*, Urt. v. 13.04.1994, II ZR 17/93, BGHZ 125, 366 (374f.); zustimmend: *Medicus/Petersen*, Rn. 621; *Schlosser*, JuS 1982, S. 657 (658 – 660) plädiert für die allgemeine Anwendbarkeit der Gesamtbetrachtung; ablehnend: *Spickhoff*, S. 133 – 137 m.w.N., der die einzelnen Urteile näher kritisch beleuchtet und herausarbeitet, dass es vielmehr um die Frage geht, ob außerdeliktische Wertungen einer Haftung entgegenstehen.

592 *BGH*, Urt. v. 21.10.1991, II ZR 204/90, BGHZ 116, 7 (14).

593 *Spickhoff*, S. 136.

594 *Cypionka*, JuS 1983, S. 23 (24).

595 *Canaris*, in: FS Larenz, S. 27 (63); *Larenz/Canaris*, Schuldrecht II/2, S. 435f.; *Spickhoff*, S. 135f.

596 *Brüggemeier*, Deliktsrecht, Rn. 804.

597 Wohl auch *Schlosser*, JuS 1982, S. 657 (659f.), wenn er der Gesamtbetrachtung allgemeine Bedeutung zuspricht.

Schuldner oder andere den Schaden endgültig tragen sollen. Zusätzlich ist die regelmäßige Art und Höhe der Belastung des Schuldners durch den Schadensersatzanspruch in die Abwägung einzubeziehen,[598] wodurch ein billiger und gerechter Interessenausgleich geschaffen werden kann.

Ein Schadensersatzanspruch nach § 823 Abs. 2 BGB ist mit dem System des außervertraglichen Schadensausgleichs vereinbar, wenn dieser nicht den grundsätzlichen Wertungen des Deliktsrechts widerspricht. Dies betrifft insbesondere die Entscheidung des Gesetzgebers gegen eine allgemeine Fahrlässigkeitshaftung für Vermögensschäden.[599] Die Gründe der Entscheidung liegen darin, dass der Gesetzgeber den Kreis der potentiell Anspruchsberechtigten auf die primär Geschädigten begrenzen, Umverteilungsschäden durch ordentliches Wirtschaften zum gesellschaftlichen Vorteil im Gegensatz zu unfairen Methoden zulasten der Gesellschaft nicht verhindern, die Risikoverteilung des Vertragsrechts und weiterer Rechtsgebiete nicht untergraben und den Ersatz diffuser und zu einer ausufernden Haftung führender Schäden vermeiden will.[600] Sofern sich das Vermögen schützende Gesetz mit diesen Gründen vereinbaren lässt, steht es der Entscheidung des Gesetzgebers und damit der Wertung des Deliktsrechts nicht entgegen.[601]

Canaris greift das Merkmal der Tragbarkeit im deliktischen Gesamtsystem auf. Er fürchtet bei der Anerkennung von Gesetzen, die das Vermögen schützen, eine „systemzerstörende[.] Ausuferung" der Haftung und plädiert daher für eine sehr restriktive systematische Auslegung des § 823 Abs. 2 BGB.[602] Ausgangspunkt sind dabei die anderen beiden kleinen Generalklauseln. Während § 823 Abs. 1 BGB Vermögensschäden nur ersetzt, sofern sie auf der Verletzung der dort genannten Rechte und Rechtsgüter beruhen und § 826 BGB hierfür die strengen Anforderungen von Vorsatz und Sittenwidrigkeit als Bezugnahme auf das „rechts- und sozialethische Minimum" aufstellt, enthält § 823 Abs. 2 BGB keine vergleichbare „wertungsmäßige Vorgabe".[603] Zur Herstellung des Gleichgewichts zwischen den Normen muss § 823 Abs. 2 BGB daher entweder die Rechte oder Rechtsgüter des § 823 Abs. 1 BGB schützen oder „vom Unrechtsgehalt her

598 *Knöpfle*, NJW 1967, S. 697 (700).

599 *BGH*, Urt. v. 08.06.1976, VI ZR 50/75, BGHZ 66, 388 (390f.); *BGH*, Urt. v. 19.02.2008, XI ZR 170/07, BGHZ 175, 276 (281); *BGH*, Urt. v. 13.12.2011, XI ZR 51/10, BGHZ 192, 90 (101); MüKo-BGB/*Wagner*, § 823 BGB, Rn. 504.

600 MüKo-BGB/*Wagner*, § 826 BGB, Rn. 12 – 18.

601 MüKo-BGB/*Wagner*, § 823 BGB, Rn. 504.

602 *Canaris*, in: FS Larenz, S. 27 (47f.).

603 *Canaris*, in: FS Larenz, S. 27 (48).

eine Nähe zu § 826 BGB" erreichen.[604] Ferner würden Strafgesetze das rechts- und sozialethische Minimum darstellen, wären vom Unrechtsgehalt her mit einem Verstoß gegen die guten Sitten nach § 826 BGB vergleichbar und würden grundsätzlich wie § 826 BGB Vorsatz voraussetzen. Aufgrund dieser Nähe zu § 826 BGB geht *Canaris* vom „Leitbild des Strafgesetzes" aus und nimmt die Strafbewehrung bei Vermögen schützenden Gesetzen grundsätzlich als „das Kriterium" an,[605] während Ordnungswidrigkeitsnormen und nicht sanktionierte Normen nur Schutzgesetze sind, wenn sie eine „Typisierung und (maßvolle Ergänzung) des § 826 BGB" darstellen oder eine Strafbarkeitslücke schließen.[606] Auch die Rechtsprechung differenziert teilweise danach, ob der Verstoß gegen das Gebot mit Strafe oder Bußgeld sanktioniert wird.[607]

Dem Erfordernis der Strafbewehrung ist nicht zu folgen. Der Gesetzgeber hat sich bei den Beratungen bewusst gegen das Erfordernis eines mit Strafe bedrohten Gesetzes entschieden. Er sieht Strafgesetze zwar als Hauptanwendungsfall, geht aber auch von anderen Schutzgesetzen aus.[608] Daneben verfolgt der Gesetzgeber bei der Einstufung von Gebotsverstößen als Straftat, Ordnungswidrigkeit oder nicht zu ahndenden Verstoß kein durchgängiges Konzept,[609] insbesondere ist hierbei nicht ausschlaggebend, ob der Verstoß zugleich einen Schadensersatzanspruch gewähren soll.[610] Vielmehr können Verstöße aufgrund besonders schwerer Vorfälle, die zu einer besonderen öffentlichen Aufmerksamkeit führen, herauf- oder wegen Bedeutungslosigkeit heruntergestuft werden.[611] Ein Beispiel hierfür zeigt die Meldepflicht von Bränden in Niedersachsen, welche bis 1984 als Ordnungswidrigkeit geahndet wurde. Der niedersächsische Gesetzgeber hat zur Entrümpelung der Ordnungswidrigkeiten auf die weitere Ahndung verzichtet, weil das Gebot in weiten Teilen zugleich von § 323c Abs. 1 StGB als Straftat

---

604 *Canaris*, in: FS Larenz, S. 27 (48); im Grundsatz schon *Knöpfle*, NJW 1967, S. 697 (700) und auch BeckOGK-BGB/*Spindler*, § 823 BGB, Rn. 266.

605 *Canaris*, in: FS Larenz, S. 27 (49f.).

606 *Canaris*, in: FS Larenz, S. 27 (75f.).

607 *BGH*, Urt. v. 29.06.1982, VI ZR 33/81, BGHZ 84, 312 (315).

608 *Protokolle der Kommission für die zweite Lesung des Entwurfs des Bürgerlichen Gesetzbuchs*, Bd. 2: Recht der Schuldverhältnisse, S. 572.

609 MüKo-BGB/*Wagner*, § 823 BGB, Rn. 477.

610 BeckOGK-BGB/*Spindler*, § 823 BGB, Rn. 265; Erman[14.]/*Schiemann*, § 823 BGB, Rn. 158; Erman/*Wilhelmi*, § 823 BGB, Rn. 158; Staudinger/*J. Hager*, § 823 BGB, Rn. 17; *Karollus*, S. 130; jedoch gehen BeckOGK-BGB/*Spindler*, § 823 BGB, Rn. 265 und Staudinger/*J. Hager*, § 823 BGB, Rn. G 17 von einer Indizwirkung der Strafbewehrung aus.

611 MüKo-BGB/*Wagner*, § 823 BGB, Rn. 477.

sanktioniert wird, aber der nicht miterfasste fahrlässige Verstoß nicht so schwer wiegt, dass er weiterhin geahndet werden muss.[612] Ferner wird bei § 826 BGB mit dem Abstellen auf den erhöhten Unrechtsgehalt und das rechts- und sozialethische Minimum übersehen, dass das von § 826 BGB vorausgesetzte Unrecht nicht zwingend größer ist als das von § 823 Abs. 1 und Abs. 2 BGB.[613] Zudem kommt § 826 BGB primär die Aufgabe zu bei erlaubtem Verhalten Schadensersatz zu gewähren, wenn das Verhalten gegenüber anderen illoyal ist. Für verbotenes Verhalten hat der Gesetzgeber dagegen § 823 Abs. 2 BGB vorgesehen.

Gegen das Kriterium der Tragbarkeit im haftungsrechtlichen Gesamtsystem wird eingewendet, dass es aufgrund der Unbestimmtheit „praktisch ungeeignet und zudem bei ausmachbarem individuellen (Rechtsgüter- oder) Vermögensschutz und sauberer Prüfung des persönlichen Anwendungsbereichs der etwaigen Schutznorm unnötig [sei]. Vor allem aber [… laufe] es dem […] historischen Willen des Gesetzgebers entgegen, der die Abgrenzung der Rechtskreise von Schädiger und Geschädigtem eben nicht gänzlich der Judikative überantworten wollte.“[614]

Das Kriterium der Tragbarkeit ist jedoch durch die Berücksichtigung sowohl der außerdeliktischen Wertungen des Schutzgesetzes als auch der deliktischen Wertungen hinreichend bestimmt und ermöglicht in der Praxis die notwendige Flexibilität. Zugleich ermöglicht es einerseits die vernünftige Erweiterung der bisherigen deliktischen Haftung durch neue Schutzgesetze und bannt andererseits die Gefahr einer ausufernden Haftung. In der Tat hat der Gesetzgeber auf eine Generalklausel verzichtet, die dem Richter die nähere Bestimmung der Haftungsgründe sowie der Anspruchsberechtigten und -verpflichteten überträgt. Der Gesetzgeber hat insbesondere die „Auswüchse“ der französischen Rechtsprechung vermeiden wollen und daher einem System den Vorzug gegeben, das „dem Richter zu seiner Entscheidung schon im Gesetz einen gewissen objektiven Maßstab an die Hand [… gibt].“[615] Dieser gewisse objektive Maßstab liegt in der Vorgabe des den Schutz eines anderen bezweckenden Gesetzes. Die Auslegung des Begriffs und die Ermittlung der Kriterien hat er bewusst der Rechtsprechung überlassen. Dabei besteht die Gefahr der Auswüchse nicht, weil die Rechtsprechung neue Schutzgesetze, die zu einer Haftung führen, nicht frei

612 *Niedersächsischer Landtag* Drucks. 10/500, S. 19f., 25.

613 *Spickhoff*, S. 51.

614 *Klein*, WM 2016, S. 862 (865).

615 *Protokolle der Kommission für die zweite Lesung des Entwurfs des Bürgerlichen Gesetzbuchs*, Bd. 2: Recht der Schuldverhältnisse, S. 571.

erfinden kann, sondern an die vom Gesetzgeber erlassenen Gesetze gebunden ist. Somit liegt die Abgrenzung der Rechtskreise im Kern durch den Erlass von Gesetzen weiterhin beim Gesetzgeber und ist nicht gänzlich auf die Rechtsprechung übertragen, die mittels Auslegung anhand ihrer Kriterien bestimmt, ob es sich um Schutzgesetze handelt. Daher steht das Kriterium dem Verständnis des historischen Gesetzgebers nicht entgegen.

Zusammenfassend ergibt sich folgende Prüfungsreihenfolge: Es muss ein Ge- oder Verbot vorliegen, welches nicht lediglich den Schutz von Allgemeininteressen bezweckt. Der ursprüngliche Zweck des Gesetzes ist mithilfe der Auslegungsmethoden zu bestimmen. Darüber hinaus ist zu prüfen, ob ein Schadensersatzanspruch sinnvoll ist, indem dieser nicht außerdeliktischen Wertungen des Schutzgesetzes widerspricht und im Rahmen des Gesamtsystems des deliktischen Schadensausgleichs tragbar ist, also den Wertungen des Deliktsrechts nicht widerspricht.[616] Hierbei ist auch zu berücksichtigen, ob der Geschädigte anderweitig abgesichert ist, ob der Schuldner mit dem Schaden endgültig belastet werden soll und wie schwer der Schuldner durch den Schadensersatzanspruch belastet wird.

§ 3) Schuldform des Schutzgesetzes bei Auseinanderfallen von Verhaltens- und Sanktionsnorm

Gem. § 823 Abs. 2 S 2 BGB richtet sich die Schuldform nach dem Schutzgesetz und sofern dies keine Schuldform vorschreibt, wird für eine Haftung mindestens Fahrlässigkeit vorausgesetzt. Hat der Gesetzgeber lediglich die Sanktionsnorm – wie bei Straf- und Ordnungswidrigkeitsvorschriften üblich – normiert, die zugleich indirekt die Verhaltensnorm enthält, bestehen keine Probleme. Denn in diesem Fall bestimmt die Sanktionsnorm die Schuldform entweder ausdrücklich selbst oder sofern diese nicht genannt wird, kann der Tatbestand nur vorsätzlich verwirklicht werden, da Fahrlässigkeit gem. §§ 15 StGB, 14 OwiG explizit normiert sein muss. Beispielsweise enthält die Sanktionsnorm der Sachbeschädigung nach § 303 Abs. 1 StGB, wonach bestraft wird, wer eine fremde Sache beschädigt oder zerstört, nicht explizit eine Schuldform, jedoch ergibt sich das Erfordernis der vorsätzlichen Begehung aus § 15 StGB. Die Verhaltensnorm umfasst in diesen Fällen zugleich die Schuldform der Sanktionsnorm, bei § 303 Abs. 1 StGB heißt sie demnach: Beschädige oder zerstöre nicht vorsätzlich eine fremde Sache.

---

616 Ähnlich jurisPK-BGB/*Hans*, § 823 Abs. 2 BGB, Rn. 10.

Hat der Gesetzgeber dagegen die Verhaltensnorm neben der Sanktionsnorm explizit normiert, kann dies hinsichtlich der Schuldform zu Problemen führen, wenn die Sanktionsnorm eine gesteigerte Schuldform, also mindestens grobe Fahrlässigkeit voraussetzt. Denn die explizit normierte Verhaltensnorm enthält keine Schuldform, so dass in diesem Fall § 823 Abs. 2 S 2 BGB mindestens Fahrlässigkeit vorschreiben würde, wodurch für die Haftung nach § 823 Abs. 2 BGB die Schuldform der Sanktionsnorm von derjenigen der Verhaltensnorm abweicht. Dieses Problem stellt sich bei den in dieser Arbeit zu untersuchenden landesrechtlichen Meldepflichten, die sowohl als Verhaltensnorm explizit normiert als auch regelmäßig[617] indirekt in Ordnungswidrigkeitsnormen enthalten sind, wobei Letztere teilweise Vorsatz verlangen.[618]

Weitere Beispiele für die gesonderte Regelung der Verhaltensnorm sind das Verbot der Zweckentfremdung von Baugeld nach §§ 1 Abs. 1, 2 Abs. 1 BauFordSiG (früher: §§ 1 Abs. 1, 5 GSB a.F.[619]), das Recht am eigenen Bild nach §§ 22, 33 KunstUrhG, das Vorenthalten von Arbeitsentgelt gem. §§ 266a StGB, 28e Abs. 1 S 1 SGB VI, 49 StVO mit den vorweg normierten Verhaltenspflichten im Straßenverkehr und die Insolvenzantragspflicht nach § 15a Abs. 1, Abs. 4, Abs. 5 InsO (früher: §§ 64 Abs. 1, 84 GmbHG a.F., 92 Abs. 2, 401 AktG a.F.). Von diesen Beispielen führt letztlich nur das BauFordSiG zu unterschiedlichen Ergebnissen. Denn für die letzten beiden Pflichten stellt sich das Problem der unterschiedlichen Schuldformen nicht, da die Ordnungswidrigkeiten jeweils auch fahrlässig begehbar sind. Demgegenüber setzen § 266a StGB und § 33 KunstUrhG zwar jeweils Vorsatz voraus, allerdings hat ein fahrlässiger Verstoß gegen die Verhaltensnorm keine besondere Bedeutung. Der Sozialversicherungsträger hat gegen den Arbeitgeber selbst schon einen Anspruch aus § 28e Abs. 1 S 1

---

617 Ausnahmen sind Niedersachsen und Hessen, in denen nur die Meldepflicht normiert ist. Der niedersächsische Gesetzgeber hat die früher bestehende Ordnungswidrigkeit im Rahmen des Gesetzes zur Bereinigung des niedersächsischen Straf- und Ordnungswidrigkeitenrechts vom 05.12.1983 gestrichen (GVBl. 1983 (Nr. 40), S. 281 (282)), weil der Tatbestand neben dem weit überlagernden § 323c Abs. 1 StGB entbehrlich sei (Niedersächsischer Landtag Drucks. 10/500, S. 25).

618 Dies betrifft Hamburg nach § 26 Abs. 2 lit. e FwG HH, Mecklenburg-Vorpommern nach § 30 Abs. 1 Nr. 8 M-V-BrSchG, Nordrhein-Westfalen nach § 49 Abs. 1 Nr. 7 BHKG NRW und Schleswig-Holstein nach § 40 Abs. 1 Nr. 4 BrSchG SH. Rheinland-Pfalz setzt sogar Absicht oder sicheres Wissen voraus, § 37 Abs. 2 LBKG.

619 Der Gesetzgeber hat das Gesetz über die Sicherung von Bauforderungen (GSB) durch das Forderungssicherungsgesetz vom 23.10.2008 (GBl. 2008 I S. 2022 (2023f.)) geändert und die neue amtliche Abkürzung BauFordSiG eingeführt.

SGB VI, so dass ein Anspruch aus § 823 Abs. 2 BGB insoweit zu keiner Erweiterung führt. Dagegen ermöglicht aber nur §§ 266a StGB i.V.m. 14 Abs. 1 StGB, der wiederum Vorsatz verlangt, einen Rückgriff auf die Organe der juristischen Person und damit eine Erweiterung, da § 14 StGB nur für Straftatbestände gilt. Der fahrlässige Verstoß gegen § 22 KunstUrhG ist inzwischen vollständig von § 823 Abs. 1 BGB in Form der Verletzung des allgemeinen Persönlichkeitsrechts erfasst,[620] womit ein Anspruch aus §§ 823 Abs. 2 BGB i.V.m. 22 KunstUrhG zum gleichen Ergebnis führt.

§ 1 Abs. 1 BauFordSiG statuiert die Pflicht des Empfängers von Baugeld dieses zur Bezahlung der Handwerker des Baus zu verwenden. § 2 BauFordSiG setzt für die Strafbarkeit einen vorsätzlichen Verstoß gegen die Verwendungspflicht sowie die Zahlungseinstellung oder Insolvenzeröffnung über das Vermögen des Empfängers voraus. Schon das *RG* hat die Verhaltensnorm des § 1 Abs. 1 GSB a.F. als Schutzgesetz verstanden und festgestellt, dass es auf die Strafnorm des § 5 GSB a.F mit den strengeren Voraussetzungen des Insolvenzeröffnungsantrages und des Vorsatzes nicht ankomme, womit ein fahrlässiger Verstoß genüge.[621] Eine Begründung enthalten die Entscheidungen nicht. Von großer Relevanz ist bei den Entscheidungen des *RG* die Haftung der Organe der juristischen Person, insbesondere des Geschäftsführers, gewesen, wobei es zur damaligen Zeit eine dem § 14 StGB entsprechende Norm noch nicht gegeben hat. Der Baugeldempfänger sei zivilrechtlich nach § 1 Abs. 1 GSB a.F. zwar nur die juristische Person und nicht deren Vertreter, jedoch verletze der Vertreter durch seine Handlung für die juristische Person, die ihr zugerechnet wird, zugleich selbst die Verwendungspflicht und müsse daher – ohne Baugeldempfänger zu sein – haften. Strafrechtlich sei der Vertreter dagegen Empfänger, da es keine Strafbarkeit juristischer Personen gäbe und diese Fälle erfasst sein sollen. Trotzdem bedarf es nach dem *RG* keines Rückgriffs auf § 5 GSB a.F.[622]

Ebenso stellen das *RG* und später der *BGH* für einen Schadensersatzanspruch aus der Verletzung des Rechts am eigenen Bild allein auf die Verhaltensnorm des § 22 KunstUrhG und nicht auf die Sanktionsnorm des § 33 KunstUrhG ab, womit ein fahrlässiger Verstoß genügt.[623] Der Abgebildete müsse auch vor

---

620 Staudinger/*J. Hager*, § 823 BGB, Rn. B 140.

621 *RG*, Urt. v. 16.02.1914, VI 599/13, RGZ 84, 188 (190); *RG*, Urt. v. 18.10.1917, VI 143/17, RGZ 91, 72 (76); *RG*, Urt. v. 01.10.1932, IX 165/32, RGZ 138, 156 (158).

622 *RG*, Urt. v. 18.10.1917, VI 143/17, RGZ 91, 72 (75f.).

623 *RG*, Urt. v. 14.03.1929, VI 445/28, JW 1929, 2257; *BGH*, Urt. v. 14.02.1958, I ZR 151/56, BGHZ 26, 349 (351, 356f.).

fahrlässigen Verstößen im Rahmen zivilrechtlicher Ansprüche geschützt werden, weil das Grundgesetz das allgemeine Persönlichkeitsrecht, wozu als Teilbereich das Recht am eigenen Bild zähle, anerkannt habe und aufgrund der erheblichen Bedeutung einen weitergehenden Schutz als nur vor vorsätzlichen Eingriffen gewähre. Die frühere Regelung des § 35 KunstUrhG a.F., wonach der Abgebildete im Strafverfahren bei einem vorsätzlichen Verstoß Schmerzensgeld als Buße vom Schädiger verlangen könne, verdeutliche lediglich die schon 1907 vom Gesetzgeber erkannte besondere Bedeutung des Rechts am eigenen Bild, stehe aber weitergehenden zivilrechtlichen Ansprüchen nicht entgegen.[624]

Dagegen ist der *BGH* hinsichtlich § 1 Abs. 1 GSB a.F. bei der Inanspruchnahme der Geschäftsführer einer GmbH von der bisherigen Rechtsprechung abgerückt. Zwar sei § 1 Abs. 1 GSB a.F. weiterhin Schutzgesetz und der gesetzliche Vertreter hafte im Falle des Verschuldens, allerdings folge die Schuldform aus der Strafnorm des § 5 GSB a.F., womit ein vorsätzlicher Verstoß erforderlich sei. Der Rückgriff auf die Strafnorm sei notwendig, „um die Haftpflicht in zweckentsprechenden Grenzen zu halten".[625] An dieser Rechtsprechung hält der *BGH* auch unter § 1 Abs. 1 BauFordSiG fest, wobei er im Urteil weder § 2 BauFordSiG noch § 14 StGB nennt.[626]

Dörner – dem *BGH* zustimmend – sieht in der Verhaltens- und nicht der Sanktionsnorm das Schutzgesetz, da nur erstere präventiv wirkt und damit einen Schutz für andere gewährt.[627] Erfordere eine Sanktionsnorm, die indirekt zugleich eine Verhaltensnorm enthalte, eine Verschuldensform für die Sanktion, soll nach § 823 Abs. 2 S 2 BGB die Verschuldensform auch für den zivilrechtlichen Ersatzanspruch maßgeblich sein.[628] Der Gesetzgeber formuliere grundsätzlich aus ökonomischen Gründen nur die Sanktionsnorm und ausnahmsweise aus redaktionellen Gründen zusätzlich die Verhaltensnorm. Da die explizite Normierung der Verhaltensnorm keine eigenständige Bedeutung habe, dürfe sie nicht unabhängig von der Sanktionsnorm betrachtet werden, so dass weiterhin für die Verschuldensform die Sanktionsnorm maßgeblich und nur bei

---

624 *BGH*, Urt. v. 14.02.1958, I ZR 151/56, BGHZ 26, 349 (356f.).

625 *BGH*, Urt. v. 24.11.1981, VI ZR 47/80, NJW 1982, 1037 (1038); bestätigend: *BGH*, Urt. v. 08.01.1991, VI ZR 109/90, WM 1991, 905 (906); *BGH*, Urt. v. 19.08.2010, VII ZR 169/09, WM 2010, 2090 (2090f.); *BGH*, Urt. v. 20.12.2012, VII ZR 187/11, WM 2013, 309 (312).

626 *BGH*, Urt. v. 17.05.2018, VII ZR 92/16, BGHZ 218 377 (380).

627 *Dörner*, JuS 1987, S. 522 (524f.).

628 *Dörner*, JuS 1987, S. 522 (523, 525).

ausschließlicher Normierung der Verhaltensnorm die in § 823 Abs. 2 S 2 BGB angeordnete Fahrlässigkeit einschlägig sei.[629]

Gegen die neuere Rechtsprechung des *BGH* wird vorgebracht, dass durch den Rückgriff auf den Vorsatz der Strafnorm verkannt werde, dass die Strafbewehrung kein Erfordernis eines Schutzgesetzes sei.[630] Hieraus folgt jedoch noch nicht der Schluss, ob die explizit normierte Verhaltensnorm neben der Sanktionsnorm eine eigenständige Bedeutung hat. Ferner habe die allgemeine Übernahme der subjektiven Voraussetzungen der Sanktionsnorm für die zivilrechtliche Haftung die groteske Folge, dass ein Fehlen einer Strafnorm eine Verschärfung der zivilrechtlichen Haftung nach sich ziehe.[631] Letztlich ist dies keine groteske Folge, sondern nur die logische Konsequenz einer Verweisungsnorm, die für die Haftung auf den objektiven und sofern vorhandenen subjektiven Tatbestand Bezug nimmt und für den Fall des Fehlens subjektiver Voraussetzungen zur Vermeidung einer verschuldensunabhängigen Haftung Vorkehrungen trifft. Überraschenderweise wird in der Konsequenz aber nicht verlangt, dass auch bei indirekt in Sanktionsnormen enthaltenen Verhaltensnormen zu prüfen sei, ob sie nur unter den subjektiven Voraussetzungen der Sanktionsnorm oder unabhängig davon das Rechtsgut schützen wollen.

Spickhoff geht im Gegensatz zu *Dörner* davon aus, dass der Gesetzgeber mit der Verhaltensnorm grundsätzlich einen umfassenden Schutz des Rechtsguts bezweckt. Es bedürfe vielmehr eines „besonderen argumentativen Nachweises, etwa aus der Entstehungsgeschichte der Norm“, um anzunehmen, dass der Gesetzgeber lediglich den Schutz im Rahmen der Strafnormen beabsichtigt und die Trennung von Verhaltens- und Sanktionsnorm nur aus redaktionellen Gründen geschehe.

Im Strafrecht gilt mit §§ 15 StGB, 14 OwiG jedoch das umgekehrte Prinzip, wonach grundsätzlich nur vorsätzliche Verstöße sanktioniert werden und fahrlässige Verstöße explizit normiert werden müssen. Die strengere Verschuldensform des Vorsatzes begründet der Gesetzgeber nicht im Gesetzgebungsverfahren, weil es sich hierbei nicht um die Ausnahme, sondern um den Standardfall handelt, während er Fahrlässigkeit besonders begründen muss. Daher kommt dem Strafrecht grundsätzlich nur eine begrenzte Schutzfunktion der Rechtsgüter zu, nämlich hinsichtlich der Verhinderung vorsätzlicher Schädigungen und Gefährdungen, indem es die Adressaten durch die Androhung von Strafe zur

629 *Dörner*, JuS 1987, S. 522 (524f.).

630 *Spickhoff*, S. 127, 132f., 214.

631 *Maier-Reimer*, NJW 2007, S. 3157 (3160).

Einhaltung der Verhaltensnormen motiviert. Bezweckt der Gesetzgeber dagegen einen umfassenden Schutz der Rechtsgüter, müsste er explizit den fahrlässigen Verstoß normieren. Ist ihm die strafrechtliche Ahndung von Fahrlässigkeit zu weitgehend, bezweckt er aber zumindest den präventiven Schutz gegen fahrlässige Schädigungen über das Zivilrecht, dann muss er zunächst erkennen, dass es sich bei der Norm um ein Schutzgesetz handelt. Anschließend muss ihm dann bewusst sein, dass er diesen nur durch die Trennung von Verhaltens- und Sanktionsnorm erreichen kann. Häufig erkennt er jedoch schon zumindest nach den Gesetzesmaterialien die Schutzgesetzeigenschaft nicht, geschweige denn die zivilrechtlichen Konsequenzen der Trennung von Verhaltens- und Sanktionsnorm.

Daher ist mit *Dörner* grundsätzlich davon auszugehen, dass die Trennung nur auf redaktionellen Gründen beruht und es für den umfassenderen Schutz eines zusätzlichen Nachweises in den Gesetzesmaterialien bedarf.

Im Übrigen stellt sich die Frage, wie denn der von *Spickhoff* geforderte Nachweis aussehen sollte. Der Hinweis – das Gesetz soll auch zivilrechtlich nur vor vorsätzlichen Verletzungen schützen, jedoch bedarf es zur besseren Übersichtlichkeit und der einfacheren Formulierung einer Trennung von Verhaltens- und Sanktionsnorm – wird sich wohl kaum in einer Gesetzesbegründung wiederfinden. Dagegen ist der umgekehrte Hinweis, dass die Normierung der Verhaltensnorm dem umfassenden zivilrechtlichen Schutz des Rechtsguts dient, durchaus zu erwarten.

Damit bleibt zu klären, ob es entsprechende Nachweise in den einzelnen Gesetzesmaterialien gibt. Der Gesetzgeber hat die Baugeldverwendungspflicht des § 1 Abs. 1 GSB a.F. nicht von Anfang an im ersten Gesetzesentwurf vorgesehen, sondern sie wurde erst durch eine Kommission eingefügt, die der Reichstag zur weiteren Beratung nach der ersten Lesung durch Beschluss eingesetzt hat.[632] Die Begründung wird wie folgt eingeleitet. „Es sei eine alte Forderung der Bauhandwerker, daß die mit fremden Gelde bauenden Personen verpflichtet werden sollen, Buch zu führen und das empfangene Baugeld zur Befriedigung der Baugläubiger zu verwenden, sowie, daß die Unterlassung dieser Verpflichtung unter Strafe gestellt werde."[633] Durch die gemeinsame Nennung von Pflicht und

632 Verhandlungen des *Reichstages*, Bd. 253, 1909, Aktenstück Nr. 1275, Bericht der 13. Kommission zur Vorberatung des Gesetzesentwurfs über die Sicherung der Bauforderungen –Nr. 365 der Drucksachen –, S. 7711.

633 Verhandlungen des *Reichstages*, Bd. 253, 1909, Aktenstück Nr. 1275, Bericht der 13. Kommission zur Vorberatung des Gesetzesentwurfs über die Sicherung der Bauforderungen –Nr. 365 der Drucksachen –, S. 7711 (7723).

Sanktion zeigt der Gesetzgeber gerade, dass er den Schutz der Baugeldempfänger durch die Sanktionierung der Unterlassung erreichen will. Diese Annahme wird dadurch bestärkt, dass die Schutzgesetzeigenschaft an keiner Stelle angesprochen wird. Zudem „[...] seien strenge Strafen [notwendig]", wofür jedoch der vorsätzliche Verstoß genügt, zumal Fahrlässigkeit an keiner Stelle angesprochen wird. Ferner erreicht schon die Sanktion der Pflicht den notwendigen Schutz, denn „[d]ie mit Strafbestimmungen ausgestattete Buchführungs- und Baugeldverwendungspflicht werde zur Sanierung des Bauwesens viel beitragen".[634] Für einen umfangreichen zivilrechtlichen Schutz könnte angeführt werden, dass an zwei Stellen für den Verzicht der Strafbewehrung plädiert wurde. Ein Kommissionmitglied hat hierfür zum Schutz von kleineren Bauunternehmern plädiert.[635] Ein weiteres Kommissionsmitglied hat ausgeführt, dass „es [...] richtiger [sei], die Baugeldverwendungspflicht positiv zu regeln, als dieselbe nur negativ im Zusammenhange mit der Strafbestimmung zu statuieren"[636], wobei dieser Hinweis dahin zu verstehen ist, dass im Falle der positiven Regelung die Strafbewehrung entbehrlich sei. Eine nähere Begründung enthält der Kommissionsbericht hierzu nicht. Die Kommission ist beiden Vorschlägen nicht gefolgt, weswegen der umfangreiche Zivilrechtsschutz nicht gewollt gewesen ist.

In der Überarbeitung des GSB a.F. sieht der Gesetzgeber § 1 BauFordSiG als Schutzgesetz an[637] und leitet auch die „erwünschte Haftung der handelnden Organe juristischer Personen" allein aus der Norm ab.[638] Auf den vom *BGH* verlangten Vorsatz wird nicht eingegangen. Auf den ersten Blick ist die Annahme eines umfassenden zivilrechtlichen Schutzes, der Fahrlässigkeit einschließt, durch die alleinige Nennung des § 1 BauFordSiG naheliegend. Jedoch zeigt die Herleitung der Organhaftung aus § 1 BauFordSiG, der hierfür keine näheren Anhaltspunkte bietet, die ungenaue Zitierung des Gesetzgebers. Vielmehr bedarf es weiterhin der Zurechnung nach § 14 StGB, welcher wiederum

634 Verhandlungen des *Reichstages*, Bd. 253, 1909, Aktenstück Nr. 1275, Bericht der 13. Kommission zur Vorberatung des Gesetzesentwurfs über die Sicherung der Bauforderungen –Nr. 365 der Drucksachen –, S. 7711 (7724).

635 Verhandlungen des *Reichstages*, Bd. 253, 1909, Aktenstück Nr. 1275, Bericht der 13. Kommission zur Vorberatung des Gesetzesentwurfs über die Sicherung der Bauforderungen –Nr. 365 der Drucksachen –, S. 7711 (7724).

636 Verhandlungen des *Reichstages*, Bd. 253, 1909, Aktenstück Nr. 1275, Bericht der 13. Kommission zur Vorberatung des Gesetzesentwurfs über die Sicherung der Bauforderungen –Nr. 365 der Drucksachen –, S. 7711 (7726f.).

637 *BT*-Drucks. 16/511, S. 23.

638 *BT*-Drucks. 16/511, S. 24.

die Strafvorschrift des § 2 BauFordSiG und damit Vorsatz voraussetzt.[639] Aus der Entstehungsgeschichte lässt sich kein umfassender zivilrechtlicher Schutz ableiten, weswegen § 1 BauFordSiG keine eigenständige Bedeutung neben § 2 BauFordSiG zukommt und ein Schadensersatzanspruch weiterhin Vorsatz voraussetzt.

Bei den Meldepflichten hat keiner der vier Landesgesetzgeber, die nur einen vorsätzlichen Verstoß gegen die Meldepflicht ahnden, die Schutzgesetzeigenschaft angesprochen. Vielmehr haben sie die Eigenschaft vermutlich gar nicht in Betracht gezogen, wenn etwa die Bürgerschaft Hamburgs die Meldepflicht „im Interesse der öffentlichen Sicherheit, nämlich der schnellen Brandbekämpfung, als notwendig“[640] ansieht und die Ordnungswidrigkeitsnorm der Pflicht den „notwendigen Nachdruck“[641] verleihen soll. Zugleich haben sie zwischen der Ahndung des fahrlässigen Verstoßes und dem Verzicht darauf ohne eine nähere Begründung hin- und hergewechselt.

Dies zeigt sich schon vor Inkrafttreten dieser Gesetze: Nach § 18 S 2 des Gesetzes über das Feuerlöschwesen in Preußen vom 15. Dezember 1933[642] wurde nur das vorsätzliche Unterlassen geahndet, während § 10 der Zweiten Durchführungsverordnung zum Gesetz über das Feuerlöschwesen vom 09. Oktober 1939[643] die Ahndung auf die fahrlässige Zuwiderhandlung erweitert.

---

639 Messerschmidt/Voit/*Wolff*, § 1 BauFordSiG, Rn. 68, der jedoch in Rn. 67 für den Baugeldempfänger selbst Fahrlässigkeit ausreichen lässt; *Maier-Reimer*, NJW 2007, S. 3157 (3161).

640 *Bürgerschaft Hamburg* Drucks. VII/1782, S. 8.

641 *Bürgerschaft Hamburg* Drucks. VII/1782, S 10.

642 § 18 Gesetz über das Feuerlöschwesen in Preußen vom 15.12.1933:
Jeder, der den Ausbruch eines Schadensfeuers bemerkt, das er nicht selbst zu löschen vermag, ist verpflichtet, unverzüglich der nächsten Polizei- oder Feuerwehrstelle davon Mitteilung zu machen. Personen, die dieser Pflicht vorsätzlich nicht nachkommen, werden mit Geldstrafe mit bis zu 150 RM bestraft.

643 Zweite Durchführungsverordnung zum Gesetz über das Feuerlöschwesen vom 09.10.1939:
§ 5: Jeder, der den Ausbruch eines Schadensfeuers bemerkt, das er nicht sofort selbst zu löschen vermag, ist dazu verpflichtet, unverzüglich der nächsten Feuermeldestelle oder der Polizei davon Mitteilung zu machen.
§ 10: Wer vorsätzlich oder fahrlässig den Vorschriften der §§ 5, 6 und 7 zuwiderhandelt, wird, soweit nicht nach den geltenden gesetzlichen Bestimmungen eine höhere Strafe verwirkt ist, Haft- oder Geldstrafe bis zu 150 Reichsmark, in besonders schweren Fällen mit Gefängnis bis zu drei Monaten und mit Geldstrafe oder mit einer dieser Strafen betraft.

Der Landtag Schleswig-Holsteins[644] hat sich 1948 zunächst an der preußischen Regelung mit dem Verweis auf im Wesentlichen bisher geltendes Recht orientiert[645] und 16 Jahre später die Ahndung auf fahrlässige Verstöße erstreckt.[646]

Der Landtag von Rheinland-Pfalz hat die Meldepflicht 1949 in § 28 des Gesetzes über das Brandschutzwesen eingeführt und sanktioniert nach § 34 des Gesetzes über das Brandschutzwesen vorsätzliche und fahrlässige Verstöße, wobei wissentliches und gewissenloses Handeln erheblich höher geahndet wird.[647] Seit 1981 verlangt er dagegen in § 38 Abs. 2 LBKG eine absichtliche oder wissentliche Nichtmeldung.[648]

Der Landtag Nordrhein-Westfalens hat die Meldepflicht 1956 in § 17 Abs. 1 FSHG eingeführt und zunächst nur vorsätzliche Verstöße nach § 20 FSHG geahndet.[649] Seit 1975 hat er Fahrlässigkeit genügen lassen,[650] um ab 1984 ohne Begründung wiederum Vorsatz vorauszusetzen.[651]

Die Bürgerschaft Hamburgs ahndete seit 1972 nach § 20 Abs. 1 Nr. 1 FwG HH auch fahrlässige Verstöße,[652] bis sie sich 2013 dazu entschlossen hat, nur noch vorsätzliche Verstöße zu ahnden.[653]

Mecklenburg-Vorpommern hat sich für das Feuerwehrgesetz weitgehend am Modell von Schleswig-Holstein und anderen Ländern orientiert[654] und setzt ohne nähere Ausführungen Vorsatz voraus.[655]

---

644 Der Landtag Schleswig-Holstein wird an dieser Stelle aufgeführt, da der Landtag Mecklenburg-Vorpommern insbesondere auf das Gesetz von Schleswig-Holstein Bezug nimmt.

645 Zunächst hat der Landtag Schleswig-Holstein die preußische Vorlage im Wesentlichen wörtlich übernommen, sie dann in zwei Normen geteilt und teils abgeändert (*Landtag Schleswig-Holstein* 01 61/3, S. 197 (205, 209f., 214f., 218).

646 Landtag *Schleswig-Holstein* Drucks. 5/263, S. 13, 17, 31, 33.

647 *Landtag Rheinland-Pfalz* Drucks. 1/779, Abt. II, S. 1191 (1194f., 1198).

648 §§ 27, 38 Abs. 2 LBKG, *Landtag Rheinland-Pfalz* Drucks. 9/400, S. 33, 41, während der ursprüngliche Gesetzesentwurf 9/691 die beiden Normen nicht enthält.

649 *Landtag NRW* Drucks. 3/297, S. 8f., 15.

650 §§ 29 Abs. 1, 32 Abs. 1 Nr. 3 FSHG, *Landtag NRW Drucks.* 7/3961, S. 14 – 16, 32f.

651 §§ 29 Abs. 1, 32 Abs. 1 Nr. 4 FSHG, *Landtag NRW* Drucks. 9/3332, S. 5, 28f.

652 *Bürgschaft Hamburg* Drucks. 7/1782, S. 3, 8, 10.

653 In der Begründung zur Begrenzung auf Vorsatz weist die Bürgschaft Hamburgs darauf hin, dass § 26 Abs. 2 lit. e FewG der bisherigen Regelung des § 26 Abs. 2 lit. d FewG a.F. entspreche, obwohl für diese Fahrlässigkeit noch ausreichend gewesen ist (*Bürgschaft Hamburg* Drucks. 20/7908, S. 8, 10, 30f.).

654 *Landtag Mecklenburg-Vorpommern* Drucks. 1/714, S. 21 (= S. 1 der Begründung).

655 §§ 23 Abs. 1, 30 Abs. 1 lit. c M-V-BrSchG, *Landtag Mecklenburg-Vorpommern* Drucks. 1/714, S. 14, 18, 37f., 41f. (= S. 17f., 21f. der Begründung).

Mangels näherer Angaben in den Gesetzesbegründungen lässt sich aus der Entstehungsgeschichte der Gesetze nur ableiten, dass sich ein zivilrechtlicher Schutz bei den vier Ländern nur auf vorsätzliche bzw. in Rheinland-Pfalz auf wissentliche und absichtliche Verstöße gegen die Meldepflicht erstreckt.

Kapitel 4) Schutzgesetzcharakter des § 323c Abs. 1 StGB

§ 1) § 323c Abs. 1 StGB als Fall des § 823 Abs. 1 BGB

Der Diskussion um die Schutzgesetzeigenschaft des § 323c Abs. 1 StGB würde erheblich Wind aus den Segeln genommen werden, wenn ein Verstoß gegen die normierte Hilfeleistungspflicht schon einen Schadensersatzanspruch nach § 823 Abs. 1 BGB begründen würde. Hierdurch käme einem Schadensersatzanspruch nach § 823 Abs. 2 BGB eine erheblich geringere eigenständige Bedeutung zu. § 823 Abs. 1 BGB setzt voraus, dass der Schuldner eines der normierten Rechtsgüter eines anderen verletzt, womit die Norm von der Formulierung her an eine aktive Handlung anknüpft. Daher ist zunächst zu klären, ob der Schuldner nach dem gesetzgeberischen Willen die Rechtsgüter eines anderen auch durch Unterlassen verletzen kann (**A**). Der Aufbau des § 823 Abs. 1 BGB weist eine starke Ähnlichkeit mit den strafrechtlichen Erfolgsdelikten der Tötung, Körperverletzung und Sachbeschädigung auf, womit sich die Frage aufdrängt, warum im Strafrecht der Verstoß gegen die Hilfeleistungspflicht für die Begründung eines unechten Unterlassungsdeliktes nicht genügt (**B**). Hieran schließt sich unmittelbar die Frage an, warum im Zivilrecht für Unterlassen gehaftet wird und ob die Gründe für eine Begrenzung der Haftung mit denen des Strafrechts identisch sind (**C**).

A) Haftung für Unterlassen nach dem gesetzgeberischen Willen

§ 823 Abs. 1 BGB ist mit dem Verb „verletzen" aktiv formuliert und das Zivilrecht enthält im Gegensatz zum Strafrecht keinen § 13 Abs. 1 StGB[656], wonach der Schuldner Rechtsgüter auch durch Unterlassen verletzen kann. Ferner hat der Gesetzgeber die Formulierung von § 704 Abs. 1, Abs. 2 des ersten Entwurfs des BGB nicht übernommen, in der die widerrechtliche Handlung als „Thun

---

656 Demgegenüber enthält § 117 Bürgerliches Gesetzbuch für das Königreich Sachsen vom 01.01.1865 eine entsprechende Regelung:
§ 116: Wer durch Handlungen, seien es Begehungen oder Unterlassungen, die Rechte eines anderen verletzt, ist, wenn ihm eine Verschuldung zur Last fällt, dafür einzustehen verbunden.
§ 117: Durch Unterlassungen kann nur Derjenige eine Rechtspflicht begehen, welcher einer Verbindlichkeit zum Handeln nicht nachkommt.

oder Unterlassen" definiert war, so dass der Schluss nahe liegt, dass ein Schuldner für ein Unterlassen nach § 823 Abs. 1 BGB nicht haften müsse. *Von Bar* nimmt insoweit an, dass dem BGB eine Haftung für Unterlassen nur in den Spezialgesetzen der §§ 823 Abs. 2, 831 – 838 BGB bekannt sei.[657]

Zweifel an dieser These begründet jedoch schon ein klassischer strafrechtlicher Fall zur Unterlassung, nämlich die Verletzung der Fürsorgepflicht, wenn z.B. die Mutter ihr Kind solange hungern lässt, dass es dadurch schwere Gesundheitsschäden davonträgt. Ein Anspruch des Kindes gegen die Mutter ergibt sich nicht aus § 832 BGB, welcher nur die Schädigung Dritter durch das Kind bei Verletzung von Aufsichtspflichten regelt und nach der These ebenso wenig aus § 823 Abs. 1 BGB, der nur unmittelbare aktive Verletzungen und gerade keine Unterlassung erfasse. Der Anspruch würde nur aus §§ 823 Abs. 2 BGB i.V.m. 223 Abs. 1 StGB folgen. Zur Zeit des Inkrafttretens des BGB ist § 223 Abs. 1 StGB genauso aktiv formuliert worden wie § 823 Abs. 1 BGB und es hat noch keine Norm wie § 13 Abs. 1 StGB gegeben, nach der die Unterlassung dem Begehen gleichgestellt wird. Daher ist es nicht plausibel, warum die Unterlassung in Form der Nichternährung des Kindes als Verstoß gegen die Fürsorgepflicht von § 223 Abs. 1 BGB nicht aber von § 823 Abs. 1 BGB erfasst sein soll, obwohl sie beide aktiv formuliert worden sind, so dass es im Zivilrecht erst des Umwegs über § 823 Abs. 2 BGB bedürfe. Vielmehr drängt sich der Gedanke auf, dass sich die Haftung für Unterlassen auch im Zivilrecht ohne explizite Normierung aus dem aktiv formulierten § 823 Abs. 1 BGB ergibt.

Zu dessen Überprüfung bedarf es an dieser Stelle einer näheren Betrachtung der Entstehungsgeschichte des § 823 Abs. 1 BGB. Schon § 1 Abs. 1 des Theilentwurfs Obligationenrecht Nr. 15 „Unerlaubte Handlungen"[658] vom Redaktor des Schuldrechts *Franz Philipp von Kübel* hat einen Schadensersatzanspruch für die widerrechtliche Handlung oder Unterlassung vorgesehen, sofern die weiteren Voraussetzungen vorliegen. In den *Motiven* zu diesem Entwurf betont *von Kübel*, dass es „keinen Unterschied [macht], ob der Schaden durch eine Begehungs- oder Unterlassungshandlung verursacht worden [ist]; entscheidend ist in beiden Fällen die Widerrechtlichkeit der Handlung."[659] Er führt aus, dass „auch

---

657 *Von Bar*, Verkehrspflichten, S. 25.

658 § 1 Abs. 1 *Motive* zum Theilentwurf Obligationenrecht Nr. 15 „Unerlaubte Handlungen" = *Schubert*, Schuldrecht I, S. 653:
„Hat jemand durch eine widerrechtliche Handlung oder Unterlassung aus Absicht oder aus Fahrlässigkeit einem Anderen einen Schaden zugefügt, so ist er diesem zum Schadensersatz verpflichtet."

659 *Motive* zum Theilentwurf Nr. 15, S. 10f. = *Schubert*, Schuldrecht I, S. 666f.

die Unterlassung einer Handlung […] eine widerrechtliche und unerlaubte [ist], wenn eine rechtliche Verpflichtung zum Handeln bestand und durch die Unterlassung dieser Handlung die Verletzung fremder Rechte herbeigeführt wurde."[660] Durch das gemeinsame Merkmal der Widerrechtlichkeit ist das Unterlassen einer Handlung der Begehung einer Handlung gleichgestellt.[661] Die rechtliche Verpflichtung präzisiert er wie folgt: „Da nun aber eine allgemeine Verpflichtung, für Andere behuts Abwendung eines Schadens thätig zu sein, auf dem Gebiet des Privatrechts nicht besteht und blos moralische Pflichten als Grundlage eines Schadensersatzanspruchs nicht in Betracht kommen können, so kann allerdings von dem unbefugten, widerrechtlichen Unterlassen einer Handlung und von einer darauf zu gründenden Schadensersatzpflicht nur dann die Rede sein, wenn der Unterlassende aus irgend einem besonderen Grunde zum positiven Handeln verpflichtet war und diese Verpflichtung durch die Unterlassung verletzt worden ist."[662]

Diese Präzisierung enthält das Fundament der Unterlassenshaftung, nämlich ihre Begrenzung auf eine besondere rechtliche Verpflichtung. Eine allgemeine Verpflichtung, also eine Pflicht gegenüber jedermann, Schäden von Rechtsgütern anderer jederzeit abzuwenden, existiert im Privatrecht nicht, weil sie sowohl den Schuldner als auch den Gläubiger übermäßig einschränken würde.[663] Für das Nichtbestehen dieser Pflicht sprechen zwei Normen. Einerseits wäre § 241 Abs. 2 BGB, der für Vertragsverhältnisse spezielle Rücksichtnahmepflichten anordnet, überflüssig, da sich diese dann vollständig schon aus der allgemeinen Schadensabwendungspflicht ergeben würden. Andererseits steht einer allgemeinen Schadensabwendungspflicht die Wertung des § 678 BGB entgegen,[664] wonach der Geschäftsherr vor einer ungebetenen Einmischung in seine Geschäfte durch den Geschäftsführer geschützt werden soll.[665] Denn nach § 678 BGB haftet der Geschäftsführer schon für Schäden aus der Geschäftsführung, wenn er den entgegenstehenden wirklichen oder tatsächlichen Willen des Geschäftsherrn erkennen musste. Geht der Geschäftsherr bewusst bestimmte Gefahren für seine Rechtsgüter ein, müsste der Geschäftsführer zur Vermeidung

660 *Motive* zum Theilentwurf Nr. 15, S. 1 = *Schubert*, Schuldrecht I, S. 657.
661 *Motive* zum Theilentwurf Nr. 15, S. 11 = *Schubert*, Schuldrecht I, S. 667.
662 *Motive* zum Theilentwurf Nr. 15, S. 11 = *Schubert*, Schuldrecht I, S. 667.
663 Die Gründe für die Ablehnung einer solchen Pflicht werden unter B) näher ausgeführt und sind auf das Zivilrecht übertragbar.
664 *Von Bar*, Gutachten, S. 1681 (1699).
665 NK-BGB/*Schwab*, § 678 BGB, Rn. 1.

einer Haftung aus der allgemeinen Schadensabwendungspflicht die Rechtsgüter aus der Gefahr retten und zur Vermeidung der Haftung aus § 678 BGB wiederum jegliche, auch unverschuldete Schädigung des Geschäftsherrn unterbinden, womit vom Geschäftsführer zum Teil Unmögliches verlangt wird. Diese Wertung bestätigt § 680 BGB, wonach der Geschäftsführer nur bei der Abwendung einer drohenden dringenden Gefahr in den Genuss der Haftungsprivilegierung kommt. Bestünde eine allgemeine Schadensabwendungspflicht, wäre § 680 BGB zu eng.

Die Folgen der Anerkennung einer allgemeinen Schadensabwendungspflicht beschreibt *von Kübel* in einem anderen Kontext passend: „Was Niemandem zur Schuld zugerechnet werden kann, das steht rechtlich mit dem Zufall auf einer Linie; die nachtheiligen Folgen eines solchen Zufalls würden lediglich dem zunächst Betroffenen abgenommen und Demjenigen, in dessen Person der Zufall thätig wurde, aufgebürdet, augenscheinlich ohne jeden Rechtsgrund, nur um eine angeblichen Forderung der Billigkeit zu genügen. Die Erhebung solcher Sätze der bloßen Billigkeit zu Rechtsgrundsätzen führt aber meistens zu dessen Gegentheil, was damit bezweckt wird, zur Unbilligkeit.“[666]

Eine Rechtspflicht zur Hilfe in Notsituationen im Sinne des § 323c Abs. 1 StGB, die einen Teil der allgemeinen Schadensabwendungspflicht darstellt, hat es zur damaligen Zeit noch nicht gegeben, womit es sich hierbei nur um eine moralische Pflicht gehandelt hat, die gerade für die Begründung einer Haftung nicht ausreicht. Als besonderer Grund für eine Pflicht zum Tätigwerden genügt nicht der Zweck Rechtsgüter anderer vor Schäden zu bewahren, da dies einer allgemeinen Schadensabwendungspflicht entspricht, sondern es bedarf vielmehr einer besonderen Verantwortung des Schuldners für das Rechtsgut.

Abschließend stellt *von Kübel* noch fest, dass das Erfordernis der besonderen Pflicht zum Handeln, wodurch das Unterlassen widerrechtlich wird, nicht gesondert normiert werden muss, da es schon aus dem Begriff der „Widerrechtlichkeit“ folgt.[667] Einer Normierung der besonderen Gründe wiederum bedarf es nicht, da sie aufgrund der großen Zahl der „verschiedensten Gründe“ nicht möglich ist.[668]

In den Beratungen zum ersten Entwurf hat die Mehrheit der Kommission es für erforderlich gehalten, die widerrechtliche Handlung in § 704 Abs. 1 BGB-E als „Thun“ oder Unterlassen zu definieren, da eine Unterlassung nach dem

---

666 *Motive* zum Theilentwurf Nr. 15, S. 8 = *Schubert*, Schuldrecht I, S. 664.
667 *Motive* zum Theilentwurf Nr. 15, S. 11 = *Schubert*, Schuldrecht I, S. 667.
668 *Motive* zum Theilentwurf Nr. 15, S. 11 = *Schubert*, Schuldrecht I, S. 667.

Sprachgebrauch nicht selbstverständlich vom Begriff der „Handlung“ umfasst sei.[669] Durch die Definition der Handlung hat die Kommission zugleich das Unterlassen dem „Thun“ gleichgestellt.[670] Indem sie den Begriff der „widerrechtlichen Handlung“ in § 704 Abs. 2 BGB-E verwendet, verdeutlicht sie, dass auch eine Verletzung des Lebens, des Körpers, der Gesundheit und der Freiheit durch Unterlassen möglich ist. Wann eine Unterlassung widerrechtlich ist, definiert die Kommission nicht. Sie geht wohl weiterhin wie *von Kübel* davon aus, dass die Widerrechtlichkeit der Unterlassung eines besonderen Grundes bedarf. Hierfür spricht, dass sie einen Antrag, wonach „Unterlassungen [...] zum Schadensersatz nur dann [verpflichten], wenn das Handeln durch eine Rechtspflicht geboten war“[671], abgelehnt hat, weil sie diese Klarstellung für „selbstverständlich“[672] und damit „entbehrlich“[673] hält. Denn die besondere Pflicht folgt, worauf *von Kübel* hingewiesen hat, schon aus der Widerrechtlichkeit.

Zwar hat die Kommission in den §§ 710 – 712, 729, 730, 734, 735 BGB-E[674], welche in abgewandelter Form den heutigen §§ 831 – 838 BGB entsprechen, einzelne Unterlassungsdelikte positiv normiert, allerdings bedeutet dies nicht, dass sie hiermit die Unterlassungshaftung abschließend normiert habe. Hierfür spricht einerseits, dass es einer Klarstellung der Gleichstellung von „Thun“ und Unterlassen in § 704 Abs. 1 BGB-E nicht bedurft hätte, wenn die Fälle des Unterlassens in besonderen Regelungen abschließend fixiert sein sollten. Andererseits zeigt das Beispiel der Fürsorgepflicht, dass die Haftung aus den besonderen Regelungen nicht abschließend gewesen sein kann.

---

669 *Jakobs/Schubert*, Schuldverhältnisse III, S. 883.

670 *Kleindiek*, S. 100.

671 *Jakobs/Schubert*, Schuldverhältnisse III, S. 873.

672 *Kleindiek*, S. 100.

673 *Jakobs/Schubert*, Schuldverhältnisse III, S. 883.

674 *Von Bar*, Gutachten, S. 1681 (1699 – 1701) erklärt die Notwendigkeit der Normierung damit, dass die Kommission eine Haftung aus Unterlassen nur angenommen habe, wenn sich die Pflicht zum Handeln aus Vertrag, Gesetz oder Ingerenz ergebe, und dass die dort normierten Pflichten sich nicht aus Ingerenz herleiten ließen, so dass sie positiv normiert werden mussten. Dem hält *Kleindiek*, S. 103 – 108, 111f. zutreffend entgegen, dass schon die gemeinrechtliche Rechtsprechung einzelne Verkehrssicherungspflichten gekannt habe und auch die Kommission diese mit dem BGB nicht auf die §§ 831 – 838 BGB begrenzen, sondern die Entwicklung weiterer zulassen wollte. Dies zeigt der Theilentwurf, wonach sich die Widerrechtlichkeit der Unterlassung aus den „verschiedensten Gründe[n]“ (siehe Fn. 668, S. 202) ergeben kann.

In § 746 Abs. 1 BGB-E des zweiten Entwurfs verzichtet die Kommission auf die Definition der widerrechtlichen Handlung. Dies bedeutet aber nicht, dass nunmehr ein Recht im Sinne dieser Norm nicht durch Unterlassen verletzt werden kann, sondern nur noch aufgrund der speziellen Normen. Vielmehr ist davon auszugehen, dass die Kommission inzwischen die Gleichstellung von „Thun" und Unterlassen für selbstverständlich hält, womit sie nicht mehr normiert werden musste.[675] Hierfür spricht zunächst, dass der Verzicht auf die Normierung nicht mehr thematisiert wurde, welches aber bei einer Aufgabe der Gleichstellung als bedeutende Änderung zu erwarten gewesen wäre.[676] Zugleich verdeutlichen zwei Textstellen in den Protokollen zum zweiten Entwurf, dass die Kommission an der Unterlassungshaftung in der bisherigen Form festhält. Das Deliktsrecht dient nach der Kommission zur Abgrenzung der Rechtskreise der Einzelnen, innerhalb derer sie sich frei entfalten können und „welche durch das an Jedermann gerichtete Verbot des Eingriffs […] geschützt"[677] wird. „Die Rechtskreise seien aber auch noch in der Weise voneinander abgegrenzt, daß das Gesetz dem Einen im Interesse des Anderen gewisse Pflichten auferlege, ihm ein bestimmtes Verhalten gebiete oder verbiete."[678] Mit dem letzten Satz zeigt die Kommission, dass Schutzgesetze im Sinne des § 823 Abs. 2 BGB sowohl Verbots- als auch Gebotsgesetze sein können, womit sie weiterhin die Haftung für „Thun" und Unterlassen gleichstellt. Ein Grund, warum die Kommission hiervon für § 823 Abs. 1 BGB abweichen sollte, ist nicht ersichtlich.[679]

Noch deutlicher zeigt die zweite Textstelle, bei der die Kommission die Notwendigkeit des Verschuldens erörtert, dass sie weiterhin von der grundsätzlichen Gleichstellung von „Thun" und Unterlassen ausgeht, indem sie mit dem Begriff der „Handlung" auf das „Thun" und Lassen des vorherigen Satzes verweist. „Man brauche bei seinem „Thun" und Lassen auf die rechtlich geschützten Interessen des Anderen nur insoweit zu achten, als man bei ordnungsgemäßer Sorgfalt erkennen müsse, daß dieselben dadurch gefährdet werden. Eine Handlung, deren Gefährlichkeit für einen Anderen man ungeachtet einer sorgfältigen Prüfung nicht zu erkennen vermöge, dürfe vorgenommen werden; äußere sie

675 *Kleindiek*, S. 101; *von Bar*, Gutachten, S. 1681 (1699); a.A.: *Altmeppen*, ZIP 1995, S. 881 (882).

676 *Kleindiek*, S. 101.

677 *Protokolle*, Bd. II, S. 568.

678 *Protokolle*, Bd. II, S. 568.

679 *Kleindiek*, S. 101.

dennoch schädliche Wirkungen auf den Rechtskreis eines Anderen, müsse der Betroffene diese Wirkung wie einen Zufall hinnehmen."[680]

Der historische Blick ergab, dass der Gesetzgeber auch ohne explizite Normierung von einer Gleichstellung von „Thun" und Unterlassen in § 823 Abs. 1 BGB ausgegangen ist. Er lehnt dabei eine allgemeine Schadensabwendungspflicht ab und fordert für die Rechtswidrigkeit der Unterlassung eine besondere Verpflichtung, die die verschiedensten Gründe haben kann. Eine allgemeine Hilfspflicht in Notfällen i.S.d. § 323c Abs. 1 StGB hat es zur damaligen Zeit noch nicht gegeben, da die entsprechende Vorgängernorm des § 360 Abs. 1 Nr. 10 StGB a.F. noch die Aufforderung zur Hilfe durch die Polizeibehörde oder deren Stellvertreter vorausgesetzt hat. Sie ist vielmehr nur eine moralische Pflicht gewesen, die als besondere Verpflichtung nicht ausreichend gewesen ist. Mit dem Gesetz zur Änderung des Strafgesetzbuchs vom 28. Juni 1935 wurde die moralische Pflicht in § 330c StGB a.F. gesetzlich fixiert. Bevor zivilrechtlich geklärt wird, ob sich durch die gesetzliche Normierung etwas ändert, ist zunächst zu untersuchen, wie die Norm strafrechtlich eingeordnet wird und ob sie dort eine Garantenpflicht darstellt, um dadurch Rückschlüsse für das Zivilrecht zu ziehen.

B) § 323c Abs. 1 StGB als Garantenpflicht im Rahmen des Strafrechts

Ähnlich wie § 823 Abs. 1 BGB knüpft das Strafrecht an die vorsätzliche, rechtswidrige und schuldhafte Verletzung des Lebens oder des Körpers nach §§ 212 Abs. 1, 223 Abs. 1 StGB bestimmte Rechtsfolgen. Die Straftatbestände knüpfen an aktive Handlungen an, können jedoch gem. § 13 Abs. 1 StGB auch durch Unterlassen der Abwendung des Erfolges verwirklicht werden, wenn der Täter für die Abwendung des Erfolges rechtlich einzustehen hat und das Unterlassen der Verwirklichung der Tat durch Tun entspricht. Der Unterlassungstäter wird damit grundsätzlich wie der Begehungstäter bestraft, wobei die Strafe nach § 13 Abs. 2 StGB gemildert werden kann. Demgegenüber wird der Täter einer unterlassenen Hilfeleistung nach § 323c Abs. 1 StGB deutlich milder bestraft, denn während bei § 323c Abs. 1 StGB die Höchststrafe ein Jahr Freiheitsstrafe beträgt, liegt die Mindeststrafe eines Totschlags durch Unterlassen nach § 212 Abs. 1 StGB bei fünf Jahren Freiheitsstrafe. Der erhebliche Unterschied der Strafrahmen, welcher auf deutlich abweichende Unrechtsgehalte hinweist, lässt zunächst den Schluss zu, dass die unterlassene Hilfeleistung nach dem

680 *Protokolle*, Bd. II, S. 569.

Willen des Gesetzgebers nicht ohne Weiteres den Tatbestand eines unechten Unterlassungsdelikts erfüllt. Während § 2 öStGB als österreichisches Pendant von § 13 StGB mit der Formulierung „einer ihm besonders treffenden Verpflichtung" deutlich darauf hinweist und dies nochmal in der Gesetzesbegründung betont,[681] fehlt diese Deutlichkeit in § 13 Abs. 1 StGB und der dazugehörigen Gesetzesbegründung. Zwar spricht der deutsche Gesetzgeber die Garantenstellung und die aus ihr abzuleitende Garantenpflicht an,[682] jedoch verzichtet er auf eine weitergehende Präzisierung der Garantenstellungen und einer Klarstellung des Verhältnisses zu §§ 138, 323c Abs. 1 StGB.

Teilweise wird die Ablehnung von § 323c Abs. 1 StGB als Garantenpflicht damit begründet, dass § 323c Abs. 1 StGB nur eine Handlungspflicht, aber gerade keine Erfolgsabwendungspflicht im Sinne des § 13 Abs. 1 StGB enthalte.[683] Die Begründung vermag jedoch nur vordergründig zu überzeugen. Der Begriff der „Erfolgsabwendungspflicht" ist unglücklich gewählt, weil er zwei Ebenen in unzulässiger Weise miteinander vermischt.[684] Nämlich die Ebene der Verhaltenspflicht, die bestimmte Handlungen aufgrund der hohen Gefahr für andere Rechtsgüter ge- oder verbietet und die Ebene der Strafsanktionsnorm, die bestimmt, ob schon der Verstoß gegen die Verhaltensnorm oder erst ein dadurch verursachter Erfolg zur Bestrafung führt. § 323c Abs. 1 StGB und das unechte Unterlassungsdelikt verpflichten den Hilfe Unterlassenden jeweils dazu, die zumutbaren Handlungen vorzunehmen, die erforderlich sind, um den Hilfsbedürftigen aus seiner

681 *Regierungsvorlage* vom 16.11.1971, 30 der Beilagen XIII GP., S. 60: „wer die jedermann obliegende Verpflichtung Hilfe zu leisten [... § 95 öStGB], oder die ebenso jedermann obliegende Verpflichtung, eine mit Strafe bedrohte Handlung zu verhindern [... § 286 öStGB], nicht erfüllt, handelt zwar rechtswidrig, aber – auch wenn durch diese Unterlassung ein Mensch ums Leben kommt – doch nicht rechtswidrig im Sinne der Tötungsdelikte. Rechtswidrigkeit im Sinne der Begehung durch Unterlassung begründet nur eine Rechtspflicht, die nicht jedermann trifft, sondern gerade den Unterlassenden kraft einer besonderen Beziehung zum drohenden Erfolg aus der Allgemeinheit heraushebt und persönlich aufruft."

682 *BT*-Drucks. 5/4095, S. 8: „Der Sonderauschuß beschränkte sich deshalb nach dem Vorbild des § 13 E 62 darauf, das Erfordernis der Garantenstellung und der aus ihr entspringenden Garantenpflicht sowie der Gleichwertigkeit des Unterlassens mit der Tatbestandsverwirklichung durch ein aktives Tun gesetzlich festzulegen."

683 LK[11.]/*Spendel*, § 323c StGB, Rn. 19; *Kühl*, JA 2014, S. 507 (508); *ders.*, in: FS Frisch, S. 785 (789).

684 SK-StGB/*Stein*, § 323c StGB, Rn. 4.

Gefahrenlage zu befreien, wodurch die Rechtsgutsverletzung als Erfolg nicht eintreten soll. Insofern sind beide Delikte erfolgsbezogen.[685]

Allein durch den Eintritt des Erfolgs lässt sich der große Unterschied im Strafmaß jedoch nicht rechtfertigen, was wiederum der österreichische Gesetzgeber verdeutlicht. Hat die Unterlassung der Hilfe den Tod des Hilfsbedürftigen zur Folge, gilt nicht der Strafrahmen des Totschlags nach § 76 öStGB, sondern es verdoppelt sich lediglich die Höchststrafe der Unterlassung der Hilfeleistung nach § 95 Abs. 1 öStGB auf ein Jahr Freiheitsstrafe oder 720 Tagessätze. Zugleich zeigt § 95 Abs. 1 öStGB auf, wohin die obige Begründung bei der Anwendung auf die Norm führen kann. Denn § 95 Abs. 1 öStGB enthält nicht mehr nur eine Handlungspflicht, sondern durch die Voraussetzung des Erfolgs in Form des Todeseintritts als Qualifikation zugleich die Pflicht den Erfolg abzuwenden und damit eine Erfolgsabwendungspflicht. Hierdurch wäre die Unterlassung der Hilfeleistung zugleich eine Garantenpflicht des unechten Unterlassungsdelikts, womit für die Qualifikation wiederum kein eigener Anwendungsbereich übrigbliebe und sie mit dem erhöhten Strafmaß an sich überflüssig wäre.

Um die unterschiedlichen Strafmaße zu erklären, bedarf es zunächst eines näheren Blickes auf die Legitimation der einzelnen Verhaltensnormen. Mit der Rechtsordnung soll jedem die größtmögliche Ausübung seiner eigenen Freiheit ermöglicht werden. Jedoch leben viele Menschen auf begrenztem Raum, so dass die Ausübung der Handlungsfreiheit des einen zur Beschränkung der Handlungsfreiheit des anderen führen kann. Dies betrifft insbesondere die Verletzung der essentiellen Rechtsgüter Leben, Gesundheit, Fortbewegungsfreiheit und Eigentum eines anderen, welche ihm seinerseits erst die Ausübung der eigenen Handlungsfreiheit ermöglichen.[686] Für ein friedliches Zusammenleben wendet sich die Rechtsordnung gegen das in der Natur der Tierwelt geltende Gesetz des Stärkeren und beschränkt die Handlungsfreiheit des einen, um dem anderen seine Handlungsfreiheit durch den Erhalt seiner Rechtsgüter zu ermöglichen.[687] Die Freiheitsbeschränkung des einen lässt sich ihm gegenüber dadurch rechtfertigen, dass ihm wiederum der gleiche Schutz gegenüber Dritten zukommt. Das Verletzungsverbot (*neminem laedere*) ist Grundlage der in Strafgesetzen enthaltenen Verbote, dessen Einhaltung der Gesetzgeber durch die Androhung von Sanktionen gegen Verstöße gewährleistet.[688] Zum Erhalt der größtmöglichen

---

685 SK-StGB/*Stein*, § 323c StGB, Rn. 4.

686 *Kühl*, in: FS Herzberg, S. 177 (180).

687 *Kühl*, in: FS Herzberg, S. 177 (180) bezeichnet dies als „Freiheitsermöglichung durch Freiheitsbeschränkung."

688 *Kühl*, in: FS Herzberg, S. 177 (180).

Freiheit des einen und des anderen wägt der Gesetzgeber die betroffenen Freiheiten gegeneinander ab, um die geringstmögliche Freiheitsbeschränkung zu erreichen.

Die Rechtsgüter des anderen können jedoch auch ohne Eingriff des einen verletzt und damit dessen Handlungsfreiheit eingeschränkt werden, nämlich indem der andere selbst Gefahren für seine Rechtsgüter eingeht, die Gefahren auf die Natur zurückgehen oder von Dritter Seite stammen. Der eine könnte hiergegen einwenden, dass ihn dies nichts angehe, da er sich selbst an das Verletzungsverbot halte und der andere als Folge der Ausübung seiner Handlungsfreiheit auch für die Konsequenzen selbst einstehen müsse.[689] Dies wirft aber die Frage auf, ob der Rechtsgüterverlust an dieser Stelle hinzunehmen oder gegenüber dem einen oder jedem, der die Schädigung verhindern kann, das Gebot auszusprechen ist, dies zu tun und zur Einhaltung dieser Handlungspflicht dessen Unterlassung zu sanktionieren. Bei der Abwägung der gegenüberstehenden Freiheiten hat der Gesetzgeber zu berücksichtigen, dass der Rechtsgüterschutz des anderen durch das Gebot nur um den Preis der Einschränkung der Handlungsfreiheit des einen möglich ist. Zugleich kann die durch das Gebot geforderte Handlung des einen wiederum den anderen in seiner Handlungsfreiheit einschränken, wenn der andere diese gerade durch die Gefährdung seiner Rechtsgüter ausübt.

Der Gesetzgeber könnte nun bei der Abwägung den Rechtsgüterschutz des anderen immer an die erste Stelle setzen und dafür das allgemeine Gebot normieren, dass jeder das ihm mögliche und erforderliche zur Verhinderung der Verletzung der Rechtsgüter eines anderen leisten muss. Dies würde jedoch zu massiven Einschränkungen der Handlungsfreiheit des einen führen, der zur Vermeidung der eigenen Strafbarkeit ständig die anderen beobachten müsste, um mögliche Verletzungen im Keim zu ersticken.[690] Sobald er die Verwirklichung einer Gefahr für möglich hält, aber sie nicht abwendet, würde er aufgrund des ausreichenden Eventualvorsatzes ein unechtes Unterlassungsdelikt verwirklichen.[691] Die übrig bleibende eigene Handlungsfreiheit bliebe dabei weit hinter der verfassungsrechtlich garantierten allgemeinen Handlungsfreiheit des Art. 2 Abs. 1 GG zurück.[692] Zugleich würde sich der Staat in weitem Maße seiner primären Aufgabe der Gefahrenabwehr entledigen, indem er diese auf seine Bürger abwälzt.[693] Daneben würde der andere aufgrund möglicher Gefahren des

689 *Von Coelln*, S. 184.
690 *Von Coelln*, S. 183f.
691 *Von Coelln*, S. 183f.
692 *Von Coelln*, S. 184.
693 *Naucke*, JR 1977, S. 290 (291f.); *Von Coelln*, S. 183.

Autofahrens, des Sporttreibens oder allgemein des Verlassen des Hauses von dem einen darin gehindert und auf diese Weise weitgehend selbst in seiner eigenen Handlungsfreiheit beschränkt. Diese übermäßige Bevormundung des anderen deckt sich aber nicht in geringster Weise mit dem Freiheits- und Menschenbild der Verfassung, welches von der Eigenständigkeit des mündigen Bürgers ausgeht.[694] Daher ist ein Gebot, wonach jeder im Rahmen des Möglichen zur Abwendung aller anderen drohenden Gefahren verpflichtet ist, abzulehnen.[695]

Die massiven Einschränkungen der Handlungsfreiheit des einen und des anderen sind der Grund dafür, dass der Gesetzgeber dem einen nur ausnahmsweise ein Gebot zur Rettung fremder Rechtsgüter auferlegt und dies einer besonderen Begründung bedarf. Daher verlangt § 13 Abs. 1 StGB bei den unechten Unterlassungsdelikten, dass den einen eine besondere Pflicht zur Hilfeleistung treffen muss, indem er rechtlich für den Nichteintritt des Erfolges einzustehen hat. Der Eingriff in die Handlungsfreiheit des einen durch die Auferlegung des Gebots zur Rettung der Rechtsgüter des anderen kann durch zwei verschiedene Gründe gerechtfertigt werden.[696]

Ein Grund liegt im Verletzungsverbot. Wenn der eine durch vorherige Handlungen, wozu auch die Herrschaft über Sachen zählt, eine Gefahr für die Rechtsgüter des anderen schafft, ist seine Handlungsfreiheit insoweit nicht schutzwürdig, weil er in den Freiheitsbereich eines anderen eingegriffen hat. Daher trifft ihn bei anhaltenden Gefahren die Pflicht diese abzuwenden.[697]

Der zweite Grund liegt im teilweisen Verzicht auf die eigene Handlungsfreiheit, indem der eine sich gegenüber dem anderen zu bestimmten Schutzmaßnahmen verpflichtet.[698]

Der eine ist durch diese besonderen Verpflichtungen im Gegensatz zur allgemeinen Pflicht zudem nicht übermäßig in seiner Handlungsfreiheit beschränkt,

---

694 SK-StGB/*Stein*, § 13 StGB, Rn. 39; Maurach/Gössel/Zipfl/*Gössel*, AT 2[7.], S. 190; *von Coelln*, S. 184.

695 Passend hat es *Gössel* in Maurach/Gössel/Zipfl/*Gössel*, AT 2[7.], S. 190 zusammengefasst: „dadurch würde jedermann als „gleichsam allzuständige(r), in den Mitteln nicht begrenzt(r) Privat-Polizist" [… *Naucke*, JR 1977, S. 290 (292)] zum Hüter sämtlicher Rechtsgüter bestellt, eine unerträglicher Bevormundung der Rechtsgenossen untereinander führende und deshalb vor allem in autoritären Systemen mit verordneter (sozialistischer!) Moral beliebte Auffassung, die sich mit liberalen, pluralistischen Systemen dagegen als unvereinbar erweist".

696 *Von Coelln*, S. 190 – 195.

697 *Von Coelln*, S. 190 – 194.

698 *Von Coelln*, S. 194f.

weil er die Rechtsgüter und die Zeiträume, wann er auf diese achten muss, durch sein Verhalten selbst steuern kann, indem er die Gefahren für Dritte begrenzt und sich bewusst für die Eingehung von Schutzpflichten gegenüber Dritten entscheidet. Auf der Seite des anderen ist die Handlungsfreiheit beim ersten Grund nur geringfügig eingeschränkt, da der eine durch die Beseitigung der Gefahrenquellen dem anderen nur die Möglichkeit der Verletzung der eigenen Rechtsgüter nimmt. Beim zweiten Grund greift der eine durch seine Schutzpflichten stärker in den Freiheitsbereich des anderen ein, allerdings ist der andere hiermit gerade einverstanden, so dass er insoweit auch auf seine Handlungsfreiheit verzichtet hat. Diese geringen Beschränkungen der allgemeinen Handlungsfreiheit rechtfertigen die Auferlegung der Gebote im Rahmen der unechten Unterlassungsdelikte.

Stehen aber auch jenseits der besonderen Pflichten die elementarsten Rechtsgüter des anderen unmittelbar vor der Verletzung oder weitergehenden vollständigen Auslöschung, die er selbst nicht mehr abwenden kann, während der eine diese ohne große Einschränkungen der eigenen Handlungsfreiheit retten könnte, hat der Gesetzgeber entschieden, dass der Rechtsgüterschutz des anderen vorgeht. Durch die Beschränkung der Hilfspflicht des einen auf Notsituationen, in denen die Verletzung der Rechtsgüter unmittelbar bevorsteht bzw. schon eingetreten ist und Verschlimmerungen drohen, kann der andere seine Handlungsfreiheit bis unmittelbar vor der Verletzung frei ausüben und wird gerade nicht bevormundet. Erst im letzten Moment vor der Verletzung der Rechtsgüter, die er nicht mehr selbst abwenden kann und die für seine zukünftige Handlungsfreiheit eine erhebliche bis vollständige Einschränkung bedeutet, greift die Hilfspflicht des einen ein, so dass die aktuelle Handlungsfreiheit des anderen durch den einen höchstens minimal eingeschränkt wird. Zugleich wird die Beschränkung der Handlungsfreiheit des einen auf ein erträgliches Maß reduziert, indem er einerseits nicht ständig auf drohende Gefahren für die Rechtsgüter Dritter achten muss, sondern nur im Ausnahmefall der Notsituation hinsichtlich der elementarsten Rechtsgüter, wo die Verletzung unmittelbar bevorsteht bzw. schon eingetreten ist. Andererseits wird seine Hilfspflicht auf das Zumutbare unter Berücksichtigung seiner anderen Interessen reduziert. Daher bedeutet diese in § 323c Abs. 1 StGB normierte Hilfspflicht im Gegensatz zur Pflicht der Abwendung aller Gefahren Dritter nur eine geringe Beschränkung der Handlungsfreiheit beider, so dass sie aufgrund der hohen Bedeutung der konkret gefährdeten Rechtsgüter verhältnismäßig ist.

Auf Ebene der Verhaltensnorm ist eine Anerkennung der unterlassenen Hilfeleistung als Garantenpflicht überflüssig, da der Rechtsgüterschutz schon durch § 323c Abs. 1 BGB erreicht wird. Auf der Sanktionsebene hat die Anerkennung als Garantenpflicht aufgrund des deutlich höheren Strafrahmens der unechten Unterlassungsdelikte erhebliche Auswirkungen. Der hohe Strafrahmen der unechten Unterlassungsdelikte folgt daraus, dass sie den Begehungsdelikten gleichgestellt werden. Die Begehungsdelikte setzen eine Sonderverantwortlichkeit des Täters für die Gefährdung des Rechtsguts voraus, wonach gerade er und nicht jeder beliebige Dritte die Gefährdung abwenden muss.[699] Daher ist z.B. derjenige, der einen anderen mit einem Messer erstechen will, in erster Linie für die Gefährdung des Lebens des anderen verantwortlich und damit auch für die Abwendung dieser Gefahr. Die Sonderverantwortlichkeit wird bei den Begehungsdelikten allerdings meistens nicht gesondert geprüft, weil sie so offensichtlich ist.[700] Damit das unechte Unterlassungsdelikt dem Begehungsdelikt gleichgestellt werden kann, muss den Unterlassungstäter ebenso eine Sonderverantwortlichkeit treffen, wonach er und nicht jeder andere zur Abwendung der Gefährdung des Rechtsguts besonders verantwortlich ist.[701] Den Hilfe Unterlassenden trifft dagegen wie jeden Dritten nur die allgemeine Pflicht zur Hilfeleistung in Notsituationen, aber keine darüberhinausgehende besondere Verantwortung, weswegen der Strafrahmen bei § 323c Abs. 1 StGB deutlich niedriger liegt.[702] Dieses Ergebnis bestätigt der Vergleich der Handlungsfreiheiten des Täters eines unechten Unterlassungsdelikts mit demjenigen nach § 323c Abs. 1 StGB. Während bei Ersterem die Handlungsfreiheit schon aufgrund des besonderen Grundes eingeschränkt ist, besteht sie bei Letzterem vollständig und muss erst aufgrund der unmittelbaren Rechtsgefährdung zurücktreten, weswegen das Unrecht bei Ersterem deutlich höher ist.

Zusammenfassend ist damit festzuhalten, dass das Strafrecht keinen umfassenden Rechtsgüterschutz bezweckt. Es verzichtet gerade auf eine allgemeine Schadensabwendungspflicht, um eine größtmögliche Ausübung der Freiheit eines jeden zu ermöglichen. Vielmehr wird nur derjenige, der für die Schadensabwendung gesondert verantwortlich ist, dazu verpflichtet. Dies trifft auf die Begehungs- sowie die ihnen gleichgestellten unechten Unterlassungsdelikte zu. Die Hilfspflicht des § 323c Abs. 1 BGB begründet keine Sonderverantwortlichkeit, da der Verpflichtete weder auf seine Handlungsfreiheit durch die Übernahme von Pflichten verzichtet noch durch seine bisherigen Handlungen eine Gefahr für das Rechtsgut geschaffen hat. Damit genügt die allgemeine Hilfspflicht

---

699 MüKo-StGB/*Freund*, § 13 StGB, Rn. 84; *Freund*, AT, § 6. Rn. 14, 22 – 28; *Freund*, S. 68.
700 MüKo-StGB/*Freund*, § 13 StGB, Rn. 84; *Freund*, S. 68.
701 MüKo-StGB/*Freund*, § 13 StGB, Rn. 79f.; *Freund*, S. 68, 71.
702 *Freund*, S. 71, 298 – 300.

für die Zurechnung einer Unterlassung zum Erfolg des Begehungsdelikts nicht, sie würde vielmehr den Grundsatz, dass eine allgemeine Schadensabwendungspflicht nicht genügt, in Frage stellen und damit das System der Abgrenzung der gesonderten Verpflichtungen von der allgemeinen Schadensabwendungspflicht sprengen. Für die Existenz einer allgemeinen Hilfspflicht in Notfällen bedarf es daher einer expliziten Normierung außerhalb des Systems mit einer anderen, milderen Rechtsfolge, um zu verdeutlichen, dass eine Gleichstellung mit den Begehungsdelikten auf der Rechtsfolgenebene nicht erfolgt. Die Normierung verhindert zugleich die Ausdehnung auf eine vollständige Schadensabwendungspflicht. Durch die explizite Normierung des § 323c Abs. 1 StGB außerhalb des Systems bleibt die Unterlassungsdogmatik des Strafrechts erhalten.

C) Übertragung auf § 823 Abs. 1 BGB unter Berücksichtigung der Rechtsprechung zu den Verkehrspflichten

Die strafrechtliche Unterlassungsdogmatik deckt sich mit derjenigen des historischen zivilrechtlichen Gesetzgebers zu § 823 Abs. 1 BGB. Dieser ist ebenso von einer Gleichstellung von Tun und Unterlassen ausgegangen. Für die Rechtswidrigkeit des Unterlassens genügt ihm eine allgemeine Schadensabwendungspflicht, welche es nicht gäbe, nicht, sondern es bedarf einer besonderen Verpflichtung des Unterlassenden. Mit der besonderen Verpflichtung wird unter allen möglichen Helfern derjenige bestimmt, der den Schaden abzuwenden hat, weil er besonders für das geschützte Rechtsgut oder die Gefahr verantwortlich ist. Damit hat der Gesetzgeber, wenn auch nicht ausdrücklich, mit der besonderen Verpflichtung eine Sonderverantwortlichkeit des Unterlassenden für die Gefahr oder das gefährdete Rechtsgut vorausgesetzt.

Die verschiedensten Gründe für die besondere Verpflichtung des Unterlassenden hat die Rechtsprechung durch die Entwicklung der Verkehrspflichten präzisiert. Hierbei ist das *RG* nicht von einer allgemeinen Schadensabwendungspflicht ausgegangen, sondern hat vielmehr eine besondere Verpflichtung verlangt.[703] Dies verdeutlicht der gezogene Vergleich zu § 836 BGB, der nur den Grundstücksbesitzer als Inhaber der durch das Gebäude bestehenden Gefahren zu deren Abwendung verpflichtet. Deutlicher wird das *RG* in einem anderen Urteil, in welchem ein Zwangsverwalter eines Grundstücks die Beschädigung von Sachen eines Mieters des Grundstücks durch einen Wasserrohrbruch nicht

---

703 *RG*, Urt. v. 30.10.1902, VI 208/02, RGZ 52, 373 (375 – 379); *RG*, Urt. v. 23.02.1903, VI 349/02, RGZ 54, 53 (56 – 59).

verhindert hat. „Für Unterlassungen haftet aber der Schuldige aus § 823 nur dann, wenn er eine Rechtspflicht zum Handeln hatte und diese schuldhaft verletzte. Eine allgemeine Rechtspflicht, fremdes Eigentum gegen Gefahren zu schützen, es vor Zerstörung oder Beschädigung zu bewahren, besteht nun nicht. Hierzu wird eine Pflicht nur durch ein besonderes Rechtsverhältnis begründet."[704] Das *RG* stellt diesen Grundsatz auch für die Gesundheit anderer in einem Urteil zur Haftung eines Tierarztes, der einen Metzgermeister mit einer Wunde am Finger bei einer Notschlachtung eines Rindes nicht über die Gefahren einer Ansteckung durch Milzbrand aufgeklärt hat, fest. „Es gibt keine allgemeine Rechtspflicht dahin, gegen die Gefährdung fremder Gesundheit tätig zu werden. Niemand ist ohne weiteres gehalten, z.B. im Vorbeigehen auf der Straße ein gefährliches Spiel fremder Kinder, eine gefahrdrohende Rauferei, unvorsichtige Behandlung ansteckungsfähiger Wäsche von Kranken u.a.m. zu hindern. Anders derjenige, der, indem er eine damit in einem gewissem Zusammenhange stehende Berufstätigkeit ausübt und sich dafür dem Publikum anbietet, eine Verantwortung dafür übernimmt, daß da, wo von seinem Dienst Gebrauch gemacht wird, ein geordneter Verlauf der Dinge gewährleistet ist."[705] Die vom *RG* genannten Beispiele begründen inzwischen durchaus den Straftatbestand des § 323c Abs. 1 BGB, welcher zur damaligen Zeit in dieser Form noch nicht bestanden hat.

Mit der Einführung des § 330c StGB a.F. hat der Gesetzgeber im Strafrecht nun eine gesetzliche Pflicht geschaffen, wonach jeder grundsätzlich in den eben beschriebenen Fällen zur Hilfe verpflichtet ist. Jedoch hat der Gesetzgeber die Hilfspflicht nicht als Garantenpflicht bei den unechten Unterlassungsdelikten integriert, sondern mangels Sonderverantwortlichkeit außerhalb des Systems explizit normiert. Da sich die Grundlagen der Haftung für Unterlassen nach § 823 Abs. 1 BGB mit denjenigen der unechten Unterlassungsdelikte des Strafrechts decken, kann auch die Einordnung des § 330c StGB a.F. auf das Zivilrecht übertragen werden. Demnach erfüllt die allgemeine Hilfspflicht des § 323c Abs. 1 StGB die vom *RG* verlangte besondere Rechtspflicht mangels Sonderverantwortlichkeit nicht. Der bisherige Grundsatz, dass es keine allgemeine Schadensabwendungspflicht gibt, ist dahin zu korrigieren, dass eine solche nicht genügt. Hieran halten Rechtsprechung und Literatur auch nach Einführung des § 330c StGB a.F. fest.[706]

---

704 *RG*, Urt. v. 24.10.1919, III 151/19, RGZ 97, 11 (12); bestätigend: *RG*, Urt. v. 23.03.1921, VI 543/20, RGZ 102, 38 (41 – 43).

705 *RG*, Urt. v. 19.09.1921, VI ZR 191/21, RGZ 102, 372 (374f.).

706 *BGH*, Urt. v. 28.04.1953, I ZR 47/43, BGHZ 9, 301 (306f.); *BGH*, Urt. v. 29.11.1977, VI ZR 51/76, NJW 1978, 421 (422); *BGH*, Urt. v. 05.10.1982, VI ZR 72/80, NJW 1983,

Die Hilfspflicht des § 323c Abs. 1 StGB ist mangels Sonderverantwortlichkeit keine Verkehrspflicht. Dies wird dadurch bestätigt, dass keiner der vier Gründe der „Gefahrerhöhung, Beherrschbarkeit der Gefahr, Gewährung und Inanspruchnahme von Vertrauen und Vorteilsziehung aus der Gefahr"[707], aus denen sich Verkehrspflichten ergeben, einschlägig ist. Die Gefahren für die Rechtsgüter des Hilfsbedürftigen beruhen auf dem Verhalten des Hilfsbedürftigen, Dritter oder der Natur, aber nicht auf dem des Hilfe Unterlassenden, so dass keine Gefahrerhöhung vorliegt. Der Hilfe Unterlassende kann zwar in der konkreten Situation die Gefahr wahrscheinlich abwenden, jedoch beherrscht er sie nicht wie der Besitzer einer Sache, von der Gefahren für andere ausgehen, die der Besitzer am Effektivsten beseitigen kann. Vielmehr liegt die Beherrschungsposition beim Dritten, von dem die Gefahr ausgeht oder dem Hilfsbedürftigen, wenn er sich bewusst in die Gefahr begeben hat. Der Hilfe Unterlassende kann nur zufällig in der konkreten Situation helfen. Daneben hat der Hilfe Unterlassende gegenüber dem Hilfsbedürftigen keine freiwillige Verpflichtung übernommen, auf die Rechtsgüter des Hilfsbedürftigen zu achten und in dieser Weise Vertrauen aufgebaut. Im Gegenteil hat der Hilfsbedürftige vom Hilfe Unterlassenden bzw. von dessen Fähigkeiten in der Regel vorher noch keine Kenntnis, so dass er im Vertrauen auf eine mögliche Hilfe des Hilfe Unterlassenden die eigenen Schutzvorkehrungen senkt. Eine Vorteilsziehung aus der Gefahr liegt mangels Herrschaft über die Gefahr nicht vor. Die durch die unterlassene Hilfe eingesparte Zeit allein genügt nicht.

Die historische Betrachtung sowie der Vergleich mit dem Strafrecht haben ergeben, dass die Hilfspflicht des § 323c Abs. 1 StGB keine besondere Rechtspflicht im Sinne des § 823 Abs. 1 BGB und insbesondere keine Verkehrspflicht darstellt, womit eine Haftung aus § 823 Abs. 1 BGB ausscheidet.

D) Vereinbarkeit mit dem bisherigen Streitstand

Abschließend werden an dieser Stelle die Argumente zum Streitstand, ob die Hilfspflicht des § 323c Abs. 1 StGB eine Haftung nach § 823 Abs. 1 BGB

---

623 (624); *BGH*, Urt. v. 16.06.1987, IX ZR 74/86, NJW 1987, 2510; *BGH*, Urt. v. 16.10.1990, VI ZR 65/90, NJW 1991, 418 (419); BeckOK-BGB[37. Edition]/*Spindler*, § 823 BGB, Rn. 6; Staudinger/*J. Hager*, § 823 BGB, Rn. H 5; Staudinger[12.]/*Schäfer*, § 823 BGB, Rn. 297; *von Bar*, Gemeineurop. DeliktsR II, Rn. 194; *Deutsch*, Haftungsrecht, Rn. 102.

707 *Von Bar*, JZ 1979, S. 728 (730).

begründet, gewürdigt und dessen Vereinbarkeit mit dem gefundenen Ergebnis überprüft.

I) Bejahende Ansicht

In der Rechtsprechung bejaht nur das *AG Hochheim* eine Haftung im Zusammenhang mit § 330c StGB a.F. ohne nähere Begründung, wobei aufgrund der ungenauen Zitierweise unklar ist, ob das Gericht den Anspruch aus § 823 Abs. 1 BGB oder § 823 Abs. 2 BGB ableitet.[708] In der Literatur nehmen einzelne Stimmen eine Haftung aus § 823 Abs. 1 BGB aus unterschiedlichen Gründen an.[709]

1) Rechtspflicht aufgrund des gesunden Volksempfindens

Die Diskussion hat *He. Stoll*[710] in seinem Aufsatz „Schadensersatz und Unrecht“ durch seine Überlegung begonnen, ob die Haftung für Unterlassen nach § 823 Abs. 1 BGB, welche eine Rechtspflicht voraussetzt, um den Fall des § 330c StGB a.F. zu erweitern wäre. „Für Schädigungen durch ein Unterlassen wäre vielleicht eine gesetzliche Vorschrift angebracht, etwa dahin, daß für ein Unterlassen gehaftet wird, wenn ein Eingreifen ohne erhebliche eigene Gefahr oder ohne Verletzung anderer wichtiger Verpflichtungen möglich war und wenn eine Abwendung gerade dieses Schadens durch ein Eingreifen des verantwortlich Gemachten nach dem gesunden Volksempfinden erwartet werden konnte und erreicht worden wäre (Vgl. § 330 c StGB).“[711] In seinem Lehrbuch „Vertrag und Unrecht“ relativiert er die Rechtspflicht dahingehend, dass er § 330 c StGB a.F. als solche anerkennt: „Die Pflicht zum Tätigwerden braucht keine Rechtspflicht zu sein. Es genügt, dass nach dem gesunden Volksempfinden das Eingreifen Pflicht war und ihr ohne erhebliche eigene Gefahr und ohne Verletzung anderer

---

708 *AG Hochheim*, Urt. v. 25.03.1971, 2 C 61/68, VersR 1972, 477 (478): „Es lag also ein Unglücksfall vor, der jedermann verpflichtet Hilfe zu leisten, […], ein Fall, wie ihn § 330c StGB vorsieht und wie er bei Verletzung dieser Hilfspflicht als unerlaubte Handlung nach §§ 823 ff. BGB zum Schadensersatz verpflichtet.“

709 BeckOK-BGB[37. Edition]/*Spindler*, § 823 BGB, Rn. 7; RGRK[12.]/*Steffen*, § 823 BGB, Rn. 136; Soergel[13.]/*Spickhoff*, § 823 BGB, Rn. 115; Soergel[12.]/*Zeuner*, § 823 BGB, Rn. 158; Staudinger/*J. Hager*, § 823 BGB, Rn. H 9; *Brüggemeier*, Haftungsrecht, S. 250; *He. Stoll*, Vertrag und Unrecht, S. 92; *He.Stoll/Felgentraeger*, Vertrag und Unrecht, S. 192; *He. Stoll*, Jahrbuch der Akademie des Deutschen Rechts 1936, S. 140 (153); *Weimar*, DR 1937, S. 77.

710 *He. Stoll*, Jahrbuch der Akademie des Deutschen Rechts 1936, S. 140 (153).

711 *He.Stoll*, Jahrbuch der Akademie des Deutschen Rechts 1936, S. 140 (153).

wichtiger Pflichten genügt werden konnte (Vgl. § 330 c StGB)."[712] *Weimar*[713] stimmt den Ausführungen von *He. Stoll* zu § 823 Abs. 1 BGB zu. Die moralische Pflicht zur Hilfeleistung sei durch § 330 c StGB a.F. zu einer rechtlichen Pflicht erhoben worden, die aufgrund der Einheit der Rechtsordnung auch im Zivilrecht gelte. Im Strafrecht verlangt er zwar weiterhin eine „besondere Rechtspflicht" für die Annahme eines Totschlags durch Unterlassen, im Zivilrecht genüge allerdings für die Zurechnung des Erfolgs das gesunde Volksempfinden.[714] 1975 nimmt *Weimar*[715] Abstand von seiner früheren Ansicht, dass § 330c StGB a.F. eine Garantenstellung im Sinne des § 823 Abs. 1 BGB begründe, indem er in Bezug auf § 330c StGB a.F. § 823 Abs. 1 BGB nicht mehr als Anspruchsgrundlage anführt.

Den Ausführungen ist aus zwei Gründen nicht zu folgen. Zum einen hat das dritte Strafrechtsänderungsgesetz vom 04. August 1953 den nationalsozialistischen Begriff des „gesunden Volksempfindens" nach dem Ende des Dritten Reichs durch den Begriff der „Zumutbarkeit" ersetzt, so dass das gesunde Volksemfinden keine Rechtspflicht mehr begründen kann.[716] Die Zumutbarkeit eignet sich ebenfalls nicht dafür, weil sie keine Grundlage für die Sonderverantwortlichkeit des Hilfe Unterlassenden bietet. Ihr kommt lediglich eine begrenzende Funktion der Pflicht zu. Zum anderen beschreibt *He. Stoll* mit der gesetzlichen Vorschrift nichts anderes als eine allgemeine Schadensabwendungspflicht. Eine solche Pflicht ist – wie oben dargelegt – jedoch weder mit dem BGB noch dem Grundgesetz vereinbar. Sofern *Weimar* sich neben dem gesunden Volksempfinden auf die Einheitlichkeit des Rechts stützt, zeigt er zugleich die Widersprüchlichkeit des Arguments auf. Denn es ist nicht ersichtlich, warum § 330c StGB a.F. aufgrund des gesunden Volksempfindens bei § 823 Abs. 1 BGB für die Annahme einer Rechtspflicht genügen soll, während es aufgrund desselben gesunden Volksempfindens im Strafrecht für die Bejahung einer Rechtspflicht im Rahmen der unechten Unterlassungsdelikte nicht ausreicht, obwohl beide Delikte auf denselben Grundsätzen beruhen.

---

712 *He.Stoll*, Vertrag und Unrecht, S. 92; diese Auffassung behält auch *Felgentraeger* bei, der das Buch in der 2. Aufl. fortführt: *He.Stoll/Felgentraeger*, Vertrag und Unrecht, S. 192.

713 *Weimar*, DR 1937, S. 77.

714 *Weimar*, DR 1937, S. 77.

715 *Weimar*, JR 1975, S. 145 (146).

716 *Dütz*, NJW 1970, S. 1822 (1823).

2) *§ 323c Abs. 1 StGB als Verhaltenspflicht*

Brüggemeier[717] qualifiziert die Hilfeleistungspflicht des § 323c Abs. 1 StGB als „deliktsrechtliche Verhaltenspflicht" und bejaht ohne weitere Begründung eine Haftung nach § 823 Abs. 1 BGB. Den Begriff der „Verhaltenspflicht" verwendet er in unterschiedlichem Kontext,[718] wobei in diesem Fall wahrscheinlich die positive Pflicht zum Handeln gemeint sein soll. Dagegen spricht er von einer deliktsrechtlichen Verhaltenspflicht nur im Zusammenhang mit § 323c Abs. 1 StGB, so dass mit dem Begriff „deliktsrechtlich" vermutlich verdeutlicht werden soll, dass die Hilfspflicht nur im Deliktsrecht bei § 823 Abs. 1 BGB, nicht aber im Strafrecht bei den unechten Unterlassungsdelikten als positive Pflicht zum Handeln genüge. Mangels weiterer Ausführungen bleibt es somit bei einer Behauptung, der die oben darlegten Argumente entgegenstehen.

3) *Sinn und Zweck der Schadensabwehr*

Spickhoff[719] begründet die Haftung aus § 823 Abs. 1 BGB ebenso wie aus § 823 Abs. 2 BGB damit, dass der Sinn und Zweck des § 323c Abs. 1 StGB gerade in der Schadensabwehr für den Hilfsbedürftigen liege. In dieselbe Richtung argumentiert *Steffen*, indem er ausnahmsweise die Garantenstellung bejaht, „wenn dem am Unglücksort Anwesenden aufgrund seiner Fähigkeiten Rettung unschwer möglich ist. Dann kann die gesetzgeberische Wertung in § 330 c StGB das Verhältnis mit dem Mitbürger, für das sie plädiert, als einen hinreichend engen sozialen Kontakt für Erfolgsabwendungspflichten erscheinen lassen."[720]

Der Sinn und Zweck eines Gebots zur Schadensabwehr allein genügt für die Haftung aus § 823 Abs. 1 BGB nicht, da sich hiermit auch eine allgemeine Schadensabwendungspflicht rechtfertigen ließe, die der Gesetzgeber abgelehnt hat. Der von *Steffen* beschriebene hinreichende enge Kontakt ist nicht ersichtlich. Es handelt sich weder um enge Familienmitglieder, die aufgrund langer Beziehungen zueinander Vertrauen aufgebaut haben und nur zusätzliche Gefahren in dem Wissen eingehen, dass der andere einem hilft, noch um Mitglieder einer Gefahrengemeinschaft, die zur Überwindung großer Gefahren, die der einzelne allein nicht bewältigen kann, gegenseitig füreinander einstehen. Vielmehr ist

---

717 *Brüggemeier*, Haftungsrecht, S. 250.

718 *Brüggemeier*, Haftungsrecht, S. 52.

719 Soergel[13.]/*Spickhoff*, § 823 BGB, Rn. 115; so schon Soergel[12.]/*Zeuner*, § 823 BGB, Rn. 158.

720 RGRK[12]/*Steffen*, § 823 BGB, Rn. 136; zustimmend Staudinger/*J. Hager*, § 823 BGB, Rn. H 9, der die Anwesenden auf ausgebildetes Personal begrenzt.

die typische Situation des § 323c Abs. 1 StGB das zufällige erstmalige Zusammentreffen von zwei sich fremden Menschen am Unglücksort als Hilfsbedürftiger und Hilfe Unterlassender. Zwischen ihnen besteht weder eine langwierige Verbindung, die eine Art von Vertrauen begründen kann, noch eine gemeinschaftlich eingegangene Gefahrengemeinschaft, insbesondere wenn hier lediglich der Hilfsbedürftige und nicht beide großen Gefahren ausgesetzt ist und das Einstehen nur in eine Richtung, nämlich vom Hilfe Unterlassenden zum Hilfsbedürftigen erfolgen soll. Allein die Fähigkeit zur Hilfe in Verbindung mit der Notwendigkeit in der konkreten Unglückssituation vermag die für einen engen Kontakt erforderliche langwierige Verbindung oder Gefahrengemeinschaft nicht zu ersetzen.

4) Keine Unterscheidung nach dem Unrechtsgehalt im Zivilrecht

Gegen eine zivilrechtliche Haftung spricht nach *Spickhoff* nicht, dass im Strafrecht ein Verstoß gegen die Hilfspflicht des § 323c Abs. 1 StGB durch jedermann einen geringeren Unrechtsgehalt gegenüber dem Verstoß eines Garanten gegen dieselbe Pflicht im Rahmen eines unechten Unterlassungsdelikts habe und demnach unterschiedlich sanktioniert wird. Denn das Zivilrecht treffe eine derartige Unterscheidung nach dem Unrechtsgehalt nicht.[721] Ähnlich argumentiert *Spindler*, der ausnahmsweise die Garantenstellung aus §§ 138, 323c Abs. 1 BGB annimmt, „denn es ist nicht einsichtig, warum das Unterlassen einer Handlung zugunsten eines Dritten in bestimmten Situationen strafrechtlich verfolgt werden kann, nicht jedoch der Schaden, der aus dem Unterlassen folgt, liquidiert werden kann."[722]

Teilweise wird das Auseinanderfallen der strafrechtlichen Verfolgbarkeit und der zivilrechtlichen Liquidation damit begründet, dass § 323c Abs. 1 StGB dem öffentlichen Interesse diene und nicht den Einzelnen schütze.[723] Dem ist jedoch aus den unten dargestellten Gründen[724] nicht zuzustimmen.

Das Auseinanderfallen von Verfolgbarkeit und Liquidation sowie die Relevanz der unterschiedlichen Sanktionierung für das Zivilrecht lassen sich wie folgt erklären: Zunächst stufen das Zivilrecht mit § 823 Abs. 1 BGB und das

---

721 Soergel[13.]/*Spickhoff*, § 823 BGB, Rn. 115; so schon Soergel[12.]/*Zeuner*, § 823 BGB, Rn. 158.

722 BeckOK-BGB[37. Edition]/*Spindler*, § 823 BGB, Rn. 7; demgegenüber hält BeckOK-BGB/*Förster*, § 823 BGB, Rn. 103.5 an dieser Position nicht mehr fest.

723 *Von Bar*, Gemeineurop. DeliktsR I, Rn. 601.

724 Siehe Kapitel 4) § 3) C) I) 3), S. 241.

Strafrecht mit dem entsprechenden unechten Unterlassungsdelikt die Hilfspflicht des § 323c Abs. 1 StGB gleichermaßen ein, nämlich mangels Sonderverantwortlichkeit als nicht ausreichend für das jeweilige Delikt. Sie gehen beide von der Gleichstellung von Tun und Unterlassen aus, wobei sowohl den Tuenden als auch den Unterlassenden eine Sonderverantwortlichkeit für die Abwendung des Schadens treffen muss, um eine allgemeine Schadensabwendungspflicht zu verhindern. Das Strafrecht hat nun außerhalb des bisherigen Systems mit § 323c Abs. 1 StGB für einen gewissen Bereich eine allgemeine Schadensabwendungspflicht normiert. Das Unterlassen dieser Pflicht stellt es jedoch nicht einem Tun gleich, indem der Unterlassende wie ein Begehungstäter nach dem Begehungsdelikt bestraft wird, sondern sieht einen deutlich niedrigeren Strafrahmen vor.

Diese Differenzierungsmöglichkeit hat das Zivilrecht dagegen nur in deutlich geringerem Maße, weil es mit dem Schadensersatzanspruch die Beseitigung der eingetretenen Schäden und nicht die Bestrafung des Täters bezweckt. Während bei materiellen Schäden die Schadenshöhe unabhängig von der Art des Angriffs oder Wertigkeit des Rechtsguts aufgrund derselben Wiederherstellungskosten gleich ist, ermöglicht der immaterielle Schaden eine Berücksichtigung von Vorsatz, Fahrlässigkeit oder dem Vorliegen einer Sonderverantwortlichkeit. Daneben haben die Ausführungen in Kapitel 2 zum Mitverschulden, dem Innenausgleich der Gesamtschuldner sowie den strengeren Rechtsfolgen einer vorsätzlichen unerlaubten Handlung gezeigt, dass an verschiedenen Stellen Differenzierungsmöglichkeiten bestehen. Diese sind jedoch nicht so groß, dass sie eine Unterscheidbarkeit in den Rechtsfolgen ermöglichen, wodurch die Hilfspflicht in Unglücksfällen einem Tun nicht gleichgestellt wird. Wird die Hilfspflicht nun – wie von den beiden Autoren gefordert – als Garantenpflicht im Rahmen des § 823 Abs. 1 BGB anerkannt, würde deren Verletzung im Zivilrecht eine vorsätzliche Körperverletzung durch Unterlassen darstellen, während sie im Strafrecht nur einen Verstoß gegen § 323c Abs. 1 StGB begründen würde. Dann ließe sich der Einwand von *Spindler* in abgewandelter Form erheben, dass es nicht verständlich sei, warum das Unterlassen im Zivilrecht als vorsätzliche Körperverletzung eingestuft und dadurch der Schaden liquidiert wird, im Strafrecht aber bloß als unterlassene Hilfeleistung verfolgt wird.

II) Verneinende Ansicht

In der Literatur wird eine Haftung aus § 823 Abs. 1 BGB überwiegend abgelehnt.[725]

1) Nur Pflicht zum Tätigwerden, nicht zur Erfolgsabwendung

Die Haftung nach § 823 Abs. 1 BGB setzte für die Zurechnung eines Unterlassens zu einer Rechtsgutsverletzung die Möglichkeit der Abwendung des Erfolges sowie die Pflicht des Unterlassenden zur Erfolgsabwendung voraus. Zwar bezwecke § 323c Abs. 1 StGB die Abwendung des Erfolges, allerdings verpflichte sie den Hilfe Unterlassenden lediglich zum Tätigwerden und nicht zur Erfolgsabwendung, da sie den Verstoß gegen die Pflicht unabhängig vom Eintritt etwaiger Folgen sanktioniere. Der Hilfe Unterlassende habe insbesondere auch gegen die Pflicht verstoßen, wenn der Erfolg im Nachhinein unabwendbar gewesen sei.[726]

Auf die Differenzierung zwischen der Pflicht zum Tätigwerden und der Pflicht zur Erfolgsabwendung kommt es nicht an.[727] Sowohl die Hilfspflicht des § 323c Abs. 1 StGB als auch eine entsprechende Garantenpflicht haben den gleichen Inhalt, nämlich die Leistung der erforderlichen Hilfe, um weitere Verletzungen zu verhindern.[728] Ansonsten wäre § 323c Abs. 1 StGB, sobald § 323c Abs. 1 StGB wie § 95 öStGB die Bestrafung an den Eintritt des Erfolges knüpft, sofort eine Erfolgsabwendungspflicht. Entscheidend ist vielmehr, dass den Hilfe Unterlassenden eine Sonderverantwortlichkeit für die Gefahr oder das Rechtsgut trifft, denn nur aufgrund dieser Verantwortlichkeit kann das Unterlassen dem Tun gleichgestellt werden. Erst mit dieser Sonderverantwortlichkeit kann sowohl im Zivilrecht der Schuldner als auch im Strafrecht der Täter gegenüber allen anderen möglichen Helfern gesondert für den Eintritt der Verletzung verantwortlich gemacht werden.[729] Daneben spielt der genannte Fall, dass der

---

725 Hk-BGB/*Staudinger*, § 823 BGB, Rn. 57; LK[11.]/*Spendel*, § 323c StGB, Rn. 190; MüKo-BGB/*Wagner*, § 823 BGB, Rn. 416; Spickhoff/*Schuhr*, § 323c StGB, Rn. 58; Staudinger[12.]/*Schäfer*, § 823 BGB, Rn. 298; *Dütz*, NJW 1970, S. 1822 (1823f.); *Loyal*, JZ 2014, S. 306 (308); *Althammer*, Rn. 224; *Esser/E. Schmidt*, S. 61; *Looschelders*, BT, § 60, Rn. 25; *Peifer*, § 3, Rn. 56; *E. Schmidt*, in: Grundlagen des Vertrags- und Schuldrechts, S. 465 (485).

726 Staudinger[12.]/*Schäfer*, § 823 BGB, Rn. 298; MüKo-BGB[6.]/*Wagner*, § 823 BGB, Rn. 333; *Dütz*, NJW 1970, S. 1822 (1823f.); *Esser/E. Schmidt*, S. 61.

727 Siehe Kapitel 4) § 1) B), S. 205; *Loyal*, JZ 2014, S. 306 (308).

728 *Loyal*, JZ 2014, S. 306 (308).

729 *Loyal*, JZ 2014, S. 306 (308).

Erfolg im Nachhinein unabwendbar gewesen ist, im Zivilrecht keine Rolle, da eine Haftung an der fehlenden Kausalität der Unterlassung für die im Zivilrecht vorausgesetzte Rechtsgutsverletzung scheitert.

2) Vergleich mit den Sanktionen im Strafrecht

Ein Vergleich zu den unechten Unterlassungsdelikten im Strafrecht, die ebenfalls eine Garantenpflicht voraussetzen, zeige, dass die Hilfspflicht des § 323c Abs. 1 StGB als echtes Unterlassungsdelikt keine Garantenpflicht im Sinne des § 13 StGB begründe.[730] Das Strafrecht stelle die unterlassene Hilfe nicht einer Verletzung durch Tun gleich. Denn im Fall des Todes des Verunglückten werde der Hilfe Unterlassende nur wegen unterlassener Hilfeleistung und nicht wegen Totschlags bestraft.[731] Für das Zivilrecht bestehe kein Grund von dieser Wertung abzuweichen.[732] Dem ist zuzustimmen.

3) Kein Individualschutz

Gegen die Haftung aus § 823 Abs. 1 BGB spreche ferner, „daß der Sinn der Strafandrohung nicht die Gewährleistung von Individualhilfe zugunsten bestimmter Personen, sondern die staatsbürgerliche Pflicht zur Mitwirkung bei der Aufrechterhaltung der öffentlichen Sicherheit und Ordnung in extremen Gefahrenlagen“[733] sei. Dies trifft nicht zu. Wie unten näher dargelegt wird, liegt der Sinn und Zweck des § 323c Abs. 1 StGB im Schutz der Rechtsgüter des Hilfsbedürftigen.[734] Der niedrigen Strafandrohung kommt vielmehr der Zweck der Verhinderung einer Gleichstellung der unterlassenen Hilfeleistung mit einer Verletzung durch Tun zu.[735]

III) Ergebnis

Die Ablehnung der Haftung aus § 823 Abs. 1 BGB aufgrund der historischen Betrachtung und dem Vergleich zum Strafgesetz hat sich als zutreffend erwiesen.

---

730 MüKo-BGB/*Wagner*, § 823 BGB, Rn. 416; *Dütz*, NJW 1970, S. 1822 (1824); *Esser/E. Schmidt*, S. 61.

731 MüKo-BGB/*Wagner*, § 823 BGB, Rn. 416; *Esser/E. Schmidt*, S. 61.

732 *Esser/E. Schmidt*, S. 61f.

733 Staudinger[12.]/*Schäfer*, § 823 BGB, Rn. 298.

734 Siehe Kapitel 4) § 3) C) I) 3), S. 241.

735 Siehe Kapitel 4) § 1) D) I) 4), S. 218.

§ 2) § 323c Abs. 1 StGB als Fall des § 826 BGB

Der Verstoß gegen die Hilfspflicht des § 323c Abs. 1 StGB könnte jedoch einen Schadensersatzanspruch nach § 826 BGB begründen. Dieser setzt das Zufügen eines Schadens in vorsätzlicher und gegen die guten Sitten verstoßender Weise voraus. Der Begriff „Zufügen" ist aktiv formuliert, so dass sich zunächst die Frage stellt, ob ein Schaden auch durch ein Unterlassen zugefügt werden kann. Daran knüpft die Frage an, wann eine Unterlassung sittenwidrig ist.

A) Unterlassung nach dem historischen Gesetzgeber

§ 826 BGB enthält wie die anderen beiden kleinen Generalklauseln keine Klarstellung, dass die Norm auch ein Unterlassen umfasst. Im ersten Entwurf stellt § 705 BGB-E[736] auf die Handlung ab, die allgemein in § 704 Abs. 1 BGB-E als „Thun" und Unterlassen definiert wird. Im zweiten Entwurf wird in § 749 BGB-E[737] wiederum auf die Handlung abgestellt, wobei § 746 BGB-E die Definition der Handlung nicht mehr enthält. Das Fehlen schadet jedoch nicht, weil die Kommission die Gleichstellung von „Thun" und Unterlassen – wie bei § 823 Abs. 1 BGB schon dargelegt – als selbstverständlich versteht. Dies bestätigen die Protokolle zum zweiten Entwurf, in welchen die Unterlassung explizit thematisiert wurde. „Zur Sprache kam, ob auch die sogenannten illoyalen Handlungen in *Unterlassungen* bestehen könnten. Die Mehrheit war für die Bejahung, hielt eine ausdrückliche Bestimmung nicht am Platze, weil auch in der vorliegenden Beziehung der Richter zu prüfen habe, ob in dem Unterlassen ein Verstoß gegen die guten Sitten liege."[738] Damit bestimmen die guten Sitten, ob ein Unterlassen zum Schadensersatzanspruch führt. Die weiteren Beratungen enthalten keine Anhaltspunkte dafür, dass der Gesetzgeber mit den weiteren Änderungen der Norm von dieser Position abrücken wollte.

---

736 § 705 des ersten Entwurfs des BGB:
„Als widerrechtlich gilt auch die kraft der allgemeinen Freiheit an sich erlaubte Handlung, wenn sie einem Anderen zum Schaden gereicht und ihre Vornahme gegen die guten Sitten verstößt."

737 § 749 des zweiten Entwurfs des BGB:
„Wer durch eine Handlung, die er nicht in Ausübung eines ihm zustehenden Rechtes vornimmt, in einer gegen die guten Sitten verstoßenden Weise einem Anderen vorsätzlich Schaden zufügt, ist dem Anderen zum Ersatze des Schadens verpflichtet."

738 *Schubert/Jakobs*, Schuldverhältnisse III, S. 883.

B) Sittenwidrigkeit der Unterlassung

Die Kommission hat in den *Motiven* die Sittenwidrigkeit umschrieben, welches die Rechtsprechung übernommen hat. „[W]er dagegen nur kraft seiner persönlichen Freiheit handelt, darf diese nicht zum Schaden Anderer mißbrauchen; ein Mißbrauch ist es aber, wenn seine Handlungsweise den in den guten Sitten sich ausprägenden Auffassungen und dem Anstandsgefühle aller billig und gerecht Denkenden widerspricht."[739] Nach dem *RG* hat der Richter „[d]en Maßstab für den Begriff der „guten Sitten" [...] aus dem herrschenden Volksbewusstsein zu entnehmen, „dem Anstandsgefühl aller billig und gerecht Denkenden"."[740] In einer pluralistischen Gemeinschaft ist die Anstandsformel jedoch nicht praxistauglich und daher abzulehnen.[741] Sie versagt insbesondere in wirtschaftlich komplexen Konstellationen, in denen sich die Vorstellungen von Bürgern über das angemessene Verhalten nicht bestimmen lassen.[742]

Die Sittenwidrigkeit des Verhaltens ist vielmehr nach der Funktion des § 826 BGB zu bestimmen, nämlich der Trennung von reinen Vermögensschäden, die im Interesse eines fairen Wettbewerbs zum Wohle der Gesamtheit gewollt sind, von den übrigen, welche gerade zur Vermeidung solcher zu ersetzen sind.[743] Daher scheidet die Sittenwidrigkeit aus, wenn ein Schadensersatzanspruch zur Erweiterung des Kreises der potentiell Anspruchsberechtigten über den primär Geschädigten hinaus, zum Ersatz von Umverteilungsschäden durch ordentliches Wirtschaften zum gesellschaftlichen Vorteil, zur Untergrabung der Risikoverteilung des Vertragsrechts und der Wertungen weiterer Rechtsgebiete oder zum Ersatz diffuser und zu einer ausufernden Haftung führender Schäden führen würde.[744] Ist keiner der genannten Ausschlussgründe einschlägig, ist das Verhalten sittenwidrig, wenn es im Sinne der Kommission ein Missbrauch der persönlichen Freiheit darstellt, indem die Freiheitsausübung weder der Bedürfnisbefriedigung noch der wirtschaftlichen Betätigung, sondern nur zur Verschaffung von Sondervorteilen auf Kosten anderer dient.[745]

---

739 *Motive* zu dem Entwurfe eines Bürgerlichen Gesetzbuches, Bd. II, S. 727.
740 *RG*, Urt. v. 11.04.1901, VI 443/00, RGZ 48, 114 (124).
741 MüKo-BGB/*Wagner*, § 826 BGB, Rn. 10.
742 MüKo-BGB/*Wagner*, § 826 BGB, Rn. 10.
743 MüKo-BGB/*Wagner*, § 826 BGB, Rn. 12.
744 MüKo-BGB/*Wagner*, § 826 BGB, Rn. 13 – 19.
745 MüKo-BGB/*Wagner*, § 826 BGB, Rn. 19.

Für die Sittenwidrigkeit der Unterlassung bedarf es nach dem *RG* eines Verstoßes gegen die guten Sitten, nicht aber gegen eine Rechtspflicht.[746] Dies trifft insbesondere für gesetzliche Rechtspflichten zu, da ansonsten bei vorsätzlichen Verstößen § 826 BGB das Erfordernis des Schutzgesetzes nach § 823 Abs. 2 BGB aushebeln würde.[747] Dies deckt sich zudem mit dem Willen des Gesetzgerbers, der den Missbrauch der persönlichen Freiheit verhindern will. Zur persönlichen Freiheit zählen aber nur die erlaubten Verhaltensweisen, die nicht durch § 823 Abs. 1 BGB oder die Schutzgesetze des § 823 Abs. 2 BGB ausgeschlossen werden, weswegen es auf eine Rechtspflicht nicht ankommt.[748] Allerdings soll die Sittenwidrigkeit nicht die Wertungen anderer Rechtsbereiche untergraben, wozu auch die Ablehnung einer allgemeinen Schadensabwendungspflicht des § 823 Abs. 1 BGB gehört, die jedoch ins Wanken geraten würde, wenn ein Verstoß gegen § 323c Abs. 1 StGB eine Haftung nach § 826 BGB begründen würde. Daher erfordert eine Sittenpflicht nach § 826 BGB eine Sonderverantwortlichkeit, womit eine Haftung für den Hilfe Unterlassenden nach § 826 BGB ausscheidet.

Demgegenüber nehmen einige Autoren eine Haftung aus § 826 BGB mit unterschiedlichen Begründungen und teilweise mit Einschränkungen an, die an dieser Stelle näher dargestellt und bewertet werden.

I) Sittenwidrigkeit als Verstoß gegen das rechts- und sozialethische Minimum

Nach *Canaris* setzt § 826 BGB einen gesteigerten Unrechtsgehalt voraus, den allenfalls Strafgesetze generell erreichen.[749] § 826 BGB sichere ebenso wie Strafgesetze das „rechts– und sozialethische Minimum“[750]. Mit § 323c Abs. 1 StGB und § 138 StGB habe der Gesetzgeber das „rechts- und sozialethische Minimum an Hilfs- und Warnpflichten“ festgelegt, weswegen sie die „gesetzliche Typisierung eines Verstoßes gegen die guten Sitten“ darstellen. Sofern der Vorsatz des Hilfe Unterlassenden den Schaden umfasse, sei eine Haftung nach § 826 BGB gegeben. Dieses Verständnis ist abzulehnen. Die Kommission hat mit § 826 BGB nicht die Etablierung des rechts- und sozialethischen Minimums geplant oder auf ein gesondertes Unrecht abgestellt, sondern beabsichtigt

---

746 *RG*, Urt. v. 14.03.1910, VI 160/09, JW 1910, 470.

747 MüKo-BGB/*Wagner*, § 826 BGB, Rn. 9.

748 MüKo-BGB/*Wagner*, § 826 BGB, Rn. 20.

749 *Canaris*, in: FS Larenz 1983, S. 27 (50); *Larenz/Canaris*, Schuldrecht II/2, S. 441, 451.

750 *Canaris*, in: FS Larenz 1983, S. 27 (48f.).

vielmehr die Verhinderung des Missbrauchs persönlicher Freiheit. Zudem hat sie davon Abstand genommen, den Betrug und die Erpressung in § 826 BGB als illoyale Handlungen explizit aufzunehmen, weil sie die Delikte vielmehr in § 823 Abs. 2 BGB verortet und eine zusätzliche Nennung in § 826 BGB den Sinn und Zweck des § 823 Abs. 2 BGB verdunkeln würde.[751]

II) Besondere sittliche Pflicht zur Schadensabwendung

Nach *Dütz*[752] setzt § 826 BGB keine Rechtspflicht voraus, weil die Norm keine Verletzung von Rechtsgütern, Rechts- oder Schutzgesetzen erfordert. Die Rechtspflicht sei neben dem Verstoß gegen eine Sittenpflicht überflüssig. Im Einzelfall könne die Rechtspflichtverletzung beim Hinzutreten besonderer Umstände einen Sittenpflichtverstoß begründen. Ähnlich wie bei § 823 Abs. 1 BGB genüge für ein Unterlassen nicht eine allgemeine Sittenpflicht, sondern es bedarf einer „besondere[n] sittlichen Pflicht zur Schadensabwendung"[753]. Hierfür genüge die nur gegenüber der Öffentlichkeit bestehenden Pflicht des § 323c Abs. 1 StGB grundsätzlich nicht. Es bedürfe weiterer Umstände, aus denen sich nach der Anstandsformel „eine besondere sittliche Verantwortlichkeit zum Eingreifen ergibt."[754] Dies könne nur im Einzelfall entschieden werden. *Steffen* und *Schäfer*[755] stimmen den Ausführungen von *Dütz* zu und nehmen die weiteren Umstände in Anlehnung an *K. Haager*[756] „bei Bestehen von Lebens- oder schwerer Leibesgefahr, oder wenn es sich um die Bewahrung von einem gefährlichen Verkehrsunfall handelt, falls dies ohne besondere Schwierigkeit und ohne Beeinträchtigung eigner beachtlicher Interessen möglich ist"[757] an. *Weimar* nimmt die besonderen Umstände bei der Abweisung der Behandlung eines Verkehrsopfers durch ein Krankenhaus an.[758]

Die von den Autoren genannten weiteren Umstände stellen in Wirklichkeit nur die typischen (schweren) Fälle des § 323c Abs. 1 StGB dar, in denen die Norm dem Hilfsbedürftigen Schutz gewähren will, womit es an den besonderen Umständen im eigentlichen Sinne fehlt. Es sind daneben keine

---

751 *Protokolle*, Bd. VI, S. 201f.
752 *Dütz*, NJW 1970, S. 1822 (1825f.).
753 *Dütz*, NJW 1970, S. 1822 (1826).
754 *Dütz*, NJW 1970, S. 1822 (1826).
755 RGRK/*Steffen*, § 826 BGB, Rn. 31; Staudinger[12.]/*Schäfer*, § 826 BGB, Rn. 51.
756 RGRK[11.]/*K. Haager*, § 823 BGB, Rn. 8.
757 Staudinger[12.]/*Schäfer*, § 826 BGB, Rn. 51.
758 *Weimar*, JR 1975, S. 145 (146).

besonderen Gründe ersichtlich, in denen die Sittenwidrigkeit und damit die Haftung angenommen werden kann, ohne dass zugleich die Wertung des § 823 Abs. 1 BGB untergraben wird. Dagegen ist *Dütz* hinsichtlich des Vergleichs mit § 823 Abs. 1 BGB und der Übertragung der besonderen Pflicht zur Erfolgsabwendung auf § 826 BGB im Grundsatz zuzustimmen, da er hierdurch gerade die Wertung des § 823 Abs. 1 BGB bewahrt.

III) Ergebnis

Ein Verstoß gegen die Hilfspflicht des § 323c Abs. 1 StGB begründet keine Sittenwidrigkeit des Unterlassens, womit eine Haftung nach § 826 BGB ausscheidet.

§ 3) § 323c Abs. 1 StGB als Schutzgesetz

Der Schutzgesetzeigenschaft des § 323c Abs. 1 StGB kommt erhebliche Bedeutung zu, da die Unterlassung der erforderlichen Hilfe weder einen Anspruch aus § 823 Abs. 1 BGB noch aus § 826 BGB begründet. Für die Beantwortung der Frage werden zunächst die Entwicklung der Rechtsprechung nachgezeichnet, sodann die in der Literatur vertretenen Ansichten mit den wesentlichen Argumenten dargestellt und abschließend die einzelnen Argumente einer kritischen Überprüfung unterzogen.

A) Rechtsprechungsentwicklung

I) AG Hochheim *vom 25. März 1971*

Erstmalig hat das *AG Hochheim* in seinem Urteil vom 25. März 1971[759] § 330c StGB a.F., die Vorgängernorm des § 323c Abs. 1 StGB, im Zusammenhang mit einer zivilrechtlichen Haftung erwähnt, wobei mangels genauerer Zitierweise[760] unklar bleibt, ob es sich auf § 823 Abs. 1 oder Abs. 2 BGB bezieht. Das Urteil enthält keine Ausführungen dazu, ob § 330c StGB a.F. ein Schutzgesetz ist. Dem Urteil liegt der Sachverhalt zugrunde, dass der Gastgeber A seine Gästin B mit Gewalt aus der Wohnung verbracht hat, sie dadurch vor der

759 *AG Hochheim*, Urt. v. 25.03.1971, 2 C 61/98, VersR 1972, 477 (478).

760 „Es lag also ein Unglücksfall vor, der jedermann verpflichtet, Hilfe zu leisten, was dem Bekl. in dieser Situation auch zuzumuten war und ohne große Mühe möglich gewesen wäre, wie ihn § 330 c StGB vorsieht und wie er bei Verletzung dieser Hilfspflicht als unerlaubte Handlung nach §§ 823 ff. BGB zum Schadensersatz verpflichtet." (*AG Hochheim*, Urt. v. 25.03.1971, 2 C 61/98, VersR 1972, 477 (478)).

Haustreppe gestrauchelt und diese heruntergefallen ist, wodurch sie sich verletzt hat. Anschließend hat A der verletzten B nicht geholfen. Das Gericht hat ihr Schadensersatz für Sachschäden, Verdienstausfall und Schmerzensgeld in Höhe von 604 DM zugesprochen, wobei es eine Mitverschuldensquote der B von einem Drittel aufgrund des hier nicht näher dargestellten Vorgeschehens berücksichtigt hat.

II) KG Berlin *vom 03. Januar 1978*

Danach hat das *KG Berlin* in seinem Berufungsurteil vom 03. Januar 1978[761] zögerlich eine Haftung aus §§ 823 Abs. 2 BGB i.V.m. 330c StGB a.F. in Betracht gezogen, diskutiert aber die Frage der Schutzgesetzeigenschaft nicht. Das Gericht hat über den folgenden Sachverhalt entschieden: A ist über das Wochenende erkrankt. Am Montag hat seine Ehefrau B den Hausarzt C morgens angerufen und unter Schilderung der Beschwerden um einen Hausbesuch gebeten. Dies hat C aufgrund des vollen Wartezimmers abgelehnt, die Symptome für eine Grippe gehalten und ihr die Ausstellung eines Rezeptes angeboten, welches B wahrgenommen hat. Gegen Mittag hat A den C angerufen, um darauf hinzuweisen, dass sich sein Zustand nicht geändert habe. C hat erklärt, dass die Medikamente so schnell nicht wirken, er sich bei einer Verschlimmerung am nächsten Tag melden solle und er zudem den Bereitschaftsdienst kontaktieren könne. A ist in der Nacht verstorben, B verlangt von C Ersatz der Beerdigungskosten und Unterhalt in Form einer Geldrente aus § 844 BGB.

Das *KG* hat den für § 844 BGB notwendigen Schadensersatzanspruch aus §§ 823 Abs. 2 BGB i.V.m. 323c Abs. 1 StGB mangels Vorliegens eines Unglücksfalls abgelehnt. Es fehle an der für den Unglücksfall erforderlichen Plötzlichkeit, da ein erkennbarer Krankheitsfall, der ein sofortiges Handeln durch den C verlange, nicht gegeben sei. In der Großstadt Berlin hätte A noch ohne Weiteres einen anderen Arzt, worauf C auch hingewiesen habe, aufsuchen können. Wenn er darauf verzichte, sei dies sein eigenes Risiko und für die Folgen könne C nicht haftbar gemacht werden.[762]

III) BGH *vom 20. Februar 1979*

Der *BGH* hat mit seinem Urteil vom 20. Februar 1979[763] das eben dargestellte Urteil des *KG Berlin* aufgehoben und die Sache an das Berufungsgericht

761 *KG Berlin*, Urt. v. 03.01.1978, 9 U 1965/77, VersR 1979, 33 (34).
762 *KG Berlin*, Urt. v. 03.01.1978, 9 U 1965/77, VersR 1979, 33 (34f.).
763 *BGH*, Urt. v. 20.02.1979, VI ZR 48/78, VersR 1979, 376 (377f.).

zurückverwiesen. Er hat in der Ausstellung des Rezepts und dem Hinweis, bei einer Verschlechterung sich nochmal zu melden, die Übernahme der Behandlung gesehen, womit C eine Garantenpflicht aus tatsächlicher Behandlungsübernahme begründet habe und sich eine Haftung dem Grunde nach aus § 823 Abs. 1 BGB ergebe. C habe insoweit nicht deutlich genug die Behandlung abgelehnt und auf einen anderen Arzt verwiesen, so dass er zu einem Hausbesuch spätestens nach der Sprechstunde verpflichtet wäre und durch das Unterlassen hierfür einzustehen habe.

IV) OLG Frankfurt am Main *vom 27. Oktober 1988*

Mit der Frage nach der Schutzgesetzeigenschaft des § 323c Abs. 1 StGB hat sich inhaltlich erstmals das *OLG Frankfurt am Main* in seinem Urteil vom 27. Oktober 1988[764] auseinandergesetzt und diese verneint. Dem hat folgender Sachverhalt zugrunde gelegen: Der selbstständige Kaufhausdetektiv A ist für ein Kaufhaus tätig gewesen, indem er den Kunden B entdeckt hat, der ein Parfüm eingesteckt haben soll. Der Bitte des A, ihn in sein Büro zu begleiten, hat sich B widersetzt. Daraufhin ist C, ein Angestellter des Kaufhauses, dem Detektiv A zur Hilfe gekommen, um den Kunden B mit Zwang in das Büro zu bringen. Hierbei hat A mehrfach auf B eingetreten und -geschlagen. B hat erhebliche Verletzungen erlitten. Es ist nicht nachweisbar, ob auch C den B geschlagen hat. B begehrt von C Schmerzensgeld.

Das Gericht hat sämtliche Schadensersatzansprüche gegen C abgelehnt. Ein Schadensersatzanspruch aus § 823 Abs. 1 BGB scheide mangels Beweises einer Handlung in Form eines Schlages oder Tritts des C gegen B aus. Ein Anspruch aus gemeinschaftlicher unerlaubter Handlung nach § 830 Abs. 1 S 1 BGB sei abzulehnen, weil etwaige Tritte oder Schläge als Exzesshandlungen nicht vom gemeinschaftlichen Festnahmevorsatz umfasst seien.[765]

Darüber hinaus hat das Gericht einen Anspruch aus §§ 823 Abs. 2 BGB i.V.m. 323c Abs. 1 StGB mit der Begründung, dass „es […] nicht an[gehe] denjenigen, der Hilfeleistung unterläßt, in gleicher Weise haften zu lassen wie den Schädiger",[766] abgelehnt. Ferner sei der Schutzzweck des § 323c Abs. 1 StGB „das Interesse der Allgemeinheit an solidarischer Schadensabwehr in akuten Notlagen",[767] während „[d]ie Wahrung der Interessen des Betroffenen […] lediglich Reflex der

764 *OLG Frankfurt am Main*, Urt. v. 27.10.1988, 1 U 171/87, VersR 1989, 1154 (1155).
765 *OLG Frankfurt am Main*, Urt. v. 27.10.1988, 1 U 171/87, VersR 1989, 1154 (1154f.).
766 *OLG Frankfurt am Main*, Urt. v. 27.10.1988, 1 U 171/87, VersR 1989, 1154 (1155).
767 *OLG Frankfurt am Main*, Urt. v. 27.10.1988, 1 U 171/87, VersR 1989, 1154 (1155).

im Allgemeininteresse geschaffenen Norm [sei]."[768] Etwaige Ausführungen zum Tatbestand des § 323c Abs. 1 StGB unterlässt das Gericht vollständig.

V) OLG Düsseldorf *vom 26. Oktober 1999*

Als nächstes Gericht hat sich das *OLG Düsseldorf* in seinem Beschluss vom 26. Oktober 1999[769] über die Bewilligung von Prozesskostenhilfe mit der Schutzgesetzeigenschaft des § 323c Abs. 1 StGB im Rahmen des folgenden Sachverhalts befasst: Der Ehemann A hat seine Ehefrau geschlagen, die dies dem Sohn B und dem Stiefsohn C des A berichtet hat. In der darauffolgenden Auseinandersetzung zwischen A, B und C hat B den A mit einem Baseballschläger aufs Auge geschlagen. A behauptet, dass C sich gefreut habe. C entgegnet, dass er versucht habe, B durch Zureden vom Einsatz des Schlägers abzuhalten. A begehrt von C Schmerzensgeld und die Kostenerstattung für eine Spezialbrille.

Das Gericht hat die Prozesskostenhilfe für Schadensersatzansprüche gegenüber C mangels hinreichender Erfolgsaussichten abgelehnt. Ein Anspruch aus §§ 823 Abs. 2 BGB i.V.m. 226 Abs. 1 Nr. 1, 13 Abs. 1 StGB scheitere an der fehlenden Garantenstellung des C. Die Schwägerschaft begründe allein noch nicht den Fall des familiären Obhutverhältnisses. Ein Anspruch aus §§ 823 Abs. 2 BGB i.V.m. 226 Abs. 1 Nr. 1, 27 BGB scheide deshalb aus, weil allein die Freude des C für eine psychische Beihilfe nicht ausreiche.[770]

Die entscheidende Frage, ob § 323c Abs. 1 StGB ein Schutzgesetz sei, hat das Gericht offengelassen, indem es den Tatbestand des § 323c Abs. 1 StGB verneint hat.[771] Durch das Einreden auf B habe C die ihm zumutbare Hilfe geleistet, da ein Einschreiten in Gewalttätigkeiten zu gefährlich sei.

VI) OLG Düsseldorf *vom 27. Juli 2004*

Das *OLG Düsseldorf* hat in seinem Urteil von 27. Juli 2004[772] über folgenden Sachverhalt entschieden: Die Männer A, B und C sind nachts mit der Frau D im Auto gefahren. A hat D vergewaltigt, die sich erkennbar dagegen gewehrt hat. B und C sind nicht eingeschritten. D begehrt von allen Männern als Gesamtschuldner 8.000 € Schmerzensgeld.

768 *OLG Frankfurt am Main*, Urt. v. 27.10.1988, 1 U 171/87, VersR 1989, 1154 (1155).
769 *OLG Düsseldorf*, Beschl. v. 26.10.1999, 22 W 66/99, NJW-RR 2000, 1623 (1624).
770 *OLG Düsseldorf*, Beschl. v. 26.10.1999, 22 W 66/99, NJW-RR 2000, 1623 (1624).
771 *OLG Düsseldorf*, Beschl. v. 26.10.1999, 22 W 66/99, NJW-RR 2000, 1623 (1624).
772 *OLG Düsseldorf*, Urt. v. 27.07.2004, I-14 U 24/04, NJW 2004, 3640 (3640f.).

Das *LG Kleve* als Vorinstanz hat A antragsgemäß verurteilt, jedoch einen Schadensersatzanspruch gegenüber B und C nach §§ 823 Abs. 2 BGB i.V.m. 323c Abs. 1 StGB mangels Schutzgesetzeigenschaft des § 323c Abs. 1 StGB abgelehnt.[773]

Das *OLG Düsseldorf* hat B und C als Gesamtschuldner zur Zahlung von 4.000 € Schmerzensgeld verurteilt. Der Anspruch folge aus §§ 823 Abs. 2 BGB i.V.m. 323c Abs. 1 StGB. § 323c Abs. 1 StGB sei ein Schutzgesetz, da der Schutz der Individualrechtsgüter neben dem Schutz der Allgemeinheit Ziel der Norm sei. Dies folge aus der Gesetzesbegründung, worin der Strafgrund des § 323c Abs. 1 StGB als die „Versäumung einer wirklichen Chance zu erfolgreicher Schadensabwendung“[774] beschrieben werde, also gerade der Schutz der Individualrechtsgüter des Einzelnen vor Schäden bezweckt sei.[775] Eine Ausuferung der zivilrechtlichen Haftung könne wirksam durch die Voraussetzungen des Schadenseintritts und „der Zurechnung der einzelnen Schäden als Folge der verletzten Hilfspflicht“[776] vermieden werden. Ferner sei eine Haftung des Hilfe Unterlassenden mit Treu und Glauben vereinbar, da er die Möglichkeit zur Hilfe und damit zur Vermeidung der eigenen Haftung nicht ergriffen habe. Die Gefahr, dass der Hilfe Unterlassende wie ein Täter hafte, werde durch die Möglichkeit des Rückgriffs im Rahmen der Gesamtschuld nach §§ 840, 426 BGB auf ein zulässiges Maß reduziert. Hierbei sei der Misserfolg beim Rückgriff aufgrund Vermögenslosigkeit oder fehlender Kenntnis des Täters aus Billigkeitsgründen dem Hilfe Unterlassenden aufzubürden und nicht dem Geschädigten den letzten Gläubiger zu nehmen.[777]

Das *OLG Düsseldorf* hat die Voraussetzungen des § 323c Abs. 1 StGB bejaht, da die Hilfe in Form des Abhaltens des A von der Vergewaltigung erforderlich und für B und C zumutbar gewesen sei. Ein Schmerzensgeld sei jedoch nur in Höhe von 4.000 € (der Hälfte des Täters der Vergewaltigung) angemessen, da ihre Schuld im Vergleich zum Täter geringer sei und sie stark alkoholisiert gewesen sind. Ein weitergehender Anspruch aus § 826 BGB sei dagegen nicht begründet,

---

773 *OLG Düsseldorf*, Urt. v. 27.07.2004, I-14 U 24/04, NJW 2004, 3640, das Urteil des *LGs Kleve*, Teilversäumnisurteil v. 12.11.2003 bzgl. des hier genannten A und Schlussurteil v. 16.12.2003 bzgl. der hier genannten B und C, Az. 3 O 198/03, ist nicht veröffentlicht.

774 *BT*-Drucks. 1/3713, S. 44 linke Spalte.

775 *OLG Düsseldorf*, Urt. v. 27.07.2004, I-14 U 24/04, NJW 2004, 3640 (3640f.).

776 *OLG Düsseldorf*, Urt. v. 27.07.2004, I-14 U 24/04, NJW 2004, 3640 (3641).

777 *OLG Düsseldorf*, Urt. v. 27.07.2004, I-14 U 24/04, NJW 2004, 3640 (3641).

da § 826 BGB bei immateriellen Persönlichkeitsverletzungen in Bezug auf die Ansprüche des § 823 BGB eine Auffangfunktion wahrnehme.[778]

VII) OLG Hamm *vom 01. Oktober 2004*

Circa zwei Monate später hat sich das *OLG Hamm* in seinem Urteil vom 01. Oktober 2004[779] mit der Frage nach der Schutzgesetzeigenschaft des § 323c Abs. 1 StGB in folgendem Fall befasst: A, B und C sind im Winter für den Erwerb und Konsum von Heroin in die Niederlande gefahren. A hat sich zu diesem Zeitpunkt in psychiatrischer Behandlung befunden und Medikamente eingenommen. Nach dem Konsum des Heroins hat B die beiden anderen zurückgefahren, wobei streitig ist, ob A sich auf die Rückbank gelegt habe, weil er müde gewesen sei oder er dort bewusstlos gelegen habe. B hat zunächst C nach Hause gebracht und ist danach zu sich gefahren, wobei er A in dessen ungeheizten Auto zurückgelassen hat. Hierbei ist streitig, ob sich A geweigert habe, dass Auto zu verlassen. B hat am nächsten Tag nach A geschaut und behauptet, dass er erst dann den schlechten Zustand von A erkannt und einen Nachbarn zu Hilfe gerufen habe. A behauptet, dass er aufgrund der langen Bewusstlosigkeit schwere Nerven- und Nierenschäden erlitten habe. Er begehrt von B und C Schmerzensgeld und die Feststellung, dass sie für alle weiteren materiellen und immateriellen Schäden einzustehen haben.

Das *LG Siegen* als Vorinstanz und das *OLG Hamm* haben einen Anspruch des A abgelehnt, weil A für keinen der Ansprüche der Beweis der Tatbestandsvoraussetzungen gelungen ist. Für die Rückfahrt würden die Ansprüche aus §§ 823 Abs. 1 BGB, 823 Abs. 2 BGB i.V.m. 223 Abs. 1 bzw. 229, 13 Abs. 1 StGB an der fehlenden Garantenstellung von B und C scheitern. Der gemeinsame Drogenkonsum begründe kein pflichtwidriges Vorverhalten (Ingerenz), welches die nahe Gefahr einer Bewusstlosigkeit schaffe. Zudem erfülle der Konsum oder die Fahrgemeinschaft keine Gefahrengemeinschaft, in dessen Rahmen die Teilnehmer füreinander besondere Schutzpflichten übernehmen.[780] Ein Anspruch aus §§ 823 Abs. 2 BGB i.V.m. 323c Abs. 1 StGB scheide aus, da A weder die Bewusstlosigkeit als Unglücksfall noch die Kenntnis hiervon durch B und C im Rahmen des Vorsatzes beweisen konnte. Insbesondere hätten B und C aufgrund ihrer Drogenerfahrungen nicht auf die Gefahr der Bewusstlosigkeit schließen können, da ihnen das Zusammenwirken mit Medikamenten unbekannt gewesen sei.

778 *OLG Düsseldorf*, Urt. v. 27.07.2004, I-14 U 24/04, NJW 2004, 3640 (3641).
779 *OLG Hamm*, Urt. v. 01.10.2004, 9 U 138/04, VersR 2005, 1689.
780 *OLG Hamm*, Urt. v. 01.10.2004, 9 U 138/04, VersR 2005, 1689.

Denselben Anspruch haben die Gerichte auch durch das Zurücklassen des A im Auto verneint, da sich in diesem Zeitpunkt der Vorsatz bzgl. des Unglücksfalls nicht sicher feststellen ließ.[781]

Zur Frage der Schutzgesetzeigenschaft des § 323c Abs. 1 StGB macht das *OLG Hamm* weder eigene Ausführungen noch verwendet es Zitate anderer Gerichtsentscheidungen, sondern lehnt den Anspruch aus tatsächlichen Gründen ab und lässt damit die Frage mangels Entscheidungsrelevanz offen.[782]

VIII) LG Wuppertal *vom 25. Januar 2011*

Dem Urteil des *LG Wuppertal* vom 25. Januar 2011[783] hat der nachfolgende Fall zugrunde gelegen, in dem der *BGH* als Revisionsinstanz für die Rechtsprechung abschließend die Frage der Schutzgesetzeigenschaft geklärt hat. Der Vater V des Sohnes S ist Eigentümer eines Grundstücks mit Haus, in dem neben V auch S zur Miete gewohnt hat. S hat an einer krankhaften Störung in Form des zwanghaften Sammelns von Gegenständen gelitten und hat deswegen unter Betreuung gestanden. Um das zugemüllte Haus zu entrümpeln, hat V den Mietvertrag gekündigt und einen Räumungstitel erwirkt. Am Abend des zweiten Räumungstages hat S eine Gaspistole gefunden, für die er früher eine Waffenbesitzkarte besessen hat und hat sie an V übergeben. Hierüber hat V den Gerichtsvollzieher G nicht informiert. S ist die Räumung zu schnell gegangen, weswegen er eine weitere Waffe gesucht hat. Die geladene und entsicherte Waffe hat er am Morgen des nächsten Räumungstages dem V mit der Bitte die Räumung zu beenden gezeigt. Dies hat V abgelehnt. G hat geklingelt, S hat V mit der Waffe bedroht, damit er nicht die Tür öffnet. V ist nach verschiedenen Versuchen zur Eingangstür entkommen, wo S ihn jedoch eingeholt hat. Beim Öffnen der Tür durch V hat S mit der Waffe hinter ihm gestanden. S hat auf G geschossen, wodurch dieser schwer verletzt worden ist. V hat gewusst, dass S nur in Paniksituationen wie der Vorliegenden eine solche Tat zuzutrauen sei. Streitig ist, ob V und G nach dem Öffnen der Tür noch gesprochen haben und wann V erkannt hat, dass auch

781 *OLG Hamm*, Urt. v. 01.10.2004, 9 U 138/04, VersR 2005, 1689.

782 Demgegenüber verstehen das *OLG Düsseldorf*, Urt. v. 17.08.2011 und der *BGH*, Urt. v. 14.05.2013, VI ZR 255/11, BGHZ 197, 225 (228) die nachfolgende Formulierung des *OLG Hamm* als Bejahung der Schutzgesetzeigenschaft: „Der Kläger hat die Voraussetzungen der als Anspruchsgrundlagen in Betracht kommenden Tatbestände [...] der unterlassenden Hilfeleistung (§ 823 Abs. 2 BGB i.V.m. § 323c StGB) nicht bewiesen."

783 *LG Wuppertal*, Urt. v. 25.01.2011, 5 O 67/10, juris Rn. 1 – 17.

das Leben des G in Gefahr sei. S ist mittellos. G begehrt von beiden als Gesamtschuldner Schmerzensgeld in Höhe von 20.000 €.

Das *LG Wuppertal* hat alle Ansprüche gegen V abgelehnt. Die Ansprüche aus §§ 823 Abs. 1 BGB und 823 Abs. 2 BGB i.V.m. 223 Abs. 1, 229 Abs. 1, 13 Abs. 1 StGB bestünden mangels Garantenstellung des V nicht.[784] Es liege weder eine Garantenstellung aus Gesetz noch aus tatsächlicher Übernahme vor. Der Räumungsauftrag erreiche nicht die Schwere von einem besonderen Vertrauensverhältnis als Garantenstellung. Die Garantenstellung der Ingerenz scheide mangels objektiv, pflichtwidrigem Vorverhalten aus. Die fehlende Meldung des Fundes der Gaspistole eigne sich nicht hierfür, da die Gaspistole nicht mehr gefährlich und die allgemeine Gefahr des Fundes weiterer Waffen für sich allein zu keiner konkreten Gefahrenlage eines nahen Erfolgseintritts führen würde.[785] Die Weiterverfolgung der Räumung sei nicht pflichtwidrig, da V aufgrund des Räumungstitels hierzu berechtigt gewesen ist. Das Öffnen der Tür sei nicht pflichtwidrig gewesen, weil V wegen der erheblichen Gefahr für sein eigenes Leben und mangels anderer Fluchtmöglichkeiten ein Verweilen im Haus nicht zumutbar gewesen wäre.[786] Eine Warnung des G scheide als Anknüpfungspunkt aus, da sich aufgrund der Unberechenbarkeit des S in Paniksituationen die Gefahr für V weiter steigern könnte, wenn S den G als weitere Möglichkeit zur Erzwingung der Beendigung der Räumung verliere.[787]

Das *LG Wuppertal* nennt im Rahmen der Schutzgesetze des § 823 Abs. 2 BGB nur die vorsätzliche und fahrlässige Körperverletzung durch Unterlassen gem. §§ 223 Abs. 1, 229, 13 Abs. 1 StGB, aber gerade nicht § 323c Abs. 1 StGB.[788]

IX) OLG Düsseldorf *vom 17. August 2011*

Das *OLG Düsseldorf* als Berufungsinstanz hat in seinem Urteil vom 17. August 2011[789] das Urteil des *LG Wuppertal* teilweise aufgehoben und V als Gesamtschuldner zur Zahlung von 10.000 € Schmerzensgeld verurteilt. Der Senat hat – wie die Vorinstanz – alle Ansprüche, die eine Garantenstellung voraussetzen, mit der gleichen Begründung abgelehnt.[790] Zudem scheide

784 *LG Wuppertal*, Urt. v. 25.01.2011, 5 O 67/10, juris, Rn. 18 – 20.
785 *LG Wuppertal*, Urt. v. 25.01.2011, 5 O 67/10, juris, Rn. 24.
786 *LG Wuppertal*, Urt. v. 25.01.2011, 5 O 67/10, juris, Rn. 30f.
787 *LG Wuppertal*, Urt. v. 25.01.2011, 5 O 67/10, juris, Rn. 34.
788 *LG Wuppertal*, Urt. v. 25.01.2011, 5 O 67/10, juris, Rn. 18.
789 *OLG Düsseldorf*, Urt. v. 17.08.2011, I-19 U 6/11, juris.
790 *OLG Düsseldorf*, Urt. v. 17.08.2011, I-19 U 6/11, juris, Rn. 21.

§ 280 Abs. 1 BGB als Anspruchsgrundlage aus, da der Räumungsauftrag kein privatrechtliches Schuldverhältnis sei.[791] Der Anspruch ergebe sich aber aus §§ 823 Abs. 2 BGB i.V.m. 323c Abs. 1 StGB. Die Schutzgesetzeigenschaft hat der *19. Senat des OLG Düsseldorf* unter wörtlichem Verweis auf die Argumentation des *14. Senats des OLG Düsseldorf* im Urteil vom 27. Juli 2004[792] bejaht.[793] Weitere Argumente führt das Gericht nicht an.

Die Voraussetzungen des § 323c Abs. 1 StGB lägen vor. Die Bedrohung mit der Waffe stelle einen Unglücksfall dar, weil dieser auch unmittelbar bevorstehende Straftaten gegen Leib und Leben erfasse. Die Hilfeleistung sei in dem Abbruch der Räumung entweder telefonisch nach dem Zeigen der Waffe oder spätestens gegenüber S vor dem Öffnen der Tür zu sehen. Die Hilfe sei erforderlich gewesen, weil ein verständiger Beobachter die Gefahr eines möglichen Waffeneinsatzes gegenüber Dritten aufgrund der bedrohlichen Ausnahmesituation des S vorhergesehen hätte. Die Hilfeleistung sei objektiv möglich und dem V zumutbar gewesen. Bei Letzterem überwiege im Rahmen einer Interessenabwägung der Schutz von Leben dem Interesse am umgehenden Weiterbetreiben der Räumung. V habe Vorsatz hinsichtlich des objektiven Tatbestands des § 323c Abs. 1 StGB, indem er die Gefahr von Ausschreitungen des S in Paniksituation gewusst und dennoch die Räumung weiterbetrieben sowie die Erforderlichkeit der Hilfeleistung in Form der Warnung des G erkannt habe.

Das *OLG Düsseldorf* hat das Schmerzensgeld nach § 253 Abs. 2 BGB niedriger als bei S angesetzt, da im Rahmen der Ausgleichsfunktion der Tatbeitrag der unterlassenen Hilfeleistung geringer als der des Schützen als Haupttäter zu werten sei.

X) BGH *vom 14. Mai 2013*

Der *BGH* hat die Berufungsinstanz in seinem Urteil vom 14. Mai 2013 bestätigt.[794] Für die Begründung der Schutzgesetzeigenschaft des § 323c Abs. 1 StGB hat er auf die bisherigen Argumente zurückgegriffen.[795] Ferner hat er gegen das Argument eingewendet, dass der Hilfe Unterlassende nicht einem aktiv handelnden Täter gleichzustellen sei, dass der Hilfe Unterlassende selbst Täter des § 323c Abs. 1 StGB sei.[796]

---

791 *OLG Düsseldorf*, Urt. v. 17.08.2011, I-19 U 6/11, juris, Rn. 22.
792 *OLG Düsseldorf*, Urt. v. 27.07.2004, I-14 U 24/04, NJW 2004, 3640 (3640f.).
793 *OLG Düsseldorf*, Urt. v. 17.08.2011, I-19 U 6/11, juris, Rn. 34 – 37.
794 *BGH*, Urt. v. 14.05.2013, VI ZR 255/11, BGHZ 197, 225 (227).
795 *BGH*, Urt. v. 14.05.2013, VI ZR 255/11, BGHZ 197, 225 (227 – 229).
796 *BGH*, Urt. v. 14.05.2013, VI ZR 255/11, BGHZ 197, 225 (229).

XI) *Weitere Entscheidungen nach dem Urteil des* BGH *vom 14. Mai 2013*

Das *OLG Koblenz* hat in seinem Hinweisbeschluss vom 14. März 2014 die Schutzgesetzeigenschaft ohne Begründung oder Verweis auf die bisherige Rechtsprechung bejaht, den Anspruch aber mangels Vorliegens der subjektiven Tatbestandsseite im konkreten Fall abgelehnt.[797] Das *OLG Köln* hat eine Haftung aus §§ 823 Abs. 2 BGB i.V.m. 323c Abs. 1 StGB ohne weitere rechtliche Ausführungen zur Schutzgesetzeigenschaft oder unter Verweis auf die bisherige Rechtsprechung in Betracht gezogen, ihn aber mangels Vorliegens eines Unglücksfalls abgelehnt.[798]

B) Literatur

I) *Verneinende Ansicht*

Ein Teil der Literatur[799] lehnt die Haftung aus §§ 823 Abs. 2 BGB i.V.m. 323c Abs. 1 StGB im Wesentlichen mit vier Aspekten, den geschützten Rechtsgütern, der Reichweite der Haftung, Billigkeitserwägungen und der Vereinbarkeit mit dem Gesamtsystem ab.

II) *Bejahende Ansicht*

Der andere Teil der Literatur[800] bejaht eine Haftung aus §§ 823 Abs. 2 BGB i.V.m. 323c Abs. 1 StGB, indem einerseits die Voraussetzung des Schutzgesetzes

---

797 *OLG Koblenz*, Beschl. v. 14.03.2014, 5 U 9/14, MDR 2014, 528 (528f.).

798 *OLG Köln*, Urt. v. 25.03.2015, 5 U 100/14, juris, Rn. 28.

799 BeckOK-BGB[37. Edition]/*Spindler*, § 823 BGB, Rn. 178, während er die Schutzgesetzeigenschaft in Anbetracht der Entscheidung des *BGH* im BeckOGK-BGB/*Spindler*, § 823 BGB, Rn. 285 inzwischen bejaht; NK-BGB/*Katzenmeier*, § 823 BGB, Rn. 548; Jauernig/Teichmann, § 823 BGB, Rn. 44; MüKo-BGB/*Wagner*, § 823 BGB, Rn. 416f.; RGRK[12]/*Steffen*, § 823 BGB, Rn. 546; Staudinger[1986]/*Schäfer*, § 823 BGB, Rn. 298, 591; *Kreuzer*, S. 33; *Deutsch*, AcP 165 (1965), S. 193 (202); *Dütz*, NJW 1970, S. 1822 (1824f.); *Eberl-Borges*, LMK 2015, 367537; *Loyal*, JZ 2014, S. 306 (306 – 309); *Pawlik*, GA 1995, S. 360 (365 Fn. 24); *Ulmer*, JZ 1969, S. 163 (165 Fn. 29); *Welzel*, NJW 1953, S. 327 (328 Fn. 2); *Buck-Heeb*, Rn. 232; *Esser/E. Schmidt*, S. 61f.; *Kötz/Wagner*, Rn. 229; *Welzel*, S. 470.

800 AnwaltKomm/*Conen*, § 323c StGB, Rn. 14; BeckOGK-BGB/*Spindler*, § 823 BGB, Rn. 285; BeckOGK-BGB/*Lakkis*, § 904 BGB, Rn. 73; BeckOK-BGB/*Förster*, § 823 BGB, Rn. 290; Erman[7.]/*Drees*, § 823 BGB, Rn. 132; Erman[14.]/*Schiemann*, § 823 BGB, Rn. 160; Erman[15.]/*Willhelmi*, § 823 BGB, Rn. 160; *Fischer*, § 323c StGB, Rn. 2; Filthaut/Piontek/Kayser/*Kayser*, § 12, Rn. 91; Hk-BGB/*Staudinger*, § 823 BGB, Rn. 156; jurisPK-BGB/

begründet und andererseits versucht wird, die Argumente der ablehnenden Ansicht zu entkräften.

C) Die einzelnen Argumente

I) Ausschließlicher Schutz der Allgemeinheit durch § 323c Abs. 1 StGB

Als zentrales Argument der verneinenden Ansicht wird vorgebracht, dass § 323c Abs. 1 StGB nicht die Rechtsgüter des Einzelnen, sondern die der Allgemeinheit schützt. Dadurch stelle § 323c Abs. 1 StGB kein den Schutz eines anderen bezweckendes Gesetz dar. Die Rechtsgüter des Hilfsbedürftigen schütze die Norm nur mittelbar bzw. als Rechtsreflex, welches für die Annahme eines Schutzgesetzes nicht genüge.[801] Der Hilfsbedürftige sei lediglich „Teil des Publikums“[802], also Teil der Bevölkerung, der von den geschützten Allgemeingütern durch die Hilfe in der Not profitiere, ohne jedoch Berechtigter bzgl. der in der Situation konkret verletzten Rechtsgüter zu sein.[803]

Die einzelnen Vertreter nehmen dabei unterschiedliche Allgemeingüter an, welche zunächst dargestellt werden. Anschließend wird der Wandel der Rechtsprechung kurz aufgezeigt.

Hans, § 823 Abs. 2 BGB, Rn. 25; jurisPK-Straßenverkehrsrecht/*Grube*, § 323c StGB, Rn. 14; Lackner/Kühl/*Kühl*, § 323c StGB, Rn. 1; LK[11.]/*Spendel*, § 323c StGB, Rn. 192 – 195.; MüKo-BGB[3.]/*Mertens*, § 823 BGB, Rn. 366; MüKo-StGB/*Freund*, § 323c StGB, Rn. 4 Fn. 7, 12; NK-GVR/*Pardey*, § 823 BGB, Rn. 58; NK-StGB/*Gaede*, § 323c StGB, Rn. 2; Palandt/*Sprau*, § 823 BGB, Rn. 70; PWW/*Schaub*, § 823 BGB, Rn. 238; RGRK[11.]/*K. Haager*, § 826 BGB, Rn. 8; Spickhoff/*Schuhr*, § 323c StGB, Rn. 58; Soergel[12.]/*Zeuner*, § 823 BGB, Rn. 158, 298; Soergel[13.]/*Spickhoff*, § 823 BGB, Rn. 115; *Brox/Walker*, SchuldR BT, § 46, Rn. 5; *Brüggemeier*, Haftungsrecht, S. 250; Geigel/*Freymann*, Kapitel 15, Rn. 5; *Geiß/Greiner*, Kapitel A, Rn. 57; Laufs/Kern/Rehborn/*Ulsenheimer*, § 151, Rn. 6; *Ludovisy/Eggert/Burhoff*, Rn. 204; *Larenz/Canaris*, Schuldrecht II/2, S. 441; *Looschelders*, BT, § 64, Rn. 5; *Schellhammer*, Rn. 1054; Ulsenheimer/*Biermann*, Rn. 620; *Wandt*, § 17, Rn. 7 Fn. 12; *Fitz*, S. 119; *Fraenkel*, S. 284; *Killinger*, S. 82f.; *Canaris*, in: FS Larenz, S. 27 (57); *Mertens*, AcP 178 (1978), S. 227 (247); *Tilmann*, ZHR 141 (1977), S. 32 (77f.); *Weimar*, DR 1937, S. 77; *ders.*, JR 1975, S. 145 (146).

801 Staudinger[1986]/*Schäfer*, § 823 BGB, Rn. 591; *Dütz*, NJW 1970, S. 1822 (1825); *Welzel*, NJW 1953, S. 327 (328 Fn. 2); *Welzel*, S. 470; a.A.: *Loyal*, JZ 2014, S. 306 (307), der als Schutzobjekt die Rechtsgüter der Hilfsbedürftigen bejaht, aber die Haftung aus den anderen Gründen ablehnt.

802 *Welzel*, S. 470.

803 *Welzel*, S. 470.

1) Literatur

a) Pflicht zur Nächstenhilfe

Nach einer Literaturansicht[804] ist das Rechtsgut des § 323c Abs. 1 StGB die Pflicht zur Nächstenhilfe.

b) Öffentliche Sicherheit

Nach *Welzel* ist das Rechtsgut des § 323c Abs. 1 StGB kein Individualrechtsgut, sondern „die öffentliche Sicherheit, während der gefährdete Einzelne nur als Teil des Publikums, aber nicht als individuell Berechtigter geschützt wird."[805] Mit dieser Ansicht hat *Welzel*[806] versucht nachzuweisen, dass der Grundgedanke des § 330c StGB a.F. (1935) kein typisch nationalsozialistisches Gedankengut sei und die Norm im Rahmen der Reform des Strafgesetzbuchs zur Entfernung eben dieses Gedankenguts in geänderter Form bestehen bleiben könne. Dafür spreche, dass § 360 Nr. 10 RStGB und § 330c StGB a.F. (1935) dasselbe Rechtsgut, die öffentliche Sicherheit, schützen. Denn im obrigkeitlichen Staat sei die Polizei allein für die öffentliche Sicherheit verantwortlich, allerdings könne sie diese in Notsituationen aus Kapazitätsgründen nicht immer gewährleisten, so dass sie sich durch § 360 Nr. 10 RStGB zur Aufgabenerfüllung des Bürgers als unselbstständiger Hilfsperson bediene. Der Unterschied zu § 330c StGB a.F. bestehe lediglich darin, dass der Staat einen Teil seiner Aufgabe, die öffentliche Sicherheit zu gewährleisten, in Notsituationen auf den Bürger als selbstständigen Helfer übertrage. Diese Ansicht hält *Welzel* nach der Reform des § 330c StGB a.F. weiterhin aufrecht.[807]

c) Öffentliche Ordnung

Storsberg sieht die öffentliche Ordnung in Form des „ungestörte[n] gesellschaftliche[n] Zusammenlebens aller Staatsbürger"[808] als Rechtsgut an. In einem demokratischen Staat sei jeder für die Bewahrung der öffentlichen Ordnung

---

804 Maurach/Gössel/Zipf/*Gössel*, AT 2⁷·, § 45, Rn. 49, während *Gössel* dies noch in der 7. Aufl. vertritt, nennt er in der 8. Aufl. nur noch das Rechtsgut der humanitären Solidarität: Maurach/Gössel/Zipf/*Gössel*, AT 2⁸·, § 46, Rn. 20, 206; *Hassemer*, S. 81f.

805 *Welzel*, S. 470.

806 Erstmals in: *Welzel*, NJW 1953, S. 327 (328) Fn. 2, wobei er hier noch vom öffentlichen Wohl spricht, allerdings die später genannte öffentliche Sicherheit meint. Hierzu ausführlich *Frellesen*, S. 137f.

807 *Welzel*, S. 470

808 *Storsberg*, S. 101.

verantwortlich, so dass jeder bei einem Unglücksfall, der die „empfindliche Mechanik des gesellschaftlichen Zusammenlebens“[809] störe, helfen müsse, um die Störung zu beseitigen. Individualrechtsgüter schütze die Norm aus folgender Erwägung nicht: Echte Unterlassungsdelikte seien die Umkehrung von Begehungsdelikten, bei denen die gebotene Handlung das geschützte Rechtsgut erkennen lassen müsse. Sofern ein Individualrechtsgut das Schutzgut des § 323c Abs. 1 StGB wäre, „so müsste strafrechtlich die Verletzung der Hilfeleistungspflicht gleichzeitig ein dem gefährdeten Rechtsgut entsprechendes Begehungsdelikt darstellen, während zivilrechtlich der Pflicht zur Hilfeleistung ein Recht auf Hilfeleistung seitens des Hilfsbedürftigen gegenüberstehen müsste“[810], welches beides nicht der Fall sei.

d) Humanitäre Solidarität

Nach *Maurach*[811] folgt die Pflicht zur Nächstenhilfe daraus, dass die Menschen zusammenleben und somit gegenseitig aufeinander angewiesen sind. § 323c Abs. 1 StGB normiere diese Pflicht und schütze als Rechtsgut die humanitäre Solidarität.

Otto[812] setzt für eine Gesellschaft in Form des sozialen Zusammenlebens ein Mindestmaß an Solidarität zwischen den Mitgliedern der Gesellschaft voraus. Das Mindestmaß erfordere eine Hilfeleistung in Notsituationen, auf dessen Erfüllung der Einzelne und die Gemeinschaft vertrauen können. Daher sei das Rechtsgut das Vertrauen in die humanitäre Solidarität.

Vermander[813] sieht das Rechtsgut ebenso in der humanitären Solidarität. Diese gelte jedoch nicht grenzenlos, sondern sei auf den Schutz von Rechtsgütern, die sich aus der Menschenwürde als oberstem Gut ableiten lassen und deren Verletzung vom Wortsinn her als Unglücksfall, gemeiner Gefahr oder Not, vorstellbar sei, zu beschränken. Damit umfasse die Solidarität den Schutz des Lebens, der körperlichen Unversehrtheit, der sexuellen Integrität sowie der Bewegungsfreiheit.

---

809 *Storsberg*, S. 101.

810 *Storsberg*, S. 100.

811 *Maurach*, BT, § 51, S. 365.

812 *Otto*, § 67, Rn. 1.

813 *Vermander*, S. 20 – 27.

e) *Soziale Stabilisierung*

Nach *Pawlik*[814] hat der Staat die Pflicht, seine Bürger vor Gefahren zu schützen. Diesen Schutz könne der Staat aber aus Kapazitätsgründen in Notsituationen alleine nicht gewährleisten, so dass er sich seiner Bürger als Verwaltungshelfer bedienen müsse. Daher begründe er mit § 323c Abs. 1 StGB eine zusätzliche Zuständigkeit der Bürger in Notsituationen und verhindere damit eine soziale Destabilisierung der Gesellschaft. § 323c Abs. 1 StGB bezwecke nicht den Rechtsgüterschutz des Hilfsbedürftigen, sondern ermögliche dem Staat seinen Schutzauftrag zu erfüllen. Das Rechtsgut sei daher die soziale Stabilisierung.

f) *Schutz der Individualrechtsgüter des Hilfsbedürftigen*

Die herrschende Meinung nimmt demgegenüber an, dass § 323c Abs. 1 StGB kein Allgemeinrechtsgut, sondern die Individualrechtsgüter des Hilfsbedürftigen schützt.[815]

2) *Rechtsprechungsentwicklung*

Der Wandel der Rechtsprechung vom Individualrechtsgüterschutz hin zum Schutz von Allgemeinrechtsgütern und wieder zurück zeigt sich im Rahmen der chronologischen Darstellung am Deutlichsten. Nach dem *RG*[816] in einer vereinzelt gebliebenen Entscheidung sind die geschützten Rechtsgüter des § 330c StGB a.F. Leib, Leben und Eigentum des Hilfsbedürftigen. Demgegenüber hat die Rechtsprechung in den 50er Jahren zum Schutz der Allgemeingüter tendiert, wenn das *OLG Frankfurt am Main* als Rechtsgut das „allgemeine Sittlichkeitsempfinden"[817] angeführt sowie der *BGH* es in „dem allgemeinen Interesse [...], daß bei Unglücksfällen geholfen wird"[818] gesehen und den Schutz der Individualrechtsgüter des Hilfsbedürftigen unter Verweis auf *Welzel*[819] abgelehnt

---

814 *Pawlik*, GA 1995, S. 360 (363 – 366).

815 Lackner/Kühl/*Kühl*, § 323c StGB, Rn. 1; MüKo-StGB/*Freund*, § 323c StGB, Rn. 4; NK-StGB/*Gaede*, § 323c StGB, Rn. 2; Schönke/Schröder, § 323c StGB, Rn. 1; SK-StGB/*Stein*, § 323c StGB, Rn. 2; Arzt/Weber/Heinrich/Hilgendorf/*Hilgendorf*, § 39, Rn. 3; *Kindhäuser*, BT I, § 72, Rn. 1; Maurach/Schroeder/ Maiwald/*Schroeder*, BT 2, § 55, Rn. 3; *Rengier*, BT II, § 42, Rn. 1; *Wessels/Hettinger/Engländer*, BT 1, Rn. 1154; *Kahlo*, S. 325; *Geppert*, Jura 2005, S. 39 (40).

816 *RG*, Urt. v. 05.09.1939, 5 D 363/40, DR 1940, 2063.

817 *OLG Frankfurt am Main*, Urt. v. 02.10.1957, 2 Ss 815/57, NJW 1957, 1847 (1848).

818 *BGH*, Urt. v. 12.06.1959, 5 Str 163/59, JurionRS 1959, 15185, Rn. 15.

819 *Welzel*, S. 470.

hat.[820] In den 70er Jahren ist das *OLG Nürnberg*[821] dem *BGH* mit denselben Argumenten gefolgt.

In den 80er und 90er Jahren hat Uneinigkeit zwischen den Oberlandesgerichten geherrscht. Dies hat mit dem Beschluss des *OLG Celle* begonnen, wonach das Rechtsgut des § 323c Abs. 1 StGB „nicht die humanitäre Solidarität oder öffentliche Sicherheit [sei], sondern das durch einen Unglücksfall gefährdete Individualrechtsgut des in Not Geratenen“[822], wozu „Leben, Gesundheit, Freiheit, Eigentum etc.“[823] gehören. Demgegenüber ist das *OLG Frankfurt am Main* den obigen Erwägungen des *BGH* gefolgt und hat den Schutz der Individualrechtsgüter des Einzelnen als Rechtsreflex abgelehnt.[824] Das *OLG Düsseldorf*[825] hat dagegen dem *OLG Celle* zugestimmt.

Der *5. Senat des BGH*[826] hat 2001 seine frühere Ansicht zum Rechtsgut auf Anfrage des *4. Senats des BGH*[827] aufgegeben. Der *BGH* vertritt seitdem, dass zu den Rechtsgütern zumindest auch „die bei einem Unglücksfall gefährdeten Individualrechtsgüter des in Not Geratenen“[828] zählen und schließt sich damit der Ansicht des *OLG Celle* an. Die zivilrechtliche Rechtsprechung[829] folgt zur Frage des Schutzgesetzes des § 323c Abs. 1 StGB der Ansicht des *BGH* zum Rechtsgut. Ebenso teilt das *BSG*[830] diese Ansicht, als es gem. § 2 Abs. 1 Nr. 13 lit. a SGB VII über die Anerkennung des Unfallversicherungsschutzes eines Helfers bei einem Unglücksfall nach § 323c Abs. 1 StGB entschieden hat.

---

820 *BGH*, Urt. v. 12.06.1959, 5 Str 163/59, JurionRS 1959, 15185, Rn. 15.

821 *OLG Nürnberg*, Beschl. v. 25.03.1971, Ws 105/71, AnwBl 1971, 183.

822 *OLG Celle*, Beschl. v. 26.04.1988, 3 Ws 103/88, NStZ 1988, 568.

823 *OLG Celle*, Beschl. v. 26.04.1988, 3 Ws 103/88, NStZ 1988, 568.

824 *OLG Frankfurt am Main*, Urt. v. 27.10.1988, NJW-RR 1989, 474 (475).

825 *OLG Düsseldorf*, Beschl. v. 23.04.1992, 1 Ws 244/92, NJW 1992, 2370 (2371).

826 *BGH*, Beschl. v. 13.12.2001, 5 Ars 36/01, nicht veröffentlicht, vgl. *BGH*, Beschl. v. 22.01.2002, 4 StR 292/01, NJW 2002, 1356 (1357).

827 *BGH*, Beschl. v. 20.11.2001, 4 StR 392/01, nicht veröffentlicht; vgl. *BGH*, Beschl. v. 22.01.2002, 4 StR 292/01, NJW 2002, 1356 (1357).

828 *BGH*, Beschl. v. 22.01.2002, 4 StR 392/01, NJW 2002, 1356 (1357).

829 *OLG Düsseldorf*, Urt. v. 27.07.2004, I-14 U 24/04, NJW 2004, 3640 (3640f.); *OLG Düsseldorf*, Urt. v. 17.08.2011, 19 U 6/11, juris, Rn. 34; *BGH*, Urt. v. 14.05.2013, VI ZR 255/11, BGHZ 197, 225 (228f.).

830 *BSG*, Urt. v. 15.06.2010, B 2 U 12/09 R, NZA-RR 2011, 201 (202).

3) Stellungnahme

Der Strafgrund des § 323c Abs. 1 StGB ist laut Gesetzgeber „die Versäumung einer wirklichen Chance zur Schadensabwehr“[831], also gerade die Möglichkeit der Vermeidung von Schäden des Einzelnen durch eine Nothilfepflicht. Die rechtliche Normierung dieser Pflicht lässt sich durch „die wechselseitige Abhängigkeit aller Staatsbürger untereinander und den Gedanken der sozialen Verantwortung des einzelnen gegenüber der Gesellschaft“[832] rechtfertigen. Insofern beschreibt die Literaturansicht[833] mit der Pflicht zur Nächstenliebe statt des Rechtsguts nur zutreffend den Strafgrund, verwechselt also das Rechtsgut mit dem Strafgrund.[834] Derselbe Vorwurf trifft die Literaturansicht[835], welche die humanitäre Solidarität als Rechtsgut des § 323c Abs. 1 StGB ansieht, da die Ansicht nur den Strafanlass aufzeigt.[836] Dem Begriff der „humanitären Solidarität“ ist ferner entgegenzuhalten, dass er sehr vage und damit wenig geeignet ist, den Tatbestand mithilfe des Rechtsguts einzugrenzen, und dadurch dem Rechtsgutsbegriff seine Funktion raubt.[837] *Vermanders*[838] Eingrenzung der humanitären Solidarität, die einzelnen Rechtsgütern zugutekommt, stellt letztlich nur eine Umschreibung der geschützten Individualrechtsgüter dar und hat darüber hinaus keine eigenständige Bedeutung.[839] Letztlich sind die unter 1), S. 237, dargestellten Literaturansichten, nach denen das Rechtsgut des § 323c Abs. 1 StGB

---

831 *BT*-Drucks. 1/3713, S. 44.

832 *BT*-Drucks. 1/3713, S. 44.

833 Maurach/Gössel/Zipf/*Gössel*, AT 2[7.], § 45, Rn. 49; *Hassemer*, S. 81f.

834 *Haubrich*, S. 243.

835 *Maurach*, BT, § 51, S. 365; *Otto*, § 67, Rn. 1; *Vermander*, S. 20 – 27.

836 *Kahlo*, S. 324f.; *Kreuzer*, S. 29; *Schöne*, S. 45. *Kahlo*, S. 318f. kritisiert darüber hinaus, dass es widersprüchlich sei, wenn die öffentliche Ordnung als Beachtung der ungeschriebenen Sozialnormen durch ein im Strafgesetz schriftlich fixiertes Rechtsgebot geschützt werden soll. Dem ist zuzustimmen. Ferner könne eine Störung der öffentlichen Ordnung nur durch menschliches Verhalten geschehen, wodurch § 323c Abs. 1 StGB durch die Natur verursachte Unglücksfälle, gemeine Gefahr und Not nicht erfassen würde. Hierbei übersieht *Kahlo*, dass die Störung der öffentlichen Ordnung nicht durch das Vorliegen des Unglücksfalls geschieht, sondern durch das menschliche Verhalten der Nichthilfe des Hilfe Unterlassenden, der hiermit gegen die moralische Pflicht der Nothilfe verstößt. Die Störung der öffentlichen Ordnung besteht gerade auch bei Naturkatastrophen, weswegen die öffentliche Ordnung durch die Natur verursachte Notfälle nicht ausschließt.

837 *Kreuzer*, S. 29.

838 *Vermander*, S. 22 – 27.

839 *Schöne*, S. 46.

verschiedene Allgemeingüter sind, inkonsequent, wenn sie dem Hilfsbedürftigen die Möglichkeit gewähren, auf Hilfe zu verzichten, obwohl der Einzelne über Allgemeingüter gar nicht verfügen und damit auf den Schutz durch Hilfe nicht verzichten kann.[840]

Die öffentliche Ordnung ist als Rechtsgut zu unbestimmt und würde in Form des friedlichen Zusammenlebens jede Rechtsnorm erfassen.[841] Entgegen *Storsberg*[842] ist kein Grund ersichtlich, warum für die Annahme des Individualrechtsgüterschutzes bei echten Unterlassungsdelikten sowohl strafrechtlich die Existenz eines entsprechenden Begehungsdelikts als auch zivilrechtlich eines Rechts des Geschädigten auf Hilfeleistung erforderlich sei. Vielmehr ist gerade Kennzeichen der echten Unterlassungsdelikte, dass es kein entsprechendes Delikt durch aktives Tun gibt. Die Konsequenz der Annahme wäre, dass andere echte Unterlassungsdelikte wie Nichtstellung des Insolvenzantrages nach § 15a Abs. 1 und 4 InsO oder die falsche Verwendung von Baugeldern nach §§ 1 Abs. 1, 2 BauFordSiG keine Individualrechtsgüter schützen würden. Denn es existiert kein entsprechendes Begehungsdelikt und zumindest die Geschädigten des § 15a Abs. 1 und 4 InsO haben gegen die Verpflichteten keinen Anspruch auf Antragsstellung. Daneben überrascht die Feststellung *Storsbergs* an anderer Stelle, dass mit der gebotenen Hilfe des echten und unechten Unterlassungsdelikts nach §§ 323c Abs. 1 StGB bzw. 212, 13 StGB dasselbe Ziel verfolgt wird, „nämlich die Abwendung eines drohenden schädlichen Erfolgs."[843] Dieser Aspekt verdeutlicht gerade den Individualrechtsgüterschutz.

Beim Rechtsgut der öffentlichen Sicherheit im polizeirechtlichen Sinne ist unklar, worin der Schutz des § 323c Abs. 1 StGB bestehen soll, welches durch eine nähere Betrachtung der Definition deutlich wird. Die öffentliche Sicherheit umfasst nach § 2 Nr. 2 BremPolG die Unverletzlichkeit der Rechtsordnung, der subjektiven Rechte und Rechtsgüter des einzelnen sowie die Einrichtungen und Veranstaltungen des Staates oder sonstiger Träger der Hoheitsgewalt. Der Schutz der staatlichen Institutionen würde zu einer nicht gewollten Staatsnothilfe führen.[844] Die subjektiven Rechte und Rechtsgüter gehören als Individualrechtsgüter nach *Welzel*[845] nicht zum geschützten Rechtsgut des § 323c Abs. 1 StGB.

840 SK-StGB/*Stein*, § 323c StGB, Rn. 2.
841 *Kahlo*, S. 316 – 318; *Kreuzer*, S. 27.
842 *Storsberg*, S. 100.
843 *Storsberg*, S. 70.
844 *Frellesen*, S. 138; *Kahlo*, S. 321f.; *Schmitz*, S. 23.
845 *Welzel*, S. 470.

Folglich würde lediglich die Unverletzlichkeit der Rechtsordnung übrigbleiben, womit § 323c Abs. 1 StGB lediglich den Verstoß gegen das Hilfeleistungsgebot, also Ungehorsam an sich, bestraft. Dies lässt sich aber nicht mit dem Strafgrund der verpassten Rettungschance vereinbaren.[846] Werden dagegen die subjektiven Rechte und Rechtsgüter nicht ausgeschlossen, würden sie bei der Definition der öffentlichen Sicherheit als einziges übrigbleiben, welches verdeutlicht, dass § 323c Abs. 1 StGB letztlich doch nur Individualrechtsgüter schützt.[847]

Der sozialen Stabilisierung als Rechtsgut steht entgegen, dass der Staat mit jeder Strafnorm die soziale Stabilität gewährleistet, indem er Ge- und Verbote aufstellt, die den einzelnen vor Schädigungen Dritter schützen sollen und deren zukünftige Einhaltung er mit der Androhung von Strafe zu bewirken versucht.[848] Insofern würde niemand beim Totschlag gem. § 212 Abs. 1 StGB oder der Körperverletzung nach § 223 Abs. 1 StGB annehmen, dass sie nur die Gewährung sozialer Stabilität bezwecken, nicht aber die Rechtsgüter Gesundheit und Leben des individuell Geschädigten schützen sollen. Dasselbe gilt für § 323c Abs. 1 StGB.[849] Das Unvermögen des Staates seinen Bürgern jederzeit selbst mit eigenen Mitteln im Notfall die erforderliche Hilfe zukommen zu lassen, zeigt lediglich das Bedürfnis, auf die Hilfe Dritter zurückzugreifen. Die Rechtfertigung, Dritte zu dieser Hilfe zu verpflichten und damit ihre Handlungsfreiheit einzuschränken, kann sich nur aus dem Schutz der bedrohten Rechtsgüter des Einzelnen ergeben, worin gerade der Nutzen des § 323c Abs. 1 StGB besteht.[850]

Aus den dargestellten Gründen sowie der oben vorgenommenen Auslegung[851] folgt meiner Meinung nach, dass § 323c Abs. 1 StGB kein Allgemeinrechtsgut, sondern die konkret betroffenen Rechtsgüter des Hilfsbedürftigen schützt, namentlich die Rechtsgüter Leben, Gesundheit und bei der gemeinen Gefahr zusätzlich das Eigentum.

II) Reichweite der Haftung

Gegen die Schutzgesetzeigenschaft des § 323c Abs. 1 StGB bringen *Loyal* und *Ulmer*[852] vor, dass die Anerkennung zu einer unüberschaubaren Haftung des

846 *Frellesen*, S. 138.
847 *Schmitz*, S. 24.
848 *Schmitz*, S. 20f.
849 *Schmitz*, S. 20f.
850 MüKo-StGB/*Freund*, § 323c StGB, Rn. 5; *Schmitz*, S. 21.
851 Siehe Kapitel 2) § 1) A) I) 7), S. 40.
852 *Loyal*, JZ 2014, S. 306 (308); *Ulmer*, JZ 1969, S. 163 (165 Fn. 29).

Hilfe Unterlassenden führt, die im Bereich der Unterlassungshaftung bisher durch das Erfordernis der Garantenstellung begrenzt wurde. Dem ist zuzustimmen. Die unüberschaubare Haftung wurde im Rahmen einer abschließenden Gesamtbetrachtung bereits ausführlich in Kapitel 2 dargestellt und diskutiert.

An dieser Stelle soll nur noch einmal die mögliche enorme Schadenshöhe betont werden. Gerade Gesundheitsschäden können schnell zu sehr hohen Behandlungskosten und damit entsprechend hohen Schadensersatzansprüchen führen, wie die zuletzt genannten Entscheidungen des *OLG Koblenz* mit einer beantragten Schadenshöhe von ca. 320.000 €[853] und des *OLG Köln* mit einem Streitwert von ca. 550.000 €[854] zeigen. In beiden Fällen erleiden Säuglinge durch mögliche ärztliche Fehler im Zusammenhang mit der Geburt erhebliche körperliche Schäden. Gegen diese Entscheidungen lässt sich nicht zwingend einwenden, dass die Ärzte entsprechend versichert und insoweit nicht übermäßig belastet sind, denn bei § 323c Abs. 1 StGB als Vorsatzdelikt besteht die Gefahr, dass der Versicherungsschutz entfällt. Die Schadenssumme kann sich zudem schnell vervielfachen, wenn mehrere Hilfsbedürftige betroffen sind, etwa infolge von Naturereignissen wie Waldbränden. Hierbei entstehen schnell hohe Sach-[855] und Personenschäden. Bei Naturereignissen kommt die Besonderheit hinzu, dass der Hilfe Unterlassende die Schäden mangels anderer Schädiger oder etwaigen Mitverschuldens der Hilfsbedürftigen vollständig zu tragen hat.

III) Billigkeitserwägungen

Vertreter der die Schutzgesetzeigenschaft verneinenden Ansicht wenden ein, dass es unbillig ist, wenn der Hilfe Unterlassende genauso haftet wie derjenige, der die Not des Hilfsbedürftigen hervorgerufen hat.[856] Diese Unbilligkeit werde noch verstärkt, wenn der Hilfe Unterlassende am Ende den Schaden faktisch allein tragen muss, sei es, weil der Schädiger unbekannt, insolvent oder sein Schadensbeitrag nicht bewiesen werden könne.[857] Daneben sei es nicht unbillig, wenn der Hilfsbedürftige den Schaden letztlich nach erfolgloser Kompensation selbst tragen müsse und nicht vom Hilfe Unterlassenden ersetzt bekomme,

---

853 *OLG Koblenz*, Beschl. v. 14.03.2014, 5 U 9/14, juris, Rn 2.

854 *OLG Köln*, Urt. v. 25.03.2015, 5 U 100/14, juris, Rn. 48.

855 Sofern diese entgegen der hier vertretenen Ansicht als ersatzfähig angesehen werden.

856 BeckOK-BGB[37. Edition]/*Spindler*, § 823 BGB, Rn. 178; NK-BGB/*Katzenmeier*, § 823 BGB, Rn. 548; RGRK[12]/*Steffen*, § 823 BGB, Rn. 546; Staudinger[1986]/*Schäfer*, § 823 BGB, Rn. 591; *Loyal*, JZ 2014, S. 306 (308); *Ulmer*, JZ 1969, S. 163 (165 Fn. 29).

857 *Loyal*, JZ 2014, S. 306 (308); *Ulmer*, JZ 1969, S. 163 (165 Fn. 29).

denn der Schaden wäre ohne die Anwesenheit des Hilfe Unterlassenden genauso eingetreten.[858]

Den Billigkeitserwägungen ist zuzustimmen. Ihnen liegt der zutreffende Gedanke zugrunde, dass eine allgemeine Schadensabwendungspflicht abzulehnen und dem BGB fremd ist. Durch die Gleichstellung der Jedermannspflicht des § 323c Abs. 1 StGB mit einer Pflicht des Sonderverantwortlichen würde eine allgemeine Schadensabwendungspflicht aber teilweise eingeführt. Dabei ist es nicht die Aufgabe des Deliktsrechts jeden Schaden des Geschädigten auf andere zu verteilen, um diesen zu entlasten, welches wiederum nur um den Preis der Belastung der anderen möglich ist. Vielmehr ist die Umverteilung nur durchzuführen, sofern den anderen eine Sonderverantwortlichkeit für die Gefahr oder das Rechtsgut trifft. Ansonsten würde jeder einzelne die Profite seiner Handlungen als Ausdruck seiner Freiheit kassieren, ohne die damit eingegangenen Risiken tragen zu müssen, die das Deliktsrecht im Falle des Schadens soweit möglich sozialisiert. Schäden als Folge von selbst eingegangenen Risiken, Naturgewalten oder Straftaten Dritter[859] zählen vielmehr zum allgemeinen Lebensrisiko und sind vom Rechtsgutsträger selbst zu tragen. Im Übrigen ist der Geschädigte in anderer Weise nicht übermäßig getroffen, indem die Schäden durch die Sozialsysteme aufgefangen und damit in anderer Weise zu Recht sozialisiert sind. Lediglich die Schmerzensgeldansprüche sind nicht umfasst. Sofern diese bei vorsätzlichen Schädigungen von so großer Bedeutung sind, müsste der Gesetzgeber überlegen, ob er nicht nur seine Bediensteten hiervor schützt, sondern eine entsprechende Norm für alle seine Staatsbürger schafft.

Spendel[860] führt gegen das Argument, dass es unbillig sei, den Hilfe Unterlassenden mit dem Urheber der Not haftungsrechtlich gleichzustellen, das folgende Beispiel an: Ein Schiffsführer fährt sein Schiff mit 18 Passagieren im Rhein fahrlässig gegen einen Felsen, wodurch das Schiff untergeht und die Passagiere zu ertrinken drohen. Ein Polizist fordert einen anderen Schiffer zur Herausgabe seines Schiffes auf, um die Passagiere zu retten. Dies lehnt der andere ab, weswegen alle Passagiere ertrinken.[861] Das Beispiel zeige, dass den Schiffer, der vorsätzlich seiner Hilfspflicht aus § 323c Abs. 1 StGB nicht nachgekommen sei, eine höhere

858 *Loyal*, JZ 2014, S. 306 (308).

859 Natürlich nicht gegenüber dem Dritten, welcher die Verletzung verursacht hat.

860 LK/*Spendel*, § 323c StGB, Rn. 194.

861 LK/*Spendel*, § 323c StGB, Rn. 17, 194, in Anlehnung an *OLG Darmstadt*, Urt. v. 28.12.1900, 43/00, DJZ 1901, 512 rechte Spalte.

Schuld treffe als den Schiffsführer, der nur fahrlässig den Felsen übersehen und dadurch den Tod der Passagiere verursacht habe.[862]

Auf den ersten Blick erscheint die Schuld des vorsätzlich Hilfe Unterlassenden, der so leicht ohne eigene Gefahren helfen könnte, gegenüber dem Schiffsführer, der nur fahrlässig den Felsen übersehen hat, in der Tat größer, jedoch ändert sich dies schnell bei einer näheren Betrachtung des Schiffsführers. Der Schiffsführer übernimmt die Verantwortung für 18 Menschenleben, indem er sie auf das Schiff lässt und mit der Fahrt über den Rhein in einen Gefahrenbereich bringt, aus dem sich die Passagiere im Ernstfall selbst nicht befreien können. Schiffsunfälle sind auch zur damaligen Zeit (vor 1900) nicht die große Ausnahme, so dass sich die Frage aufdrängt, warum für den Notfall nicht vorgesorgt worden ist, indem die Passagiere Rettungswesten tragen müssen oder das Schiff über Rettungsboote oder andere Hilfsmittel zum Überleben im Wasser verfügen muss. Der Schiffsführer, der in Kenntnis der Möglichkeit eines Unfalls sowie dem Wissen, dass in diesem Fall die Passagiere mangels entsprechender Sicherheitsvorkehrungen womöglich nicht überleben, die Passagiere dennoch befördert, nimmt deren Tod billigend in Kauf. Zudem enthält das Urteil zum Verhalten des Schiffsführers nach der Kollision keine näheren Angaben, so dass unklar ist, ob ihm insoweit ein weiterer Vorwurf gemacht werden kann. Daneben kann es bei dem Vergleich auf die Anzahl der Toten in diesem Fall nicht ankommen, weil beide durch ihr Verhalten zum Tod der gleichen Zahl von Passagieren beigetragen haben. Werden diese Aspekte nun bei der Abwägung berücksichtigt, ist die Schuld des Schiffsführers wiederum deutlich höher.

Daneben spricht nach *Tilmann* gegen die Unbilligkeit der Gleichstellung, dass das „Alles-oder-Nichts-Prinzip" der deliktischen Haftung durch eine angemessene Beteiligung des Hilfe Unterlassenden am Schaden abgemildert werden kann und dadurch billig ist.[863] Hierfür eigne sich eine analoge Anwendung des § 254 BGB, wodurch der Schaden auf den Geschädigten und den Hilfe Unterlassenden verteilt werden könne.[864] *Killinger*[865] sieht die angemessene Beteiligung, die den Hilfe Unterlassenden nicht über die Maßen haften lässt, einerseits in der haftungsausfüllenden Kausalität, wonach jede Schadensposition einzeln dem Gesetzesverstoß zugerechnet werden müsse und andererseits in der Möglichkeit des Regresses gegenüber dem Urheber der Not nach §§ 840, 426 BGB. Beim

862 LK/*Spendel*, § 323c StGB, Rn. 194.
863 *Tilmann*, ZHR 141 (1977), S. 32 (77f.).
864 *Tilmann*, ZHR 141 (1977), S. 32 (77f. Fn. 201).
865 *Killinger*, S. 83.

Regress könne über § 254 BGB analog unter Berücksichtigung der Umstände des Einzelfalls ein angemessenes Ergebnis gefunden werden. Dem hält *Loyal* entgegen, dass ein möglicher Regress für die Haftung selbst kein Argument ist.[866]

Die Vorschläge von *Tilmann* und *Killinger* übersehen, dass die Gleichstellung im Zivil- und Strafrecht auf Rechtsfolgenebene geschieht. Der Täter eines unechten Unterlassungsdelikts wird nach § 13 Abs. 1 StGB wie der Begehungstäter bestraft, während der Täter einer unterlassenen Hilfeleistung nach § 323c Abs. 1 StGB deutlich milder sanktioniert wird. Im Zivilrecht haftet der Hilfe Unterlassende aus derselben Norm wie der Tuende für den zurechenbaren Schaden grundsätzlich[867] in voller Höhe gegenüber dem Geschädigten,[868] jedoch kann sich die dauerhafte Belastung des Hilfe Unterlassenden durch ein Mitverschulden des Geschädigten oder einen Regress mildern oder durch strengere Folgen bei vorsätzlichen unerlaubten Handlungen verschärfen.

Das Abstellen auf das Mitverschulden versagt jedoch, wenn der Schaden durch ein Naturereignis verursacht wurde und den Hilfsbedürftigen insoweit kein Verschulden gegen sich selbst trifft sowie bei Schädigungen durch Dritte. Im letzten Fall besteht zwar die Möglichkeit des Regresses, jedoch sollten für eine umfassende Abwägung, ob die Rechtsfolgen eines Schadensersatzanspruchs des Hilfe Unterlassenden deutlich milder als diejenigen des Tuenden sind, die Erfolgsaussichten eines Regresses insbesondere bei den durchaus hohen Schadenssummen nicht außer Betracht bleiben. Die Kausalität schließt wie bei jedem Schadensersatzanspruch zwar diejenigen Schäden aus, die der Schädiger nicht verhindern kann. Jedoch führen nicht diese Schäden zur hier beklagten übermäßigen Haftung, zumal selbst eine Haftung aus einer allgemeinen Schadensabwendungspflicht diese nicht erfassen würde, sondern die Summe der in Notfällen abwendbaren Schäden durch den Hilfe Unterlassenden. Insbesondere im Falle der typischen Hilfeleistung, der Alarmierung von Polizei, Feuerwehr oder Rettungswagen, schließt die Kausalität nur eine geringe Zahl an Schäden aus, wodurch der Schadensumfang erheblich bleibt. Auf der anderen Seite treffen den Hilfe Unterlassenden gerade die Verschärfungen der vorsätzlichen unerlaubten Handlung, wodurch von einer angemessenen Beteiligung und einem angemessenen Ergebnis nicht mehr die Rede sein kann.

---

866 *Loyal*, JZ 2014, S. 306 (308).

867 Ein Mitverschulden führt beim Hilfe Unterlassenden und Tuenden zur Verringerung des zu zahlenden Schadensersatzes.

868 Beim Schmerzensgeld nach § 253 Abs. 2 BGB kann es zu Abweichungen kommen.

IV) Durchbrechung des Gesamtsystems der Unterlassenshaftung

Wagner befürchtet, dass durch die Anerkennung von § 323c Abs. 1 StGB als Schutzgesetz die „Differenzierungen der Unterlassensdogmatik und der Lehre von den Garantenpflichten […] über den Haufen geworfen und einplaniert“[869] werden. Dies betreffe die Differenzierung des § 823 Abs. 1 BGB, bei dem wie im Strafrecht nur eine Garanten- oder Verkehrspflicht eine Haftung für Unterlassen begründe.[870] *Loyal*[871] versteht die Garantenpflicht demgegenüber als allgemeine Zurechnungsvoraussetzung für ein Unterlassen zum Schaden, die ihre Berechtigung gerade aus der besonderen Beziehung des Unterlassenden zur Gefahr oder zum Rechtsgut herleite. Da § 323c Abs. 1 StGB keine solche Beziehung beinhalte, würde eine Anerkennung des § 323c Abs. 1 StGB die Zurechnungsvoraussetzung insgesamt in Frage stellen, was nicht gewollt sein könne. Demgegenüber geht *Killinger* davon aus, dass sich die Haftung aufgrund der Möglichkeit des Regresses und dem Erfordernis der haftungsausfüllenden Kausalität in das Gesamtsystem der deliktischen Haftung einfüge.[872]

Das Erfordernis von Kausalität und die Möglichkeit des Regresses genügen nicht, um eine Haftung in das Gesamtsystem der deliktischen Haftung zu integrieren, da ansonsten mit derselben Begründung die Haftung aus einer allgemeinen Schadensabwendungspflicht begründbar wäre.[873] Diese gilt es aber zur Aufrechterhaltung der Freiheit des Einzelnen durch das Erfordernis der Sonderverantwortlichkeit zu verhindern. Indem § 823 Abs. 2 BGB hinsichtlich der Rechtsfolgen auf § 823 Abs. 1 BGB verweist und damit die Haftung gleichstellt, würde durch die Anerkennung des § 323c Abs. 1 StGB die Entscheidung des § 823 Abs. 1 BGB für eine Sonderverantwortlichkeit ausgehebelt. Der Gesetzgeber hat sich insgesamt gegen eine allgemeine Schadensabwendungspflicht und für eine Gleichstellung von Tun und Unterlassen entschieden. Daher ist *Loyal* zuzustimmen, wenn er von einer allgemeinen Zurechnungsvoraussetzung ausgeht, die nicht nur für § 823 Abs. 1 BGB gilt. Damit ist eine Haftung aus §§ 823 Abs. 2 BGB i.V.m. 323c Abs. 1 StGB nicht mit dem Gesamtsystem der deliktischen Haftung vereinbar.

---

869 MüKo-BGB/*Wagner*, § 823 BGB, Rn. 417.

870 MüKo-BGB/Wagner, § 823 BGB, Rn. 417; *Dütz*, NJW 1970, S. 1822 (1825).

871 *Loyal*, JZ 2014, S. 306 (308).

872 *Killinger*, S. 83.

873 Siehe Kapitel 4) § 3) C) III), S. 244.

V) *Keine Haftung aufgrund bestehenden Ausgleichsystems im Rahmen der Geschäftsführung ohne Auftrag*

Wandt[874] weist darauf hin, dass § 323c Abs. 1 StGB auch verwirklicht ist, wenn der Hilfe Unterlassende hinter seiner möglichen und erforderlichen Hilfe zurückbleibt und in diesem Fall schon mit der Geschäftsführung ohne Auftrag ein „Ausgleichsystem" besteht. Daher sei die Verneinung der Haftung aus §§ 823 Abs. 2 BGB i.V.m. 323c Abs. 1 StGB folgerichtig. Weitere Ausführungen dazu, worin das Ausgleichssystem bestehen soll, nimmt *Wandt* nicht vor.

Zur Veranschaulichung des Arguments dient folgender Fall: Der bewusstlose und nicht mehr atmende A liegt auf der Straße, wo ihn B findet. B setzt umgehend den Notruf ab, möchte aber bis zum Eintreffen des Krankenwagens selbst keine notwendige und ihm mögliche Mund-zu-Mund-Beatmung durchführen, die bei A schwere Hirnschäden aufgrund fehlenden Sauerstoffs verhindert hätte. A macht gegen B einen Schadensersatzanspruch aus §§ 677, 280 Abs. 1 BGB wegen der unterlassenden Beatmung geltend.

Für die Haftung aus § 280 Abs. 1 BGB bedarf es zunächst eines Schuldverhältnisses und einer Pflichtverletzung. Das Schuldverhältnis kann in einer Geschäftsführung ohne Auftrag liegen.[875] Der Begriff des „Geschäfts" ist weit zu verstehen, so dass hierunter jede Tätigkeit, nicht aber ein bloßes Unterlassen fällt.[876] Durch dieses weite Verständnis stellt sowohl die Tätigkeit des Absetzens des Notrufs als auch die Tätigkeit der Beatmung jeweils ein Geschäft dar. Das Geschäft umfasst dagegen nicht beide Tätigkeiten, Absetzen des Notrufs und Beatmung in Form der Leistung der notwendigen Hilfe. Damit hat aber der Hilfe Unterlassende im Rahmen der Geschäftsführung ohne Auftrag sein Geschäft, den Notruf abzusetzen, erfüllt und keine Pflichtverletzung begangen, so dass ein Schadensersatzanspruch ausscheidet. Würde das Geschäft dagegen beide Tätigkeiten erfassen, käme es zu dem gesellschaftlich ungewollten Ergebnis, dass es aus zivilrechtlicher Sicht für B, der keine Beatmung durchführen möchte, sinnvoller wäre, keinen Notruf abzusetzen, um dadurch kein Schuldverhältnis aus Geschäftsführung ohne Auftrag zu begründen, welches mangels vollständiger Erfüllung des Geschäfts (keine Beatmung) zu einer Haftung führen würde. Dies läuft jedoch dem Ziel der Geschäftsführung ohne Auftrag, dem Geschäftsherrn die sinnvolle Hilfe zukommen zu lassen, diametral entgegen. Daneben begründet gerade das

874 *Wandt*, § 17, Rn. 7 Fn. 12.
875 Staudinger/*Schwarze*, § 280 BGB, Rn. B17.
876 Palandt/*Sprau*, § 677 BGB, Rn. 2.

bloße Unterlassen kein eigenes Geschäft, welches durch die Zusammenlegung der Tätigkeiten als ein Geschäft nicht geändert werden sollte. Daher oblag dem Hilfe Unterlassenden mangels Geschäfts keine Pflicht, die er hätte verletzen und damit eine Haftung hätte herbeiführen können.

Entgegen *Wandt* bildet die Geschäftsführung ohne Auftrag in diesem Fall kein Ausgleichssystem, welches durch einen Anspruch aus §§ 823 Abs. 2 BGB i.V.m. 323c Abs. 1 StGB in Frage gestellt wird. Zudem entfalten Ersatzansprüche aus der Geschäftsführung ohne Auftrag gegenüber dem Deliktsrecht auch keine Sperrwirkung. Die Geschäftsführung ohne Auftrag bestätigt in diesem Fall das im Deliktsrecht geltende Prinzip der Ablehnung einer allgemeinen Schadensabwendungspflicht. Jedoch zwingt allein die Bestätigung noch nicht zur Ablehnung des deliktischen Schadensersatzanspruchs aus §§ 823 Abs. 2 BGB i.V.m. 323c Abs. 1 StGB, zumal die häufigeren Fälle, in denen gar keine Hilfe geleistet wird, vom angeführten Ausgleichssystem der Geschäftsführung ohne Auftrag gar nicht erfasst sind.

VI) Keine Erfolgsabwendungspflicht

Teilweise wird gegen die Schutzgesetzeigenschaft wie bei § 823 Abs. 1 BGB vorgebracht, dass § 323c Abs. 1 StGB keine Erfolgsabwendungspflicht, sondern nur eine allgemeine Handlungspflicht beinhaltet, die als Schutzgesetz nicht genügt. Dem hält *Tilmann*[877] entgegen, dass die strafrechtliche Wertung eines Unrechts für eine zivilrechtliche Haftung nicht zwingend ist. Im Zivilrecht könne nicht nur ein erfolgsbezogenes, sondern auch ein verhaltensbezogenes Unrecht, wie z.B. § 323c Abs. 1 StGB, eine Haftung für einen Schaden begründen. Als Beispiel für eine Haftung aus verhaltensbezogenem Unrecht nennt er die Haftung der Stiftung Warentest wegen unsorgfältiger Testvorbereitung für Schäden aus einer schlechten Bewertung, die bei ordnungsgemäßer Vorbereitung wegen des Beurteilungsspielraums der Stiftung Warentest bei der Gewichtung der einzelnen Kriterien dieselbe sein könne.[878] Weitere Beispiele seien die Haftung für eine Sperrung nach §§ 33 Abs. 1, 21 Abs. 2 GWB oder für eine Diskriminierung nach §§ 33 Abs. 1, 19 Abs. 1, 2 Nr. 1 GWB eines Wettbewerbers, da dasselbe äußere Verhalten mit einer anderen Motivation oder einem anderen Verhalten gegenüber Dritten gerechtfertigt sein könne.[879]

---

877 *Tilmann*, ZHR 141 (1977), S. 32 (77).
878 *Tilmann*, ZHR 141 (1977), S. 32 (77), in Anlehnung an BGHZ 65, 365.
879 *Tilmann*, ZHR 141 (1977), S. 32 (77).

In der Tat kommt es nicht auf die Unterscheidung von Erfolgsabwendungs- und bloßer Handlungspflicht an. Vielmehr ist zur Abgrenzung von einer allgemeinen Schadensabwendungspflicht zu einer Garanten- oder Verkehrspflicht die Sonderverantwortlichkeit des Unterlassenden entscheidend. Während in den genannten Beispielen der jeweilige Schädiger jeweils der Sonderverantwortliche ist, fehlt diese bei dem Hilfe Unterlassenden nach § 323c Abs. 1 StGB, so dass sich aus den Beispielen kein Grund für eine Haftung aus §§ 823 Abs. 2 BGB i.V.m. 323c Abs. 1 StGB herleiten lässt.

VII) Ergänzung der Haftung des § 826 BGB

Einen anderen Begründungsansatz verfolgt *Canaris*[880], der § 823 Abs. 2 BGB eine Ergänzungsfunktion der anderen beiden Generalklauseln, § 823 Abs. 1 BGB und § 826 BGB, zuschreibt. Die Hilfspflicht des § 323c Abs. 1 StGB stelle *das* „rechts- und sozialethische Minimum“[881] dar und sei damit eine „gesetzliche Typisierung eines Verstoßes gegen die guten Sitten“[882] im Sinne des § 826 BGB. Da eine Haftung des Hilfe Unterlassenden aus § 826 BGB am Erfordernis des Vorsatzes, der sich gerade auf den Schaden beziehen müsse, scheitern könne, bedürfe es insoweit einer Ergänzung der Haftung aus § 826 BGB. Diese Lücke könne § 823 Abs. 2 BGB mit seiner Ergänzungsfunktion schließen, indem § 323c Abs. 1 StGB als Schutzgesetz anerkennt werde.

Der Begründungsansatz ist abzulehnen, weil die Sittenwidrigkeit des § 826 BGB nicht vom rechts- und sozialethischen Minimum ausgeht[883] und § 323c Abs. 1 StGB keinen Verstoß gegen die guten Sitten begründet.[884]

VIII) Zivilrechtliche Haftung zur besseren Prävention

Vereinzelt wird argumentiert, dass § 323c Abs. 1 StGB ein „zahnloser Tiger“ und erst die zivilrechtliche Haftung das notwendige Druckmittel zur Einhaltung der Hilfspflicht des § 323c Abs. 1 StGB sei.[885] Hierbei wird einerseits übersehen,

---

880 *Canaris*, in: FS Larenz, S. 27 (47f., 57f.); *Larenz/Canaris*, Schuldrecht II/2, S. 441.

881 *Canaris*, in: FS Larenz, S. 27 (57).

882 *Canaris*, in: FS Larenz, S. 27 (57); *Larenz/Canaris*, Schuldrecht II/2, S. 441.

883 Siehe Kapitel 4) § 2) B) I), S. 224.

884 Siehe Kapitel 4) § 2) B), S. 223.

885 *Haufe Online Redaktion*, Unterlassene Hilfeleistung greift oft erst zusammen mit zivilrechtlicher Haftung gem. § 823 BGB, https: //www.haufe.de/recht/weitere-rechtsgebiete/allg-zivilrecht/unterlassene-hilfeleistung-zivilrechtliche-ahndung-ueber-823-bg_208_76992.html, zuletzt aufgerufen am 30.09.2019.

dass der Hilfe Unterlassende regelmäßig keine Kenntnis davon hat, dass er sich auch zivilrechtlich schadensersatzpflichtig macht, so dass die Haftung insoweit keine verstärkte Präventionswirkung entfaltet. Andererseits löst die zivilrechtliche Haftung eines der Hauptprobleme strafrechtlicher Verfolgung der unterlassenen Hilfeleistung und damit effektiverer Prävention nicht, nämlich die fehlende Kenntnis des Täters und damit das geringe Entdeckungsrisiko. Der Hilfsbedürftige ist in seiner Notlage meist nicht in der Lage, den Hilfe Unterlassenden, welchen er häufig zum ersten Mal sieht, wiederzuerkennen, andere mögliche Zeugen werden sich nicht melden, um sich nicht selbst der Straftat der unterlassenen Hilfeleistung zu bezichtigen und die Helfer sind vernünftigerweise primär mit ihrer Hilfeleistung beschäftigt, so dass sie zu anderen Hilfe Unterlassenden keine Angaben machen können. Daher kennen sich in den entschiedenen Fällen der Hilfsbedürftige und der Hilfe Unterlassende meistens schon vor dem Unglücksfall. In Fällen, in denen sie sich noch nicht kennen, wird die Entdeckungsgefahr und damit die Präventionswirkung erst durch stärkere Videoüberwachung und der Möglichkeit des Videobeweises erhöht. Die zivilrechtliche Haftung spielt insoweit eine eher untergeordnete Rolle.

IX) Rechtsvergleichung

Abschließend wird an dieser Stelle noch ein Blick über die Grenzen geworfen, um weitere Ansätze für die Diskussion zu erhalten. Hierfür bietet sich primär Österreich aufgrund der vergleichbaren Rechtslage an. Daneben wird noch kurz auf Großbritannien eingegangen, da in der Argumentation hierauf teilweise verwiesen wird.[886]

1) Österreich

§ 1311 S 2 Var. 2 ABGB knüpft an die Verletzung von Schutzgesetzen eine Schadensersatzpflicht, womit die Norm mit § 823 Abs. 2 BGB vergleichbar ist. Obwohl § 95 öStGB die Unterlassung der Hilfeleistung bei Gefahren des Todes, beträchtlicher Körperverletzungen und Gesundheitsschädigungen unter Strafe stellt, existieren keine veröffentlichten Entscheidungen der Gerichte zur Schutzgesetzeigenschaft des § 95 öStGB.

In der Literatur wird die Eigenschaft dagegen teilweise diskutiert. Aus § 1301 Hs. 1 ABGB folgt zunächst, dass es in Österreich keine allgemeine Pflicht zur Schadensabwehr gibt, sondern es einer besonderen Verpflichtung bedarf.[887] Vor

886 Hinsichtlich weiterer Länder s. *von Bar*, Gemeineurop. DeliktsR I, Rn. 601.
887 *Koziol*, Haftpflichtrecht, Rn. 4/60; *Mayer-Maly*, ZVR 1977, S. 97 (99).

Inkrafttreten des § 95 öStGB hat § 4 Abs. 1 lit. b, Abs. 3 öStVO[888] den Zeugen eines Verkehrsunfalls bei drohenden Schäden für Personen und Sachen unter gewissen Einschränkungen zur Hilfeleistung verpflichtet, aber zugleich nach § 4 Abs. 6 öStVO Schadensersatzansprüche aus der Verletzung der Hilfspflicht ausgeschlossen. *Steininger* hat angenommen, dass eine besondere Verpflichtung schon vor Inkrafttreten des § 4 öStVO bestanden habe, wenn das gefährdete Rechtsgut des Hilfsbedürftigen die Handlungsfreiheit des Hilfe Unterlassenden deutlich überwiege.[889] Der Gesetzgeber habe diese Pflicht übersehen, so dass § 4 Abs. 6 öStVO dahingehend teleologisch auszulegen sei, dass nur die Ansprüche, die auf § 4 öStVO zurückzuführen seien, nicht aber Ansprüche wegen Verletzung anderer Pflichten ausgeschlossen seien.[890] *Mayer-Maly* bejaht ohne nähere Begründung die Schutzgesetzeigenschaft des später eingeführten § 95 öStGB und hält § 4 Abs. 6 öStVO hierauf für Verkehrsunfälle nicht anwendbar,

---

888 § 4 öStVO:

(1) Alle Personen, deren Verhalten am Unfallort mit einem Verkehrsunfall in ursächlichem Zusammenhange steht, haben

b. wenn als Folge des Verkehrsunfalles Schäden an Personen oder Sachen zu befürchten sind, die zur Vermeidung solcher Schäden notwendigen Maßnahmen zu treffen,

(2) Sind bei einem Verkehrsunfall Personen verletzt worden, so haben die in Abs. 1 genannten Personen Hilfe zu leisten; sind sie dazu nicht fähig, so haben sie unverzüglich für fremde Hilfe zu sorgen. [...]

(3) Auch der Zeuge eines Verkehrsunfalls hat, sofern die nach Abs. 2 verpflichteten Personen nicht für die erforderliche Hilfe sorgen, den verletzten Personen die ihm zumutbare Hilfe zu leisten. [...] Die gleichen Verpflichtungen wie der Zeuge eines Verkehrsunfalles haben Personen, die am Ort eines Verkehrsunfalles dessen Folgen wahrnehmen, es sei denn, daß nach den Umständen am Unfallort die eigene Hilfeleistung oder die Besorgung fremder Hilfe nicht mehr erforderlich ist.

(6) Aus einer Verletzung der Hilfeleistungspflicht können keine Ersatzansprüche nach dem bürgerlichen Recht abgeleitet werden.

889 *Steininger*, JBl 1961, S. 253 (255); ähnlich *Koziol*, Haftpflichtrecht, Rn. 4/60f., der aufgrund der Interessenabwägung bei § 95 öStGB, wonach die Interessen des Hilfsbedürftigen wesentlich überwiegen, eine besondere Verpflichtung und damit die Rechtswidrigkeit des Unterlassens annimmt; zustimmend: KBB/*Karner*, § 1294 ABGB, Rn. 6; demgegenüber geht Klang/*Wolff*, § 1294 ABGB, S. 18 noch weiter, indem er eine Pflicht zum Handeln annimmt, sobald das gefährdete Interesse größer ist als die Handlungsfreiheit des anderen, wodurch er zu einer allgemeinen Schadensabwendungspflicht tendiert.

890 *Steininger*, JBl 1961, S. 253 (256 – 258).

weil § 95 öStGB *lex posterior* sei und § 4 Abs. 6 öStVO für andere Schadensersatzansprüche keine Regelung treffe.[891] Er befürwortet sogar einen Schadensersatzanspruch, „wenn zur Verwirklichung des Tatbestandes von § 95 öStGB eines oder mehrere Elemente fehlen."[892] *Fitz* begründet die Schutzgesetzeigenschaft damit, dass die Norm die Individualinteressen des Hilfsbedürftigen schütze.[893] Demgegenüber lehnt *Reischauer* die Schutzgesetzeigenschaft ab und verweist darauf, dass es eine allgemeine Schadensabwendungspflicht nicht gebe und sich diese aus einer Interessenabwägung allein nicht herleiten lasse.[894]

Es ist nicht überraschend, dass keine Rechtsprechung zur Schutzgesetzeigenschaft des § 95 öStGB existiert, weil der häufige Unglücksfall des drohenden Verbrechens (Tötung, Vergewaltigung), die der Hilfe Unterlassende verhindern soll, zugleich von § 286 Abs. 1 öStGB[895] erfasst wird, gegenüber dem § 95 öStGB subsidiär ist.[896] Die Schutzgesetzeigenschaft des § 286 Abs. 1 öStGB hat der *OGH* in einem Urteil bejaht, in welchem der Beklagte trotz Kenntnis eines bevorstehenden Einbruchsdiebstahls beim Kläger weder diesen noch die Polizei darüber informiert hat.[897] Während das Berufungsgericht noch die Schutzgesetzeigenschaft verneint hat, weil § 286 Abs. 1 öStGB nur „eine öffentlich-rechtliche

---

891 *Mayer-Maly*, ZVR 1977, S. 97 (100).

892 *Mayer-Maly*, ZVR 1977, S. 97 (100); *Fitz*, S. 119 weist darauf hin, dass dies nicht für die Unzumutbarkeit gelten könne, da diese das Verschulden ausschließe.

893 *Fitz*, S. 119; zustimmend: *Trentinaglia*, S. 163.

894 Rummel/*Reischauer*, § 1294 ABGB, Rn. 3.

895 § 286 öStGB:

(1) Wer es mit dem Vorsatz, daß vorsätzlich eine mit Strafe bedrohte Handlung begangen werde, unterläßt, ihre unmittelbar bevorstehende oder schon begonnene Ausführung zu verhindern oder in den Fällen, in denen eine Benachrichtigung die Verhinderung ermöglicht, der Behörde (§ 151 Abs. 3) oder dem Bedrohten mitzuteilen, ist, wenn die strafbare Handlung zumindest versucht worden und mit einer ein Jahr übersteigenden Freiheitsstrafe bedroht ist, mit Freiheitsstrafe bis zu zwei Jahren zu bestrafen. Die Strafe darf jedoch nach Art und Maß nicht strenger sein, als sie das Gesetz für die nicht verhinderte Tat androht.

(2) […]

896 *OGH*, Urt. v. 29.05.1984, 9 Os 41/84, JBl 1985, 174 (175); WK-StGB/*Höpfel/Ratz*, § 95 öStGB, Rn. 40.

897 *OGH*, Urt. v. 16.09.1999, 6 Ob 147/99g, JBl 2000, S. 113 (113f.).

Verpflichtung gegenüber der Allgemeinheit anordne"[898], sieht der *OGH* den Sinn und Zweck der Norm umgekehrt vorrangig im Schutz der gefährdeten Rechtsgüter des Einzelnen und nur nebenbei im Schutz des öffentlichen Friedens. Für die Annahme eines Schutzgesetzes genüge es grundsätzlich, wenn die Norm auch zum Schutz von Individualinteressen erlassen werde, welches bei § 286 Abs. 1 öStGB der Fall sei.[899] Der *OGH* stellt darüber hinaus fest, dass sich durch den Verstoß gegen ein Strafgesetz der Anspruch schon aus § 1295 Abs. 1 ABGB sowie aus § 1301 Hs. 2 ABGB, weil § 286 Abs. 1 öStGB eine besondere Verpflichtung begründe, ergebe.[900] Dem stimmen *Harrer* und *Karner* zu.[901]

Der *OGH* stellt bei seiner Begründung der Schutzgesetzeigenschaft allein auf den Zweck der Norm ab. Insoweit dürfte er mit derselben Begründung auch die Haftung aus § 95 öStGB bejahen, welcher nach zutreffender Ansicht[902] Leib und Leben des Hilfsbedürftigen schützt. Er nimmt für die Bestimmung der Schutzgesetzeigenschaft keine Prüfung zur Eingrenzung der Haftung vor, insbesondere untersucht er nicht, ob sich die Haftung aus dem Schutzgesetz in das deliktische Haftungssystem integrieren lässt oder ob dies zu einer unüberschaubaren Haftung führt. Vielmehr stellt er heraus, dass es neben der Bestimmung des Zwecks, also welches Rechtsgut geschützt wird, keiner weiteren Prüfung bedarf. Dem kann aus den oben in Kapitel 3 dargestellten Gründen nicht zugestimmt werden.

Daneben überzeugt die gleichzeitige Annahme einer besonderen Verpflichtung insbesondere im Vergleich zum Strafgesetz nicht, wo weder § 95 öStGB noch § 286 Abs. 1 öStGB eine solche begründen, welches schon der Gesetzgeber in seiner Gesetzesbegründung selbst hervorhebt.[903] Ebenso ist die von *Mayer-Maly* vorgeschlagene Erweiterung der Haftung über den Tatbestand von § 95 öStGB hinaus abzulehnen. Einerseits ist unklar, woraus sich in diesem Fall die Haftung ergeben soll. Denn eine Haftung aus § 1311 Hs. 2 ABGB scheidet mangels eines bestehenden Gesetzes aus, weil es eine Norm mit geringeren Voraussetzungen als § 95 öStGB nicht gibt. Daneben bleibt nur eine Haftung aus

---

898 OGH, Urt. v. 16.09.1999, 6 Ob 147/99g, https: //www.ris.bka.gv.at/Dokumente/Justiz/JJR_19990916_OGH0002_0060OB00147_99G0000_001/JJR_19990916_OGH0002_0060OB00147_99G0000_001.pdf (zuletzt aufgerufen am 30.09.2019), S. 2.

899 *OGH*, Urt. v. 16.09.1999, 6 Ob 147/99g, JBl 2000, 113 (114).

900 *OGH*, Urt. v. 16.09.1999, 6 Ob 147/99g, JBl 2000, 113 (114).

901 KBB/*Karner*, § 1311 ABGB, Rn. 5; Schwimann[3.]/*Harrer*, § 1311 ABGB, Rn. 8; Schwimann/Kodek/*Wagner*, § 1311 ABGB, Rn. 8.

902 Triffterer/Rosbaud/Hinterhofer/*Murschetz*, § 95 öStGB, Rn. 3; *Birklbauer/Hilf/Tipold*, § 95 öStGB, Rn. 6.

903 Siehe Fn. 681, S. 206.

§ 1295 Abs. 1 ABGB, welcher im Falle der Unterlassung jedoch nach § 1301 ABGB eine besondere Verpflichtung voraussetzt, die §§ 95, 286 Abs. 1 öStGB nicht erfüllen. Andererseits führt eine solche Erweiterung erst recht zur Bejahung einer Haftung aus einer allgemeinen Schadensabwendungspflicht, welches schon das Ausreichenlassen der bloßen Abwägung der beiderseitigen Rechtsgüter verdeutlicht. Dadurch wird aber gerade das Abgrenzungsmerkmal der Sonderverantwortlichkeit aufgegeben.

Außerdem ist die Schutzgesetzeigenschaft des § 286 Abs. 1 öStGB bedenklich, weil die vorsätzliche strafbare Handlung – wie das Urteil des *OGH* gezeigt hat – auch schweren Diebstahl, wozu nach § 128 Abs. 1 Nr. 5 öStGB auch der Diebstahl von Sachen im Wert von über 5.000 € zählt, umfasst und damit den Schutz von Eigentum an Sachen. Dies führt jedoch zu einem schwer vermittelbaren einseitigen Schutz der Reichen durch die Armen, die auf die Rechtsgüter der Ersteren achten müssen.[904] Daneben droht eine weitergehende Vermögenshaftung, sobald z.B. die Betrugssumme des schweren Betruges nach § 147 Abs. 2 öStGB über 5.000 € liegt.

Damit folgen aus dem Rechtsvergleich zu Österreich keine weiteren Gründe für die Bejahung der Schutzgesetzeigenschaft des § 323c Abs. 1 StGB.

2) Großbritannien

Das englische Recht kennt keine allgemeine Hilfspflicht zum Vorteil anderer, vielmehr erfordert eine Handlungspflicht einen besonderen Grund.[905] Im Urteil *Stovin v Wise* weist das *House of Lords* daraufhin, dass es eine Pflicht zur Hilfe, wie sie der barmherzige Samariter in der biblischen Parabel vorgenommen hat, nicht gibt. Vielmehr bedürfe es für eine Hilfspflicht eines besonderen Grundes.[906] Der *Court of Appeal* ist hiervon im Urteil *Vellino v Chief Constable of Greater Manchester Police* ausgegangen, in dessen zugrunde liegenden Sachverhalt ein Polizist im Rahmen einer Verhaftung die Selbstverletzung eines Selbstmordgefährdeten nicht verhindert hat. Das Gericht stellt fest, dass Zuschauer eines Selbstmordes keine Rettungspflicht und daher keine Haftung treffe.[907]

---

904 Siehe ausführlich hierzu Kapitel 2) § 1) A) I) 7), S. 40.

905 „There is in general no duty to act for the benefit of others." (*Winfield and Jolowicz on tort*, Rn. 5-039).

906 *Stovin v Wise* [1996] UKHL 15, S. 17f.

907 „It is common ground that under our law two persons can stand aside and watch a third jump to his death: there is no general duty to rescue." *Vellino v Chief Constable of Greater Manchester* [2002] 1 WLR 218 Rn. 13.

Im Urteil *Glaister v Appleby in Westmorland Town Council* hat der *Court of Appeal* festgestellt, dass das moralische Gebot zur Nächstenliebe, wonach ein jeder anderen in Not helfen soll, nicht ins englische Recht übertragen wurde.[908] Ferner würde eine Haftung für alle Fälle, in denen ein unbeteiligter Dritter die Verletzung eines anderen voraussehen und verhindern könnte, zu einer Systemänderung des bisherigen Deliktsrechts mit weitreichenden Folgen führen.[909]

Den Aussagen der Urteile ist zuzustimmen. Insbesondere das letzte Urteil berücksichtigt die Folgen der Haftung auf das Deliktsrecht als Ganzes, welches auch bei § 823 Abs. 2 BGB durch die Prüfung der Tragbarkeit für das deliktische Gesamtsystem erfolgt. Insofern überzeugen die Verweise von *Kötz* und *Wagner*[910] auf das englische Recht im Grundsatz. Allerdings ist hierbei zu beachten, dass das englische Recht im Gegensatz zum deutschen und österreichischen Recht gerade nicht über eine Strafnorm der unterlassenen Hilfeleistung verfügt, so dass offen bleibt, ob sich mit dieser Norm die Bewertung im englischen Recht ändern würde.

X) *Alternative Lösungsmöglichkeiten des* BGH-*Urteils vom 14. Mai 2013*

Loyal[911] hält das Ergebnis des *BGH*-Urteils vom 14. Mai 2013[912] für richtig, lehnt jedoch die Begründung des § 323c Abs. 1 StGB als Schutzgesetz ab. Stattdessen spricht er zwei andere Lösungswege kurz an, auf die an dieser Stelle eingegangen werden soll.

---

908 „The moral tenet that you love your neighbour as yourself, and thus protect him from harm which you can foresee he may suffer from a third person's fault, has not been converted into a legal principle." *Glaister v Appleby in Westermoral Town Council* [2009] EWCA Civ 1325, Rn. 46.

909 „As a matter of generality, to hold a person liable to a victim for injury for which the defendant could have foreseen and prevented, would shift the basis of tort liability towards a system for the transfer of losses resulting from injuries not merely caused by the default of the defendant but which a defendant might have been able to prevent." *Glaister v Appleby in Westermoral Town Council* [2009] EWCA Civ 1325, Rn. 46.

910 MüKo-BGB/*Wagner*, § 823 BGB, Rn. 417; *Kötz/Wagner*, Rn. 229.

911 *Loyal*, JZ 2014, S. 306 (309).

912 Siehe Kapitel 4) § 3) A) X), S. 234.

1) Schadensersatz wegen Verletzung einer Schutzpflicht einer öffentlich-rechtlichen Sonderbeziehung

Loyal wendet ein, dass der Gerichtsvollzieher ohne Probleme einen Schadensersatzanspruch gehabt hätte, wenn er aufgrund eines privatrechtlichen Vertrages und nicht nach öffentlich-rechtlicher Grundlage tätig gewesen wäre. Im Fall des privatrechtlichen Vertrages hätte der Kläger die Schutzpflicht aus § 241 Abs. 2 BGB verletzt. Er überlegt insoweit, ob vorliegend eine öffentlich-rechtliche Sonderverbindung bestehen könne, auf die § 280 BGB analog anwendbar sein könnte.[913]

Bei diesem Lösungsansatz stellt sich aber die Frage, ob die unterlassene Hilfeleistung nach § 323c Abs. 1 StGB, wovon *Loyal* im konkreten Fall ohne weitere Ausführungen ausgeht, eine Schutzpflicht nach § 241 Abs. 2 BGB begründet. Nach § 241 Abs. 2 BGB kann ein Schuldverhältnis jeden Teil zur Rücksicht auf die Rechte, Rechtsgüter und Interessen des anderen Teils verpflichten. Die Rücksichtnahmepflicht wird dabei zunächst durch die gesetzlich normierten Pflichten im BGB (§§ 536c, 541, 618, 701 BGB) näher ausgestaltet. Zudem wird ausgeführt, dass es „seit langem anerkannt [ist], dass innerhalb eines jeden Vertragsverhältnisses jeder Teil verpflichtet ist, Person, Eigentum, aber auch Vermögen des Vertragspartners im Rahmen des Zumutbaren vor Schäden zu schützen“[914], wobei auf den Linoleumfall des *RG*[915] verwiesen wird. Zutreffend ist, dass jede Seite die Gegenseite vor Gefahren, die vom eigenen Einflussbereich – wie im Fall des *RG* die Linoleumteppiche – ausgehen, für die Rechtsgüter der Gegenseite schützen muss. Jedoch geht die Formulierung in ihrer Allgemeinheit darüber hinaus und deutet auch den Schutz vor Gefahren an, die nicht aus dem eigenen Einflussbereich stammen. Insoweit nimmt *Krebs* eine passende Einteilung in mehrere Fallgruppen vor: „das Verbot der aktiven Schädigung, Pflicht zum aktiven Schutz der Gegenseite und die Informationsschutzpflichten“[916]. Das Verbot der aktiven Schädigung rechtfertigt sich durch die besondere Schutzbedürftigkeit der Gegenseite, die sich daraus ergibt, dass die Gegenseite im Vertrauen auf die Sonderbeziehung die Möglichkeit zur Einwirkung auf die eigenen Rechtsgüter erhöht und die Abwehr gegen mögliche Eingriffe senkt.[917] Hierunter

---

913 *Loyal*, JZ 2014, S. 306 (309).

914 MüKo-BGB/*Bachmann*, § 241 BGB, Rn. 116.

915 *RG*, Urt. v. 07.12.1911, VI 240/11, RGZ 239 (240).

916 *Krebs*, S. 504.

917 *Krebs*, S. 504.

lassen sich auch die Konstellationen des eigenen Einflussbereichs wie bei den Linoleumteppichen fassen.

Die Pflicht zum aktiven Schutz der Gegenseite umfasst dagegen den Schutz vor Gefahren, die von dritten Personen oder der Natur ausgehen.[918] Diese Pflicht lässt sich aber nicht durch die bloße Existenz der Sonderverbindung rechtfertigen, denn dem steht die Handlungsfreiheit des einen entgegen, die durch die Auferlegung der Pflicht übermäßig strapaziert würde. Seine Handlungsfreiheit ist insoweit schutzwürdig, zumal er weder in die Handlungsfreiheit des anderen eingegriffen hat, da der Eingriff von dritter Seite kommt, noch mit der Übernahme des Schutzes der Rechtsgüter des anderen vor solchen Gefahren auf seine Handlungsfreiheit verzichtet hat. Vielmehr ist die Verletzung der Rechtsgüter der Gegenseite Folge von der Ausübung ihrer Handlungsfreiheit, wofür sie nach dem Grundsatz der Eigenverantwortlichkeit die Konsequenzen tragen muss. Die Auferlegung der Pflicht zum aktiven Schutz als Ausnahme von diesem Grundsatz, wodurch die Gefahr einem anderen zugerechnet wird, bedarf eines besonderen Zurechnungsgrundes der Gefahren zum einen, der sich aus der Sonderbeziehung ergeben muss.[919]

Hierzu zählen Gefahren, die zur Vereitelung des Leistungszwecks führen, dessen Erreichung im beiderseitigen Interesse liegt.[920] Ferner sind spezifische Gefahren der Sonderverbindung erfasst, die der Verpflichtete deutlich leichter und günstiger abwenden kann. Hierdurch werden die Transaktionskosten gesenkt, welches die Erreichung des Leistungszwecks fördert. Hierbei darf die Verpflichtung jedoch nicht unzumutbar sein und den Verpflichteten erheblich in seinen berechtigten Interessen beschränken, etwa durch die Auflastung erheblicher Kosten für die Abwendung.[921]

Im *BGH*-Fall kam es nicht auf Gefahren an, die aus dem Einflussbereich des Klägers stammten, zumal der Sohn auch trotz seiner geistigen Störungen nicht zum Einflussbereich des Klägers zu zählen ist. Es stellt sich vielmehr die Frage, ob die angesprochene Pflicht zum aktiven Schutz besteht. Durch die Verletzung des Gerichtsvollziehers ist der Leistungszweck zwar für eine längere Krankheitsphase gefährdet, jedoch handelt es sich hierbei nicht um eine besondere, sonderspezifische Gefahr, sondern um die generelle Gefahr,

---

918 *Krebs*, S. 505.

919 *Krebs*, S. 506; zustimmend Staudinger/*Olzen*, § 241 BGB, Rn. 498.

920 *Krebs*, S. 506.

921 *Krebs*, S. 506.

für die der Leistungserbringer allein verantwortlich ist. Dagegen handelt es sich im Sinne der zweiten Gruppe um eine spezifische Gefahr der Sonderverbindung einer Räumung, dass sich der Betroffene hiergegen zur Wehr setzt. Insofern trifft den Kläger eine Warnpflicht, sofern er Kenntnis von einer deutlichen Änderung der Risikolage hat. Hiervon war bei der Abnahme der Waffe noch nicht auszugehen, da diese Gefahr nicht mehr bestand. Erst am Räumungstag, nachdem der Kläger die Gefahr für Dritte erkannt hatte, bestand eine entsprechende Warnpflicht. Fraglich ist aber, ob insoweit noch die zumutbare Möglichkeit der Warnung bestand.

Losgelöst vom Einzelfall bedeutet dies, dass sich aus § 241 Abs. 2 BGB im Einzelfall eine Hilfspflicht ergeben kann, die mit § 323c Abs. 1 StGB vergleichbar ist. Allerdings ist diese beschränkt auf spezifische Gefahren einer Sonderbeziehung. Wäre der Gerichtsvollzieher dagegen nur aufgrund leichter Fahrlässigkeit im Haus unglücklich gestolpert und hätte sich dabei erheblich verletzt, würde sich eine Hilfspflicht nicht aus § 241 Abs. 2 BGB ergeben. Im Rahmen des Schadensersatzanspruchs nach §§ 280 Abs. 1, 241 Abs. 2 BGB genügt grundsätzlich Fahrlässigkeit nach § 276 Abs. 1 BGB. Dies ist bei einer solchen Warnpflicht für Gefahren, die nicht aus dem Einflussbereich des Verpflichteten kommen, zu weitgehend, so dass die Haftung auf Vorsatz zu beschränken ist.

Die Annahme eines öffentlich-rechtlichen Schuldverhältnisses ist vorliegend jedoch abzulehnen. Der Gesetzgeber hat diesen Bereich bewusst als Hoheitsakt und nicht als öffentlich- oder privatrechtliches Schuldverhältnis ausgestaltet, so dass sich hieraus auch keine privatrechtlichen Schadensersatzansprüche ergeben können.

2) Garanten- oder Verkehrspflicht nach § 823 Abs. 1 BGB

Loyal argumentiert weiter, dass es im vorliegenden Fall keinen Unterschied machen könne, ob ein privat- oder öffentlich-rechtlicher Vertrag vorliege, so dass eine Garanten- oder Verkehrspflicht anzunehmen sei.[922] Dieser Ansatz ist abzulehnen. Zunächst stellt § 323c Abs. 1 StGB keine Garanten- oder Verkehrspflicht dar.[923] Daneben ist es nicht Aufgabe der Verkehrspflichten, das Vertragsrecht ins Deliktsrecht zu übertragen, insbesondere nicht, wenn der Gesetzgeber sich in bestimmten Bereichen gegen das Vertragsrecht und für Tätigkeiten des Hoheitsrechts entschieden hat. Dann ist es Aufgabe des Gesetzgebers, in diesem Bereich, sofern notwendig, für entsprechende Schadensersatzansprüche zu

---

922 *Loyal*, JZ 2014, S. 306 (309).

923 Siehe Kapitel 4) § 1) B), S. 205, und Kapitel 4) § 1) C), 212.

sorgen, die über das Deliktsrecht hinausgehen sollen. Damit ist nicht nur die Begründung des *BGH*, sondern auch entgegen *Loyal* das Ergebnis des Urteils abzulehnen.

D) Ergebnis

Eine Haftung aus §§ 823 Abs. 2 BGB i.V.m. 323c Abs. 1 StGB ist aufgrund der unüberschaubaren Haftung sowie der fehlenden Tragbarkeit im Gesamtsystem der deliktischen Haftung abzulehnen.

E) Exkurs: Schutzgesetzeigenschaft von § 323c Abs. 2 StGB

Die Einführung des § 323c Abs. 2 StGB im Jahr 2017 wirft die Frage auf, ob dieser Absatz auch ein Schutzgesetz ist. Einzelne Autoren[924], die in ihrer Kommentierung zu § 323c StGB schon Abs. 2 berücksichtigt haben, nehmen ohne nähere Begründung die Schutzgesetzeigenschaft von § 323c StGB, also beider Absätze, an. Zugleich verweisen sie auf das *BGH*-Urteil[925], welches nur die Schutzgesetzeigenschaft des aktuellen § 323c Abs. 1 StGB bejaht, womit unklar bleibt, ob sie das Urteil auf § 323c Abs. 2 StGB übertragen wollen oder die Passage zur Schutzgesetzeigenschaft im Rahmen ihrer Überarbeitung nicht angepasst haben.

Für die Schutzgesetzeigenschaft spricht zunächst, dass § 323c Abs. 2 StGB wie § 323c Abs. 1 StGB die Individualrechtsgüter des Hilfsbedürftigen schützt.[926] Der Gesetzgeber geht in den Gesetzgebungsmaterialien trotz Kenntnis des *BGH*-Urteils zur Schutzgesetzeigenschaft des § 323c Abs. 1 StGB nicht auf die Schutzgesetzeigenschaft von § 323c Abs. 2 StGB ein.

Fraglich ist, ob eine Haftung aus §§ 823 Abs. 2 BGB i.V.m. 323c Abs. 2 StGB im Gesamtsystem der deliktischen Haftung tragbar wäre. § 323c Abs. 2 StGB knüpft nicht wie Abs. 1 an die Nichtvornahme der eigenen Hilfeleistung und damit ein Unterlassen an, sondern greift vielmehr im Fall des aktiven Tuns des Täters, nämlich der Behinderung eines anderen Hilfeleistenden, ein. Damit

---

924 *Fischer*, § 323c StGB, Rn. 2; Lackner/Kühl/*Kühl*, § 323c StGB, Rn. 1; Spickhoff/*Schuhr*, § 323c StGB, Rn. 58; Filthaut/Piontek/Kayser/*Kayser*, § 12, Rn. 91; demgegenüber weisen die folgenden Autoren explizit darauf hin, dass ihre Ausführungen nur für § 323c Abs. 1 StGB gelten, erläutern den Ausschluss von Abs. 2 aber nicht: jurisPK-Straßenverkehrsrecht/*Grube*, § 323c StGB, Rn. 14; Laufs/Kern/*Ulsenheimer*, § 151, Rn. 5f.

925 *BGH*, Urt. v. 14.05.2013, VI ZR 255/11, BGHZ 197, 225 (227 – 229).

926 Siehe Kapitel 2) § 1) A) I) 7), S. 49.

widerspricht § 323c Abs. 2 StGB nicht der Ablehnung der allgemeinen Schadensabwendungspflicht und stellt die bisherige Unterlassungsdogmatik des § 823 Abs. 1 BGB nicht in Frage. Denn der Täter greift unzulässigerweise durch seine Handlung in die Handlungssphäre des Hilfsbedürftigen ein, dem ansonsten die benötigte Hilfe durch den Hilfsleistenden früher zu Gute gekommen wäre, womit den Täter die Sonderverantwortlichkeit für die Abwendung dieser Schädigung trifft.

§ 323c Abs. 2 StGB ist ein abstraktes Gefährdungsdelikt.[927] Es setzt für seine Vollendung den Eintritt einer tatsächlichen Behinderung des Hilfeleistenden voraus, aber gerade nicht die Verschlimmerung oder den Tod des Hilfsbedürftigen, womit die Behinderungshandlung des Täters hierfür nicht kausal sein muss. Wäre § 323c Abs. 2 StGB kein Schutzgesetz, dann müsste der Hilfsbedürftige nachweisen, dass die Handlung des Täters im Rahmen des § 823 Abs. 1 BGB bzw. beim Schutzgesetz des § 223 Abs. 1 StGB kausal für die Verschlimmerung des Gesundheitszustands war und der Täter damit eine Verletzung von Körper oder Gesundheit verursacht hat. Wird die Gesundheitsverletzung im Rahmen des Schutzgesetzes des § 323c Abs. 2 StGB entgegen der oben vertretenen Ansicht[928] nicht zur haftungsbegründenden Kausalität gerechnet, käme dem Hilfsbedürftigen eine Erleichterung zu Gute, da er nur den Kausalitätsbeweis nach dem Maßstab des § 287 ZPO anstelle des § 286 ZPO erbringen müsste. Nach der in dieser Arbeit vertretenen Ansicht ist § 286 ZPO einschlägig, so dass sich insoweit kein Unterschied zum Beweis eines Anspruchs nach § 823 Abs. 1 BGB ergibt. Haftungserleichterungen im Rahmen der Kausalität allein bringen die Tragbarkeit des Gesamtsystems der deliktischen Haftung noch nicht ins Wanken, da ansonsten abstrakte Gefährdungsdelikte keine Schutzgesetze sein dürften. Es stellt sich zwar – ähnlich wie bei § 316 StGB – die Frage der Notwendigkeit der Anerkennung als Schutzgesetz, da ohne die Anerkennung der Schutz aufgrund bereits bestehender Schadensersatzansprüche gleichermaßen gewährt wird, jedoch steht dies der Anerkennung nicht zwangsläufig entgegen. Zudem hat der Hilfsbedürftige nur einen weiteren Anspruch gegen denselben Schädiger, ist aber entgegen der früheren *BGH*-Rechtsprechung nicht anderweitig durch einen anderen Schuldner abgesichert.

---

927 *Fischer*, § 323c StGB, Rn. 2; die Einstufung von jurisPK-Straßenverkehrsrecht/*Grube*, § 323c StGB, Rn. 16 als Erfolgsdelikt ist abzulehnen, weil der Erfolg, die Verletzung der geschützten Rechtsgüter, gerade nicht vorausgesetzt wird.

928 Siehe Kapitel 2) § 4) B) II) 3), S. 97.

Den Täter kann zwar eine unüberschaubare Haftung ähnlich wie bei § 323c Abs. 1 StGB treffen, allerdings genügt dies in diesem Fall noch nicht, die Haftung zu verneinen. Denn ihn würde nach § 823 Abs. 1 BGB die gleiche unüberschaubare Haftung treffen, womit diese gerade durch das Deliktsrecht selbst gebilligt wurde. Daher stellt § 323c Abs. 2 StGB ein Schutzgesetz dar.

Kapitel 5) Schlussfolgerungen für weitere echte Unterlassungsdelikte

Die bisherigen Ausführungen haben gezeigt, dass eine Haftung für ein Unterlassen nach § 823 Abs. 1 BGB eine Sonderverantwortlichkeit voraussetzt. Die Sittenwidrigkeit des § 826 BGB ist abzulehnen, wenn durch einen Schadensersatzanspruch die Wertungen anderer Bereiche untergraben werden, wozu auch die Wertungen des Deliktsrechts gehören. Daher bedarf es bei der Haftung für Unterlassungen einer Sonderverantwortlichkeit des Hilfe Unterlassenden. Bei § 823 Abs. 2 BGB ist insbesondere die Tragbarkeit der Haftung im Gesamtsystem der deliktischen Haftung zu prüfen, die bei der fehlenden Sonderverantwortlichkeit des Hilfe Unterlassenden nicht gegeben ist, weil dadurch die Wertung des § 823 Abs. 1 BGB, die Ablehnung einer allgemeinen Schadensabwendungspflicht, untergraben wird. Zudem ist zu beachten, dass die Bejahung der Schutzgesetzeigenschaft nicht zu einer unüberschaubaren Haftung führt. Die gefundenen Ergebnisse sind auf weitere echte Unterlassungsdelikte zu übertragen, um zu prüfen, ob sie unter diesen Umständen eine deliktische Haftung begründen können.

§ 1) Nichtanzeige von Straftaten nach § 138 StGB

Im Rahmen der Diskussion um die zivilrechtliche Haftung von echten Unterlassungsdelikten hat die Nichtanzeige von Straftaten nach § 138 StGB weniger Aufmerksamkeit bekommen. Sofern sich die Literaturstimmen mit § 138 StGB beschäftigen, geschieht dies meist im gleichen Atemzug mit § 323c Abs. 1 StGB, wobei die Argumente meist dieselben sind, welches aufgrund der Ähnlichkeit beider Normen nicht verwunderlich ist. Zunächst wird auf den bisherigen Streitstand hinsichtlich der Haftung nach den drei Generalklauseln eingegangen. Anschließend wird im Rahmen des persönlichen Schutzbereichs diskutiert, welche Rechtsgüter erfasst sind und ob diese auch geschützt sind, wenn die nicht verhinderte Tat nicht über das Versuchsstadium hinausgelangt ist.

A) Bisheriger Streitstand

I) § 823 Abs. 1 BGB

Lediglich *Spindler* sieht § 138 StGB als Garantenstellung an und bejaht eine Haftung aus § 138 StGB, da ein Auseinanderfallen von strafrechtlicher Verfolgbarkeit und zivilrechtlicher Liquidation des Schadens nicht nachvollziehbar sei.[929] Dies überzeugt jedoch aus demselben Grund wie bei § 323c Abs. 1 StGB nicht.[930] Demgegenüber lehnt die Mehrheit eine Haftung aus § 823 Abs. 1 BGB zu Recht ab,[931] da den Unterlassenden keine Sonderverantwortlichkeit trifft.

II) § 826 BGB

Schäfer[932] hält seine Erwägungen zu § 323c Abs. 1 StGB für auf § 138 StGB übertragbar. Demnach komme eine Haftung aus § 826 BGB in Betracht, wenn mit der Tat Individualrechtsgüter gefährdet seien und besondere Umstände vorlägen, die eine sittliche Pflicht gegenüber dem Gefährdeten begründen würden. Ob die konkrete Lebensgefahr wie bei § 323c Abs. 1 StGB einen solchen Umstand begründe, womit in Fällen des geplanten Mordes und Totschlags aufgrund der akuten Lebensgefahr automatisch eine Haftung aus § 826 BGB gegeben wäre, lässt *Schäfer* offen. Die akute Lebensgefahr stellt im Falle des geplanten Mordes oder Totschlags, von denen der Nichtanzeigende rechtzeitig Kenntnis erlangt, jedoch keinen besonderen Umstand dar, sondern gehört zum regulären Tatbestand des § 138 Abs. 1 Nr. 5 StGB, welcher für sich allein noch keine Haftung aus § 826 BGB begründet. Daher ist die Haftung aus den gleichen Gründen wie bei § 323c Abs. 1 StGB abzulehnen.[933] Zudem würde eine Haftung aus §§ 826 BGB i.V.m. 138 StGB der Wertung des § 823 Abs. 1 BGB, der Ablehnung einer allgemeinen Schadensabwendungspflicht, zuwiderlaufen.

Canaris[934] bejaht eine Haftung aus § 826 BGB, sofern das Vorsatzerfordernis erfüllt ist, da er § 138 StGB als Typisierung eines Sittenverstoßes versteht. § 826 BGB stellt entgegen *Canaris* jedoch nicht auf das sozial- und rechtsethische Minimum ab,[935] weswegen dieser Ansatz abzulehnen ist.

---

929 BeckOK-BGB[37. Edition]/*Spindler*, § 823 BGB, Rn. 7.

930 Siehe Kapitel 4) § 1) D) I) 4), S. 218.

931 MüKo-BGB/*Wagner*, § 823 BGB, Rn. 417; RGRK[12.]/*Steffen*, § 823 BGB, Rn 136; Staudinger[12.]/*Schäfer*, § 823 BGB, Rn. 198; *Esser/E. Schmidt*, S. 61.

932 *Staudinger*[12.]/*Schäfer*, § 826 BGB, Rn. 51.

933 Siehe Kapitel 4) § 2) B) II), S. 225.

934 *Larenz/Canaris*, Schuldrecht II/2, S. 441; *Canaris*, in: FS Larenz, S. 27 (57).

935 Siehe Kapitel 4) § 2) B) I), S. 224.

III) § 823 Abs. 2 BGB

1) Rechtsprechung

Zur Frage der Schutzgesetzeigenschaft des § 138 StGB existiert bisher keine höchstrichterliche Rechtsprechung. Hierzu haben bisher nur Landes- und Oberlandesgerichte im Zusammenhang mit der Nichtanzeige von Brandstiftungen und Mord Stellung bezogen.

a) LG Hamburg *vom 13. Februar 1996*

Das *LG Hamburg* hat in seinem Urteil vom 13. Februar 1996[936] sinngemäß über den folgenden Sachverhalt entschieden: A hat auf einem gemieteten Grundstück eine Spedition mit Lager und Bürobetrieben. Neben dem Lager hat sich ein Schuppen befunden, woneben ein Styroporplattenstapel gestanden hat. Nachts haben C, D und E das Grundstück betreten. D hat C einen Grillanzünder gegeben, womit C den Stapel angezündet hat. Das Feuer ist von dem Stapel auf den Schuppen und danach auf das Lager übergesprungen, wodurch ein Schaden von ca. 50.000 € entstanden ist. E, die über ihren Ehemann haftpflichtversichert gewesen ist, hat nur zugeschaut und nichts unternommen. A begehrt von E Ersatz des Schadens.

Das *LG Hamburg* verneint Ansprüche aus § 823 Abs. 1 BGB sowie aus §§ 823 Abs. 2 BGB i.V.m. 306 Abs. 1 Nr. 1, 13 Abs. 1 StGB mangels Garantenstellung.[937] Ebenso wenig bestehe ein Anspruch aus §§ 823 Abs. 2 BGB i.V.m. 138 Abs. 1 Nr. 8, Abs. 3 StGB, da § 138 StGB kein Schutzgesetz sei. „Sinn dieser Strafdrohung ist jedoch nicht die Gewährleistung von Individualhilfe zugunsten einer bestimmten Person, sondern es handelt sich um eine staatsbürgerliche Pflicht zur Mitwirkung bei der Aufrechterhaltung der öffentlichen Ordnung und Sicherheit in extrem gefährlichen Gefahrenlagen. Schutzobjekt ist demnach nur die öffentliche Sicherheit, der Individualschutz ist lediglich ein Reflex, weil der gefährdete einzelne als Teil des Publikums geschützt wird."[938] Es entspreche nicht dem Willen des Gesetzgebers, den Nichtanzeigenden wie einen Täter haften zu lassen.[939]

Zudem hat das *LG Hamburg* den Tatbestand des § 138 StGB verneint. Es sei nicht dargelegt worden, dass eine Anzeige der E die Ausführung oder den Erfolg der Brandstiftung verhindert hätte, womit mangels Verhinderungsmöglichkeit die Pflicht zur Anzeige nicht besteht. Daneben habe sie keinen Vorsatz

---

936 *LG Hamburg*, Urt. v. 13.02.1996, 322 O 458/95, r+s 1996, 396.

937 *LG Hamburg*, Urt. v. 13.02.1996, 322 O 458/95, r+s 1996, 396 (397).

938 *LG Hamburg*, Urt. v. 13.02.1996, 322 O 458/95, r+s 1996, 396 (397).

939 *LG Hamburg*, Urt. v. 13.02.1996, 322 O 458/95, r+s 1996, 396 (397).

bzgl. einer anzuzeigenden Brandstiftung, da sie die Möglichkeit des Überspringens des Feuers vom Stapel auf die Halle nicht erkannt habe und somit mangels Inbrandsetzens eines wesentlichen Gebäudeteils nicht von einer anzeigepflichtigen Brandstiftung ausgegangen sei.[940]

§ 323c Abs. 1 StGB und § 7 NBrandSchG wurden als Schutzgesetze nicht angesprochen.[941]

b) OLG Hamburg *vom 23. Juni 1998*

Das *OLG Hamburg* hat im Ergebnis mit seinem Urteil vom 23. Juni 1998[942] als Berufungsgericht das Urteil des *LG Hamburg* bestätigt, indem es den Ausführungen zum Nichtvorliegen des § 138 StGB aus tatsächlichen Gründen zustimmt. Dagegen lässt es die Frage, ob § 138 StGB ein Schutzgesetz ist, mangels Entscheidungsrelevanz offen. Dieses Urteil enthält ebenfalls keine Ausführungen zu § 323c Abs. 1 StGB.

c) OLG Karlsruhe *vom 15. November 2012*

Dem Urteil des *OLG Karlsruhe* vom 15. November 2012[943] hat der folgende Sachverhalt zugrunde gelegen: Der zwölfjährige A, der elfjährige B und der dreizehnjährige C haben in einem Kinderheim gelebt, in dem D die Aufsicht über sie geführt hat. A wollte D niederstechen, um aus dem Heim zu entkommen und äußert seinen Plan gegenüber den anderen Kindern. B hat sich bereit erklärt, für A ein Küchenmesser aus der Geschirrspüle zu besorgen. C, der sich zu keinem Zeitpunkt nachweisbar zum Vorhaben des A geäußert hat, hat B in die Küche, wo B ein Messer entnimmt und dieses A bringt, begleitet. Allein auf seinem Zimmer hat A D unter einem Vorwand zu sich gelockt und ihr beim Verlassen des Zimmers mit dem Messer in den Rücken gestochen. D hat mit lebensgefährlichen Verletzungen überlebt und leidet unter den seelischen Folgen der Tat. Sie begehrt auch von C Schmerzensgeld.

Das *OLG Karlsruhe* lehnt im Gegensatz zur Vorinstanz[944] einen Schadensersatzanspruch aus §§ 823 Abs. 1, 830 Abs. 2 BGB sowie weitere Ansprüche ab. Es fehle für eine Gehilfenhaftung schon an der notwendigen Unterstützungshandlung

---

940 *LG Hamburg*, Urt. v. 13.02.1996, 322 O 458/95, r+s 1996, 396 (397).

941 Die Voraussetzungen der Normen im konkreten Fall werden in Kapitel 5) § 2) A), S. 275, näher ausgeführt.

942 *OLG Hamburg*, Urt. v. 23.06.1998, 9 U 122/96, NVersZ 2000, 192 (193).

943 *OLG Karlsruhe*, Urt. v. 15.12.2012, 9 U 43/11, NJW-RR 2013, 1180.

944 *LG Konstanz*, Urt. v. 22.04.2010, 4 O 308/08 (nicht veröffentlicht), *OLG Karlsruhe*, Urt. v. 15.12.2012, 9 U 43/11, NJW-RR 2013, 1180.

des Haupttäters. Gerade bei einer psychischen Beihilfe genüge die Anwesenheit und Kenntnis des Tatplans alleine nicht, vielmehr bedürfe es einer Förderung bei der konkreten Tat, die auch in der Bestärkung des Tatentschlusses und der Vermittlung eines gesteigerten Sicherheitsgefühls des Haupttäters durch die Anwesenheit des Gehilfen bestehen könne. Diese Anforderungen seien erforderlich, damit durch die psychische Beihilfe eine fehlende Garantenstellung bei einer Haftung aus Unterlassen nicht umgangen werde. Die Anwesenheit des C während des Messerholens ohne eine zustimmende Äußerung zur Tat oder der Anwesenheit während der Tat genüge für eine solche Bestärkung des Tatplans nicht. Eine in Betracht kommende Kettenbeihilfe setze ebenfalls eine Unterstützungshandlung des Haupttäters voraus, welche vorliegend nicht ersichtlich sei. Daneben sei der Nachweis des Gehilfenvorsatzes nicht gelungen. Dieser erfordere sowohl die Kenntnis, dass durch die Anwesenheit die Tat gefördert werde, als auch den Vorsatz bezüglich der Haupttat. Die Zweifel, dass C aufgrund seines jungen Alters die Reichweite seiner Handlung nicht nachvollziehen könne und den Plan des A nicht ernst nehme, seien nicht beseitigt worden.[945]

Eine Haftung aus § 823 Abs. 1 BGB durch Unterlassen einer Warnung scheide mangels Garantenstellung des C aus. Insbesondere begründe § 138 StGB keine Garantenstellung.[946] Ein Anspruch aus §§ 823 Abs. 2 BGB i.V.m. 138 Abs. 1 Nr. 5 Var. 1 StGB bestünde nicht, weil § 138 StGB kein Schutzgesetz sei. § 138 StGB begründe gewisse Bürgerpflichten, bei denen der Individualschutz nachrangig sei.[947] § 323c Abs. 1 StGB wird als Schutzgesetz nicht angesprochen.

2) Literatur

a) Bejahende Ansicht

Teilweise wird eine Haftung aus §§ 823 Abs. 2 BGB i.V.m. 138 StGB bejaht.[948] § 138 StGB stelle ein Schutzgesetz dar, weil die Norm neben der Rechtpflege die Rechtsgüter der durch die Tat Bedrohten, z.B. bei Mord und Totschlag nach § 138 Abs. 1 Nr. 5 StGB das Leben, schütze.[949]

Canaris[950] begründet wie bei § 323c Abs. 1 StGB die Haftung damit, dass § 138 StGB ein Paradebeispiel für den Verstoß gegen die guten Sitten des

945 *OLG Karlsruhe*, Urt. v. 15.12.2012, 9 U 43/11, NJW-RR 2013, 1180 (1180 – 1182).

946 *OLG Karlsruhe*, Urt. v. 15.12.2012, 9 U 43/11, NJW-RR 2013, 1180 (1182).

947 *OLG Karlsruhe*, Urt. v. 15.12.2012, 9 U 43/11, NJW-RR 2013, 1180 (1182).

948 Soergel[13.]/*Spickhoff*, § 823 BGB, Rn. 16 (andeutend); *Larenz/Canaris*, Schuldrecht II/2, S. 441; *Canaris*, in: FS Larenz, S. 27 (57); *Kaufmann*, VersR 1999, S. 551 (556).

949 *Kaufmann*, VersR 1999, S. 551 (556).

950 *Larenz/Canaris*, Schuldrecht II/2, S. 441; *Canaris*, in: FS Larenz, S. 27 (57).

§ 826 BGB sei und § 823 Abs. 2 BGB die Haftung nach § 826 BGB um die Fälle ergänzen soll, die am Vorsatzerfordernis des § 826 BGB scheitern würden. Zudem sei eine Haftung billig, zumal der die Anzeige Unterlassende den Schaden leicht hätte abwehren können.[951]

b) Verneinende Ansicht

Die Gegenansicht[952] lehnt eine Haftung mit ähnlichen Argumenten wie bei § 323c Abs. 1 StGB ab. Zunächst fehle es an dem für ein Schutzgesetz notwendigen Individualrechtsgüterschutz, da das Schutzobjekt von § 138 StGB die öffentliche Sicherheit und Ordnung sei, während der durch die geplante Straftat Bedrohte nur reflexartig geschützt werde.[953] Zudem wäre es unbillig, wenn der zur Anzeige des Mordes Verpflichtete zivilrechtlich genauso haften müsste wie der Mörder selbst.[954]Außerdem ließe sich die Anerkennung des § 138 StGB als Schutzgesetz mit dem haftungsrechtlichen Gesamtsystem nicht vereinbaren, da hierdurch die Unterlassungsdogmatik, die für die Zurechnung von Schäden zu einem Unterlassen eine Garantenpflicht erfordere, durchbrochen werde.[955]

3) Stellungnahme

Da der *BGH* in Strafsachen als geschütztes Rechtsgut des § 138 StGB die in den Katalogtaten gefährdeten Rechtsgüter ansieht,[956] ist davon auszugehen, dass er in Zivilsachen ebenfalls entgegen der obigen Rechtsprechung die Schutzgesetzeigenschaft des § 138 StGB mit einer vergleichbaren Begründung wie bei § 323c Abs. 1 StGB bejahen wird.

Zunächst ist der Ansicht des *BGH*, § 138 StGB schütze die in den Katalogstraftaten genannten Individualrechtsgüter, zuzustimmen.[957] Das Rechtsgut

951 *Canaris*, in: FS Larenz, S. 27 (57f.).

952 MüKo-BGB/*Wagner*, § 823 BGB, Rn. 417; RGRK[12]/*Steffen*, § 823 BGB, Rn. 546; Staudinger[1986]/*Schäfer*, § 823 BGB, Rn. 591; *Esser/E. Schmidt*, S. 61f.

953 Staudinger[1986]/*Schäfer*, § 823 BGB, Rn. 591.

954 RGRK[12]/*Steffen*, § 823 BGB, Rn. 546; Staudinger[1986]/*Schäfer*, § 823 BGB, Rn. 591.

955 MüKo-BGB/*Wagner*, § 823 BGB, Rn. 417.

956 *BGH*, Urt. v. 19.03.1996, 1 StR 497/95, BGHSt 42, 86 (88).

957 AnwaltKomm/*Graf von Schlieffen*, § 138 StGB, Rn. 1; BeckOK-StGB/*Heuchemer*, § 138 StGB, Rn. 2; *Fischer*, § 138 StGB, Rn. 3; Lackner/Kühl/*Kühl*, § 138 StGB, Rn. 1; LK[12.]/*Hanack*, § 138 StGB, Rn. 2; MüKo-StGB/*Hohmann*, § 138 StGB, Rn. 1; NK-StGB/*Ostendorf*, § 139 StGB, Rn. 3; Maurach/Schroeder/ Maiwald/*Schroeder*, BT 2, § 98, Rn. 6; *Westendorf*, S. 44 – 62.

der öffentlichen Ordnung[958] ist mangels hinreichender Bestimmbarkeit abzulehnen.[959] Gegen die Annahme der öffentlichen Sicherheit[960] als Rechtsgut spricht, dass dies nur ein Sammelbegriff für viele andere Rechtsgüter ist.[961] Ferner schützt § 138 StGB nicht die Rechtspflege.[962] Denn hiergegen spricht bereits der Wortlaut, der die Anzeige gegenüber dem Gefährdeten genügen lässt[963] und § 139 Abs. 4 StGB verdeutlicht, dass es gerade auf die Abwehr der Rechtsgutsgefahr ankommt.[964] Dies bestätigt die prozessuale Zuständigkeitsnorm des § 120 Abs. 1 Nr. 7 StPO für die Zuständigkeit des Oberlandesgerichts, die an die zu verhindernden Straftaten anknüpft und es nicht bei den allgemeinen Regelungen belässt.[965] Wird die Rechtspflege als Verbrechensprävention verstanden, dann ist nicht ersichtlich, warum erst die Staatsorgane, die für die Vorbeugung von Verbrechen zuständig sind, geschützt werden sollen und nicht direkt die gefährdeten Rechtsgüter des Bedrohten.[966]

§ 138 StGB stellt ebenso wenig wie § 323c Abs. 1 StGB das rechts- und sozialethische Minimum dar, weswegen eine Haftung nicht als Ergänzung zu § 826 BGB begründet werden kann.[967] Hinsichtlich der Billigkeitserwägung gelten die Ausführungen zu § 323c Abs. 1 StGB entsprechend.[968] Ferner trifft den Nichtanzeigenden keine Sonderverantwortlichkeit, so dass die Haftung wie bei § 323c Abs. 1 StGB nicht mit dem haftungsrechtlichen Gesamtsystem vereinbar ist.[969]

Eine Haftung aus § 138 StGB kann im Falle von zu verhindernden Tötungs-, Brandstiftungs- und Raubdelikten ebenfalls leicht zu hohen Schadenssummen führen, die sich bei mehreren gefährdeten Personen schnell vervielfachen können. Dadurch besteht wiederum die Gefahr einer unüberschaubaren Haftung.

---

958 *Von Olshausen*, § 139 StGB, Rn. 3.
959 *Westendorf*, S. 47 – 51.
960 *Köhler*, GA 80 (1936), 397.
961 *Westendorf*, S. 52.
962 So aber: *Welzel*, S. 516; *Maurach*, § 79, S. 537.
963 LK[12.]/*Hanack*, § 138 StGB, Rn. 2; MüKo-StGB/*Hohmann*, § 138 StGB, Rn. 1; NK-StGB/*Ostendorf*, § 139 StGB, Rn. 3; *Westendorf*, S. 56f.
964 NK-StGB/*Ostendorf*, § 139 StGB, Rn. 3.
965 NK-StGB/*Ostendorf*, § 139 StGB, Rn. 3.
966 *Westendorf*, S. 56.
967 Die Argumentation zu § 323c Abs. 1 StGB (siehe Kapitel 4) § 3) C) VII), S. 251) ist auf § 138 StGB übertragbar.
968 Siehe Kapitel 4) § 3) C) III), S. 244.
969 Vgl. Kapitel 4) § 3) C) IV), S. 248.

Diese wird dadurch verstärkt, dass § 138 StGB genauso wie § 323c Abs. 1 StGB ein Vorsatzdelikt ist, wodurch die Verschärfungen der Haftung für eine vorsätzliche unerlaubte Handlung auf Rechtsfolgenseite entsprechend gelten.[970] Die Haftung wird ebenso wie bei § 323c Abs. 1 StGB durch die Möglichkeiten des Gesamtschuldnerausgleichs, der Kausalität und – sofern überhaupt vorhanden – eines etwaigen Mitverschuldens des Geschädigten nicht auf ein erträgliches Maß reduziert.

Die Schutzgesetzeigenschaft des § 138 StGB ist aufgrund der Unvereinbarkeit mit dem deliktischen Gesamtsystem sowie der Gefahr einer unüberschaubaren Haftung abzulehnen.

B) Sachlicher Schutzbereich

Wird entgegen der hier vertretenen Ansicht eine Haftung aus §§ 823 Abs. 2 BGB i.V.m. 138 StGB bejaht, stellt sich die Frage, wie weit der sachliche Schutzbereich des § 138 StGB reicht und ob dieser eventuell teleologisch zu reduzieren ist.

I) § 138 Abs. 1 Nr. 5 StGB

§ 138 Abs. 1 Nr. 5 StGB schützt mit der Nennung von Mord und Totschlag das Rechtsgut Leben.[971] Im Urteil des *OLG Karlsruhe* vom 15. November 2012[972] hat die Aufsicht D den Tötungsversuch des Heimkindes mit schweren Folgen überlebt. Das *OLG Karlsruhe* hat einen Schadensersatzanspruch aus §§ 823 Abs. 2 BGB i.V.m. 138 Abs. 1 Nr. 5 StGB abgelehnt, weil § 138 StGB kein Schutzgesetz sei und einzelne Tatbestandsmerkmale nicht vorgelegen haben. Zur Frage, ob der sachliche Schutzbereich des § 138 Abs. 1 Nr. 5 StGB eröffnet ist, wenn die bedrohte Person überlebt, hat es sich nicht geäußert. Die einzig denkbare Verletzung des Rechtsguts Leben, welches die Tötungsdelikte schützen, liegt jedoch in der Auslöschung des Lebens. Damit sind Verletzungen des Körpers und der Gesundheit, welche die Aufsicht D in dem Urteil erlitten hat, als mögliche Zwischenschritte zur Tötung nicht erfasst. Hiergegen könnte eingewandt werden, dass der Versuch des Tötungsdelikts ebenfalls strafbar ist, so dass die Zwischenschritte bei entsprechendem Tatvorsatz mitumfasst seien. Der Versuch

---

970 Vgl. Kapitel 2) § 8), S. 134.

971 Zudem werden einzelne Normen des Völkerstrafgesetzbuches aufgeführt, die daneben noch weitere Rechtsgüter schützen, auf welche an dieser Stelle jedoch nicht weiter eingegangen wird.

972 Siehe Kapitel 5) § 1) A) III) 1) c), S. 268.

schließt die Zwischenschritte zwar ein, jedoch nur, um einen möglichst weitgehenden Schutz des Lebens zu gewährleisten, nicht dagegen zur Verhinderung etwaiger Körperverletzungen. Für dieses Ergebnis spricht die Erwägung, dass § 138 StGB gerade keine Körperverletzungsdelikte, nicht einmal § 226 StGB, enthält, womit der Gesetzgeber zum Ausdruck bringt, dass der Schutz von Gesundheit und Körper grundsätzlich nicht erfasst ist. Zudem wird im Zivilrecht im Fall der Aufsicht D bei einem Schadensersatzanspruch nach § 823 Abs. 1 BGB nicht die Verletzung des Lebens, sondern nur die Verletzung von Körper und Gesundheit bejaht.[973]

Daher wäre es im Fall des *OLG Karlsruhe* naheliegender gewesen, den Schadensersatzanspruch aus §§ 823 Abs. 2 BGB i.V.m. 138 Abs. 1 Nr. 5 StGB mangels Eröffnung des sachlichen Schutzbereichs abzulehnen. Die Vorsatzerwägungen hinsichtlich der Ernstlichkeit des Vorhabens wären dann vielmehr bei einem anschließend zu prüfenden Anspruch aus §§ 823 Abs. 2 BGB i.V.m. 323c Abs. 1 StGB beim Vorsatz bzgl. des Unglücksfalls und der Erforderlichkeit der Hilfeleistung zu erörtern gewesen.

II) § 138 Abs. 1 Nr. 7 StGB

§ 138 Abs. 1 Nr. 7 StGB erfasst Raub und räuberische Erpressung sowie die Qualifikationen und Erfolgsqualifikationen der §§ 250, 251 StGB. Rechtsgüter des Raubes sind die persönliche Freiheit und das Eigentum,[974] wobei teilweise auf die „uneingeschränkte Verfügungsmöglichkeit des Eigentümers" abgestellt wird, da der Eigentümer das Eigentum durch den Diebstahl wegen § 935 S 2 BGB nicht verliert[975], sowie nach umstrittener Ansicht der Gewahrsam.[976] Das Rechtsgut der räuberischen Erpressung sind die persönliche Freiheit sowie das Vermögen.[977] §§ 250, 251 StGB schützen zudem die Gesundheit und das Leben der Opfer von Raub und räuberischer Erpressung.

Die Besonderheit des § 138 Abs. 1 Nr. 7 StGB besteht darin, dass der Schutz auf Rechtsgüter erstreckt wird, die für sich allein als nicht so schützenswert eingestuft

---

973 Jedoch scheitert der Anspruch anschließend sofort an der fehlenden Garantenstellung des Nichtanzeigenden.

974 BeckOK-StGB/*Wittig*, § 249 StGB, Rn. 1; MüKo-StGB/*Sander*, § 249 StGB, Rn. 2; NK-StGB/*Kindhäuser*, § 249 StGB, Rn. 1.

975 BeckOK-StGB/*Wittig*, § 242 StGB, Rn. 2; MüKo-StGB/*Sander*, § 249 StGB, Rn. 2.

976 Bejahend: MüKo-StGB/*Sander*, § 249 StGB, Rn. 2; ablehnend: BeckOK-StGB/*Wittig*, § 249 StGB, Rn. 1 m.w.N.

977 MüKo-StGB/*Sander*, § 253 StGB, Rn. 1.

werden, dass sie eine Einschränkung der Handlungsfreiheit des Nichtanzeigenden rechtfertigen. Erst die Kombination aus Eigentums- bzw. Vermögensverletzung durch Einschränkung der persönlichen Freiheit des Geschädigten soll die Einschränkung der Handlungsfreiheit des Nichtanzeigenden rechtfertigen. Während dies strafrechtlich zur Schaffung eines größeren Sicherheitsgefühls noch zu überzeugen vermag, ist das Ergebnis zivilrechtlich fragwürdig. Denn für den Schutz seines Eigentums ist jeder selbst verantwortlich. Insofern gelten die Argumente für die Ablehnung des Eigentumsschutzes im Rahmen des § 323c Abs. 1 StGB[978] entsprechend. Ein Grund für die Übertragung des Risikos des Verlusts von Eigentum durch Raub oder räuberische Erpressung auf den Nichtanzeigenden ist nicht ersichtlich. Allein der Aspekt, dass gegen das Opfer Gewalt angewendet wurde, rechtfertigt dies nicht, da § 138 StGB ansonsten vor keiner Schädigung der Gesundheit schützt. Daher ist der Vermögens-, Eigentums-, Freiheits- und Gesundheitsschutz des § 138 Abs. 1 Nr. 7 StGB zivilrechtlich im Rahmen einer teleologischen Reduktion auszuschließen und ein Schadensersatzanspruch abzulehnen.

III) § 138 Abs. 1 Nr. 8 StGB

§ 138 Abs. 1 Nr. 8 StGB erfasst die Brandstiftungsdelikte der §§ 306 – 306c StGB sowie verschiedene weitere gemeingefährliche Straftaten, auf die an dieser Stelle nicht näher eingegangen wird. Rechtsgut der einfachen Brandstiftung nach § 306 StGB ist das Eigentum.[979] §§ 306a – 306c StGB schützen darüber hinaus die Gesundheit und das Leben vor den Gefahren der Brandstiftung.[980]

Damit stellt sich an dieser Stelle wiederum die Frage, ob der Eigentumsschutz auch zivilrechtlich zu einem Schadensersatzanspruch führen soll oder eine teleologische Reduktion geboten ist. Gegen eine Reduktion spricht zunächst, dass der Gesetzgeber bewusst auf § 306 StGB verwiesen hat und nicht nur auf die folgenden Normen, die Gesundheit und Leben schützen. Der weitgehende strafrechtliche Schutz lässt sich jedoch aus der besonderen Gefahr der Unbeherrschbarkeit

---

978 Siehe Kapitel 2) § 1) A) I) 7), S. 40.

979 MüKo-StGB/*Radtke*, § 306 StGB, Rn. 5; NK-StGB/*Kargl*, Vorb. zu §§ 306ff. StGB, Rn. 2, wobei die beiden Autoren (m.w.N. für ihre Ansicht und die h.M.) darüber hinaus ein Element der Gemeingefährlichkeit in der Brandstiftung durch die Unbeherrschbarkeit des Elements Feuers erblicken, welche den höheren Strafrahmen rechtfertigt. Die h.M. lehnt eine Gemeingefährlichkeit demgegenüber ab.

980 MüKo-StGB/*Radtke*, § 306a StGB, Rn. 4; MüKo-StGB/*Radtke*, § 306b StGB, Rn. 3; MüKo-StGB/*Radtke*, § 306c StGB, Rn. 1.

des Elements Feuer erklären, weswegen sowohl die strafrechtlichen Verbote als auch die entsprechende Anzeigepflicht des § 138 Abs. 1 Nr. 8 StGB frühzeitig ansetzen. Daher sehen einige strafrechtliche Vertreter zu Recht über den Eigentumsschutz des § 306 StGB hinaus einen Schutz vor abstrakten Gefahren für weitere Rechtsgüter.[981] Diese kriminalpolitisch wesentlichen Gründe für einen weitergehenden strafrechtlichen Schutz im Bereich des Elements Feuer stehen auf zivilrechtlicher Ebene wiederum den obigen Erwägungen zur Verteilung der Risiken des Feuers gegenüber.[982] Gründe für die Übertragung des Risikos gegen Feuerschäden vom Eigentümer bzw. dessen Versicherung auf den Nichtanzeigenden sind nicht ersichtlich. Daher ist § 138 Abs. 1 Nr. 8 StGB hinsichtlich der Brandstiftungsdelikte sowie der weiteren aufgeführten gemeingefährlichen Delikte aus denselben Gründen wie Nr. 7 zivilrechtlich dahingehend teleologisch zu reduzieren, dass der Eigentumsschutz vom sachlichen Schutzbereich ausgenommen wird und zu keinem Schadensersatzanspruch führt.

C) Persönlicher Schutzbereich

Der persönliche Schutzbereich ergibt sich aus dem jeweiligen Strafgesetz, auf welches § 138 StGB in seinem Katalog verweist. Im Übrigen gelten die Ausführungen zu § 323c Abs. 1 StGB entsprechend.[983]

§ 2) Landesrechtliche Meldepflichten

A) Landesrechtliche Meldepflichten als Schutzgesetze

Die Schutzgesetzeigenschaft von landesrechtlichen Meldepflichten wird in der Rechtsprechung nicht und in der Literatur – wenn überhaupt – nicht vertieft diskutiert. *Surwald*[984] und ihm folgend *Ernst*[985] bejahen die Schutzgesetzeigenschaft von §§ 29 Abs. 1 i.V.m. 38 Abs. 1 Nr. 1 FwG BW schon lange. Ihre Begründung beschränkt sich letztlich darauf, dass § 38 FwG BW Individualrechtsgüter schützt, wenn sie ausführen, dass § 38 FwG BW das Ziel verfolgt der Feuerwehr die Schadensbekämpfung zu erleichtern und damit Schäden zu minimieren.

981 MüKo-StGB/*Radtke*, § 306 StGB, Rn. 5; NK-StGB/*Kargl*, Vorb. zu §§ 306ff. StGB, Rn. 2 jeweils m.w.N.

982 Siehe Kapitel 2) § 1) A) I) 7), S. 40, und Kapitel 2) § 1) A) II), S. 49.

983 Siehe Kapitel 2) § 1) B), S. 51.

984 *Surwald*, § 40 FwG BW, Rn. 3.

985 *Ernst*, § 38 FwG BW, Rn. 2.

Scholz und *Runge*[986] verneinen dagegen ohne nähere Begründung die Schutzgesetzeigenschaft von § 7 Abs. 1 NBrandSchG.

Der Befund der geringen Thematisierung der Schutzgesetzeigenschaft überrascht jedoch nicht, da § 323c Abs. 1 StGB – abhängig vom Verständnis der geschützten Rechtsgüter – weitgehend die Sachverhalte der landesrechtlichen Meldepflichten mitumfasst, wodurch sie als Ordnungswidrigkeit neben der Straftat nach § 21 OwiG grundsätzlich nicht zur Anwendung kommen.[987] Zudem gibt es auch Überschneidungen mit der Nichtanzeige von Straftaten nach § 138 Abs. 1 Nr. 8 StGB, wenn eine Brandstiftung Dritter vorliegt, wie der Sachverhalt des Urteils des *LG Hamburg*[988] verdeutlicht. Die zeitlichen Überschneidungen sind jedoch nur kurz. § 138 Abs. 1 Nr. 8 StGB schützt im Zeitraum der Planung der Tat über die Ausführung bis zum Zeitpunkt, in dem der Erfolg nicht mehr abgewendet werden kann. Bei der Brandstiftung tritt der Erfolg aber nicht erst mit der vollständigen Zerstörung des Gebäudes ein, sondern wesentlich früher. Im Fall des Inbrandsetzens, wenn das Feuer Teile eines Gebäudes, die für den bestimmungsgemäßen Gebrauch wesentlich sind, so erfasst hat, dass es von alleine weiterbrennt und im Falle der Brandlegung, wenn Teile des Gebäudes, die für den bestimmungsgemäßen Gebrauch wesentlich sind, unbrauchbar sind.[989] Damit endet nach dem Wortlaut des § 138 Abs. 1 StGB der Schutz der Norm, sobald der Nichtanzeigende nach dem jeweiligen Katalogtatbestand den kleinstmöglichen Erfolg nicht mehr verhindern kann.[990] Demgegenüber umfassen die Meldepflichten den Zeitraum von der Ausführung der Brandstiftung bis zur vollständigen Zerstörung aller brennbaren Gegenstände.

Insoweit überrascht es, dass das *LG Hamburg* den vom Zeitraum des Geschehens näherliegenden § 7 NBrandSchG[991] nicht angesprochen hat, zumal die

986 *Scholz/Runge*, § 7 NBrandSchG, S. 150.

987 *Ernst*, § 38 FwG BW, Rn. 1.

988 Siehe Kapitel 5) § 1) A) III) 1) a), S. 267.

989 *Fischer*, § 306 StGB, Rn. 17.

990 Die Erstreckung der Strafbarkeit auf den späteren Zeitpunkt, indem kein Erfolg (die komplette Zerstörung des Gebäudes) mehr verhindert werden kann, ist nur möglich, wenn dafür der Eintritt der ersten Erfolge geopfert wird. Der erst spät Anzeigende könnte sich dann immer darauf berufen, dass er davon ausgegangen ist, dass er mit dem Eintritt weiterer Erfolge gerechnet hat und er nach dem Eintritt des ersten Erfolges (teilweise Zerstörung des Gebäudes) zumindest diese verhindern wollte. Aus Sicht des Opferschutzes bedarf es dieser Erstreckung nicht, weil die Opfer der späteren Erfolge hinreichend durch § 323c Abs. 1 StGB sowie die landesrechtlichen Meldepflichten geschützt sind und § 138 StGB auch die ersten Opfer schützt.

991 Der Brand fand in Braunschweig statt.

Norm erfüllt sein dürfte. Die Einwendungen gegen § 138 Abs. 1 Nr. 8 StGB greifen bei dieser Norm nicht durch. Es kommt für den Tatbestand der Meldepflicht nicht darauf an, ob die Nichtanzeigende E den Erfolg (selbstständiges Brennen eines Teils des Gebäudes) durch die Anzeige noch hätte verhindern können, indem die Feuerwehr dann noch rechtzeitig zum Löschen gekommen wäre, sondern nur, ob ein Brand noch geschützte Rechtsgüter gefährdet, welches der Fall gewesen ist. Erst im Rahmen der haftungsbegründenden und -ausfüllenden Kausalität ist zu klären, inwieweit die Alarmierung der Feuerwehr den Schaden hätte verhindern können.[992] Daneben wäre der Vorsatz der Zeugin E nicht dadurch ausgeschlossen, dass sie nach ihrer Vorstellung mangels Inbrandsetzens eines Gebäudes nicht von einer Brandstiftung als anzeigepflichtige Straftat ausgegangen sei. Denn die Meldepflicht setzt einerseits keine Brandstiftung, sondern nur das Vorliegen eines Brandes, welcher erhebliche Sachen gefährdet, voraus, der spätestens mit dem Übergreifen des Feuers auf dem Schuppen gegeben ist und von ihr bemerkt wurde. Andererseits verlangt die Meldepflicht selbst keine Verschuldensform[993] und für den Schadensersatzanspruch genügt Fahrlässigkeit.

An dieser Stelle ist auf die ursprüngliche Frage der Schutzgesetzeigenschaft der landesrechtlichen Meldepflichten zurückzukommen. Aufgrund der großen

---

Daneben kommt § 323c Abs. 1 StGB in Betracht, welcher nach der hier vertretenen Ansicht jedoch ausscheidet, weil das Eigentum allein kein geschütztes Rechtsgut ist. Nach der Gegenansicht liegt ein Unglücksfall für den Eigentümer vor und die Hilfe in Form der Alarmierung der Feuerwehr durch die Zeugin ist bis zur vollständigen Zerstörung des Gebäudes und dem Ausschluss weiteren Übergreifens des Feuers erforderlich und ihr ohne Zweifel zumutbar. Spätestens zum Zeitpunkt des Übergreifens des Feuers auf den Schuppen dürfte sie erkannt haben, dass ein Unglücksfall vorliegt und sie die Feuerwehr alarmieren muss, so dass auch der Vorsatz gegeben ist. Die Frage, inwieweit die Feuerwehr den Brand noch hätte löschen können und der Schaden damit geringer ausgefallen wäre, stellt sich erst im Rahmen der haftungsbegründenden und -ausfüllenden Kausalität (vgl. hierzu Fn. 992, S. 277).

992 Trägt der Geschädigte als beweisbelastete Partei hierzu wie im Urteil des *LG Hamburg* nicht weiter vor und bietet keine Beweise an, dann ist auch ein Schadensersatzanspruch aus § 823 Abs. 2 BGB i.V.m. § 7 BrandSchG unabhängig von der Frage der Schutzgesetzeigenschaft der Norm mangels Kausalität zu verneinen. Würde er zumindest anführen, dass die Feuerwehr rechtzeitig gekommen wäre und den Dienststellenkoordinator als Sachverständigenbeweis anbieten, wäre entsprechend dem unter Kapitel 2) § 4) B) III), S. 100, geschilderten Vorgehen der Beweis möglich, so dass es auf die Schutzgesetzeigenschaft der Meldepflicht ankommt.

993 In Niedersachsen ist ein Verstoß gegen die Meldepflicht keine Ordnungswidrigkeit.

Ähnlichkeiten der landesrechtlichen Meldepflichten wird an dieser Stelle auf eine separate Untersuchung jeder einzelnen Norm verzichtet und sie werden vielmehr gemeinsam untersucht.

Hierfür sind zunächst die geschützten Rechtsgüter herauszustellen. Im Gegensatz zu § 323c Abs. 1 StGB werden diese bei den landesrechtlichen Meldepflichten namentlich genannt, nämlich Leben und Gesundheit von Menschen und überwiegend das Eigentum an erheblichen Sachwerten.[994] Bei diesen handelt es sich um Individualrechtsgüter, die dem Schutz des Einzelnen dienen. Hierzu zählt aber nicht das teilweise genannte Kollektivrechtsgut Umwelt, das u.a. vor Gewässer- und Bodenverunreinigungen geschützt werden soll.[995] Dem Individualschutzcharakter steht nicht entgegen, dass durch die Meldepflicht ein kleiner Teil der öffentlichen Aufgaben, nämlich die Gefahrenabwehr, auf den Bürger übertragen wird und dieser damit die Aufgabe der Feuerwehr wahrnimmt, welche dem Gemeinwohl dient. Zwar dient die Meldepflicht bei Bränden und anderen größeren Katastrophen dazu, schnellstmöglich die Einsatzkräfte zu alarmieren, um Schäden von größerem Ausmaß zu verhindern und damit das Vertrauen und das Sicherheitsgefühl der Bürger zu sichern, wodurch diese ein sorgenfreieres Leben führen können. Auch wurde in früheren Gesetzesbegründungen vom „wirksamen Schutz der Bevölkerung vor Brandschäden“[996] gesprochen. Jedoch kommt den Feuerwehr- und Brand- und Katastrophenschutzgesetzen auch die wesentliche Aufgabe zu dem Einzelnen in seiner konkreten Not zu helfen. Dies verdeutlicht u.a. § 2 Abs. 1 S 1 Nr. 1 FwG BW, wonach es zu den Aufgaben der Feuerwehr gehört „bei Schadenfeuer (Bränden) und öffentlichen Notständen Hilfe zu leisten und den **Einzelnen** und das Gemeinwesen vor hierbei drohenden Gefahren zu schützen“.[997] Ähnlich verhält es sich in anderen Gesetzen, wenn sie als Zweck des Gesetzes abwehrende Maßnahmen gegen Brandgefahren anführen, worunter der Schutz von Menschenleben und Sachwerten vor diesen Gefahren verstanden wird.[998] Zudem folgt dies unmittelbar aus den Meldepflichten, wenn diese auch Unglücksfälle oder Unfälle als meldepflichtige Sachverhalte nennen, bei denen mitunter nur eine Person Hilfe

---

994 § 12 Abs. 1 BbgBKG und § 22 Abs. 2 M-V-BrSchG nennen Sachwerte ohne Begrenzung, § 13 Abs. 1 FwG Berlin spricht von sonstigen bedeutenden Rechtsgütern. Zusätzlich werden öfter Umwelt und Tiere genannt und § 44 Abs. 1 HBKG führt noch natürliche Lebensgrundlagen an.

995 Vgl. *Ernst*, § 29 FwG BW, Rn. 1.

996 Landtagsvorlage 61/3 der *Landesregierung Schleswig-Holstein*, S. 197 (207).

997 Hervorhebung durch den Autor.

998 *Geiger/Heß*, § 1 ThürBKG, Rn. 3; *Klab/Zachertz*, § 1 HBKG, Rn. 7.

benötigt und die Hilfe damit primär den Hilfsbedürftigen und nicht einem größeren Kreis oder dem Gemeinwohl zugutekommt. Insoweit ist der Begründung von *Surwald* und *Ernst* zuzustimmen.

Allerdings darf damit die Prüfung nicht vorschnell beendet werden. Vielmehr ist an dieser Stelle zu untersuchen, ob eine unüberschaubare Haftung droht und ein Schadensersatzanspruch im Rahmen des Gesamtsystems tragbar erscheint.

Gerade im Bereich von Bränden drohen leicht sehr hohe Schadenssummen, weil das Feuer unbeherrschbar ist, sich schnell verbreiten und dabei Gebäude mit hohen Werten sowie weitere wertvolle Sachen und mehrere Menschenleben schädigen kann. Die Haftung wird zusätzlich durch die entsprechende Vorsatzhaftung verstärkt, welche sich ähnlich wie bei § 323c Abs. 1 StGB auch hier stellen kann.[999] Hinzu kommt, dass Brände regelmäßig ohne fremdes Verschulden entstehen, so dass der Nichtanzeigende insofern keine Möglichkeit eines Regresses hat, soweit nicht ein weiterer Nichtanzeigender existiert und damit den Schaden vollständig allein tragen muss.

Zudem kommt erschwerend hinzu, dass die Haftung in den meisten landesgesetzlichen Normen nicht auf Vorsatz beschränkt ist, sondern auch Fahrlässigkeit mitumfasst. Daraus ergibt sich die Frage, wann ein Fahrlässigkeitsverstoß anzunehmen ist. Nach § 38 Abs. 1 Nr. 1 FwG BW handelt ordnungswidrig, wer vorsätzlich oder fahrlässig die Pflicht zur Gefahrmeldung nach § 29 FwG BW nicht erfüllt. Hierzu ist er verpflichtet, wenn er einen Brand, einen Unfall oder ein anderes Ereignis, durch das Menschen oder erhebliche Sachwerte gefährdet sind, bemerkt.

Denkbar ist zunächst die Konstellation, in der der Nichtanzeigende einen Sachverhalt fälschlicherweise als nicht meldepflichtig einstuft, den er bei gehöriger Anstrengung hätte erkennen können. Als Beispiel dient wiederum der Fall des *LG Hamburg*, bei dem die Zeugin E bei gehöriger Anstrengung und dem Wissen der Unbeherrschbarkeit und Unkontrollierbarkeit des Feuers frühzeitiger hätte erkennen können, dass die Gefahr des Überspringens besteht und damit frühzeitiger die Pflicht zur Meldung entstanden ist, so dass sie womöglich für einen größeren Teil des Schadens kausal gewesen ist. In Betracht kommt zudem das Merkmal „bemerken", also das Wahrnehmen durch die Sinnesorgane.[1000] Dabei kann ein Brand nicht nur unmittelbar durch Sichtkontakt

999 Vgl. Kapitel 2) § 8), S. 134.

1000 *Kerstiens*, S. 105 definiert das Wort „bemerkt" der Meldepflicht in § 18 Gesetz über das Feuerlöschwesen vom 15.12.1933 unter Grundlage des amtlichen Materials als „sieht, riecht, hört."

der lodernden Flammen wahrgenommen werden, sondern auch indirekt über das Sehen von aufsteigendem Rauch, das Riechen von Rauch oder das Hören des Knisterns eines Feuers. Hat der Nichtanzeigende das Wahrgenommene als Brand erkannt und kommt dennoch seiner Meldepflicht nicht nach, liegt ein vorsätzlicher Verstoß vor.[1001]

Jedoch kann es sich bei dem Wahrgenommenen ebenso gut um das Grillen oder den Kamin des Nachbarn, wenn er Plastik oder nasses Holz verbrennt oder um ein (il-)legales Osterfeuer handeln. Nimmt der Nichtanzeigende ohne sich zu vergewissern einen der eben genannten ungefährlichen Fälle an, könnte er fahrlässig gegen die Nachschaupflicht und damit auch gegen seine Meldepflicht verstoßen haben. Eine solche Nachschaupflicht steht im Spannungsverhältnis zwischen dem staatlichen Interesse einer möglichst weitreichenden Gefahrenabwehr und dem Freiheitsinteresse des Nichtanzeigenden, der nicht jedem Feuer auf den Grund gehen möchte, sowie dem Grillenden, der nicht regelmäßig durch Nachschauende gestört werden möchte. Dabei kommt einerseits der Gefahrenabwehr aufgrund der überragenden Bedeutung der gefährdeten Rechtsgüter sowie der Handlungsfreiheit des Nichtanzeigenden als unbeteiligtem Dritten jeweils ein bedeutendes Gewicht zu, während die Interessen des Grillenden als Verursacher untergeordnet sind. Da abstrakt keine der beiden Interessen überwiegt, bedarf es einer Einzelfallentscheidung, bei der zu prüfen ist, ob es plausible Gründe für die Annahme einer ungefährlichen Tätigkeit gibt, bei denen ein sorgfältiger Dritter nicht nachschaut, sondern es auf sich beruhen lässt. Hierzu zählen die Gewohnheiten der Nachbarn, um diese Zeit zu Grillen oder den Kamin zu nutzen, das Vorhandensein eines Grills oder Kamins, eine dazu passende Geräuschkulisse, die Kenntnis, dass die Nachbarn anwesend sind, der passende Ort für ein Feuer etc. Bestehen keine plausiblen Gründe, umfasst die Meldepflicht eine Nachschaupflicht und ein Verstoß hiergegen führt zur Fahrlässigkeit. In der Gesamtschau ist durch die hohen Schadenssummen, den zusätzlichen Folgen einer Vorsatzhaftung und der Erstreckung auf Fahrlässigkeit eine unüberschaubare Haftung des Nichtanzeigenden anzunehmen.

Gleichzeitig handelt es sich bei der Meldepflicht um eine Allgemeinpflicht und nicht um eine Sonderverantwortlichkeit, so dass wiederum die Wertung des § 823 Abs. 1 BGB, der Ablehnung einer allgemeinen Schadensabwendungspflicht, umgangen wird. Daher ist eine Haftung aus § 823 Abs. 2 BGB i.V.m. den landesgesetzlichen Meldepflichten im haftungsrechtlichen Gesamtsystem nicht tragbar. Aufgrund der unüberschaubaren Haftung und der Unvereinbarkeit im

---

1001 *Kerstiens*, S. 105.

haftungsrechtlichen Gesamtsystem ist die Schutzgesetzeigenschaft der landesrechtlichen Meldepflichten zu verneinen.

B) Sachliche und persönlicher Schutzbereich

Hinsichtlich des sachlichen Schutzbereichs ist aus denselben Argumenten wie bei § 138 Abs. 1 Nr. 8 StGB[1002] eine teleologische Reduktion dahingehend vorzunehmen, dass Sachen, wozu auch Tiere zählen, nicht vom zivilrechtlichen Schutz umfasst sind. Hinsichtlich des persönlichen Schutzbereichs geltend die Ausführungen zu § 323c Abs. 1 StGB entsprechend.[1003]

§ 3) Vermögensrechtliche Vorschriften

Übrig bleiben an dieser Stelle noch die vermögensrechtlichen Vorschriften des Vorenthaltens von Arbeitsentgelten nach § 266a StGB, die unterlassene Stellung eines Insolvenzeröffnungsantrags nach § 15a Abs. 1, Abs. 4 InsO und die Nichtverwendung des Baugeldes gem. §§ 1, 2 BauFodSiG. Diese Normen haben gewisse Gemeinsamkeiten, auf die in den allgemeinen Erwägungen eingegangen wird, bevor zu den einzelnen Normen Stellung bezogen wird.

A) Allgemeine Erwägungen

Gemein ist den Normen zunächst, dass sie kein Rechtsgut des § 823 Abs. 1 BGB schützen. Daher liegt der Gedanke nahe, dass die Bejahung der Schutzgesetzeigenschaft unproblematisch sein dürfte, da sie den Wertungen des § 823 Abs. 1 BGB zur Unterlassungshaftung nicht widersprechen, zumal sich diese nur auf die dort geschützten Rechtsgüter beziehen. Daher wird diese Thematik wohl im Zusammenhang mit den genannten Vermögensdelikten auch nicht diskutiert.

Verstärkend kommt hinzu, dass die Haftung nicht unüberschaubar, sondern begrenzt und vorhersehbar ist. Bei §§ 1, 2 BauFodSiG ist sie auf die Höhe des Baugeldes beschränkt, bei § 266a StGB hängt diese von der Anzahl der Arbeitnehmer und den vereinbarten Arbeitslöhnen ab und bei § 15a Abs. 1, Abs. 4 InsO von weiteren eingegangenen Verpflichtungen sowie der weiteren Verringerung der Insolvenzmasse. Zwar können die Schadenssummen bei diesen Normen insbesondere in größeren Betrieben schnell große Höhen erreichen, allerdings liegt der Unterschied zu den bisherigen Normen darin, dass die Schuldner die

---

1002 Siehe Kapitel 5) § 1) B) III), S. 274.
1003 Vgl. Kapitel 2) § 1) B), S. 51.

Möglichkeiten hatten, die Haftung zu überschauen (entweder selbst oder unter Beiziehung von Experten), sie die Risiken dennoch bewusst eingegangen sind und von dem Eingang der Risiken durch eine Art von Bezahlung profitieren. Daher kann in diesem Zusammenhang nicht von einer unüberschaubaren und unerwarteten Haftung gesprochen werden, die der Bejahung des Schutzgesetzes entgegensteht.

Die Annahme des Gedankens, dass sich bei Vermögensdelikten die Frage der Reichweite der Unterlassungshaftung nicht stellt, ist jedoch vorschnell und unzutreffend. Wie oben dargelegt, handelt es sich bei der Ablehnung einer allgemeinen Schadensabwendungspflicht um einen allgemeinen Grundsatz, der sich nicht nur auf § 823 Abs. 1 BGB beschränkt.[1004] Daher bedarf es auch bei § 823 Abs. 2 BGB für Normen, die nicht die Rechtsgüter des § 823 Abs. 1 BGB schützen, der Prüfung, ob die Norm der Wertung der Ablehnung einer allgemeinen Schadensabwendungspflicht entgegensteht oder stattdessen eine Sonderverantwortlichkeit begründet.

Die drei Normen begründen eine solche Sonderverantwortlichkeit. Bei den drei Normen bedient sich der Schuldner jeweils eines rechtlichen Instruments, welches der Gesetzgeber ihm nur unter Einhaltung gewisser Pflichten gewährt. Bei § 266a StGB handelt es sich um die Anstellung von Arbeitnehmern, wofür der Gesetzgeber ihm u.a. die Pflicht zur Abführung von Sozialversicherungsbeiträgen auferlegt, bei §§ 1, 2 BauFordSiG setzt die Entgegennahme von Baugeld die Verwendung für bestimmte Zwecke voraus und § 15 Abs. 1, Abs. 4 InsO erfordert die Nutzung einer juristischen Person u.a. die rechtzeitige Stellung eines Insolvenzantrages. Mit diesem Instrument erweitert der Schuldner seinen eigenen Rechtskreis und greift zugleich in die Handlungsfreiheit eines Dritten durch die Übertragung von Risiken ein, dessen Eingriff der Staat nur bei Einhaltung dieser Pflichten als gerechtfertigt ansieht. Mit der Nutzung des Instruments akzeptiert der Schuldner zugleich die Einschränkung seiner eigenen Handlungsfreiheit durch die Auferlegung der damit zusammenhängenden Pflichten. Damit kann der Schuldner der Auferlegung der Pflicht nicht mehr seine eigene Handlungsfreiheit entgegenhalten, weil er auf diese diesbezüglich verzichtet hat. Demgegenüber ist die Handlungsfreiheit des Dritten, der auf die Einhaltung der Normen vertrauen darf, schutzwürdig. Durch die Verwendung des Instruments hat der Schuldner somit den Schutz eines Dritten für eine bestimmte Situation übernommen. Insofern stehen der Anknüpfung von Schadensersatzansprüchen

1004 Siehe Kapitel 4) § 3) C) IV), S. 248.

und strafrechtlichen Sanktionen an die Verletzung dieser Pflichten keine Bedenken entgegen.

Diese Erwägungen gelten auch für die vertretungsberechtigten Organe juristischer Personen, für die sich die Haftung über §§ 14 StGB bzw. 9 OwiG i.V.m. der entsprechenden Norm ergibt, entsprechend. Denn sie gehen gerade durch die Übernahme ihrer Funktion bewusst und in der Regel gegen Bezahlung das Risiko ein.

B) Vorenthalten von Arbeitsentgelten nach § 266a StGB

§ 266a Abs. 1 StGB gewährleistet, dass die einzelnen Sozialversicherungsträger rechtzeitig die Sozialversicherungsbeiträge ihrer Mitglieder über die Arbeitgeber erhalten und sie damit ihre Leistungen gegenüber ihren Mitgliedern erbringen können.[1005] Den jeweiligen Körperschaften entstehen ansonsten konkrete Vermögensschäden, wovor § 266a Abs. 1 StGB gerade schützen und dem jeweiligen Sozialversicherungsträger die Möglichkeit zur Geltendmachung der säumigen Beträge geben soll.[1006] Der Einwand, dass die Norm die Sozialversicherungsträger nur als Kollektiv und damit das Sozialversicherungssystem als Institution schütze, welches nur ein Allgemeininteresse und kein Individualinteresse sei,[1007] überzeugt nicht. Die Norm schützt neben dem Bestehen des Systems gerade den einzelnen konkret betroffenen Sozialversicherungsträger, da nur auf diese Weise das System gewährleistet werden kann. Damit ist § 266a Abs. 1 StGB ein Schutzgesetz hinsichtlich der Arbeitnehmerbeiträge zugunsten der Sozialversicherungsträger.[1008]

Mit der Einfügung des Absatzes 2 in § 266a StGB stellt der Gesetzgeber seit dem 23. Juli 2004[1009] auch die Vorenthaltung von Arbeitgeberbeiträgen unter Strafe. Diesbezüglich verneinte der *BGH*[1010] bisher die Schutzgesetzeigenschaft. Mit der fehlenden Strafbarkeit des Vorenthaltens von Arbeitgeberbeiträgen im Gegensatz zu Arbeitnehmerbeiträgen und dem Bestehen eines eigenen

---

1005 *BT*-Drucks. 10/5058, S. 31; *BT*-Drucks. 15/2573, S. 28.

1006 *RG*, Urt. v. 26.10.1932, IX 249/32, RGZ 138, 165 (168f.) für Vorgängernormen, *BAG*, Urt. v. 18.08.2005, 8 AZR 542/04, NJW 2005, 3739 (3740) explizit für § 266a Abs. 1 StGB.

1007 BeckOGK-BGB/*Spindler*, § 823 BGB, Rn. 343.

1008 MüKo-BGB/*Wagner*, § 823 BGB, Rn. 150; NK-StGB/*Tag*, § 266a StGB, Rn. 16.

1009 Art. 2 Gesetz zur Intensivierung der Bekämpfung der Schwarzarbeit und damit zusammenhängender Steuerhinterziehung vom 23.07.2004, BGBl. 2004 I, S. 1842.

1010 *BGH*, Urt. v. 18.05.1976, VI ZR 241/73, NJW 1976, 2129.

Beitreibungsverfahrens inklusive der Verhängung von Säumniszuschlägen habe der Gesetzgeber zu erkennen gegeben, dass er eine zivilrechtliche Haftung nicht bezweckt habe.[1011] Durch die Beseitigung der Unterscheidung bei der Strafbarkeit, sofern es hierauf überhaupt ankommt,[1012] dürfte nunmehr auch der *BGH* die Schutzgesetzeigenschaft für Arbeitgeberbeiträge bejahen. Die andere Möglichkeit der Geltendmachung über das Betreibungsverfahren steht der Schutzgesetzeigenschaft nicht entgegen, da die Wertungen durch einen Schadensersatzanspruch nicht aufgehoben werden. Daher bejaht auch das *OLG Saarbrücken*[1013] zutreffend die Schutzgesetzeigenschaft und betont insbesondere, dass beide Absätze dasselbe Rechtsgut schützen und die Sozialversicherungsträger gerade auf die Arbeitnehmer- und Arbeitgeberbeiträge angewiesen sind.

C) § 15a Abs. 1, Abs. 4 InsO

Mit der Einführung von § 15 Abs. 1, Abs. 4 InsO führt der Gesetzgeber die bisherigen Einzelnormen der jeweiligen Rechtsformen in einer Norm zusammen.[1014] Bei § 64 Abs. 1 GmbHG a.F. nimmt der *BGH*[1015] die Schutzgesetzeigenschaft zugunsten der Alt- und Neugläubiger der GmbH an. Die Norm bezweckt nicht nur den Schutz der Allgemeinheit vor insolventen Gesellschaften, sondern ganz konkret den Schutz der Gläubiger der Gesellschaft. Denn die Gläubiger erleiden durch den verspäteten Antrag auf Insolvenzeröffnung einen Schaden derart, dass die Insolvenzmasse geringer wird oder sie ansonsten keinen Vertrag mehr mit der Gesellschaft geschlossen hätten.[1016] Die Gläubiger sind insbesondere dadurch schutzwürdig, dass die Gesellschafter nicht persönlich für die Verbindlichkeiten der Gesellschaft einstehen, sondern als Haftungsmaße nur das Gesellschaftsvermögen fungiert.[1017] Demgegenüber lehnt *Altmeppen*[1018] die Schutzgesetzeigenschaft von § 64 Abs. 1 GmbHG a.F. ab. Soweit der Gesetzgeber mit § 64 Abs. 1 GmbH a.F. den gesamten Rechtsverkehr vor den Gefahren

---

1011 *BGH*, Urt. v. 18.05.1976, VI ZR 241/73, NJW 1976, 2129.

1012 Kritisch hierzu Kapitel 3) § 2), S. 183.

1013 *OLG Saarbrücken*, Urt. v. 27.05.2015, 1 U 89/14, NZA-RR 2015, 487 (488); zustimmend: jurisPK-BGB/*Hans*, § 823 Abs. 2 BGB, Rn. 25; MüKo-BGB/Wagner, § 823 BGB, Rn. 150; NK-StGB/*Tag*, § 266a StGB, Rn. 16.

1014 MüKo-BGB/*Wagner*, § 823 BGB, Rn. 139.

1015 *BGH*, Urt. v. 16.12.1958, VI ZR 245/57, BGHZ 29, 100 (102 – 104).

1016 *BGH*, Urt. v. 16.12.1958, VI ZR 245/57, BGHZ 29, 100 (103f.).

1017 *BGH*, Urt. v. 16.12.1958, VI ZR 245/57, BGHZ 29, 100 (103).

1018 *Altmeppen*, ZIP 2001, S. 2201 (2205f.).

von insolventen Gesellschaften schützen wolle, bezwecke er nur den Schutz der Allgemeinheit und damit keinen für ein Schutzgesetz notwendigen Individualrechtsgüterschutz.[1019] Hiergegen ist ähnlich wie bei § 323c Abs. 1 StGB einzuwenden, dass es nicht nur um den Schutz des Publikums, sondern ganz konkret um die Betroffenen geht, die mit der Gesellschaft in Geschäftsverbindung treten. Ferner wendet *Altmeppen* unter Hinweis auf das *RG*[1020] ein, dass der Gesetzgeber mit § 64 Abs. 2 GmbHG a.F. den Gläubigerschutz abschließend geregelt habe und ein daneben stehender Schadensersatzanspruch aus § 823 Abs. 2 BGB mit diesen Wertungen nicht vereinbar wäre und § 64 Abs. 2 GmbHG a.F. geradezu überflüssig mache.[1021] Für die Annahme, dass die Haftung über § 64 Abs. 2 GmbHG a.F. abschließende Wirkung habe, fehlen jedoch entsprechende Anhaltspunkte.[1022] Unabhängig davon kann die Ansicht nicht auf § 15a Abs. 1, Abs. 4 InsO übertragen werden, weil sie nicht mit dem Willen des Gesetzgebers zu § 15a Abs. 1, Abs. 4 InsO vereinbar ist.[1023] Denn der Gesetzgeber nimmt für die Vorgängernormen des § 64 Abs. 1 GmbHG a.F. und § 92 Abs. 2 AktG a.F. die Schutzgesetzeigenschaft für die Gesellschaftsgläubiger (Alt- und Neugläubiger) an und möchte hieran für die Neufassung in § 15a Abs. 1, Abs. 4 InsO keine Änderungen vornehmen.[1024] Dementsprechend bejahen Literatur und Rechtsprechung zutreffend die Schutzgesetzeigenschaft des § 15 Abs. 1, Abs. 4 InsO.[1025]

D) §§ 1 Abs. 1, 2 BauFordSiG

Während der Gesetzgeber die Schutzgesetzeigenschaft von §§ 1, 5 GSB a.F. noch nicht explizit in der Gesetzesbegründung nannte, holte er dies für §§ 1 Abs. 1, 2 BauFordSiG nach.[1026] Jedoch brachte der Gesetzgeber bereits im ersten Entwurf des GSB ohne die Strafvorschrift zum Ausdruck, dass das Gesetz als Reaktion

1019 *Altmeppen*, ZIP 2001, S. 2201 (2204).
1020 *RG*, Urt. v. 04.02.1910, II 255/09, RGZ 73, 30 (35).
1021 *Altmeppen*, ZIP 2001, S. 2201 (2204f.).
1022 *Verse*, ZHR 170 (2006), S. 398 (414f.).
1023 MüKo-InsO/*Klöhn*, § 15a InsO, Rn. 140.
1024 *BT*-Drucks. 16/6140, S. 72.
1025 *BGH*, Urt. v. 21.10.2014, II ZR 113/13, GmbHR 2015, 244 (247); MüKo-BGB/*Wagner*, § 823 BGB, Rn. 139; MüKo-InsO/*Klöhn*, § 15a InsO, Rn. 140.
1026 *BT*-Drucks. 16/511, S. 23 nennt als Schutzgesetz explizit nur § 1 Abs. 1 BauFordSiG, wobei § 2 BauFordSiG das Schutzgesetz ist (s. hierzu Kapitel 3) § 3), S. 189) mit Ausführungen zum Vorsatzerfordernis sowie der früheren Gesetzesbegründung).

auf den ungenügenden Schutz der Forderungen der Bauhandwerker durch das Zivilrecht gedacht war, welches sich aus den Erfahrungen der letzten Jahrzehnte ergab.[1027] Es sollte gerade die Befriedigung der Bauhandwerker erreicht werden.[1028] Daher nahm das *RG*[1029] zutreffend die Schutzgesetzeigenschaft an. Dem stimmen Rechtsprechung und Literatur auch für §§ 1 Abs. 1, 2 BauFordSiG zu.[1030]

1027 Verhandlungen des *Reichstages*, Bd. 242, 1907, Aktenstück Nr. 365, Entwurf eines Gesetzes über die Sicherung von Bauforderungen v. 29.04.1907, S. 2126 (2131).

1028 Verhandlungen des *Reichstages*, Bd. 253, 1909, Aktenstück Nr. 1275, Bericht der 13. Kommission zur Vorberatung des Gesetzesentwurfs über die Sicherung der Bauforderungen – Nr. 365 der Drucksachen –, S. 7711 (7723).

1029 *RG*, Urt. v. 16.02.1914, VI 599/13, RGZ 84, 188.

1030 *BGH*, Urt. v. 17.05.2018, VII ZR 92/16, BGHZ 218 377 (380); MüKo-BGB/*Wagner*, § 823 BGB, Rn. 160; Staudinger/*J. Hager*, § 823 BGB, Rn. G 43.

Kapitel 6) Zusammenfassung

Abschließend werden die wesentlichen gefundenen Ergebnisse zusammengefasst:

1. Der sachliche Schutzbereich des § 323c Abs. 1 StGB umfasst den Schutz der Rechtsgüter Gesundheit und Leben. Zwar schützt § 323c Abs. 1 StGB mit dem Begriff der „gemeinen Gefahr“ auch das Eigentum an Sachen von bedeutendem Wert, jedoch gilt dieser Schutz nicht für den zivilrechtlichen Schutzbereich. Weitere Rechtsgüter werden nicht geschützt. Der sachliche Schutzbereich umfasst nicht die bei der Hilfeleistung späterer Helfer entstandenen Schäden, die nicht entstanden wären, wenn der Hilfe Unterlassende geholfen hätte. Die Ausführungen gelten für § 323c Abs. 2 StGB entsprechend.
2. Der persönliche Schutzbereich des § 323c Abs. 1 StGB umfasst nur den Hilfsbedürftigen.
3. § 823 Abs. 2 BGB verweist nur auf die haftungserhebliche, strafrechtliche Verhaltensnorm und nicht auf sanktionsspezifische Voraussetzungen der Schutzgesetze, weswegen die Eigenschaft von jeder Voraussetzung eines Schutzgesetzes zu untersuchen ist. Sanktionsspezifisch sind die Voraussetzungen der Schuldfähigkeit nach § 19 StGB, der Verantwortlichkeit nach § 3 JGG, der Schuldfähigkeit nach §§ 20, 21 StGB, der Entschuldigungsgründe nach §§ 33, 35 StGB und der Fahrlässigkeitsmaßstab. Zu den haftungserheblichen Voraussetzungen zählen § 139 Abs. 2, Abs. 3 StGB, die Zumutbarkeit nach § 323c Abs. 1 StGB, die Schuldtheorie und § 17 S 2 StGB.
4. Die Pflichtenkollision ist im Straf- und Zivilrecht auf Tatbestandsebene zu lösen. Die Hilfspflicht reduziert sich auf das Mögliche, bei zwei Hilfsbedürftigen, wovon nur einer gerettet werden kann, entsprechend auf die Pflichten einen von beiden zu retten. Die Fälle der Möglichkeit 3, in denen der Hilfe Unterlassende keinen rettet, sind im Zivilrecht anhand von Risikosphären zu lösen, wonach der Schuldner rechnerisch nicht für mehr verantwortlich sein kann, als er hätte verhindern können. Die Kürzungshöhe für den Schaden jedes Hilfsbedürftigen ergibt sich aus der Formel: Kürzungshöhe des Anspruchs = 100% – 100% * Anzahl der gleichzeitig rettbaren Menschen /Anzahl der Hilfsbedürftigen. Zivilrechtlich ist die Kürzung über den Rückgriff auf Treu und Glauben nach § 242 BGB in Form des Verbots widersprüchlichen Verhaltens sowie der Korrekturfunktion des § 242 BGB umzusetzen.

5. Im Rahmen der haftungsbegründenden Kausalität haftet der Hilfe Unterlassende nur für diejenigen Verletzungen und deren Verschlimmerungen, die er hätte verhindern können. Bei der unterlassenen Hilfe in Form des Alarmierens fremder Hilfe hat der Hilfe Unterlassende nur für Verschlimmerungen der bestehenden Verletzungen einzutreten, die ab dem Eintreffen der gedachten Hilfskräfte nach der gedachten Alarmierung eingetreten sind.
6. Der Nachweis der Kausalität obliegt bei §§ 823 Abs. 2 BGB i.V.m. 323c Abs. 1 bzw. 138 StGB dem Geschädigten. Eine Beweislastumkehr, insbesondere durch Übertragung der Grundsätze der Arzthaftung, kommt nicht in Betracht. Die haftungsbegründende Kausalität ist nach § 286 ZPO und die haftungsausfüllende Kausalität nach § 287 ZPO zu beweisen. Auch bei Schutzgesetzen in Form von abstrakten oder konkreten Gefährdungsnormen, die Rechtsgüter des § 823 Abs. 1 BGB schützen, umfasst der Haftungsgrund die Rechtsgutsverletzung als Zwischenschritt zum Schaden. Im Fall des § 323c Abs. 1 StGB muss der Geschädigte das Vorliegen einer Rechtsgutsverletzung sowie der Kausalität der möglichen Hilfeleistung für die Abwendung einer solchen Rechtsgutsverletzung beweisen.
7. Die haftungsbegründende Kausalität trägt in rechtlicher und tatsächlicher Hinsicht zur Haftungsbegrenzung des Hilfe Unterlassenden bei, gerät aber bei mehreren Verletzten für sich allein an ihre Grenzen.
8. Bei Sachschäden ist im Rahmen eines Anspruchs nach §§ 823 Abs. 2 BGB i.V.m. 323c Abs. 1 StGB nur der Schaden ersatzfähig, der die Schadensuntergrenze des bedeutenden Werts (zurzeit 750 €) übersteigt. Hierbei sind Schäden an mehreren Sachen desselben Eigentümers zu addieren.
9. Der Rahmen des Hinterbliebenengeldes beträgt 3.000 – 10.000 €, abhängig vom jeweiligen Verhältnis des Getöteten zum Hinterbliebenen. Das Hinterbliebenengeld ist beim Verlust mehrerer Angehöriger für jeden Angehörigen gesondert und nicht als einheitlicher Betrag festzustellen. Der Anspruch auf Hinterbliebenengeld ist vererblich und besteht unabhängig davon, wie lange der Hinterbliebene nach dem Tod des Angehörigen noch lebt und damit dessen Tod betrauern kann.
10. Der Unglücksfall des § 323c Abs. 1 StGB erfasst auch die Fälle der bewussten Selbstschädigung und –gefährdung. Das bewusste Eingehen einer Selbstgefährdung begründet an sich noch kein Verschulden nach § 254 Abs. 1 BGB und damit keine Anspruchskürzung. Erst wenn im Falle einer Fremdschädigung eine Gefährdungshaftung eingreifen würde oder wenn der Geschädigte nicht die im Verkehr erforderliche Sorgfalt bei der Tätigkeit eingehalten hat, kommt es zu einer Anspruchskürzung.

11. Der Hilfe Unterlassende kann sich im Rahmen des Gesamtschuldnerausgleichs für eine abweichende Regelung der Verteilung nach Köpfen gem. § 426 Abs. 1 S 1 BGB weder direkt noch analog auf § 840 Abs. 2, Abs. 3 BGB berufen. Als abweichende Regelung kommt der Rechtsgedanke des § 254 BGB zur Anwendung. Hiernach kann der Hilfe Unterlassende durch den Gesamtschuldnerausgleich über die Verteilung nach Köpfen hinaus abhängig von der jeweiligen Variante teilweise bis vollständig entlastet werden. Diese Entlastung erfordert aber gerade Zahlungsfähigkeit, Kenntnis des anderen Schuldners und keine erhobene Verjährungseinrede.
12. Nach § 103 VVG ist der Versicherungsschutz des Hilfe Unterlassenden ausgeschlossen, wenn sein Vorsatz hinsichtlich des Schadens zusätzlich festgestellt wird. Hat er die schweren Folgen einer Verletzung, z.B. den später eintretenden Tod, nicht vorhergesehen, bleibt hinsichtlich der in diesem Zusammenhang entstehenden Schäden der Versicherungsschutz erhalten. Zum Schutz des Hilfsbedürftigen sollten die Versicherungsbedingungen der Haftpflichtversicherer um eine explizite Ausnahme des §§ 823 Abs. 2 BGB i.V.m. 323c Abs. 1 StGB für bedingten Vorsatz und Wissentlichkeit ergänzt werden. Der Ergänzung stehen weder §§ 134, 138 Abs. 1 BGB noch der Leitgedanke des § 276 Abs. 3 BGB entgegen.
13. §§ 197 Abs. 1 Nr. 1, 199 Abs. 2 BGB setzen nicht den haftungsbegründenden Tatbestand des § 823 Abs. 1 BGB und damit im Fall des Unterlassens eine Garantenpflicht voraus, sondern nur Vorsatz hinsichtlich der Rechtsgutsverletzung, welcher bei Schutzgesetzen ggf. zusätzlich zu prüfen ist. § 197 Abs. 1 Nr. 1 BGB ist auf Fälle des sexuellen Missbrauchs und solche, in denen sich das Opfer in einer Zwangslage gegenüber dem Schädiger befindet, teleologisch zu reduzieren.
14. Die Erfüllungsübernahme nach § 78a Abs. 1 BBG ist teleologisch auf Schmerzensgeldansprüche zu reduzieren, in denen der Beamte Opfer von Gewalt wird. Damit scheidet ein Anspruch auf Schmerzensgeld nach §§ 823 Abs. 2 BGB i.V.m. 323c Abs. 1 StGB aus. Dies gilt erst recht für die landesrechtlichen Beamtengesetze, sofern sie einen (tätlichen) rechtswidrigen Angriff verlangen.
15. Der Vorsatz bei der Forderung aus vorsätzlicher unerlaubter Handlung gem. § 302 Nr. 1 Var. 1 InsO muss sich entgegen der Formulierung des *BGH* nicht auf die Schadensfolge, sondern auf die Verletzung des geschützten Rechtsguts beziehen. Dieser Vorsatz ist bei möglichen Schutzgesetzen wie § 323c Abs. 1 StGB gesondert festzustellen. Der vollstreckungsrechtliche Vorsatzbegriff ist auf §§ 850f Abs. 2 ZPO, 89 Abs. 2 S 2 Alt. 2 InsO, 393 BGB

übertragbar, so dass von einem einheitlichen vollstreckungsrechtlichen Vorsatzbegriff auszugehen ist.

16. *Dashcam*-Aufnahmen, die alle zwei Minuten überschrieben und nur im Falle des Unfalls dauerhaft aufgezeichnet werden, sind nach Art. 6 Abs. 1 lit. f DS-GVO gerechtfertigt und als Beweismittel vor Gericht zulässig. Dauerhafte Aufzeichnungen einer *Dashcam* ohne entsprechende Löschfunktionen sind mangels Erforderlichkeit rechtswidrig, begründen aber im Rahmen der Güterabwägung kein Beweisverwertungsverbot.
17. Schutzgesetze können auch landesrechtliche Vorschriften sein. Dem stehen weder die konkurrierende Gesetzgebungskompetenz des Bundes für das Zivilrecht noch gleichheitsrechtliche Bedenken entgegen.
18. Ein Schutzgesetz ist anhand der folgenden Prüfungsreihenfolge festzustellen: Es muss ein Ge- oder Verbot vorliegen, welches nicht lediglich den Schutz von Allgemeininteressen bezweckt. Der ursprüngliche Zweck des Gesetzes ist mithilfe der Auslegungsmethoden zu bestimmen. Darüber hinaus ist zu prüfen, ob ein Schadensersatzanspruch sinnvoll ist, indem dieser nicht außerdeliktischen Wertungen des Schutzgesetzes widerspricht und im Rahmen des Gesamtsystems des deliktischen Schadensausgleichs tragbar ist, also den Wertungen des Deliktsrechts nicht widerspricht. Hierbei ist auch zu berücksichtigen, ob der Geschädigte anderweitig abgesichert ist, ob der Schuldner mit dem Schaden endgültig belastet werden soll und wie schwer der Schuldner durch den Schadensersatzanspruch belastet wird.
19. Trennt der Gesetzgeber Verhaltens- und Sanktionsnorm, gilt für § 823 Abs. 2 BGB grundsätzlich die Schuldform der Sanktionsnorm. Ausnahmsweise gilt der Fahrlässigkeitsmaßstab des § 823 Abs. 2 S 2 BGB, wenn sich aus den Gesetzesmaterialien des Schutzgesetzes ergibt, dass der Gesetzgeber durch die gesonderte Regelung der Verhaltensnorm für das Zivilrecht von der Schuldform der Sanktionsnorm abweichen wollte. Die Gesetzesbegründungen von §§ 1, 5 GSB a.F. sowie §§ 1, 2 BauFordSiG und den landesrechtlichen Meldepflichten enthalten einen solchen Hinweis nicht, so dass bei ihnen die Schuldform der Sanktionsnorm gilt.
20. Die Gründer des BGB gingen auch ohne explizite Normierung von einer Gleichstellung von Tun und Unterlassen in § 823 Abs. 1 BGB aus. Eine allgemeine Schadensabwendungspflicht lehnten sie ab und forderten für die Rechtswidrigkeit der Unterlassung eine besondere Verpflichtung, die die unterschiedlichsten Gründe haben kann. Eine allgemeine Hilfspflicht in Notfällen i.S.d. § 323c Abs. 1 StGB gab es zur damaligen Zeit noch nicht und würde als moralische Pflicht keine besondere Verpflichtung begründen.

21. Das Strafrecht bezweckt keinen umfassenden Rechtsgüterschutz. Es verzichtet gerade auf eine allgemeine Schadensabwendungspflicht, um eine größtmögliche Ausübung der Freiheit eines jeden zu ermöglichen. Vielmehr wird nur derjenige, der für die Schadensabwendung gesondert verantwortlich ist, dazu verpflichtet. Dies trifft auf die Begehungs- sowie die ihnen gleichgestellten unechten Unterlassungsdelikte zu. Die Hilfspflicht des § 323c Abs. 1 BGB begründet keine Sonderverantwortlichkeit, da der Verpflichtete weder auf seine Handlungsfreiheit durch die Übernahme von Pflichten verzichtet noch durch seine bisherigen Handlungen eine Gefahr für das Rechtsgut geschaffen hat. Damit genügt die allgemeine Hilfspflicht für die Zurechnung einer Unterlassung zum Erfolg des Begehungsdelikts nicht, sie würde vielmehr den Grundsatz, dass eine allgemeine Schadensabwendungspflicht nicht genügt, in Frage stellen und damit das System der Abgrenzung der gesonderten Verpflichtungen von der allgemeinen Schadensabwendungspflicht sprengen. Für die Existenz einer allgemeinen Hilfspflicht in Notfällen bedarf es daher einer expliziten Normierung außerhalb des Systems mit einer anderen, milderen Rechtsfolge, um zu verdeutlichen, dass eine Gleichstellung mit den Begehungsdelikten auf der Rechtsfolgenebene nicht erfolgt. Die Normierung verhindert zugleich die Ausdehnung auf eine vollständige Schadensabwendungspflicht. Durch die explizite Normierung des § 323c Abs. 1 StGB außerhalb des Systems bleibt die Unterlassungsdogmatik des Strafrechts erhalten.
22. Die strafrechtliche Unterlassungsdogmatik deckt sich mit der des historischen Gesetzgebers. Das *RG* lehnt eine allgemeine Schadensabwendungspflicht ab und verlangt vielmehr eine besondere Verpflichtung. Die Vorgängernorm des § 330c StGB a.F. stellt mangels Sonderverantwortlichkeit weder eine Verkehrspflicht noch eine andere besondere Verpflichtung im Rahmen des § 823 Abs. 1 BGB dar, womit eine Haftung aus § 823 Abs. 1 BGB ausscheidet.
23. Entgegen teilweise vertretener Ansicht stellt § 323c Abs. 1 StGB keine Garanten-, besondere Rechts- oder Verhaltenspflicht dar, die eine Haftung aus § 823 Abs. 1 BGB begründet.
24. Ein Unterlassen kann auch einen Verstoß gegen § 826 BGB begründen, wenn hierdurch ein Verstoß gegen die guten Sitten begründet wird. Zwar bedarf es für die Sittenwidrigkeit grundsätzlich keines Verstoßes gegen eine Rechtspflicht; allerdings soll durch die Sittenwidrigkeit nicht die Wertung anderer Rechtsbereiche, wozu auch die Ablehnung einer allgemeinen Schadenspflicht nach § 823 Abs. 1 BGB gehört, untergraben werden. Diese Gefahr besteht jedoch im Falle des § 323c Abs. 1 StGB, weswegen es bei

§ 826 BGB im Falle des Unterlassens einer Sonderverantwortlichkeit bedarf. Die teilweise vertretene Ansicht, dass § 323c Abs. 1 StGB eine Haftung aus § 826 BGB begründe, ist abzulehnen.

25. § 323c Abs. 1 StGB schützt keine Allgemeinrechtsgüter, sondern nur die konkret betroffenen Rechtsgüter des Hilfsbedürftigen. Dies gilt entsprechend auch für § 323c Abs. 2 StGB.
26. Die Reichweite der Haftung bei Bejahung der Schutzgesetzeigenschaft des § 323c Abs. 1 StGB und Billigkeitserwägungen sprechen für die Ablehnung der Schutzgesetzeigenschaft.
27. Die Bejahung der Schutzgesetzeigenschaft von § 323c Abs. 1 StGB führt zu einer Durchbrechung des Gesamtsystems der Unterlassungshaftung. Diese kann nicht durch die Kausalität und die Möglichkeit des Gesamtschuldnerregresses hinreichend abgemildert werden.
28. Der Schutzgesetzeigenschaft des § 323c Abs. 1 StGB steht nicht die fehlende Erfolgsabwendungspflicht, sondern die fehlende Sonderverantwortlichkeit des Hilfe Unterlassenden entgegen.
29. § 323c Abs. 1 StGB markiert nicht das rechts- und sozialethische Minimum, welches über § 823 Abs. 2 BGB eine Ergänzung der Haftung zu § 826 BGB bildet.
30. Die zivilrechtliche Haftung aus §§ 823 Abs. 2 BGB i.V.m. 323c Abs. 1 StGB ermöglicht keine bessere Prävention gegen die Untätigkeit des Hilfe Unterlassenden, weswegen dies nicht für die Annahme der Schutzgesetzeigenschaft spricht.
31. Der Rechtsvergleich mit Österreich und Großbritannien führte zu keinen weiteren Argumenten für die Annahme der Schutzgesetzeigenschaft des § 323c Abs. 1 StGB.
32. Die Alternativlösungen des *BGH*-Falls vom 14. Mai 2013 über §§ 280 Abs. 1, 241 Abs. 2 BGB wegen Verletzung einer Schutzpflicht aus einer öffentlichrechtlichen Sonderbeziehung sowie die Annahme einer Garanten- oder Verkehrspflicht sind abzulehnen.
33. § 241 Abs. 2 BGB kann eine dem § 323c Abs. 1 StGB vergleichbare Hilfspflicht begründen, allerdings ist diese auf spezifische Gefahren in Sonderbeziehungen beschränkt. Ein Anspruch aus §§ 280 Abs. 1, 241 Abs. 2 BGB wäre in diesem Fall auf einen vorsätzlichen Verstoß gegen die Warnpflicht zu beschränken.
34. Eine Haftung aus §§ 823 Abs. 2 BGB i.V.m. 323c Abs. 1 StGB ist aufgrund der unüberschaubaren Haftung sowie der fehlenden Tragbarkeit im Gesamtsystem der deliktischen Haftung abzulehnen.

35. § 323c Abs. 2 StGB ist ein Schutzgesetz, da die Haftung im Gesamtsystem der deliktischen Haftung tragbar ist und eine unüberschaubare Haftung im Parallelanspruch aus § 823 Abs. 1 BGB ebenfalls gebilligt wird.
36. § 138 StGB begründet ebenso wenig wie § 323c Abs. 1 StGB eine Haftung nach § 823 Abs. 1 BGB oder § 826 BGB.
37. § 138 StGB schützt die in den Katalogstraftaten genannten Individualrechtsgüter.
38. Eine Haftung aus §§ 823 Abs. 2 BGB i.V.m. 138 StGB ist wie bei § 323 Abs. 1 StGB aufgrund der unüberschaubaren Haftung und der fehlenden Tragbarkeit im Gesamtsystem der deliktischen Haftung abzulehnen.
39. Für den Fall der Bejahung der Schutzgesetzeigenschaft nach § 138 StGB ist der sachliche Schutzbereich des § 138 Abs. 1 Nr. 5 StGB hinsichtlich der Katalogstraftaten der §§ 211, 212 StGB auf das Rechtsgut Leben beschränkt. Im Rahmen eines Versuchs der §§ 211, 212 StGB erlittene Verletzungen von Körper und Gesundheit sind nicht erfasst. Eine Haftung für die Verletzung von Eigentum, Vermögen, Freiheit und Gesundheit ist nach § 138 Abs. 1 Nr. 7 StGB im Rahmen einer teleologischen Reduktion auszuschließen. Ebenso ist der Eigentumsschutz nach § 138 Abs. 1 Nr. 8 StGB im Rahmen einer teleologischen Reduktion auszuschließen.
40. Die landesrechtlichen Meldepflichten schützen die von ihnen genannten Individualrechtsgüter. Die Schutzgesetzeigenschaft ist aufgrund der unüberschaubaren Haftung und der fehlenden Tragbarkeit im Gesamtsystem der deliktischen Haftung abzulehnen. Sofern die Schutzgesetzeigenschaft bejaht wird, sind Sachen als geschützte Rechtsgüter im Rahmen einer teleologischen Reduktion auszuschließen.
41. Die vermögensrechtlichen Vorschriften (§§ 1, 2 BauFordSiG, 266a StGB, 15a Abs. 1, Abs. 4 InsO) haben gemeinsam, dass die Haftung überschaubar ist und der Schuldner das Risiko bewusst und zu seinem Vorteil eingeht. Ferner begründen die Vorschriften jeweils eine Sonderverantwortlichkeit, sind damit von der allgemeinen Schadensabwendungspflicht abgrenzbar und passen daher ins Gesamtsystem der deliktischen Haftung. Die drei Normen sind daher Schutzgesetze i.S.d. § 823 Abs. 2 BGB).

Literaturverzeichnis

Alternativkommentar: Kommentar zum Bürgerlichen Gesetzbuch, Bd. 2: Allgemeines Schuldrecht (§§ 241 – 432), Hrsg.: *Rudolf Wassermann*, Neuwied, Darmstadt 1980. (AK-BGB/*Bearbeiter*, §, Rn.)

Althammer, Christoph: Schuldrecht III – Besonderer Teil 2: Gesetzliche Schuldverhältnisse, Stuttgart 2015. (*Althammer*, Rn.)

Altmeppen, Holger: Haftung der Geschäftsleiter einer Kapitalgesellschaft für Verletzung von Verkehrspflichten, ZIP 1995, S. 881 – 891.

Altmeppen, Holger: Insolvenzverschleppungshaftung Stand 2001, ZIP 2001, S. 2201 – 2211.

AnwaltKommentar StGB: AnwaltKommentar StGB, Hrsg.: *Klaus Leipold, Michael Tsambikakis, Mark A. Zöller*, 2. Aufl., Heidelberg, München, Landsberg, Frechen, Hamburg 2015. (AnwaltKomm/*Bearbeiter*, §, Rn.)

Arens, Peter: Dogmatik und Praxis der Schadensschätzung – Ein Diskussionsbeitrag zur Auslegung des § 287 ZPO, ZZP 88 (1975), S. 1 – 48.

Arzt, Gunther/Weber, Ulrich/Heinrich, Bernd/Hilgendorf, Eric: Strafrecht Besonderer Teil, 3. Aufl., Bielefeld 2015. (Arzt/Weber/Heinrich/Hilgendorf/*Bearbeiter*, §, Rn.)

Asmuß, Martin: Zins- und Kostenerstattungsansprüche als Deliktsfolgen, VIA 2010, S. 83 – 84.

Bar, Christian von: Anmerkung zu BGH, Urt. v. 04.07.1979, VIII ZR 68/78, JZ 1979, S. 728 – 730.

Bar, Christian von: Verkehrspflichten – Richterliche Gefahrsteuerungsgebote im deutschen Deliktsrecht, Köln, Berlin, Bonn, München 1980, zugl. Habil., Universität Göttingen 1979/80. (*von Bar*, Verkehrspflichten, S.)

Bar, Christian von: Empfiehlt es sich, die Voraussetzungen der Haftung für unerlaubte Handlungen mit Rücksicht auf die gewandelte Rechtswirklichkeit und die Entwicklungen in Rechtsprechung und Lehre neu zu ordnen? Wäre es insbesondere zweckmäßig, die Grundtatbestände der §§ 823 Abs. 1 und 2, § 826 BGB zu erweitern oder zu ergänzen?, in: Gutachten und Vorschläge zur Überarbeitung des Schuldrechts, Bd. I, Hrsg.: *Bundesminister der Justiz*, Köln 1981, S. 1681 – 1778. (*von Bar*, Gutachten, S.)

Bar, Christian von: Gemeineuropäisches Deliktsrecht, Bd. I: Die Kernbereiche des Deliktsrechts, München 1996. (*von Bar*, Gemeineurop. DeliktsR I, Rn.)

Bar, Christian von: Gemeineuropäisches Deliktsrecht, Bd. II: Schaden und Schadensersatz, Haftung für und ohne eigenes Fehlverhalten, Kausalität und

Verteidigungsgründe, München 1999. (*von Bar*, Gemeineurop. DeliktsR II, Rn.)

Battis, Ulrich: Bundesbeamtengesetz: Kommentar, 5. Aufl., München 2017. (Battis/*Bearbeiter*, §, Rn.)

Baumbach, Adolf/Hueck, Alfred: Kommentar zum Gesetz betreffend die Gesellschaften mit beschränkter Haftung (GmbHG), 21. Aufl., München 2017. (Baumbach/Hueck/*Bearbeiter*, §, Rn.)

Becker, Walter G.: Das Recht der unerlaubten Handlungen: System in Vorlesung und Diskussion, Berlin 1976. (*Becker*, S.)

BeckOGK-BGB: beck-online.Grosskommentar BGB, Hrsg.: *Beate Gsell, Wolfgang Krüger, Stephan Lorenz, Christoph Reymann*, München 2019. (BeckOGK-BGB/*Bearbeiter*, §, Rn.)

BeckOK Beamtenrecht Hessen: Beck'scher Onlinekommentar Beamtenrecht Hessen, Hrsg.: *Ralf Brinktrine, Thorsten Marsuch*, 9. Edition, München Stand 01.08.2019. (BeckOK-BeamtenR Hessen/*Bearbeiter*, §, Rn.)

BeckOK BGB: Beck'scher Online-Kommentar zum BGB, Hrsg.: *Heinz Georg Bamberger, Herbert Roth, Wolfgang Hau, Roman Posek*, 37. Edition, München Stand: 11.12.2015. (BeckOK-BGB[37. Edition]/*Bearbeiter*, §, Rn.)

BeckOK BGB: Beck'scher Online-Kommentar zum BGB, Hrsg.: *Heinz Georg Bamberger, Herbert Roth, Wolfgang Hau, Roman Posek*, 51. Edition, München Stand: 01.08.2019. (BeckOK-BGB/*Bearbeiter*, §, Rn.)

BeckOK InsO: Beck'scher Onlinekommentar zur Insolvenzordnung mit InsVV und EuInsVO, Hrsg.: *Alexander Fridgen, Arndt Geiwitz, Burkard Göpfert*, 14. Edition, München Stand: 25.04.2019. (BeckOK-InsO/*Beabeiter*, §, Rn.)

BeckOK StGB: Beck'scher Onlinekommentar zum Strafgesetzbuch, Hrsg.: *Bernd von Heintschel-Heinegg*, 43. Edition München Stand: 01.08.2019. (BeckOK StGB/*Bearbeiter*, §, Rn.)

BeckOK ZPO: Beck'scher Online-Kommentar zur ZPO, Hrsg.: *Volkert Vorwerk, Christian Wolf*, 33. Edition, München Stand: 01.07.2019. (BeckOK-ZPO/*Bearbeiter*, §, Rn.)

Berliner Kommentar zum VVG: Berliner Kommentar zum Versicherungsvertragsgesetz: Kommentar zum deutschen und österreichischen VVG, Hrsg.: *Heinrich Honsell*, Berlin, Heidelberg, New York, Barcelona u.a. 1999. (BK/*Bearbeiter*, §, Rn.)

Berner, Wilhelm: Die Novelle zum Pfändungsschutz für Arbeitseinkommen, Rpfleger 1959, S. 77 – 81.

Birklbauer, Alois/Hilf, Marianne Johanna/Tipold, Alexander: Strafrecht: Besonderer Teil I: §§ 75 – 168b StGB, 2. Aufl., Wien 2012. (*Birklbauer/Hilf/Tipold*, §, Rn.)

Bischoff, Georg: Das „neue" Hinterbliebenengeld: Grundlagen der Entschädigung für seelisches Leid von Nahestehenden, MDR 2017, S. 739 – 742.

Blindauer, Arnold: Die folgenschwere unterlassene Hilfeleistung (§ 330 c StGB), Saarbrücken 1961 (zugl. Diss., Universität Saarbrücken 1961). (*Blindauer*, S.)

Braun, Eberhard: Kommentar zur Insolvenzordnung: InsO mit EuInsVO (Neufassung), 7. Aufl., München 2017. (Braun/*Bearbeiter*, §, Rn.)

Brei, Kathrin: Entschuldung Straffälliger durch Verbraucherinsolvenz und Restschuldbefreiung, Bielefeld 2005 (zugl. Diss., Universität Bielefeld 2004). (*Brei*, S.)

Brei, Kathrin: Restschuldbefreiung nach vorsätzlicher Trunkenheitsfahrt mit fahrlässiger Gefährdung – Anmerkung zu BGH, Urt. v. 21.06.2007, Az.: IX ZR 29/06, VuR 2008, S. 115 – 117.

Brox, Hans/Walker, Wolf-Dietrich: Allgemeines Schuldrecht, 43. Aufl., München 2019. (*Brox/Walker*, SchuldR AT, §, Rn.)

Brox, Hans/Walker, Wolf-Dietrich: Besonderes Schuldrecht, 43. Aufl., München 2019. (*Brox/Walker*, SchuldR BT, §, Rn.)

Bruck, Ernst/Möller, Hans/Johannsen, Ralf: Kommentar zum Versicherungsvertragsgesetz und zu den Allgemeinen Versicherungsbedingungen unter Einschluß des Versicherungsvermittlerrechtes, Bd. 4: Allgemeine Haftpflichtversicherung (§§ 149 – 158a VVG) ohne Kraftverkehrsversicherung und andere Pflichtversicherungen, 8. Aufl., Berlin 1970. (Bruck/Möller/Johannsen[8.]/*Bearbeiter*, Anm.)

Bruck, Ernst/Möller, Hans: Versicherungsgesetz Großkommentar, Bd. 4: Haftpflichtversicherung §§ 100 – 124 VVG, Allgemeine Versicherungsbedingungen zur Haftpflichtversicherung, D&O-Versicherung, Produkthaftpflichtversicherung, Umwelthaftpflichtversicherung, Umweltschadensversicherung, Hrsg.: *Horst Baumann, Roland Michael Beckmann, Katharina Johannsen, Ralf Johannsen, Robert Koch*, 9. Aufl., Berlin 2013. (Bruck/Möller[9.]/*Bearbeiter*, §, Rn.)

Brüggemeier, Gert: Deliktsrecht: ein Hand- und Lehrbuch, Baden-Baden 1986. (*Brüggemeier*, Deliktsrecht, Rn.)

Brüggmeier, Gert: Haftungsrecht: Struktur, Prinzipien, Schutzbereich – Ein Beitrag zur Europäisierung des Privatrechts, Berlin, Heidelberg 2006. (*Brüggemeier*, Haftungsrecht, S.)

Buck-Heeb, Petra: Examens-Repetitorium Besonderes Schuldrecht 2: Gesetzliche Schuldverhältnisse, 7. Aufl., Heidelberg 2019. (*Buck-Heeb*, Rn.)

Busch, Dörte: Restschuldbefreiungsverfahren: Keine Privilegierung des Erstattungsanspruchs von Nebenklagekosten – Anmerkung zu BGH, Beschl. v. 21.07.2011, Az.: IX 151/10, VuR 2012, S. 162 – 164.

Canaris, Claus-Wilhelm: Schutzgesetze – Verkehrspflichten – Schutzpflichten, in: Festschrift für Karl Larenz zum 80. Geburtstag am 23.04.1983, Hrsg.: *Claus-Wilhelm Canaris, Uwe Diedrichsen*, München 1983, S. 27 – 110. (*Canaris*, in: FS Larenz 1983, S.)

Coelln, Sibylle von: Das „rechtliche Einstehenmüssen" beim unechten Unterlassungsdelikt – Die Emanzipation der Garantenstellung von einzelnen Fallgruppen, Berlin 2008 (zugl. Diss., Universität Passau 2007). (*Von Coelln*, S.)

Cypionka, Bertram: Noch einmal: Deliktischer Schadensersatzanspruch aus § 823 II BGB und eigenständiger Interessenschutz des Verkehrsopfers – BGH, NJW 1980, 1792, JuS 1983, S. 23 – 24.

Deutsch, Erwin: Die Selbstopferung im Straßenverkehr, AcP 165 (1965), S. 193 – 219.

Deutsch, Erwin: Begrenzung der Haftung aus abstrakter Gefährdung wegen fehlender adäquater Kausalität, JZ 1966, S. 556 – 559.

Deutsch, Erwin: Gefahr, Gefährdung, Gefahrerhöhung, in: Festschrift für Karl Larenz zum 70. Geburtstag, Hrsg.: *Gotthard Paulus, Uwe Diedrichsen, Claus-Wilhelm Canaris*, München 1973, S. 885 – 904. (*Deutsch*, in: FS Larenz 1973, S.)

Deutsch, Erwin: Einschränkung des Aufrechnungsverbots bei vorsätzlich begangener unerlaubter Handlung, NJW 1981, S. 735 – 736.

Deutsch, Erwin: Allgemeines Haftungsrecht, 2. Aufl., Köln, Berlin, Bonn, München 1996. (*Deutsch*, Haftungsrecht, Rn.)

Deutsch, Erwin/Spickhoff, Andreas: Medizinrecht: Arztrecht, Arzneimittelrecht, Medizinprodukterecht und Transfusionsrecht, 7. Aufl., Berlin, Heidelberg 2014. (*Deutsch/Spickhoff*, Rn.)

Dingeldey, Thomas: Pflichtenkollision und rechtsfreier Raum, Jura 1979, S. 478 – 485.

Dölling, Dieter: Suizid und unterlassene Hilfeleistung, NJW 1986, S. 1011 – 1017.

Dörner, Heinrich: Zur Dogmatik der Schutzgesetzverletzung – BGH, NJW 1982, 1037 und NJW 1985, 134, JuS 1987, S. 522 – 528.

Dütz, Wilhelm: Zur privatrechtlichen Bedeutung unterlassener Hilfeleistung (§ 330c StGB), NJW 1970, S. 1822 – 1826.

Eberl-Borges, Christina: Anmerkung zu BGH, Urt. v. 14.05.2013 – VI ZR 255/11, LMK 2015, 367537.

Erman: Handkommentar zum Bürgerlichen Gesetzbuch mit Einführungsgesetz (teilkommentiert), AGBGB (teilkommentiert), Abzahlungsgesetz, Beurkundungsgesetz, Wohnungseigentumsgesetz, Schiffsrechtegesetz, Ehegesetz, Hausratsverordnung, unter Einarbeitung weiterer einschlägiger

Bestimmungen, Bd. 1: §§ 1 – 853, AGBG, AbzG, Hrsg.: *Harm Peter Westermann*, 7. Aufl., Münster 1981. (Erman[7.]/*Bearbeiter*, §, Rn.)

Erman: Bürgerliches Gesetzbuch: Handkommentar mit AGG, EGBGB (Auszug), ErbbauRG, LPartG, ProdHaftG, VBVG, VersAusglG und WEG, Bd. 2: §§ 759 – 2385, ProdHaftG, ErbbauRG, VersAusglG, VBVG, LPartG, WEG, EGBGB, Hrsg.: *Harm Peter Westermann, Barbara Grunewald, Georg Maier-Reimer*, 14. Aufl., Köln 2014. (Erman[14.]/*Bearbeiter*, §, Rn.)

Erman: Bürgerliches Gesetzbuch: Handkommentar mit AGG, EGBGB (Auszug), ErbbauRG, LPartG, VBVG, VersAusglG und WEG, Bd. 1: §§ 1 – 761, AGG, Hrsg.: *Harm Peter Westermann, Barbara Grunewald, Georg Maier-Reimer*, 15. Aufl., Köln 2017. (Erman/*Bearbeiter*, §, Rn.)

Erman: Bürgerliches Gesetzbuch: Handkommentar mit AGG, EGBGB (Auszug), ErbbauRG, LPartG, VBVG, VersAusglG und WEG, Bd. 2: §§ 762 – 2385, ProdHaftG, ErbbauRG, VersAusglG, VBVG, LPartG, WEG, EGBGB, Hrsg.: *Harm Peter Westermann, Barbara Grunewald, Georg Maier-Reimer*, 15. Aufl., Köln 2017. (Erman/*Bearbeiter*, §, Rn.)

Ernst, Armin: Feuerwehrgesetz für Baden-Württemberg, 9. Aufl., Stuttgart, München, Hannover, Berlin, u.a. 2018. (*Ernst*, §, Rn.)

Esser, Josef/Schmidt, Eike: Schuldrecht, Bd. I: Allgemeiner Teil, Teilbd. 2: Durchführungshindernisse und Vertragshaftung, Schadensausgleich und Mehrseitigkeit beim Schuldverhältnis, 8. Aufl., Heidelberg 2000. (*Esser/E. Schmidt*, S.)

Falkenhausen, Joachim Freiherr von: Vorverlegung der Haftung bei Verletzung von Unfallverhütungsvorschriften und Schutzgesetzen – Eine vergleichende Untersuchung des deutschen und amerikanischen Rechts, Karlsruhe 1981 (zugl. Diss., Universität Freiburg im Breisgau 1980). (*von Falkenhausen*, S.)

Fechner, Johannes: Klare Anspruchsgrundlage für Hinterbliebene, DRiZ 2017, S. 84 – 85.

Fikentscher, Wolfgang/Heinemann, Andreas: Schuldrecht: Allgemeiner und Besonderer Teil, 11. Aufl., Berlin, Boston 2017. (*Fikentscher/Heinemann*, Rn.)

Filthaut, Werner/Piontek, Sascha/Kayser, Alke: Haftpflichtgesetz, Kommentar zum Haftpflichtgesetz und zu den konkurrierenden Vorschriften anderer Haftungsgesetze, 10. Aufl., München 2019. (Filthaut/Piontek/Kayser/*Bearbeiter*, §, Rn.)

Fischer, Thomas: Kommentar zum Strafgesetzbuch mit Nebengesetzen, 66. Aufl., München 2019. (*Fischer*, §, Rn.)

Fitz, Hanns: Risikozurechnung bei Tätigkeit im fremden Interesse, Berlin 1985 (zugl. Habil., Universität Innsbruck 1983). (*Fitz*, S.)

Fraenkel, Michael: Tatbestand und Zurechnung bei § 823 Abs. 1 BGB, Berlin 1979 (zugl. Diss., Universität Bonn 1977/78). (*Fraenkel*, S.)

Frankfurter Kommentar zur Insolvenzordnung: Frankfurter Kommentar zur Insolvenzordnung mit EuInsVO, InsVV und weiteren Nebengesetzen, Hrsg.: *Klaus Wimmer*, 9. Aufl., Köln 2018. (FK-InsO/*Bearbeiter*, §, Rn.)

Frellesen, Peter: Die Zumutbarkeit der Hilfeleistung, Frankfurt am Main 1980, zugl. Diss., Universität Frankfurt am Main 1979. (*Frellesen*, S.)

Freund, Georg: Erfolgsdelikt und Unterlassen: zu den Legitimationsbedingungen von Schuldspruch und Strafe, Köln, Berlin, Bonn u.a. 1992, zugl. Habil., Universität Mannheim 1990. (*Freund*, S.)

Freund, Georg: Strafrecht Allgemeiner Teil: Personale Straftatlehre, 2. Aufl., Berlin, Heidelberg 2009. (*Freund*, AT, §, Rn.)

Gallas, Wilhelm: Pflichtenkollision als Schuldausschließungsgrund, in: Festschrift für Edmund Mezger zum 70. Geburtstag, Hrsg.: *Karl Engisch, Reinhart Maurach*, München, Berlin 1954, S. 311 – 334. (*Gallas*, in: FS Mezger, S.)

Gehrlein, Markus: Ansprüche eines Nothelfers in Rettungsfällen, VersR 1998, S. 1330 – 1334.

Geigel, Reinhart: Der Haftpflichtprozess mit Einschluss des materiellen Haftpflichtrechts, Hrsg.: *Kurt Haag*, 27. Aufl., München 2015. (Geigel/*Bearbeiter*, Kapitel, Rn.)

Geiger, Ludwig/Heß, Hartmut: Thüringer Brand- und Katastrophenschutzgesetz, 2. Aufl., Stuttgart, München, Hannover, Berlin, u.a. 1994. (*Geiger/Heß*, §, Rn.)

Geilen, Gerd: Strafrechtliches Verschulden im Zivilrecht, JZ 1964, S. 6 – 13.

Geilen, Gerd: Probleme des § 323c StGB, Jura 1983, S. 78 – 90, 138 – 148.

Geiß, Karlmann/Greiner, Hans-Peter: Arzthaftpflichtrecht, 7. Aufl., München 2014. (*Geiß/Greiner*, Kapitel, Rn.)

Geppert, Klaus: Die unterlassene Hilfeleistung (§ 323 c StGB), Jura 2005, S. 39 – 48.

Gierke, Julius von: Die Haftpflichtversicherung und ihre Zukunft, ZHR 60 (1907), S. 1 – 66.

Gierke, Julius von: Versicherungsrecht unter Ausschluss der Sozialversicherung, Stuttgart 1947. (*von Gierke*, S.)

Gieseler, Kirsten: Unterlassene Hilfeleistung – § 323c StGB: Reformdiskussion und Gesetzgebung seit 1870, Baden-Baden 1999 (zugl. Diss., Universität Hagen 1998). (*Gieseler*, S.)

Göertz, Susann: Der Beweis der Kausalität bei Aufklärungspflichtverletzungen, Berlin 2012 (zugl. Diss., Universität Münster 2012). (Göertz, S.)

Gola, Peter: Datenschutz-Grundverordnung VO (EU) 2016/679, Kommentar, 2. Aufl., München 2018. (*Gola*, Art., Rn.)

Gottwald, Peter: Schadenszurechnung und Schadensschätzung: Zum Ermessen des Richters im Schadensrecht und im Schadensersatzprozeß, München 1979 (zugl. Habil., Universität Erlangen-Nürnberg 1977). (*Gottwald*, S.)

Haase, Richard: Zum Verbot der Aufrechnung gem. § 393 BGB, JR 1972, S. 137 – 139.

Haft, Fritjof: Strafrecht Besonderer Teil 2: Delikte gegen die Person und die Allgemeinheit, 8. Aufl., München 2005. (*Haft*, S.)

Hamburger Kommentar zum Insolvenzrecht: Hamburger Kommentar zum Insolvenzrecht: InsO – InsVV – SchVG – Haftungsrecht – Steuerrecht – Strafrecht, Hrsg.: *Andreas Schmidt*, 7. Aufl., Köln 2019. (HambKomm-InsO/*Bearbeiter*, §, Rn.)

Harzer, Regina: Die tatbestandsmäßige Situation der unterlassenen Hilfeleistung gemäß § 323 c StGB: ein Beitrag zu einer Theorie des Besonderen Teils des Strafrechts, Frankfurt am Main 1999 (zugl. Habil., Universität Frankfurt am Main 1997/98). (*Harzer*, S.)

Hassemer, Winfried: Theorie und Soziologie des Verbrechens: Ansätze zu einer praxisorientierten Rechtsgutslehre, Frankfurt am Main 1973. (*Hassemer*, S.)

Haubrich, Edgar: Die unterlassene Hilfeleistung: Zur Verfassungsmäßigkeit des § 323c StGB und zur Notwendigkeit seiner verfassungskonformen Restriktion, Frankfurt am Main 2001 (zugl. Diss., Universität Trier 2000). (*Haubrich*, S.)

Heyers, Johannes: Anmerkung zu BGH, Beschl. v. 15.09.2009 – VI ZA 13/09, JR 2010, S. 440 – 441.

Hk-BGB: Handkommentar zum Bürgerlichen Gesetzbuch, Hrsg.: *Reiner Schulze*, 10. Aufl., Baden-Baden 2019. (Hk-BGB/*Bearbeiter*, §, Rn.)

Hk-VVG: Handkommentar zum Versicherungsvertragsgesetz: VVG, EGVVG, VVG-InfoV, AltZertG, PflVG, KfzPflVV, Allgemeine Versicherungsbedingungen, Hrsg.: *Wilfried Rüffler, Dirk Halbach, Peter Schimikowski*, 3. Aufl., Baden-Baden 2015. (Hk-VVG/*Bearbeiter*, §, Rn.)

Hk-ZV: Handkommentar zum Gesamten Recht der Zwangsvollstreckung: ZPO, ZVG, Nebengesetze, Europäische Regelungen, Kosten, Hrsg.: *Johann Kindl, Caroline Meller-Hannich, Hans-Joachim Wolf*, 3. Aufl., Baden-Baden 2015. (Hk-ZV/*Bearbeiter*, §, Rn.)

Hoffmann, Klaus: Scheinbare Anschläge – Zur Strafbarkeit sog. Trittbrettfahrer, GA 149 (2002), S. 385 – 402.

Huber, Christian: Das Hinterbliebenengeld nach § 844 III BGB, JuS 2018, S. 744 – 749.

Jäger, Ernst: Insolvenzordnung: Großkommentar, Bd. 2: §§ 56 – 102, Hrsg.: *Wolfram Henckel, Walter Gerhardt*, Berlin 2007. (Jäger/*Bearbeiter*, §, Rn.)

Jäger, Lothar: Gesetz zur Einführung eines Anspruchs auf Hinterbliebenengeld, VersR 2017, S. 1041 – 1057.

Jakobs, Horst Heinrich/Schubert, Werner: Die Beratung des Bürgerlichen Gesetzbuchs: in systematischer Zusammenstellung der unveröffentlichten Quellen, Recht der Schuldverhältnisse III: §§ 652 – 853, Berlin, New York 1983. (*Jakobs/Schubert*, Schuldverhältnisse III, S.)

Janeczek, Christian: Anmerkung zu LG Tübingen, Urt. v. 17.05.2019, 3 O 108/18, DAR 2019, S. 472 – 473.

Jauernig: Bürgerliches Gesetzbuch mit Rom-I-, Rom-II-VO, EuUntVO/HUntProt und EuErbVO, Kommentar, Hrsg.: *Rolf Stürner*, 17. Aufl., München 2018. (Jauernig/*Bearbeiter*, §, Rn.)

Jescheck, Hans-Heinrich/Weigend, Thomas: Lehrbuch des Strafrechts: Allgemeiner Teil, 5. Aufl., Berlin 1996. (*Jescheck/Weigend*, S.)

Joerden, Jan C.: Dyadische Fallsysteme im Strafrecht, Berlin 1986 (zugl. Diss., Universität Erlangen – Nürnberg 1985). (*Joerden*, S.)

juris Praxiskommentar BGB: juris Praxiskommentar BGB, Bd. 1: Allgemeiner Teil, Hrsg.: *Klaus Vieweg*, 8. Aufl., Saarbrücken 2017. (jurisPK-BGB/*Bearbeiter*, §, Rn.)

juris Praxiskommentar BGB: juris Praxiskommentar BGB, Bd. 2: Schuldrecht, Hrsg.: *Markus Junker, Roland Michael Beckmann, Helmut Rüßmann*, 8. Aufl., Saarbrücken 2017. (jurisPK-BGB/*Bearbeiter*, §, Rn.)

juris Praxiskommentar Straßenverkehrsrecht: juris Praxiskommentar Straßenverkehrsrecht: StVG, StVO, Zivilrecht, Ordnungswidrigkeiten- und Strafrecht, StVZO, FeV, FZV, Hrsg.: *Hans-Peter Freymann, Wolfgang Wellner*, (jurisPK-Straßenverkehrsrecht/*Bearbeiter*, §, Rn.)

Kahlo, Michael: Die Handlungsform der Unterlassung als Kriminaldelikt: eine strafrechtlich-rechtsphilosophische Untersuchung zur Theorie des personalen Handelns, Frankfurt am Main 2001 (zugl. Habil., Universität Frankfurt am Main 1996). (*Kahlo*, S.)

Karollus, Martin: Funktion und Dogmatik der Haftung aus Schutzgesetzverletzung: Zugleich ein Beitrag zum Deliktssystem des AGBGB und zur Haftung für casus mixtus, Wien, New York 1992 (zugl. Habil., Universität Wien 1990). (*Karollus*, S.)

Karpenstein, Ulrich/Mayer, Franz C.: Kommentar zur EMRK: Konvention zum Schutz der Menschenrechte und Grundfreiheiten, 2. Aufl., München 2015. (Karpenstein/Mayer/*Bearbeiter*, Art., Rn.)

Katzenmeier, Christian: Arzthaftung, Tübingen 2002 (zugl. Habil., Universität Heidelberg 2001). (*Katzenmeier*, S.)

Katzenmeier, Christian: Hinterbliebenengeld, JZ 2017, S. 869 – 876.

Kaufmann, Arthur: Strafrechtspraxis und sittliche Normen, Zugleich ein Beitrag zu den §§ 218ff. StGB n.F., JuS 1978, S. 361 – 367.

Kaufmann, Lars: Der Produktrückruf – Herstellermotivation und Versicherungslösungen, VersR 1999, S. 551 – 557.

Kayser, Godehard/Thole, Christoph: Heidelberger Kommentar zur Insolvenzordnung, 9. Aufl., Heidelberg 2018. (Kayser/Thole/*Bearbeiter*, §, Rn.)

Kerstiens, Christian: Das Gesetz über das Feuerlöschwesen vom 13. Dezember 1933 (GS. 484) nebst der Durchführungsverordnung, den Ausführungsbestimmungen und allen einschlägigen Runderlassen, Berlin 1934. (*Kerstiens*, S.)

Killinger, Elmar: Die Besonderheiten der Arzthaftung im medizinischen Notfall, Berlin, Heidelberg 2009 (zugl. Diss., Universität Regenburg 2008). (*Killinger*, Rn.)

Kindhäuser, Urs: Strafrecht Besonderer Teil I: Straftaten gegen Persönlichkeitsrechte, Staat und Gesellschaft, 8. Aufl., Baden-Baden 2017. (*Kindhäuser*, BT I, §, Rn.)

Klab, Armin/Zachertz, Erhardt: Hessisches Brand- und Katastrophenschutzgesetz, Stuttgart, München, Hannover, Berlin, u.a. 1999. (*Klab/Zachertz*, §, Rn.)

Klang, Heinrich/Gschnitzer, Franz: Kommentar zum Allgemeinen bürgerlichen Gesetzbuch, Bd. 6: §§ 1293 – 1502, 2. Aufl., Wien 1951. (Klang/*Gschnitzer*, §, Rn.)

Klein, Nico C.: Dogmatische Stolpersteine bei der Bestimmung von Schutzgesetzen – aufgezeigt anhand des Musterbeispiels der wertpapierhandelsrechtlichen Wohlverhaltensregeln, WM 2016, S. 862 – 866.

Kleindiek, Detlef: Deliktshaftung und juristische Person: Zugleich zur Eigenhaftung von Unternehmensleitern, Tübingen 1997 (zugl. Habil., Universität Heidelberg 1997). (*Kleindiek*, S.)

Knöpfle. Robert: Zur Problematik der Beurteilung einer Norm als Schutzgesetz im Sinne des § 823 Abs. 2 BGB, NJW 1967, S. 697 – 702.

Köhler, Franz Friedrich Gerhard August: Die Unterlassung der Verbrechensanzeige und die Wehrmittelbeschädigung in ihrer neuen Fassung, GA 80 (1936), S. 397 – 412.

Kolbe, Sebastian: Deliktische Forderungen und Restschuldbefreiung, Baden-Baden 2009 (zugl. Diss., Universität München 2008). (*Kolbe*, S.)

Kölner Schrift zur Insolvenzordnung: Kölner Schrift zur Insolvenzordnung: Das neue Insolvenzrecht in der Praxis, Hrsg.: *Arbeitskreis für Insolvenz- und Schiedgerichtswesen e.V.*, 2. Aufl., Herne, Berlin 2000. (*Bearbeiter*, in: Kölner Schrift, S., Rn.)

Kothe, Hans-Wolfhard: Normzweck und Interessenabwägung bei der Auslegung des § 823 II BGB, Jura 1988, S. 125 – 132.

Kötz, Hein/Wagner, Gerhard: Deliktsrecht, 13. Aufl., München 2016. (*Kötz/Wagner*, Rn.)

Koziol, Helmut: Österreichisches Haftpflichtrecht, Bd. 1: Allgemeiner Teil, 3. Aufl., Wien 1997. (*Koziol*, Haftpflichtrecht, Rn.)

Koziol, Helmut/Bydlinski, Peter/Bollenberger, Raimund: Kurzkommentar zum ABGB, Allgemeines bürgerliches Gesetzbuch, Ehegesetz, Konsumentenschutzgesetz, IPR-Gesetz, Rom I-, Rom II- und Rom-III-VO, 5. Aufl., Wien, New York 2017. (KBB/*Bearbeiter*, §, Rn.)

Krebs, Andreas/Messerschmidt, Nicoletta/Wester, Verena/Wies, Sebastian: AHA – Automatisiertes Helferangebot bei Großschadensereignissen: Schlussbericht zur rechtswissenschaftlichen Forschung, Duisburg 2017. (*Krebs/Messerschmidt/Wester/Wies*, S.)

Krebs, Peter: Sonderverbindung und außerdeliktische Schutzpflichten, München 2000 (zugl. Habil., Universität Köln 1998/99). (*Krebs*, S.)

Kreuzer, Arthur: Ärztliche Hilfeleistungspflicht bei Unglücksfällen im Rahmen des § 330 c StGB, Hamburg 1965 (zugl. Diss., Universität Hamburg 1964). (*Kreuzer*, S.)

Kühl, Christian: Die Unterlassungsdelikte als Problemfall für Rechtsphilosophie, Strafrechtsdogmatik und Verfassungsrecht, in: Strafrecht zwischen System und Telos: Festschrift für Rolf Dietrich Herzberg zum siebzigsten Geburtstag am 14. Februar 2008, Hrsg.: *Holm Putzke, Bernhard Hardtung, Tatjana Hörnle, Reinhard Merkel, u.a.*, Tübingen 2008, S. 177 – 191. (*Kühl*, in: FS Herzberg, S.)

Kühl, Kristian: Zur Legitimität der Strafvorschrift „Unterlassene Hilfeleistung", in: Grundlagen und Dogmatik des gesamten Strafrechtssystems – Festschrift für Wolfgang Frisch zum 70. Geburtstag, Hrsg.: *Georg Freund, Uwe Murmann, René Bloy, Walter Perron*, Berlin 2013, S. 785 – 795. (*Kühl*, in: FS Frisch, S.)

Kühl, Kristian: Das Unterlassungsdelikt, JA 2014, S. 507 – 512.

Künschner, Alfred: Wirtschaftlicher Behandlungsverzicht und Patientenauswahl: Knappe medizinische Ressourcen als Rechtsproblem, Stuttgart 1992 (zugl. Diss., Universität Freiburg (Breisgau) 1990). (*Künschner*, S.)

Küper, Wilfried/Zopfs, Jan: Strafrecht Besonderer Teil: Definitionen mit Erläuterungen, 10. Aufl., Heidelberg 2018. (*Küper/Zopfs*, Rn.)

Lackner, Karl/Kühl, Kristian: Kommentar zum Strafgesetzbuch, 29. Aufl., München 2018. (Lackner/Kühl/*Bearbeiter*, §, Rn.)

Lagodny, Otto: Notwehr gegen Unterlassen – Zugleich ein Beitrag zur Subsidiarität der Notwehr gegenüber gerichtlichem (Eil-)Rechtsschutz –, GA 138 (1991), S. 300 – 320.

Lange, Hermann/Schiemann, Gottfried: Handbuch des Schuldrechts, Bd. 1: Schadensersatz, 3. Aufl., Tübingen 2003. (Lange/Schiemann/*Bearbeiter*, S.)

Langheid, Theo: Uneingeschränkte Haftpflichtdeckung trotz Vorsatz?, NVersZ 1999, S. 253 – 254.

Langheid, Theo/Rixecker, Roland: Versicherungsvertragsgesetz mit Einführungsgesetz und VVG-Informationspflichtenverordnung, 6. Aufl., München 2019. (Langheid/Rixecker/*Bearbeiter*, §, Rn.)

Larenz, Karl: Lehrbuch des Schuldrechts, Bd. 1: Allgemeiner Teil, 14. Aufl., München 1987. (*Larenz*, Schuldrecht I, S.)

Larenz, Karl/Canaris, Claus-Wilhelm: Lehrbuch des Schuldrechts, Bd. 2: Besonderer Teil, Halbbd. 2, 13. Aufl., München 1994. (*Larenz/Canaris*, Schuldrecht II/2, S.)

Laufs, Kern/Kern, Bernd-Rüdiger/Rehborn, Martin: Handbuch des Arztrechts, 5. Aufl., München 2019. (Laufs/Kern/Rehborn/*Bearbeiter*, §, Rn.)

Leeb, Christina-Maria/Liebhaber, Johannes: Grundlagen des Datenschutzrechts, JuS 2018, S. 534 – 538.

Leipziger Kommentar: Leipziger Kommentar zum Strafgesetzbuch, Bd. 2: §§ 32 – 60, Hrsg.: *Burkhard Jähnke, Heinrich Wilhelm Laufhütte, Walter Odersky,* 11. Aufl., Berlin 2003. (LK$^{11.}$/*Bearbeiter*, §, Rn.)

Leipziger Kommentar: Leipziger Kommentar zum Strafgesetzbuch, Bd. 2: §§ 32 – 55, Hrsg.: *Heinrich Wilhelm Laufhütte, Ruth Rissing-van Saan,* Klaus Tiedemann, 12. Aufl., Berlin 2006. (LK$^{12.}$/*Bearbeiter*, §, Rn.)

Leipziger Kommentar: Leipziger Kommentar zum Strafgesetzbuch, Bd. 5: §§ 110 – 145d, Hrsg.: *Heinrich Wilhelm Laufhütte, Ruth Rissing-van Saan, Klaus Tiedemann*, 12. Aufl., Berlin 2009. (LK$^{12.}$/*Bearbeiter*, §, Rn.)

Leipziger Kommentar: Leipziger Kommentar zum Strafgesetzbuch, Bd. 3: §§ 263 – 370, Register, Hrsg.: *Paulheinz Baldus, Günther Willms,* 9. Aufl., Berlin, New York 1977. (LK$^{9.}$/*Bearbeiter*, §, Rn.)

Leipziger Kommentar: Leipziger Kommentar zum Strafgesetzbuch, Bd. 8: §§ 302a – 335a, Hrsg.: *Burkhard Jähnke, Heinrich Wilhelm Laufhütte, Walter Odersky*, 11. Aufl., Berlin 2005. (LK$^{11.}$/*Bearbeiter*, §, Rn.)

Leipziger Kommentar: Leipziger Kommentar zum Strafgesetzbuch, Bd. 11: §§ 306 – 323, Hrsg.: *Heinrich Wilhelm Laufhütte, Ruth Rissing-van Saan, Klaus Tiedemann*, 12. Aufl., Berlin 2008. (LK$^{12.}$/*Bearbeiter*, §, Rn.)

Lenel, Otto: Zum Begriff der unerlaubten Handlung im Bürgerlichen Gesetzbuche (§ 823 des BGB), DJZ 1897, S. 409 – 413.

Lenk, Maximilian: Die Strafbarkeit des „Gaffers“ gem. § 323c Abs. 2 StGB, JuS 2018, S. 229 – 233.

Leube, Konrad: Gesetzliche Unfallversicherung – Versicherungsschutz mit Sachschadensersatz bei Verkehrsunfällen, NZV 2011, S. 277 – 281.

Littbarski, Sigurd: Allgemeine Versicherungsbedingungen für die Haftpflichtversicherung (AHB), München 2001. (*Littbarski*, §, Rn.)

Looschelders, Dirk: Bewältigung des Zufalls durch Versicherung?, VersR 1996, S. 529 – 540.

Looschelders, Dirk: Die Mitverantwortlichkeit des Geschädigten im Privatrecht, Tübingen 1999 (zugl. Habil., Universität Mannheim 1998). (*Looschelders*, Mitverantwortlichkeit, S.)

Looschelders, Dirk: Schuldrecht: Besonderer Teil, 14. Aufl., München 2019. (*Looschelders*, BT, §, Rn.)

Looschelders, Dirk/Pohlmann, Petra: Versicherungsvertragsgesetz, 3. Aufl., Köln 2016. (Looschelders/Pohlmann/*Bearbeiter*, §, Rn.)

Loyal, Florian: Anmerkung zu BGH, Urt. v. 14.05.2013, VI ZR 255/11, JZ 2014, S. 306 – 310.

Ludovisy, Michael/Eggert, Christoph/Burhoff, Detlef: Praxis des Straßenverkehrsrechts, 6. Aufl., Münster 2015. (*Ludovisy/Eggert/Burhoff*, Rn.)

Maier-Reimer, Georg: Schutzgesetze: Verhaltensnormen, Sanktionen und ihr Adressat, NJW 2007, S. 3157 – 3162.

Mangakis, Georgios: Die Pflichtenkollision als Grenzsituation des Strafrechts, ZStW 84 (1972), S. 447 – 479.

Mäsch, Gerald/Ziegenrücker, Daniel: Kameras vor Gericht – Zur Verwertbarkeit von Dashcam-Aufnahmen im Zivilprozess in Zeiten der Datenschutz-Grundverordnung, JuS 2018, S. 750 – 754.

Maunz/Dürig: Grundgesetz: Kommentar, Bd. I: Texte – Art. 5, Hrsg.: *Roman Herzog, Rupert Scholz, Matthias Herdegen, Hans H. Klein*, München, Loseblattsammlung, Stand: März 2019. (Maunz/Dürig/*Bearbeiter*, Art., Rn.)

Maurach, Reinhart: Deutsches Strafrecht Besonderer Teil, Hannover, Darmstadt 1952. (*Maurach*, BT, §, S.)

Maurach, Reinhart/Gössel, Karl Heinz/Zipf, Heinz: Strafrecht Allgemeiner Teil, Teilbd. 2: Erscheinungsformen des Verbrechens und Rechtsfolgen der Tat, 7. Aufl., Heidelberg 1989. (Maurach/Gössel/Zipf/*Bearbeiter*, AT $2^{7.}$, §, Rn.)

Maurach, Reinhart/Gössel, Karl Heinz/Zipf, Heinz: Strafrecht Allgemeiner Teil, Teilbd. 2: Erscheinungsformen des Verbrechens und Rechtsfolgen der Tat, 8. Aufl., Heidelberg, München, Landsberg, Frechen, Hamburg 2014. (Maurach/Gössel/Zipf/*Bearbeiter*, AT $2^{8.}$, §, Rn.)

Maurach, Reinhart/Schroeder, Friedrich-Christan/Maiwald, Manfred: Strafrecht Besonderer Teil, Teilband 2: Straftaten gegen Gemeinschaftswerte, 10. Aufl.,

Heidelberg, München, Landsberg, Frechen, Hamburg 2012. (Maurach/Schroeder/Maiwald/*Bearbeiter*, BT 2, §, Rn.)

Mayer-Maly, Theo: Schädigung durch Unterlassung insbesondere durch unterlassene Hilfeleistung bei Verkehrsunfällen, ZVR 1977, S. 97 – 100.

Medicus, Dieter: Anmerkung zu LG Bremen, Urt. v. 17. 8. 1966 – 8 O 512/66, NJW 1966, 2360 – 2361, NJW 1967, S. 354 – 355.

Medicus, Dieter/Lorenz, Stephan: Schuldrecht II: Besonderer Teil, 18. Aufl., München 2018. (*Medicus/Lorenz*, BT, §, Rn.)

Medicus, Dieter/Petersen, Jens: Bürgerliches Recht: Eine nach Anspruchsgrundlagen geordnete Darstellung zur Examensvorbereitung, 27. Aufl., München 2019. (*Medicus/Petersen*, Rn.)

Mertens, Hans-Joachim: Deliktsrecht und Sonderprivatrecht: Zur Rechtsfortbildung des deliktischen Schutzes von Vermögensinteressen, AcP 178 (1978), S. 227 – 262.

Messerschmidt, Burkhard/Voit, Wolfgang: Privates Baurecht: Kommentar zu §§ 631 ff. BGB, Kurzkommentierung zur VOB/B, zur HOAI und zum Bauforderungssicherungsgesetz, 3. Aufl., München 2018. (Messerschmidt/Voit/*Bearbeiter*, §, Rn.)

Momsen, Carsten: Die Zumutbarkeit als Begrenzung strafrechtlicher Pflichten, Baden-Baden 2006 (zugl. Habil., Universität Göttingen 2005). (*Momsen*, S.)

Müller, Gerda: Der Anspruch auf Hinterbliebenengeld, VersR 2017, S. 321 – 325.

Münchener Kommentar zum BGB: Münchener Kommentar zum Bürgerlichen Gesetzbuch, Bd. 1: Allgemeiner Teil: §§ 1 – 240, AllgPersönlR, ProstG, AGG, Redakteur: *Claudia Schubert*, 8. Aufl., München 2018. (MüKo-BGB/*Bearbeiter*, §, Rn.)

Münchener Kommentar zum BGB: Münchener Kommentar zum Bürgerlichen Gesetzbuch, Bd. 2: Schuldrecht – Allgemeiner Teil I: §§ 241 – 310, Redakteur: *Wolfgang Krüger*, 8. Aufl., München 2019. (MüKo-BGB/*Bearbeiter*, §, Rn.)

Münchener Kommentar zum BGB: Münchener Kommentar zum Bürgerlichen Gesetzbuch, Bd. 3: Schuldrecht – Allgemeiner Teil II: §§ 311 – 432, Redakteur: *Wolfgang Krüger*, 8. Aufl., München 2019. (MüKo-BGB/*Bearbeiter*, §, Rn.)

Münchener Kommentar zum BGB: Münchener Kommentar zum Bürgerlichen Gesetzbuch, Bd. 4: Schuldrecht – Besonderer Teil II: §§ 611 – 704, EFZG, TzBfG, KSchG, Redakteur: *Martin Henssler*, 6. Aufl., München 2012. (MüKo-BGB[6.]/*Bearbeiter*, §, Rn.)

Münchener Kommentar zum BGB: Münchener Kommentar zum Bürgerlichen Gesetzbuch, Bd. 5/2: Schuldrecht – Besonderer Teil III/2: §§ 651a – 704,

Redakteur: *Martin Henssler*, 7. Aufl., München 2017. (MüKo-BGB/*Bearbeiter*, §, Rn.)

Münchener Kommentar zum BGB: Münchener Kommentar zum Bürgerlichen Gesetzbuch, Bd. 5: Schuldrecht - Besonderer Teil III: §§ 705 - 853, Partnerschaftsgesellschaftsgesetz, Produkthaftungsgesetz, Redakteur: *Peter Ulmer*, 3. Aufl., München 1997. (MüKo-BGB[3.]/*Bearbeiter*, §, Rn.)

Münchener Kommentar zum BGB: Münchener Kommentar zum Bürgerlichen Gesetzbuch, Bd. 5: Schuldrecht - Besonderer Teil III: §§ 705 - 853, Partnerschaftsgesellschaftsgesetz, Produkthaftungsgesetz, Redakteur: *Mathias Habersack*, 6. Aufl., München 2013. (MüKo-BGB[6.]/*Bearbeiter*, §, Rn.)

Münchener Kommentar zum BGB: Münchener Kommentar zum Bürgerlichen Gesetzbuch, Bd.: 6 Schuldrecht - Besonderer Teil IV: §§ 705 - 853, Partnerschaftsgesellschaftsgesetz, Produkthaftungsgesetz, Redakteur: *Mathias Habersack*, 7. Aufl., München 2017. (MüKo-BGB/*Bearbeiter*, §, Rn.)

Münchener Kommentar zum StGB: Münchener Kommentar zum Strafgesetzbuch, Bd. 1: §§ 1 - 37, Hrsg.: *Wolfgang Joecks, Klaus Miesbach,* 3. Aufl., München 2017. (MüKo-StGB/*Bearbeiter*, §, Rn.)

Münchener Kommentar zum StGB: Münchener Kommentar zum Strafgesetzbuch, Bd. 3: §§ 80 - 184j, Hrsg.: *Wolfgang Joecks, Klaus Miesbach,* 3. Aufl., München 2017. (MüKo-StGB/*Bearbeiter*, §, Rn.)

Münchener Kommentar zum StGB: Münchener Kommentar zum Strafgesetzbuch, Bd. 4: §§ 185 - 262, Hrsg.: *Wolfgang Joecks, Klaus Miesbach,* 3. Aufl., München 2017. (MüKo-StGB/*Bearbeiter*, §, Rn.)

Münchener Kommentar zum StGB: Münchener Kommentar zum Strafgesetzbuch, Bd. 5: §§ 263 - 358, Hrsg.: *Wolfgang Joecks, Klaus Miesbach,* 3. Aufl., München 2019. (MüKo-StGB/*Bearbeiter*, §, Rn.)

Münchener Kommentar zum VVG: Münchener Kommentar zu Versicherungsvertragsgesetz, Bd. 2: §§ 100 - 216, Hrsg.: *Theo Langheid, Manfred Wandt*, 2. Aufl., München 2017. (MüKo-VVG/*Bearbeiter*, §, Rn.)

Münchener Kommentar zur InsO: Münchener Kommentar zur Insolvenzordnung, Bd. 1: §§ 1 - 79, Insolvenzrechtliche Vergütungsordnung (InsVV), Hrsg.: *Rolf Stürner, Horst Eidenmüller, Heinrich Schoppenmeyer*, 4. Aufl., München 2019. (MüKo-InsO/*Bearbeiter*, §, Rn.)

Münchener Kommentar zur InsO: Münchener Kommentar zur Insolvenzordnung, Bd. 2: §§ 80 - 216, Hrsg.: *Rolf Stürner, Horst Eidenmüller, Heinrich Schoppmeyer*, 4. Aufl., München 2019. (MüKo-InsO/*Bearbeiter*, §, Rn.)

Münchener Kommentar zur ZPO: Münchener Kommentar zur Zivilprozessordnung mit Gerichtsverfassungsgesetz und Nebengesetzen, Bd. 1: §§ 1 - 354,

Hrsg.: *Wolfgang Krüger, Thomas Rauscher*, 5. Aufl., München 2016. (MüKo-ZPO/*Bearbeiter*, §, Rn.)

Musielak, Hans-Joachim/Voit, Wolfgang: Zivilprozessordnung mit Gerichtsverfassungsgesetz, Kommentar, 16. Aufl., München 2019. (Musielak/Voit/*Bearbeiter*, §, Rn.)

Nauke, Wolfgang: Anmerkung zu BGH, Urt. v. 06.10.1976, 3 StR 202/76, BGHSt 27/10, JR 1977, S. 290 - 292.

Nomos Kommentar zum BGB: Nomos Kommentar zum Bürgerlichen Gesetzbuch, Bd. 1: Allgemeiner Teil, EGBGB, Hrsg.: *Thomas Heidel, Rainer Hüßtege, Heinz-Peter Mansel, Ulrich Noack*, 3. Aufl., Baden-Baden 2016. (NK-BGB/*Bearbeiter*, §, Rn.)

Nomos Kommentar zum BGB: Nomos Kommentar zum Bürgerlichen Gesetzbuch, Bd. 2: Schuldrecht, Teilbd. 1: §§ 241 – 610, Hrsg.: *Babara Dauner-Lieb, Werner Langen*, 3. Aufl., Baden-Baden 2016. (NK-BGB/*Bearbeiter*, §, Rn.)

Nomos Kommentar zum BGB: Nomos Kommentar zum Bürgerlichen Gesetzbuch, Bd. 2: Schuldrecht, Teilbd. 2: §§ 611 – 853, Hrsg.: *Barbara Dauner-Lieb, Werner Langen*, 3. Aufl., Baden-Baden 2016. (NK-BGB/*Bearbeiter*, §, Rn.)

Nomos Kommentar zum Gesamten Verkehrsrecht: Nomos Kommentar zum Gesamten Verkehrsrecht, Verkehrszivilrecht, Versicherungsrecht, Ordnungswidrigkeiten- und Strafrecht, Verkehrsverwaltungsrecht, Hrsg.: *Klaus-Ludwig Haus, Carsten Krumm, Matthias Quarch*, 2. Aufl., Baden-Baden 2017. (NK-GVR/*Bearbeiter*, §, Rn.)

Nomos Kommentar zum StGB: Nomos Kommentar zum Strafgesetzbuch, Bd. 1: Allgemeiner Teil - §§ 1 – 79b, Hrsg.: *Urs Kindhäuser, Ulfrid Neumann, Hans-Ullrich Paeffgen*, 5. Aufl., Baden-Baden 2017. (NK-StGB/*Bearbeiter*, §, Rn.)

Nomos Kommentar zum StGB: Nomos Kommentar zum Strafgesetzbuch, Bd. 2: Besonderer Teil - §§ 80 – 231, Hrsg.: *Urs Kindhäuser, Ulfrid Neumann, Hans-Ullrich Paeffgen*, 5. Aufl., Baden-Baden 2017. (NK-StGB/*Bearbeiter*, §, Rn.)

Nomos Kommentar zum StGB: Nomos Kommentar zum Strafgesetzbuch, Bd. 3: Besonderer Teil – §§ 232 – 358, Hrsg.: *Urs Kindhäuser, Ulfrid Neumann, Hans-Ullrich Paeffgen*, 5. Aufl., Baden-Baden 2017. (NK-StGB/*Bearbeiter*, §, Rn.)

Nugel, Michael: Das Hinterbliebenengeld bei Unfällen im Straßenverkehr – eine Herausforderung für die Praxis, ZfSch 2018, S. 72 – 78.

Olshausen, Eberhard von: Über die Verwendung strafrechtlicher Normen im Zivilrecht, insbesondere über ihren Einsatz als Schutzgesetze i.S. des § 823 Abs. 2 BGB, in: Festschrift für Günter Bemmann zum 70. Geburtstag am 15. Dezember 1997, S. 125 – 158, Hrsg.: *Joachim Schulz, Thomas Vormbaum*, Baden-Baden 1997. (*von Olshausen*, in: FS Bemmann, S.)

Olshausen, Philipp Justus von: J. v. Olshausen's Kommentar zum Strafgesetzbuch für das Deutsche Reich, Bd. 1: §§ 1 – 247 StGB, Hrsg.: *Hans Freiesleben, Emil Niethammer u.a.*, 12. Aufl., Leipzig 1942. (*Von Olshausen*, §, Rn.)

Otto, Harro: Grundkurs Strafrecht – Die einzelnen Delikte, 7. Aufl., Berlin 2005. (*Otto*, §, Rn.)

Palandt: Bürgerliches Gesetzbuch mit Nebengesetzen insbesondere mit Einführungsgesetz(Auszug)einschließlichRomI-,RomII-undRomIII-Verordnungen sowie Haager Unterhaltsprotokoll und EU-Erbrechtsverordnung, Allgemeines Gleichbehandlungsgesetz (Auszug), Wohn- und Betreuungsvertragsgesetz, BGB-Informationspflichten-Verordnung, Unterlassungsklagengesetz, Produkthaftungsgesetz, Erbbaurechtsgesetz, Wohnungseigentumsgesetz, Versorgungsausgleichsgesetz, Lebenspartnerschaftsgesetz, Gewaltschutzgesetz, bearb. v. *Gerd Brudermüller, Jürgen Ellenberger, Isabell Götz u.a.*, 78. Aufl., München 2019. (Palandt/*Bearbeiter*, §, Rn.)

Pawlik, Michael: Unterlassene Hilfeleistung: Zuständigkeitsbegründung und systematische Struktur, GA 142 (1995), S. 360 – 372.

Peifer, Kartl-Nikolaus*:* Schuldrecht: Gesetzliche Schuldverhältnisse, 5. Aufl., Baden-Baden 2017. (*Peifer*, §, Rn.)

Peters, Frank: Zur Gesetzestechnik des § 823 II BGB, JZ 1983, S. 913 – 926.

Pfund: Zum Begriff des Vorsatzes in der Haftpflichtversicherung, ZVersWiss 1918, S. 377 – 381.

Pielemeier, Klaus: Das Aufrechnungsverbot des § 393 BGB: seine Entstehungsgeschichte und seine Bedeutung im geltenden Recht, Berlin 1988 (zugl. Diss., Universität Bochum 1986). (*Pielemeier*, S.)

Plog, Ernst/Wiedow, Alexander : Bundesbeamtengesetz mit Beamtenstatusgesetz, Beamtenversorgungsgesetz, Bundesbesoldungsgesetz, Bd. 1: BBG 2009, BeamtStG, Hrsg.: *Bernt Lemhöfer, Michael Groepper, Carsten Tegethoff, Hans-Jochen Schmidt, Carsten Günther*, München, Loseblattsammlung, Stand: August 2019. (Plog/Wiedow/*Bearbeiter*, §, Rn.)

Prölss, Erich R./Martin, Anton: Versicherungsvertragsgesetz, Kommentar zu VVG, EGVVG mit Rom I-VO, VVG-InfoV und Vermittlerrecht sowie Kommentierung wichtiger Versicherungsbedingungen, 30. Aufl., München 2018. (Prölss/Martin/*Bearbeiter*, §, Rn.)

Prölss, Jürgen: Beweiserleichterungen im Schadensersatzprozeß, Karlsruhe 1966 (zugl. Diss., Universität München 1996). (*Prölss*, S.)

Prölss, Jürgen: Der Versicherer als „Treuhänder der Gefahrengemeinschaft" – Zur Wahrnehmung kollektiver Belange der Versicherungsnehmer durch den Privatversicherer, in: Festschrift für Karl Larenz zum 80. Geburtstag am 23. April 1983, Hrsg.: *Claus-Wilhelm Canaris, Uwe Diedrichsen*, S. 487 – 535. (*Prölss*, in: FS Larenz 1983, S.)

Prütting, Hanns/Gehrlein, Markus: Zivilprozessordnung: Kommentar, 11. Aufl., München 2019. (PG/*Bearbeiter*, §, Rn.)

Prütting, Hanns/Wegen, Gerhard/Weinrich, Gerd: Bürgerliches Gesetzbuch: Kommentar, 14. Aufl., Köln 2019. (PWW/*Bearbeiter*, §, Rn.)

Puppe, Ingeborg: Zum gegenwärtigen Stand der Lehre von der Verursachung im Recht, RW 2011, S. 400 – 442.

Rattunde, Rolf/Smid, Stefan/Zeuner, Mark: Insolvenzordnung (InsO): Kommentar, Bd. 1: §§ 1 – 147 InsO, 4. Aufl., Stuttgart 2019. (Rattunde/Smid/Zeuner/*Bearbeiter*, §, Rn.)

Rattunde, Rolf/Smid, Stefan/Zeuner, Mark: Insolvenzordnung (InsO): Kommentar, Bd. 2: §§ 148 – 359 InsO, 4. Aufl., Stuttgart 2019. (Rattunde/Smid/Zeuner/*Bearbeiter*, §, Rn.)

Regge, Jürgen/Schubert, Werner: Quellen zur Reform des Straf- und Strafprozeßrechts, II. Abteilung: NS-Zeit (1933 – 1939) – Strafgesetzbuch, Bd. 1: Entwürfe eines Strafgesetzbuchs, 1. Teil, Berlin, New York 1988. (*Regge/Schubert*, Quellen 1.1, S.)

Regge, Jürgen/Schubert, Werner: Quellen zur Reform des Straf- und Strafprozeßrechts, II. Abteilung: NS-Zeit (1933 – 1939) – Strafgesetzbuch, Bd. 1: Entwürfe eines Strafgesetzbuchs, 2. Teil, Berlin, New York 1990. (*Regge/Schubert*, Quellen 1.2, S.)

Reichsgerichtsräte-kommentar: Das Bürgerliche Gesetzbuch mit besonderer Berücksichtigung der Rechtsprechung des Reichsgerichts und des Bundesgerichtshofes, Bd. II, 1. Teil: §§ 241 – 413, bearb. v. *Richard Alff, Werner Ballhaus, Reinhold Weber*, 12. Aufl., Berlin, New York 1976. (RGRK/*Bearbeiter*, §, Rn.)

Reichsgerichtsräte-kommentar: Das Bürgerliche Gesetzbuch mit besonderer Berücksichtigung der Rechtsprechung des Reichsgerichts und des Bundesgerichtshofes, Bd. II, 4. Teil: §§ 631 – 811, bearb. v. *Walter Dehner, Otto-Friedrich Freiherr von Gamm, Roderich Glanzmann, Günter Krohn u.a.*, 12. Aufl., Berlin, New York 1978. (RGRK/*Bearbeiter*, §, Rn.)

Reichsgerichtsräte-kommentar: Das Bürgerliche Gesetzbuch mit besonderer Berücksichtigung der Rechtsprechung des Reichsgerichts und des Bundesgerichtshofes, Bd. II, 2. Teil: Einzelne Schuldverhältnisse, §§ 705 – 853, bearb. v. *Robert Fischer, Karl Haager, Friedrich Kreft, Georg Kuhn, Georg Scheffler*, 11. Aufl., Berlin 1960. ($RGRK^{11.}$/*Bearbeiter*, §, Rn.)

Reichsgerichtsräte-kommentar: Das Bürgerliche Gesetzbuch mit besonderer Berücksichtigung der Rechtsprechung des Reichsgerichts und des Bundesgerichtshofes, Bd. II, 5. Teil: §§ 812 – 831 (Anhang nach § 823: I Verletzung des Persönlichkeitsrechts, II. Arzthaftungsrecht), bearb. v. *Walter Dunz, Karl Nüßgens, Georg Heimann-Trosien, Erich Steffen*, 12. Aufl., Berlin, New York 1989. (RGRK[12.]/*Bearbeiter*, §, Rn.)

Rengier, Rudolf: Strafrecht Allgemeiner Teil, 11. Aufl., München 2019. (*Rengier*, AT, §, Rn.)

Rengier, Rudolf: Strafrecht Besonderer Teil II: Delikte gegen die Person und die Allgemeinheit, 20. Aufl., München 2019. (*Rengier*, BT II, §, Rn.)

Roth, Herbert: Der Arzt als Samariter und das Haftungsrecht, NJW 2006, S. 2814 – 2817.

Rother, Werner: Die „vorwiegende Verursachung", VersR 1983, S. 793 – 798.

Roxin, Claus: Strafrecht Allgemeiner Teil, Bd. I: Grundlagen, der Aufbau der Verbrechenslehre, 4. Aufl., München 2006. (*Roxin*, AT I, §, Rn.)

Rummel, Peter: Kommentar zum Allgemeinen bürgerlichen Gesetzbuch mit EheG, KSchG, MRG, WGG, WEG 2002, BTVG, HeizKG, IPRG, EVÜ, Bd. 2: §§ 1175 bis 1502 ABGB, Nebengesetze, 1. Teil: §§ 1175 bis 1292 ABGB, 3. Aufl., Wien 2002. (*Rummel*/Bearbeiter, §, Rn.)

Sack, Rolf: Das Verhältnis der Produkthaftungsrichtlinie der EG zum nationalen Produkthaftungsrecht, VersR 1988, S. 439 – 452.

Scheid, Georg Maria: Grund- und Grenzfragen der Pflichtenkollision beim strafrechtlichen Unterlassungsdelikt (unter besonderer Abwägung Leben gegen Leben), Aachen 2000 (zugl. Diss., Universität Freiburg 1999). (*Scheid*, S.)

Schellhammer, Kurt: Schuldrecht nach Anspruchsgrundlagen samt BGB Allgemeiner Teil, 10. Aufl., Heidelberg 2018. (*Schellhammer*, Rn.)

Schlosser, Hans: Deliktischer Schadensersatzanspruch aus § 823 II BGB und eigenständiger Interessenschutz des Verkehrsopfers – BGH, NJW 1980, 1792, JuS 1982, S. 657 – 660.

Schlosser, Tilmann/Stephan-Wimmer, Jonas: Der Schutzgesetzcharakter von Buchführungspflichten im Rahmen deliktischer Geschäftsleiterhaftung, GmbHR 2019, S. 449 – 456.

Schmidt, Eike: Grundlagen des Haftungs- und Schadensrechts, in: Grundlagen des Vertrags- und Schuldrechts, mit Beiträgen von *Volker Emmerich, Walter Gerhardt, Wolfgang Grunsky, Dieter Huhn, Eike Schmidt, Otto Tempel, Manfred Wolf*, München 1974. (*E. Schmidt*, in: Grundlagen des Vertrags- und Schuldrechts, S.)

Schmidt, Karsten: Insolvenzordnung: InsO mit EuInsVO, 19. Aufl., München 2016. (Schmidt/*Bearbeiter*, §, Rn.)

Schmiedel, Burkhard: Deliktsobligationen nach deutschem Kartellrecht, Erster Teil: Zivilrechtsdogmatische Grundlegung: Untersuchungen zu § 823 Abs. 2 BGB, Tübingen 1974 (zugl. Habil., Universität Freiburg 1972/73). (*Schmiedel*, S.)

Schmitt, Rudolf: Ärztliche Entscheidungen zwischen Leben und Tod in strafrechtlicher Sicht, JZ 1985, S. 365 – 370.

Schmitz, Martin: Die Funktion des Begriffs Unglücksfall bei der unterlassenen Hilfeleistung unter Berücksichtigung spezieller inhaltlicher Problemfelder – Ein Beitrag zum personalen Verhaltensunrecht und zum Erfolgssachverhalt des § 323c StGB, Frankfurt am Main 2006 (zugl. Diss., Universität Marburg 2005). (*Schmitz*, S.)

Scholz, Johannes H./Runge, Dieter-Georg: Niedersächsisches Brandschutzgesetz, Kommentar, 8. Aufl., Kiel 2014. (*Scholz/Runge*, §, S.)

Schöne, Wolfgang: Unterlassene Erfolgsabwendung und Strafgesetz: Zur gesetzlichen Regelung „unechter“ Unterlassungsdelikte, Köln 1974 (zugl. Diss., Universität Bonn 1973). (*Schöne*, S.)

Schönke/Schröder: Kommentar zum Strafgesetzbuch, bearb. v. *Albin Eser, Walter Perron, Detlev Sternberg-Lieben, u.a.*, 30. Aufl., München 2019. (*Schönke/Schröder*, §, Rn.)

Schubert, Werner: Die Vorlagen der Redaktoren für die erste Kommission zur Ausarbeitung des Entwurfs eines Bürgerlichen Gesetzbuches, Recht der Schuldverhältnisse, Teil 1: Allgemeiner Teil, Berlin, New York 1980. (*Schubert*, Schuldrecht I, S.)

Schubert, Werner: Protokolle der Kommission zur Ausarbeitung des Entwurfs einer Cizilprozeßordnung für die Staaten des Norddeutschen Bundes, Bd. 2, Frankfurt am Main 1985. (*Schubert*, Protokolle CPO, S.)

Schwenke, Thomas: Zulässigkeit der Nutzung von Smartcams und biometrischen Daten nach der DS-GVO, NJW 2018, S. 823 – 827.

Schwimann, Michael: ABGB: Praxiskommentar, Bd. 6: §§ 1293 – 1502 ABGB, 3. Aufl., Wien 2006. (Schwimann$^{3.}$/*Bearbeiter*, §, Rn.)

Schwimann, Michael/Kodek, Georg: ABGB: Praxiskommentar, Bd. 6: §§ 1293 – 1502 ABGB, 4. Aufl., Wien 2016. (Schwimann/Kodek/*Bearbeiter*, §, Rn.)

Schwintowski, Hans-Peter/Schah Sedi, Cordula/Schah Sedi, Michel: Handbuch Schmerzensgeld, Köln 2013. (Schwintowski/Schah Sedi/*Bearbeiter*, Rn.)

Schwintowski, Hans-Peter/Brömmelmeyer, Christoph: Praxiskommentar zum Versicherungsrecht, 3. Aufl., Bonn 2017. (Schwintowski/Brömmelmeyer/*Bearbeiter*, §, Rn.)

Seebode, Manfred: Zur Berechenbarkeit der strafrechtlichen Hilfspflicht (§ 323c StGB), in: Festschrift für Günter Kohlmann zum 70. Geburtstag,

Hrsg.: *Hans Joachim Hirsch, Jürgen Wolter, Uwe Brauns,* Köln 2003, S. 279 – 294. (*Seebode,* in: FS Kohlmann, S.)

Seelmann, Kurt: „Unterlassene Hilfeleistung" oder: Was darf das Strafrecht?, JuS 1995, S. 281 – 286.

Smid, Stefan: Insolvenzordnung (InsO) mit insolvenzrechtlicher Vergütungsverordnung (InsVV): Kommentar, 2. Aufl., Stuttgart, Berlin, Köln 2001. (Smid/*Bearbeiter,* §, Rn.)

Soergel: Bürgerliches Gesetzbuch mit Einführungsgesetz und Nebengesetzen, Bd. 3/2: Schuldrecht 1/2 – §§ 243 – 304, wissenschaftliche Redaktion: *Jens Ekkenga,* 13. Aufl., Stuttgart 2014. (Soergel/*Bearbeiter,* §, Rn.)

Soergel: Bürgerliches Gesetzbuch mit Einführungsgesetz und Nebengesetzen, Bd. 5/3: Schuldrecht 3/3 – §§ 328 – 432, wissenschaftliche Redaktion: *Thomas Pfeiffer,* 13. Aufl., Stuttgart 2010. (Soergel/*Bearbeiter,* §, Rn.)

Soergel: Bürgerliches Gesetzbuch mit Einführungsgesetz und Nebengesetzen, Bd. 5: Schuldrecht IV/2 – §§ 823 – 853, Produkthaftungsgesetz, Umwelthaftungsgesetz, wissenschaftliche Redaktion: *Otto Mühl, Walther Hadding,* 12. Aufl., Stuttgart, Berlin, Köln 1999. (Soergel$^{12.}$/*Bearbeiter,* §, Rn.)

Soergel: Bürgerliches Gesetzbuch mit Einführungsgesetz und Nebengesetzen, Bd. 12: Schuldrecht 10 – §§ 823 – 853, ProdHG, UmweltHG, wissenschaftliche Redaktion: *Andreas Spickhoff,* 13. Aufl., Stuttgart 2005. (Soergel$^{13.}$/*Bearbeiter,* §, Rn.)

Spickhoff, Andreas: Gesetzesverstoß und Haftung, Köln, Berlin, Bonn München 1998 (zugl. Habil., Universität Göttingen 1996). (*Spickhoff,* S.)

Spickhoff, Andreas: Kommentar zum Medizinrecht, 3. Aufl., München 2018. (Spickhoff/*Bearbeiter,* §, Rn.)

Stamm, Jürgen: Deliktische Einstufung von Zins- und Kostenerstattungsansprüchen? – Anmerkung zu OLG Saarland, Urteil vom 27.07.2010 – 4 U 531/09 –, KTS 2011, S. 113 – 121.

Staudinger: J. von Staudingers Kommentar zum Bürgerlichen Gesetzbuch: mit Einführungsgesetzen und Nebengesetzen, Buch 1 Allgemeiner Teil, §§ 164 – 240 (Allgemeiner Teil 5), Redaktor: *Sebastian Herrler,* Berlin 2014. (Staudinger/*Bearbeiter,* §, Rn.)

Staudinger: J. von Staudingers Kommentar zum Bürgerlichen Gesetzbuch: mit Einführungsgesetzen und Nebengesetzen, Buch 2 Recht der Schuldverhältnisse, Einleitung zum Schuldrecht, §§ 241 – 243 (Treu und Glauben), Neubearbeitung von: *Dirk Looschelders, Dirk Olzen, Gottfried Schiemann,* Berlin 2015. (Staudinger/*Bearbeiter,* §, Rn.)

Staudinger: J. von Staudingers Kommentar zum Bürgerlichen Gesetzbuch: mit Einführungsgesetzen und Nebengesetzen, Buch 2 Recht der

Schuldverhältnisse, §§ 249 – 254 (Schadensersatzrecht), Redakteur: *Dagmar Kaiser*, Berlin 2017. (Staudinger/*Bearbeiter*, §, Rn.)

Staudinger: J. von Staudingers Kommentar zum Bürgerlichen Gesetzbuch: mit Einführungsgesetzen und Nebengesetzen, Buch 2 Recht der Schuldverhältnisse, §§ 255 – 304 (Leistungsstörungsrecht 1), Redaktor: *Manfred Löwisch*, Berlin 2014. (Staudinger/*Bearbeiter*, §, Rn.)

Staudinger: J. von Staudingers Kommentar zum Bürgerlichen Gesetzbuch: mit Einführungsgesetzen und Nebengesetzen, Buch 2 Recht der Schuldverhältnisse, §§ 362 – 396 (Erfüllung, Hinterlegung, Aufrechnung), Redaktor: *Manfred Löwisch*, Berlin 2016. (Staudinger/*Bearbeiter*, §, Rn.)

Staudinger: J. von Staudingers Kommentar zum Bürgerlichen Gesetzbuch: mit Einführungsgesetzen und Nebengesetzen, Buch 2 Recht der Schuldverhältnisse, §§ 397 – 432 (Erlass, Abtretung, Schuldübernahme, Mehrheit von Schuldnern und Gläubigern), Redaktor: *Manfred Löwisch,* Berlin 2017. (Staudinger/*Bearbeiter*, §, Rn.)

Staudinger: J. von Staudingers Kommentar zum Bürgerlichen Gesetzbuch: mit Einführungsgesetzen und Nebengesetzen, Buch 2 Recht der Schuldverhältnisse, §§ 677 – 704 (Geschäftsführung ohne Auftrag), Neubearbeitung: *Andreas Bergmann, Dieter Reuter, Olaf Werner*, Berlin 2015. (Staudinger/*Bearbeiter*, §, Rn.)

Staudinger: Kommentar zum Bürgerlichen Gesetzbuch mit Einführungsgesetz und Nebengesetzen, Zweites Buch: §§ 823 – 832, bearb. v. *Karl Schäfer*, 12. Aufl., Berlin 1986. (Staudinger$^{12.}$/*Bearbeiter*, §, Rn.)

Staudinger: J. von Staudingers Kommentar zum Bürgerlichen Gesetzbuch: mit Einführungsgesetzen und Nebengesetzen, Buch 2 Recht der Schuldverhältnisse, § 823 A – D, (Unerlaubte Handlungen 1 – Rechtsgüter und Rechte, Persönlichkeitsrechte, Gewerbebetrieb), Redakteur: *Heinz-Peter Mansel*, Berlin 2017. (Staudinger/*Bearbeiter*, §, Rn.)

Staudinger: J. von Staudingers Kommentar zum Bürgerlichen Gesetzbuch: mit Einführungsgesetzen und Nebengesetzen, Buch 2 Recht der Schuldverhältnisse, §§ 823 E – I, 824, 825, (Unerlaubte Handlungen 1 – Teilbd. 2), Redakteur: *Johannes Hager*, Berlin 2009. (Staudinger/*Bearbeiter*, §, Rn.)

Staudinger: J. von Staudingers Kommentar zum Bürgerlichen Gesetzbuch: mit Einführungsgesetzen und Nebengesetzen, EGBGB, Art. 1, 2, 50 – 218 EGBGB, (Inkrafttreten, Verhältnis zu anderen Vorschriften, Übergangsvorschriften), Redakteur: *Peter Rawert*, Berlin 2018. (Staudinger/*Bearbeiter*, Art., Rn.)

Staudinger, Ansgar/Halm, Wolfgang/Wendt, Domenik Henning: Versicherungsrecht Kommentar, 2. Aufl., Köln 2017. (Staudinger/Halm/Wendt/*Bearbeiter*, §, Rn.)

Stein/Jonas: Kommentar zur Zivilprozessordnung, Bd. 4: §§ 271 – 327, Hrsg.: *Reinhard Bork, Herbert Roth*, 23. Aufl., Tübingen 2018. (Stein/Jonas/*Bearbeiter*, §, Rn.)

Steininger, Viktor: Schadensersatz wegen Unterlassens der Hilfeleistung bei Verkehrsunfällen, JBl 1961, S. 253 – 259.

Stoecker, Philipp: Der Vorsatz des Versicherungsnehmers bei der Herbeiführung des Versicherungsfalles im Sinne des § 103 VVG, Göttingen 2011 (zugl. Diss., Universität Göttingen 2010). (*Stoecker*, S.)

Stoll, Hans: Kausalzusammenhang und Normzweck im Deliktsrecht, Tübingen 1968. (*Stoll*, Kausalzusammenhang, S.)

Stoll, Hans: Haftungsverlagerung durch beweisrechtliche Mittel, AcP 176 (1976), S. 145 – 196.

Stoll, Heinrich: Vertrag und Unrecht, 1. Halbbd., Tübingen 1936. (*He. Stoll*, Vertrag und Unrecht, S.)

Stoll, Heinrich: Schadensersatz und Unrecht, Jahrbuch der Akademie des Deutschen Rechts 1936, S. 140 – 153.

Stoll, Heinrich/Felgentraeger, Wilhelm: Vertrag und Unrecht, 2. Halbbd., 2. Aufl., Tübingen 1942. (*He. Stoll/Felgentraeger*, Vertrag und Unrecht, S.)

Storsberg, Günther: Der gegenwärtige Umfang der Nothilfepflicht im Strafgesetzbuch, Göttingen 1952 (zugl. Diss., Universität Göttingen 1952). (*Storsberg*, S.)

Surwald, Wilhelm: Feuerwehrgesetz für Baden-Württemberg, 6. Aufl., Stuttgart, München, Hannover 1989. (*Surwald*, §, Rn.)

Systematischer Kommentar zum StGB: Systematischer Kommentar zum Strafgesetzbuch, Bd. I: §§ 1 – 37 StGB, Hrsg.: *Jürgen Wolter*, 9. Aufl., Köln 2017. (SK-StGB/*Bearbeiter*, §, Rn.)

Systematischer Kommentar zum StGB: Systematischer Kommentar zum Strafgesetzbuch, Bd. III: §§ 80 – 173, Hrsg.: *Jürgen Wolter*, 9. Aufl., Köln 2019. (SK-StGB/*Bearbeiter*, §, Rn.)

Systematischer Kommentar zum StGB: Systematischer Kommentar zum Strafgesetzbuch, Bd. VI: §§ 303 – 358, Hrsg.: *Jürgen Wolter*, 9. Aufl., Köln 2016. (SK-StGB/*Bearbeiter*, §, Rn.)

Taupitz, Jochen: Berufsordnende Kammersatzungen als Schutzgesetze i. S. des § 823 II BGB, in: Festschrift für Erich Steffen zum 65. Geburtstag am 28. Mai 1995 – Der Schadensersatz und seine Deckung, Hrsg.: *Erwin Deutsch, Ernst Klingmüller, Hans Josef Kullmann*, Berlin, New York 1995, S. 489 – 506. (*Taupitz*, in: FS Steffen, S.)

Tilmann, Winfried : Zur Rechtstellung des Verbrauchers bei Wettbewerbsdelikten, ZHR 141 (1977), S. 32 – 80.

Trentinaglia, Thomas: Der Einsatz von Lawinensprenganlagen zum Schutz von Verkehrswegen und Siedlungsraum in Österreich, Innsbruck 2009 (zugl. Diss., Universität Innsbruck 2009). (*Trentinaglia*, S.)

Triffterer, Otto/Rosbaud, Christian/Hinterhofer, Hubert: Salzburger Kommentar zum Strafgesetzbuch, Bd. 3, Loseblattsammlung, 38. Lfg., Std. August 2018. (Triffterer/Rosbaud/Hinterhofer/*Bearbeiter*, §, Rn.)

Uhlenbruck, Wilhelm/Hirte, Heribert/Vallender, Heinz: Insolvenzordnung: Kommentar, 15. Aufl., München 2019. (Uhlenbruck/*Bearbeiter*, §, Rn.)

Ulmer, Peter: Die deliktische Haftung aus Übernahme von Handlungspflichten – Zugleich ein Beitrag zum Verhältnis von Vertragsverletzung und unerlaubter Handlung, JZ 1969, S. 163 – 174.

Ulsenheimer, Klaus: Arztstrafrecht in der Praxis, 5. Aufl., Heidelberg, München, Frechen, Landsberg, Hamburg 2015. (Ulsenheimer/*Bearbeiter*, Rn.)

Vermander, Eduard: Unfallsituation und Hilfspflicht im Rahmen des § 330c StGB, Tübingen 1969 (zugl. Diss., Universität Tübingen 1966/67). (*Vermander*, S.)

Verse, Dirk A.: Überlegungen zur Außenhaftung der Organwalter bei der Verletzung von Schutzgesetzen (§ 823 Abs. 2 BGB), ZHR 170 (2006), S. 398 – 421.

Wagner, Gerhard: Angehörigenschmerzensgeld, in: Festschrift für Rolf Stürner zum 70. Geburtstag, Teilband I: Deutsches Recht, Hrsg.: *Alexander Bruns*, Tübingen 2013, S. 231 – 253. (*Wagner*, in: FS Stürner, S.)

Wahrendorf, Volker: Die Prinzipien der Beweislast im Haftungsrecht, Köln 1976 (zugl. Diss., Universität Köln 1975). (*Wahrendorf*, S.)

Wandt, Manfred: Innenausgleich zwischen Gesamtschuldnern, in: Festschrift für Helmut Kollhosser zum 70. Geburtstag, Recht und Risiko, Bd. II: Zivilrecht, Hrsg.: *Reinhard Bork, Thomas Hoeren, Petra Pohlmann*, Karlsruhe 2004, S. 769 – 778. (*Wandt*, in: FS Kollhosser, S.)

Wandt, Manfred: Gesetzliche Schuldverhältnisse: Deliktsrecht, Schadensrecht, Bereicherungsrecht, GoA, 9. Aufl., München 2019. (*Wandt*, §, Rn.)

Weber, Helmut: Der Kausalitätsbeweis im Zivilprozeß, Kausalität – Beweiswürdigung und Beweismaß – Beweiserleichterungen vornehmlich im Hinblick auf den Schadensersatzprozeß wegen unerlaubter Handlungen, Tübingen 1997 (zugl. Habil., Universität Tübingen 1991). (*Weber*, S.)

Weidner, Ulrich: Die Mitverursachung als Entlastung des Haftpflichtigen, Karlsruhe 1970 (zugl. Diss., Universität Tübingen 1969). (*Weidner*, S.)

Weimar, Wilhelm: Schadensersatzpflicht bei Schädigungen durch Unterlassen, DR 1937, S. 77.

Weimar, Wilhelm: Besteht eine Schadensersatzpflicht eines Krankenhauses bei Abweisung Schwerverletzter?, JR 1975, S. 145 – 146.

Welzel, Hans: Zur Dogmatik der echten Unterlassungsdelikte, insbesondere des § 330 c StGB, NJW 1953, S. 327 – 329.

Welzel, Hans: Das Deutsche Strafrecht – Eine systematische Darstellung, 11. Aufl., Berlin 1969. (*Welzel*, S.)

Wessels, Johannes/Beulke, Werner/Satzger, Helmut: Strafrecht Allgemeiner Teil, 48. Aufl., Heidelberg 2018. (*Wessels/Beulke/Satzger*, AT, Rn.)

Wessels, Johannes/Hettinger, Michael/Engländer, Armin: Strafrecht Besonderer Teil 1: Straftaten gegen Persönlichkeits- und Gemeinschaftswerte, 42. Aufl., Heidelberg 2018. (*Wessels/Hettinger/Engländer*, BT 1, Rn.)

Westendorf, Ritva: Die Pflicht zur Verhinderung geplanter Straftaten durch Anzeige – Eine kritische Betrachtung der §§ 138, 139 StGB im Kontext der Unterlassungsdelikte, Frankfurt am Main 1999 (zugl. Diss., Universität Göttingen 1998). (*Westendorf*, S.)

Wester, Verena: Die Einführung eines automatisierten Helferangebots mittels Ersthelfer-App, insbesondere bei Großschadensereignissen und Katastrophen: Rechtsgrundlagen, rechtliche Einordnung des Ersthelfers und datenschutzrechtliche Fragestellungen, Hamburg 2017 (zugl. Diss., Universität Bielefeld 2017). (*Wester*, S.)

Wieczorek, Bernhard/Schütze, Rolf A.: Zivilprozessordnung und Nebengesetze, Großkommentar, Bd. 4: §§ 253 – 299a, 4. Aufl., Berlin 2013. (*Wieczorek/Schütze*, §, Rn.)

Wieczorek, Bernhard/Schütze, Rolf A.: Zivilprozessordnung und Nebengesetze: Großkommentar, Bd. 10, Teilbd. 1: §§ 803 – 863, 4. Aufl., Berlin, Boston 2015. (*Wieczorek/Schütze*, §, Rn.)

Wiener Kommentar zum StGB: Wiener Kommentar zum Strafgesetzbuch samt ausgewählten Nebengesetzen, Bd. 2: §§ 50 – 98, Hrsg.: *Frank Höpfel, Eckart Ratz*, 2. Aufl., Wien Loseblattsammlung, Std: 202. Lfg. (Juli 2018). (WK-StGB/*Bearbeiter*, §, Rn.)

Wiethölter, Rudolf: § 823 II BGB und die Schuldtheorie: Bemerkungen zum Urteil des BGH von 26. 2. 1962 – II ZR 22/61, JZ 1963, S. 205 – 210.

Winfield, Percy Henry/Jolowicz, John A./Goudkamp, James/Edwin Peel: Winfield and Jolowicz on tort, 19. Aufl., London 2014. (*Winfield and Jolowicz on tort*, Rn.)

Wolfslast, Gabrielle : Strafrecht für Kinder? – Zur Frage einer Herabsetzung der Strafmündigkeitsgrenze, in: Festschrift für Günter Bemmann zum 70. Geburtstag am 15. Dezember 1997, S. 274 – 287.

Hrsg.: *Joachim Schulz, Thomas Vormbaum*, Baden-Baden 1997. (*Wolfslast*, in: FS Bemmann, S.)

Wussow, Werner: Allgemeine Versicherungsbedingungen für Haftpflichtversicherung, 8. Aufl., Frankfurt am Main 1976. (*Wussow*, S.)

Zitelmann, Ernst: Ausschluß der Widerrechtlichkeit, AcP 99 (1906), S. 1 – 130.

Zöller: Zivilprozessordnung mit FamFG (§§ 1-185, 200-270, 433-484) und Gerichtsverfassungsgesetz, den Einführungsgesetzen, mit Internationalem Zivilprozessrecht, EU-Verordnungen, Kostenanmerkungen, Kommentar, bearb. v. *Christoph Althammer, Hans-Joachim Heßler, Christian Feskorn, u.a.*, 32. Aufl., Köln 2018. (Zöller/*Bearbeiter*, §, Rn.)

Zopfs, Jan: Begründet die Sachgefahr einen Unglücksfall im Sinne des § 323c StGB?, in: Festschrift für Manfred Seebode zum 70. Geburtstag am 15. September 2008, Hrsg.: *Hendrik Schneider, Michael Kahlo, Diethelm Klesczewski, Heribert Schumann*, S. 449 – 465. (*Zopfs*, in: FS Seebode, S.)

www.ingramcontent.com/pod-product-compliance
Ingram Content Group UK Ltd.
Pitfield, Milton Keynes, MK11 3LW, UK
UKHW021836290926
8980IPUK00004B/497